Bernhard Schieder

ALLTÄGLICHE WIRKLICHKEIT ALS (TEMPORÄRE) KUNST

Zur Neugestaltung der Beziehung
zwischen Kunst und Leben
bei Rauschenberg, Kaprow und Oldenburg

Diese Publikation wurde mit finanzieller Unterstützung
der Deutschen Forschungsgemeinschaft gestaltet.

Deutsche
Forschungsgemeinschaft

Sonderforschungsbereich 626
Ästhetische Erfahrung im Zeichen
der Entgrenzung der Künste
Freie Universität Berlin

ISBN 978-3-00-049442-0

© Bernhard Schieder, Berlin 2015

Alle Rechte vorbehalten

Gestaltung und Satz: Atelier Florian Markl
Umschlagfotografie: Florian Markl

Weitere Informationen unter:
www.alltaegliche-wirklichkeit-als-temporaere-kunst.org

DANKSAGUNG

Diese Schrift stellt eine überarbeitete Fassung meiner Dissertation dar, die 2013 von der Freien Universität Berlin angenommen wurde. Für die intensive, fachkundige und geduldige Betreuung dieser Dissertation bin ich Prof. Michael Lüthy sehr zu Dank verpflichtet. Auch den Teilnehmerinnen und Teilnehmern seines Kolloquiums, in dem ich mehrfach Textauszüge vorstellen und diskutieren konnte, sei in diesem Zusammenhang gedankt. Meinem Zweitgutachter Prof. Gregor Stemmrich möchte ich für seine Hilfsbereitschaft und viele wichtige Hinweise ebenfalls einen Dank aussprechen.

Meine Dissertation entstand im inhaltlichen und zeitlichen Kontext meiner Mitarbeit an einem Forschungsprojekt, das im Sonderforschungsbereich ›Ästhetische Erfahrung im Zeichen der Entgrenzung der Künste‹ der FU Berlin angesiedelt war, wobei sie von diesem kollegialen Umfeld enorm profitieren konnte. An erster Stelle sei wiederum Prof. Michael Lüthy, dem Leiter dieses Forschungsprojekts, gedankt – insbesondere unsere ausgedehnten Diskussionen über die US-amerikanische Kunst waren für mich sehr gewinnbringend und werden mir unvergesslich bleiben. Ein besonderer Dank geht an Johannes Lang, der das Manuskript sorgfältig redigierte und dessen philosophischer Weitblick dieser Arbeit sehr zugute kam. Auch Lotte Everts, deren scharfer Verstand mir an vielen Stellen geholfen hat, möchte ich einen Dank aussprechen. Dr. Dirck Linck schließlich danke ich für das meinem Thema entgegengebrachte Interesse und für viele fruchtbare Kommentare zu den kulturhistorischen Hintergründen der behandelten Gegenstände. Ohne den Einfluss all dieser Personen wäre diese Arbeit sicherlich völlig anders geraten.

Nicht zuletzt möchte ich meinen Eltern Ilse und Helmut Schieder für das in mich gesetzte Vertrauen und für ihre immer zu spürende Fürsorge danken. Meiner Frau Sandra Rex danke ich für Zuspruch und Solidarität, die auch in Zeiten eigener starker beruflicher Belastungen anhielten. Ihr ist diese Arbeit gewidmet.

INHALT

EINLEITUNG | 11
Ausgangslage: Die Öffnung des Kunstwerks für alltägliche Gegenstände (11)
Kunsthistorische Kontextualisierung (12) – Zur Auswahl der Künstler (14) – Kunst und ›alltägliche Wirklichkeit‹ (Begriffsklärung) (15) – Wirklichkeitsverhältnisse der Kunst (Forschungsstand) (17) – Eigene Thesen und Vorgehensweise (27)

ROBERT RAUSCHENBERG

1. Einführung | 31

2. Grundlegendes zur Rezeption der *Silkscreen Paintings* | 41

3. Erste mimetische Dimension: Der Betrachter als Zerstreuter | 44
Einführende Werkbetrachtungen (44) – Zerstreuung als kulturhistorisches Phänomen (Crary) (50) – Zerstreuung in den Künsten I: Baudelaire und Benjamin (55) – Zerstreuung in den Künsten II: Historische Avantgarden (61) Das mimetische und subversive Potential der *Silkscreen Paintings* (65)

4. Zweite mimetische Dimension: Die Massenmedien als Gegenstand des Bildes | 70
Grundlegendes (70) – Der Wirklichkeitsgehalt massenmedialer Bilder (73)

5. Die Produktion der *Silkscreen Paintings* | 83
Grundlegendes (83) – Die Produktionsweise des modernen Künstlers (Baudelaire) (84) – Zwischen Kunst- und Alltagspraxis: Der Künstler als Zerstreuter (86) – Zur seriellen Herstellungsweise der *Silkscreen Paintings* (90) Erste schriftliche Selbstreflexion: »RANDOM ORDER« (92) – Zweite schriftliche Selbstreflexion: »NOTE ON PAINTING« (100)

6. Resümee zu Rauschenberg | 103

ALLAN KAPROW

1. Einführung | 109

2. Alltagshandlungen in *18 Happenings in 6 Parts* | 116
Grundlegendes (116) – Abgrenzungen zum Theater (118) – Abgrenzung zur Alltagspraxis (121) – Der Zuschauer als Akteur (123)

3. Environments | 127
Grundlegendes (127) – Zwei einführende Gegenstandsskizzen (*Untitled Environment/Yard*) (128) – Vom Objekt zum Raum (132) – Von der Form zum Material (133) – Zum Wandel der produktiven und rezeptiven Kunstpraxis (137) – Eine weitere Gegenstandsskizze (*Push and Pull*) (139) – Zur Selbst- und Außenwahrnehmung des Rezipienten (142) – Die Selbstfiktionalisierung des Rezipienten (145) – Abschließendes zum Environment als installative Kunstform (Ausstieg aus dem Bild, Betrachtereinbeziehung, Ortsspezifik) (147)

4. Outside the White Cube: Grundlegendes | 152

5. *Calling* | 155
Ortswechsel (155) – Ablauf (157) – Die Erfahrung alltäglicher Wirklichkeit im Happening (162) – Die Grenze zwischen Happening und alltäglicher Wirklichkeit (165) – Zur Außenwahrnehmung des Happening (rahmentheoretische Gesichtspunkte) (167)

6. *Self-Service* | 171
Das Ende des Happenings (171) – Formen der Theatralität (172) – Der Akteur als Zuschauer (175) – Interaktion mit Dritten (176)

7. Liminale Situationen zwischen Activity und Alltag | 179

8. Resümee zu Kaprow | 184

CLAES OLDENBURG

1. Einführung | 189

2. *The Store* | 199
Grundlegendes (199) – Zum Begriff des ›Warenscheins‹ und zur Rolle der Sexualität im Handel mit Konsumgütern (Haug, Packard) (206) Verkaufstechniken US-amerikanischer Werbeanzeigen der 1960er Jahre (210) Oldenburgs Psychoanalyse der Werbung: Collagen in den *Notebooks* (214) Veranschaulichung des Warenscheins in *The Store* (225) – *The Store* als fiktionales Environment (235) – Utopie und Wirklichkeit in *The Store* (239)

3. *Mouse Museum/Ray Gun Wing* | 242
Grundlegendes (242) – *Mouse Museum*: Grundsteinlegungen (247) – Literarische Vorläufer: Die Passage bei Aragon und Benjamin (249) – »Museum of Popular Art, N.Y.C.« (253) – Die latente Erotik der Dinge (259) – Objektübergreifende Bilder (264) Der *Ray Gun Wing* (Forschungsstand) (265) – Die Produktion der Ray Guns (271) Die Rezeption der Ray Guns im *Ray Gun Wing* (275) – Die Bedeutung der Ray Guns (277) – Die erweiterte Praxis des Bildes (279)

4. Die situative Entgrenzung der erweiterten Praxis des Bildes | 282
Grundlegendes (282) – Die künstlerseitige Förderung des Bildsehens in gegebenen Kontexten (284) – Historische Einordnung (290) – Konsequenzen für das Zusammenspiel von Künstler, Rezipienten und Objekten (295)

5. Resümee zu Oldenburg | 297

SCHLUSSFOLGERUNGEN

1. Gemeinsamkeiten der untersuchten Positionen | 301
Rekapitulation der Fragestellung (301) – Die Neugestaltung der Beziehung zwischen Kunst und Leben in inhaltlicher Hinsicht (301) – Die Neugestaltung der Beziehung zwischen Kunst und Leben in formaler Hinsicht oder: Alltägliche Wirklichkeit als (temporäre) Kunst (303)

2. Abschließende Stellungnahme zum Forschungsstand (historische Einordnung) | 307
Rekapitulation des Forschungsstandes (307) – Probleme bei der Deklaration der untersuchten Positionen als ›Neo-Avantgarde‹ (Bürger) (308) – Probleme bei der Deklaration der untersuchten Positionen als ›postmodern‹ (313) – Probleme bei der Deklaration der untersuchten Positionen als ›Generation Cage‹ (Rose) (314)

3. Kunst als Zusammenspiel zwischen Künstlern, Rezipienten und alltäglichen Phänomenen (positive Bestimmung) | 316

LITERATUR | 318

EINLEITUNG

AUSGANGSLAGE: DIE ÖFFNUNG DES KUNSTWERKS FÜR ALLTÄGLICHE GEGENSTÄNDE

Spätestens Mitte der 1950er Jahre richten US-amerikanische Künstler ihre Aufmerksamkeit auf die Alltagswelt. Fragmente des Alltags, insbesondere Produkte und Ausscheidungen des urbanen Raumes und der Massenmedien, werden in Werkzusammenhänge integriert. Die Künstler distanzieren sich von den üblichen Ausstellungsorten, den Museen und Galerien, um Aktionen an Orten alltäglicher Begegnung, etwa auf Parkplätzen oder in Supermärkten, zu realisieren. Künstlerische Produktivität äußert sich nicht mehr in der malerischen oder skulpturalen Neuschöpfung von Artefakten, sondern in der Rekombination präexistenter Erzeugnisse. Aktionen und Ereignisse, die sich nicht mehr in die traditionellen Kunstgattungen einreihen lassen, treten an die Stelle überdauernder Artefakte. Man wendet sich also nicht von bestimmten Stilarten oder Sujets älterer Generationen ab, sondern von der Werkästhetik und den Ausstellungsräumen als solchen. Während die Produktion von Kunstwerken zu fixierten Objekten führt, die sich von gewöhnlichen Alltagsgegenständen abgrenzen lassen, vollzieht sich die Praxis der Kunst hier an Gegenständen und in Situationen, die nicht von Künstlern geschaffen oder kontrolliert werden und somit nicht als ein durchgängig vom künstlerischen Subjekt geprägtes Ganzes zu beschreiben sind.[1]

---

[1] Einen ersten Überblick über diese Entwicklungen bieten: Dreher, *Performance Art nach 1945: Aktionstheater und Intermedia;* Gopnik, Vanedoe, *High and Low: Modern Art and Popular Culture;* Kaprow, *Assemblage, Environments & Happenings;* Kirby, *Happenings. An Illustrated*

Diese Arbeit untersucht anhand dreier Positionen, die diese Entwicklungen wesentlich bestimmt und vorangetrieben haben, welche Motive mit solchen Praktiken der Entgrenzung zwischen Kunst und Alltäglichem verbunden sind, welche Formen sie aufweisen und welche Konsequenzen für die Rezeptionserfahrung sie zeitigen. Sie untersucht die *Neugestaltung der Beziehung zwischen Kunst und alltäglicher Wirklichkeit* an den Werken und Aktionen von drei herausragenden Künstlern dieser Zeit.

KUNSTHISTORISCHE KONTEXTUALISIERUNG

Die Herausbildung einer eigenständigen US-amerikanischen Kunst fällt zeitlich in die 1940er Jahre.[2] Zwar wurzelt die abstrakte Malerei des amerikanischen Modernismus in zeitgleichen und vorausgegangenen europäischen Strömungen, doch erfolgt ihre Selbstbestimmung schließlich stark in Abgrenzung zu diesen, was in begrifflichen Gegenüberstellungen wie dem amerikanischen ›Sublimen‹ versus dem europäischen ›Schönen‹ oder dem ›Non-Relationalen‹ versus dem ›Relationalen‹ zum Ausdruck kommt.[3] Die zwar nicht einzige, aber sicherlich dominierende Fassung des amerikanischen Modernismus ist jene, die von Clement Greenberg diktiert wird.[4] In ihr sind die Künste dazu angehalten, das Wesen ihres jeweiligen Mediums zu erkunden. Jede Disziplin wird in Auseinandersetzung mit der Tradition zur Überprüfung und gegebenenfalls Reduktion ihrer Konventionen verpflichtet, um sich auf ihren ureigenen Gegenstandsbereich besinnen zu können.[5] Spezifische Konventionen finden sich für Greenberg nur in den spezifischen Gattungen, weshalb sich die Produktion von Kunst nur als Produktion von Werken denken lässt, die sich mit einer bestehenden Gattung kritisch ausein-

---

Anthology; Kostelanetz, *The Theatre of Mixed Means. An Introduction to Happenings, Kinetic Environments, and other Mixed-Means Performances;* Seitz, *The Art of Assemblage.*
2 Einen Überblick über die US-amerikanische Kunstentwicklung seit 1940 gibt Raussert, *Avantgarden in den USA,* S. 44ff.
3 Einschlägig hierfür sind beispielsweise die Schriften von Barnett Newman. Siehe etwa den Artikel »The Sublime is Now« von 1948 (ders., »The Sublime Is Now«).

4 Vgl. für das Folgende: Greenberg, »Zu einem neueren Laokoon« und »Avantgarde und Kitsch«. Beide Texte entstehen bereits 1940, lassen sich also als Manifeste ›avant la lettre‹ – als Gründungstexte des amerikanischen Modernismus bzw. des Abstrakten Expressionismus verstehen.
5 So konstituiert sich der Gegenstandsbereich der Malerei durch die Flächigkeit der Leinwand in Abgrenzung etwa zur Skulptur, für die deren Plastizität ausschlaggebend ist.

andersetzen, ohne diese zu überschreiten. Sein Modernismus schreibt den Künstlern also vor, sich mit der (materiellen) Wirklichkeit ihres Mediums, aber nicht mit der Wirklichkeit der alltäglichen Lebenswelt zu befassen. Und so, wie der Künstler nach Greenberg in Gegnerschaft zur gesellschaftlich dominierenden Mittelklasse steht und sich daher an der Tradition orientieren muss, steht auch die Gestaltungsweise von Kunstwerken in einem Gegensatz zur Gestaltungsweise der industriellen Produkte der Massenkultur.[6]

Mitte der 1950er Jahre gerät die modernistische Malerei in eine Stagnation, die heute als »Krise der zweiten Generation Abstrakter Expressionisten« sprichwörtlich ist.[7] Die Künstler befreien sich von Greenbergs Einfluss, weil sie sich von diesem in ihrer theoretischen und praktischen Autonomie massiv eingeschränkt fühlen. In dieser Situation besinnen sie sich wieder auf die europäische Kunst. Vor dem Hintergrund der bereits erfolgten Emanzipation von Europa und des Programms der Überwindung des unmittelbar Vorangegangenen wird es möglich, sich formal und programmatisch an den europäischen Avantgarden zu orientieren. Die Referenzpunkte bilden folgerichtig zu diesem Zeitpunkt nicht jene Positionen, die von der Vorgängergeneration bereits anverwandelt worden sind – die französische surrealistische Malerei, der deutsche Expressionismus, der Kubismus und insbesondere Picasso, sondern Strömungen und Vertreter der historischen Avantgarden, die im amerikanischen Kontext vormals eher eine untergeordnete Rolle gespielt haben, aber jetzt – auch gefördert durch neue Buchscheinungen und Ausstellungen – in den Fokus der Aufmerksamkeit rücken.[8] Hierzu zählen neben Dadaismus und Futurismus auch Marcel Duchamp sowie die surrealistische Objekt-Kunst, also jene Positionen, welche die traditionellen Gattungen und die Werkästhetik durch intermediäre Kunstpraxis bereits massiv attackiert haben. In diesem Prozess finden einerseits bestimmte Verfahrensweisen der historischen Avantgarden wie Montage oder Assemblage und Formen

---

6 Zwar definiert Greenberg die Avantgarde als eine Art ›Gegenkultur‹, doch unterläuft sein Konzept insofern den sozialutopischen Ansatz, der – wie wir noch sehen werden – viele Strömungen der europäischen Avantgarden auszeichnet, als es die bürgerliche Gesellschaftsordnung nicht grundsätzlich infrage stellt bzw. zu überwinden trachtet.

7 Siehe hierzu beispielsweise Brinkmann, *Minimal Art – Etablierung und Vermittlung moderner Kunst in den 1960er Jahren*, S. 10ff. (Kapitel »Die ›zweite Generation‹ Abstrakter Expressionisten«).

8 Beispielsweise erscheint 1951 Robert Motherwells Sammlung dadaistischer Texte (ders. (Hg.), *The Dada Painters and Poets: An Anthology*).

aktionistischer Kunst Eingang in die amerikanische Kunstpraxis, andererseits gewinnen bestimmte programmatische Erklärungen wie diejenige der »Wiedervereinigung von Kunst und Leben«, die sich im Kontext der historischen Avantgarden gegen den bürgerlichen Kunstbegriff, ja gegen die bürgerliche Gesellschaft als Ganzes wendeten, an neuer Bedeutung, worin sich schon eine Revision des Verhältnisses zwischen Kunst und alltäglicher Wirklichkeit andeutet. Der Musiker und Kunsttheoretiker John Cage ist durch seine Lehrtätigkeiten am Black Mountain College und an der New School for Social Research ein Katalysator für diese Entwicklungen. Seine Kompositionskurse werden zu Sammelbecken für jene Künstler, die den Abstrakten Expressionismus und die Farbfeldmalerei zu überwinden trachten.

ZUR AUSWAHL DER KÜNSTLER Vor diesem Problemhorizont werden in den drei Hauptteilen dieser Arbeit drei verschiedene Künstler untersucht, nämlich Robert Rauschenberg, Allan Kaprow und Claes Oldenburg, bei denen der Versuch, die Beziehung zwischen Kunst und alltäglicher Wirklichkeit neu zu gestalten, in der Produktionspraxis und Rezeptionserfahrung ihrer Werke und Aktionen besonders prägnant zum Ausdruck kommt und in deren programmatischen Selbstauskünften die Neugestaltung der Beziehung zwischen »Kunst« und »Leben« eine zentrale Rolle spielt. Jeder dieser Künstler dominiert nicht nur als Gegenstand den Diskurs über das Verhältnis von Kunst und Alltagswelt, sondern lenkt diesen selbst aktiv durch Interviews, Manifeste und theoretische Schriften mit. Seit den frühen 1950er Jahren wendet sich Rauschenberg vom Abstrakten Expressionismus ab, indem er seine Gemälde auf geradezu programmatische Weise für alltägliche Gegenstände öffnet. Kaprow, der ›Erfinder‹ des Happenings, verknüpft in seinem Essay »The Legacy of Jackson Pollock«, der 1957 erscheint, einen Rekurs auf den Abstrakten Expressionismus mit der Verschiebung der Aufmerksamkeit auf die Ereignishaftigkeit alltäglicher Begebenheiten und Interaktionen. Oldenburg vollzieht Ende der 1950er Jahre ebenfalls einen Paradigmenwechsel, indem er sich der Objekterfahrung in der Konsumkultur zuwendet.[9]

---

[9] Auf die einzelnen Positionen werde ich erst in den betreffenden Teilen näher eingehen.

KUNST UND ›ALLTÄGLICHE WIRK-
LICHKEIT‹ (BEGRIFFSKLÄRUNG)

Nachdem somit der Materialbereich dieser Arbeit etwas genauer umrissen wurde, soll nun versucht werden, einige für die Fragestellung wichtige Begriffe zu erläutern. Dies betrifft vor allem das Wortpaar ›alltägliche Wirklichkeit‹. Der Begriff ›Wirklichkeit‹ ist im Folgenden in zweierlei Hinsicht relevant: Erstens ist damit das materielle Außen gemeint, von dem der Mensch umgeben ist und das den untersuchten Künstlern zum Material und Gegenstand ihrer Arbeiten und Aktionen werden kann. In diesem Zusammenhang wird der Begriff also synonym mit dem der ›Realität‹ verwendet (lat. ›realitas‹ von ›res‹ = ›Ding‹, ›Sache‹), der die ›Dinghaftigkeit‹ von Seiendem hervorhebt und dieses damit vom rein ideell Bestehenden, den bloßen Bewusstseinsinhalten, abgrenzt. Die zweite relevante Dimension bezeichnet dagegen das Wirkliche in Abgrenzung zum ›Utopischen‹ oder ›Gewollten‹ gemäß der ontologischen Unterscheidung von ›Wirklichkeit‹ und ›Möglichkeit‹.

Was aber ist mit dem Prädikat ›alltäglich‹ gemeint? Bei Martin Heidegger steht der Begriff ›Alltäglichkeit‹ im Zusammenhang mit der Analytik des Daseins, wo er einen bestimmten phänomenalen Charakter von Seiendem bezeichnet.[10] Die Interpretation eines Seienden als ›alltäglich‹ meint nicht, dass diesem Seienden eine niedrige Daseinsform zukommt, sondern ›Alltäglichkeit‹ kann dem Seienden auch dann zukommen, »wenn sich das Dasein in einer hochentwickelten und differenzierten Kultur bewegt«[11]. Im Anschluss an Heidegger ist mit ›alltägliche Wirklichkeit‹ in dieser Arbeit folglich kein besonderer Ausschnitt aus dem Wirklichen gemeint, sondern die Erscheinungsweise unterschiedlichster Wirklichkeitsbereiche, die sich insbesondere durch Repetitivität, also durch wiederkehrende Handlungsweisen und Erfahrungsmuster auszeichnen – und zwar ganz unabhängig von der Art der Betätigung. Alltägliches Handeln ist an Dinge gebunden, die ein Mensch ständig in Gebrauch hat oder denen er ständig begegnet, wird an Orten vollzogen, an denen er sich ständig aufhält, und betrifft Handlungssituationen, in denen er sich ständig wiederfindet. Im Alltagsleben werden alle aktuellen Erfahrungen auf das Schema früherer Erfahrungen bezogen, sodass, um Alfred Schütz zu bemühen, die betreffenden Gegenstände und Ereignisse immer

---

10   Vgl. Heidegger, *Sein und Zeit*, S. 43. Die Heranziehung Heideggers sowie die folgende Interpretation gehen *cum grano salis* zurück auf

Probst, »Alltäglichkeit«, S. 194f.
11   Ebd., S. 50f.

»fraglos gegeben« sind und in ihrer ›Typenhaftigkeit‹ entgegentreten.¹² Wenn man der Forschung folgt, wird die Repetitivität des Alltags seit Beginn des 19. Jahrhunderts zunehmend als problematisch empfunden, wobei in diesem Zusammenhang zumeist die durch die Industrialisierung herbeigeführten Umstrukturierungen der Lebenswelt angeführt werden. Darunter fällt beispielsweise die Etablierung fordistischer Produktionsverhältnisse, die zu monotoner Fließbandarbeit führen, oder die Einführung fester Arbeits- und Erholungszeiten, die jeden neuen Tag als eine stupide Wiederholung der vorangegangenen erscheinen lässt.¹³

Nichts und niemand ist also vor seiner Alltäglichkeit gefeit, ja selbst der Ausnahmezustand kann zum Alltag werden.¹⁴ Handlungen im Modus reiner Wiederholung und Wahrnehmungen im Modus reinen Wiedererkennens produzieren insofern keine ›Erfahrungen‹ oder ›Erkenntnisse‹ im starken Sinne als erst durch einen Akt der subjektiven Distanznahme eine erfahrende oder reflexive Beziehung zum betreffenden Gegenstand aufgenommen werden kann. Und genau für diesen Vorgang der sinnlichen und gedanklichen Auseinandersetzung, durch die das Alltägliche seiner Typenhaftigkeit und Fraglosigkeit entrissen wird und wieder in seiner Besonderheit und seinen vielfältigen Implikationen erscheint, kann die Kunst zum Medium werden.¹⁵ So bildet, wie insbesondere realistische Kunstströmungen lehren, die alltägliche Wirklichkeit des Menschen spätestens mit dem Ende religiös und aristokratisch bestimmter Lebensformen einen privilegierten Gegenstand der Künste.¹⁶ Seit dem 18. Jahrhundert bilden sich kontinuierlich Positionen heraus, die auch das Durchschnittliche oder Gewöhnliche einer ernsten ›Nachahmung‹ oder ›Darstellung‹ für würdig halten. Hierbei ist die Rezeption von Kunstwerken gewöhnlich auf feste Zeiten und Orte beschränkt: Vornehmlich auf Sonntage und bevorzugt auf Museen und Galerien, die von den Orten und Zeiten alltäglichen Han-

---

12 Schütz, *Strukturen der Lebenswelt*, S. 37. Ich danke Dirck Linck für diesen Literaturtipp. In *Art as Experience* von John Dewey steht zu lesen: »When past and present fit exactly into one another, when there is only recurrence, complete uniformity, the resulting experience is routine and mechanical; it does not come to consciousness in perception.« Ders., *Art as Experience*, S. 284.
13 Vgl. Jehle, »Alltäglich/Alltag«, S. 111.
14 In »Die Kunst als Verfahren« schreibt Viktor Šklovskij: »Die Automatisierung frisst die Dinge, die Kleider, die Möbel, die Frau und die Schrecken des Krieges. ›Wenn das ganze Leben bei vielen unbewusst verläuft, dann hat es dieses Leben nie gegeben.‹« (Šklovskij, »Die Kunst als Verfahren«, S. 15). Das Zitat im Zitat geht auf Tolstoj zurück.
15 Diese Überzeugung ist zentral für alle Verfremdungstheorien der Kunst.
16 Siehe hierzu etwa Auerbach, *Mimesis. Dargestellte Wirklichkeit in der abendländischen Literatur*.

delns und Erfahrens geschieden sind. In dieser Arbeit soll nun untersucht werden, wie Künstler im Zeichen des avantgardistischen Topos der Wiedervereinigung von Kunst und Leben über das Paradigma der ›Darstellung‹ oder ›Nachahmung‹ hinausgehen, um Kunst und Alltägliches in eine neue Beziehung zu setzen und hierdurch die Erfahrung der Kunst und gleichzeitig die Erfahrung der beleuchteten Phänomene zu erneuern. Es wird untersucht, wie die Künstler die Museen und Galerien, welche die Kunstpraxis zugleich ermöglichen *und* bedingen, verlassen, um diese Praxis reformieren zu können. Es soll jedoch auch danach gefragt werden, wie angesichts der Entgrenzungstendenzen zwischen Objekten und Situationen der Kunst einerseits und des Alltags andererseits die Grenze zwischen Kunst und alltäglicher Wirklichkeit neu zu bestimmen ist.

WIRKLICHKEITSVERHÄLTNISSE DER KUNST (FORSCHUNGSSTAND)

Die Frage nach der Beziehung zwischen Kunst und alltäglicher Wirklichkeit steht im Zentrum einer Debatte, in der die betreffenden Autoren um die historische Einordnung der skizzierten künstlerischen Phänomene und Entwicklungen, ja der Generation der ›postabstrakten‹ bzw. ›postmodernistischen‹ Künstler als solcher, bemüht sind, wobei die hier behandelten Positionen in den betreffenden Texten teils als bekannt vorausgesetzt, teils kursorisch erwähnt, teils aber auch ausführlich behandelt werden.[17] Im Folgenden sollen drei Argumentationsweisen, die diese Debatte dominieren, vorgestellt werden: In der ersten dieser Argumentationsweisen werden die betreffenden Künstler sehr stark auf die historischen Avantgarden bezogen, in der zweiten werden sie als erste Anzeichen der hereinbrechenden Postmoderne begriffen und in der dritten wird ihre Eigenständigkeit bekräftigt, wobei in allen Argumentationsweisen das *Wirklichkeitsverhältnis* dieser Künstler als wesentliches Kriterium für ihre historische Verortung dient. Um hierauf näher eingehen zu können, bedarf es im Folgenden verschiedener Vorbemerkungen zu den Begriffen ›Avantgarde‹ und ›Postmoderne‹.

---

17 Die Forschung zu den einzelnen Künstlern wird erst im Hauptteil dieser Arbeit berücksichtigt. Die Systematik dieses Abschnittes, die für die gesamte Arbeit relevant ist, bezieht ganz wesentliche Anregungen aus einer gemeinsam mit Lotte Everts, Johannes Lang und Michael Lüthy 2013 durchgeführten Tagung (»Kunst und Wirklichkeit heute: Affirmation – Kritik – Transformation«) bzw. aus dem Vorwort des betreffenden Tagungsbandes von Johannes Lang (ders., »Drei Wirklichkeitsbezüge künstlerischer Praxis. Eine Einleitung«). Auch Gregor Stemmrich danke ich für wichtige Hinweise.

Wie hinlänglich bekannt, erfolgt die künstlerische Anverwandlung des ursprünglich militärischen Begriffes der ›Avantgarde‹ (französisch für ›Vorhut‹, ›Aufklärung‹) um 1825 im Rahmen saint-simonistischer und fourieristischer Sozialutopien. In diesem Kontext entsteht erstmals das Konzept künstlerischen Vorkämpfertums, das den Künstler zum Vorreiter sozialer Revolutionen erklärt. Ihm wird eine Doppelfunktion auferlegt, die darin besteht, sowohl in *ästhetischer* als auch in *sozialer* Hinsicht eine führende Rolle zu übernehmen:

> »C'est nous, artistes, qui vous servirons d'avant-garde; la puissance des arts est en effet la plus immédiate et la plus rapide. Nous avons des armes de toute espèce: quand nous voulons répandre des idées neuves parmi les hommes, nous les inscrivons sur le marbre ou sur la toile; nous les polarisons par la poésie et le chant [...] et, c'est là surtout que nous exerçon une influence électrique et victorieuse. Nous nous adressons à l'imagination et aux sentiments de l'homme; nous devons donc exercer toujours l'action la plus vive et la plus décisive; et si aujourd'hui notre rôle paraît une ou au moins très-secondaire, c'est qu'il manquait aux arts ce qui est essentiel à leur énergie es à leur succès, une impulsion commune et une idée générale.«[18]

Nach dem Ersten Weltkrieg wird der Begriff ›Avantgarde‹ gebräuchlich, um damit die fortschrittlichen europäischen, zum Teil transnationalen Kunstbewegungen zu adressieren. Die bürgerlichen Gesellschaftsordnungen und Wertesysteme sind durch den Ersten Weltkrieg in eine tiefe Krise geraten, was, wie Karlheinz Barck betont, die »Vision einer anderen Bewegungsrichtung«[19] heraufbeschwört, die sich immer stärker politisch deklariert. Wie er weiterhin behauptet, bringen sich die Avantgarden in dieser Zeit in einen Gegensatz zu der sie umgebenden gesellschaftlichen Wirklichkeit und versuchen, ihre künstlerische Praxis mit progressiven politischen Bewegungen, Gruppen und Parteien zu koordinieren. Befördert durch neue wissenschaftliche Theorien und technische Erfindungen werden die sozialutopischen Prophetien um wissenschaftlich begründete Visionen ergänzt: Um die Zukunft mitgestalten zu können, schlüpft der Künstler in die Rolle des Erfinders, Ingenieurs oder Konstrukteurs.

---

18 Olinde Rodriguez, »L'artiste, le savant et l'industriel« (1825), in: Claude Henri de Saint-Simon, *Œuvres*, Paris 1966, Bd. 5, S. 210f., zit. n. Barck, »Avantgarde«, S. 549.
19 Barck, »Avantgarde«, S. 560.

Generell stehen die Avantgarden also ihrer Gegenwart kritisch gegenüber und sie beanspruchen, der eigenen Zeit voraus zu sein. Sie richten ihre Aufmerksamkeit auf die Verbesserung der Wirklichkeit, auf das, was *möglich* ist, und schwanken daher zwischen der *Kritik dessen, was ist,* und der *Darstellung dessen, was sein soll.* Es gilt, im Wirklichen das Mögliche (und bisweilen auch das Unmögliche) zu erkennen, weswegen, wiederum Barck zufolge, die Realismus-Konzepte des 19. Jahrhunderts abgelehnt werden, weil sie allem Anschein nach allein dem aktuell Wirklichen verpflichtet sind und dieses anscheinend bejahen, ohne es auf Aspekte des Zukünftigen zu befragen.[20]

Forschung und Kunstkritik beschäftigen sich nun mit der Frage, inwiefern Künstler wie Rauschenberg, Kaprow oder Oldenburg nicht nur formale, sondern auch inhaltliche und programmatische Momente der historischen Avantgarden aufnehmen und inwiefern sie diese Momente dem veränderten kulturellen Referenzrahmen anpassen.[21] Wie bereits skizziert, drängen sich solche Fragen gerade deshalb auf, weil sie sich bestimmter Verfahrensweisen bedienen, die an jene der europäischen Avantgarden anschließen, und weil sich ihr Diskurs, der von Erörterungen über das Verhältnis zwischen Kunst und alltäglicher Wirklichkeit geprägt ist, auf die avantgardistischen Bewegungen des 19. und frühen 20. Jahrhunderts zurückführen lässt.

Ein Autor, bei dem sich die erste der drei eingangs angeführten Argumentationsweisen exemplarisch verfolgen lässt, ist Peter Bürger. In seiner *Theorie der Avantgarde* betont er die nahe Verwandtschaft zwischen der von ihm als ›Neo-Avantgarde‹ bezeichneten Künstlergeneration – wobei er hierbei vor allem die europäische und amerikanische Happening-Bewegung vor Augen hat – und den historischen Avantgarden. Er argumentiert, dass das Vorhaben der historischen Avantgarden darin bestehe, der gesellschaftlichen Wirklichkeit nicht nur ablehnend zu begegnen, sie nicht nur zu kritisieren, sondern sie nach eigenen Maßgaben zu *gestalten*, womit bei ihm eindeutig ein *transformatives* Wirklichkeitsverhältnis im Vordergrund steht. In Bürgers eigenen Worten intendieren die Avantgarden, die

---

20 Vgl. ebd. S. 559, 567.
21 In diesem Kontext werden neben Rauschenberg, Kaprow und Oldenburg so unterschiedlich ausgerichtete Künstler wie Jim Dine, Tom Wesselmann, Robert Whitman oder Red Grooms behandelt. An der Debatte beteiligen sich so bekannte Autoren wie Annette Michelson, Susan Sontag, Michael Kirby, Gene Swenson, Lucy Lippard oder William Rubin. Hierüber informieren ausführlich Craft, *Constellations of Past and Present* und der Ausstellungskatalog Hapgood, *Neo-Dada: Redefining Art, 1958-62*.

Kunst »in Lebenspraxis« zurückzuführen und zum »Organisationsprinzip des Daseins« zu machen.[22] Diese These führt er an einer Stelle etwas genauer aus:

> »Die Kunst soll nicht einfach zerstört, sondern in Lebenspraxis überführt werden, wo sie, wenngleich in verwandelter Gestalt, aufbewahrt wäre. Es ist wichtig zu sehen, dass die Avantgardisten dabei ein wesentliches Moment des Ästhetizismus übernehmen. Dieser hatte die Distanz zur Lebenspraxis zum Gehalt der Werke gemacht. Die Lebenspraxis, auf die der Ästhetizismus sich, diese negierend, bezieht, ist die zweckrational geordnete des bürgerlichen Alltags. Die Avantgardisten intendieren nun keineswegs, die Kunst in *diese* Lebenspraxis zu integrieren, im Gegenteil, sie teilen die Ablehnung der zweckrational geordneten Welt, die die Ästhetizisten formuliert haben. Was sie von jenen unterscheidet, ist der Versuch, von der Kunst aus eine *neue* Lebenspraxis zu organisieren.«[23]

Wie Bürger weiter schreibt, äußere sich der avantgardistische Versuch, die gegebene Wirklichkeit zu transformieren, nicht nur in der Ablehnung der Kunst der unmittelbaren Vorgänger, sondern in einem Angriff auf die »Institution Kunst« als solche, was dem Bewusstsein geschuldet sei, dass diese in der bürgerlichen Gesellschaft »in Opposition zur Lebenspraxis« stehe. Mit dem Begriff ›Institution Kunst‹ sind dabei »sowohl der kunstproduzierende und -distribuierende Apparat als auch die zu einer gegebenen Epoche herrschenden Vorstellungen über Kunst« gemeint, »welche die Rezeption von Werken wesentlich bestimmen«[24]. Hierbei beruft sich Bürger auf die Geschichte der sozialutopischen Ansätze des 19. Jahrhunderts: Während zu Beginn dieses Jahrhunderts die Herausbildung einer autonomen gesellschaftlichen Institution ›Kunst‹ den Künstlern noch als Garantin dafür gegolten habe, von heteronomen Verwendungsansprüchen befreit zu sein und unter diesen Voraussetzungen in einer selbstreflexiven Wendung zu sich selbst finden oder eigene Ziele definieren zu können, stehe nach dem Ersten Weltkrieg die Geschlossenheit und Selbstbezogenheit des Kunstsystems dem Anspruch entgegen, auf die gesellschaftliche Wirklichkeit positiv einzuwirken, also die besagte soziale Vorreiterrolle übernehmen und ausfüllen zu können.

---

22 Bürger, *Theorie der Avantgarde*, S. 44, 29. **24** Ebd., S. 29.
23 Ebd., S. 67.

Wenngleich sich *Theorie der Avantgarde* überwiegend mit den historischen Avantgarden beschäftigt, gelangt Bürger auch in Bezug auf die Generation der ›Neo-Avantgarde‹ zu einem vernichtenden Urteil: Sie übernehme in unproduktiver Weise das Ziel der historischen Avantgarden und scheitere wie diese daran, transformierend auf die Wirklichkeit einzuwirken und Kunst in Lebenspraxis zurückzuführen. Mehr und schlimmer noch betreibe sie die ›Institutionalisierung‹ avantgardistischer Kunst:

> »Nachdem der Angriff der historischen Avantgardebewegungen auf die Institution Kunst gescheitert, d. h. Kunst nicht in Lebenspraxis überführt worden ist, besteht die Institution Kunst als von der Lebenspraxis abgehobene weiter. [...] Insofern die Mittel, mit deren Hilfe die Avantgardisten die Aufhebung der Kunst zu bewirken hofften, inzwischen Kunstwerkstatus erlangt haben, kann mit ihrer Anwendung der Anspruch einer Erneuerung der Lebenspraxis legitimerweise nicht mehr verbunden werden. Pointiert formuliert: Die Neoavantgarde institutionalisiert die Avantgarde als Kunst und negiert damit die genuin avantgardistischen Intentionen.«[25]

Kommen wir zur zweiten hier vorzustellenden Argumentationsweise: Die künstlerischen Positionen, die Bürger unter dem Terminus ›Neo-Avantgarde‹ verhandelt, werden seit den späten 1970er Jahren auch als erste Anzeichen eines postmodernen Paradigmenwechsels gewertet, wobei auch hier die Frage nach dem gewandelten Wirklichkeitsverhältnis eine zentrale Rolle spielt. Damit ist der Anspruch verbunden, bestimmte Positionen aus der diskursiven Gewalt der *Theorie der Avantgarde* zu befreien und ihnen neue Interpretations- und Theoretisierungsmöglichkeiten zu eröffnen. Bevor ich mich dieser Argumentationsweise zuwende, möchte ich einige grundsätzliche Bemerkungen zum Begriff der ›Postmoderne‹ vorausschicken.

Geht man relevante Lexikoneinträge durch, hat dieser mindestens drei Facetten: Einerseits handelt es sich bei ihm um einen Epochenbegriff, zweitens wird er verwendet, um eine bestimmte philosophische Weltanschauung zu charakterisieren, drittens werden damit bestimmte ästhetische Phänomene bezeichnet, die mit dieser Epoche und dieser Weltanschauung verbunden sind. Der Beginn der postmodernen Epoche

---

25 Ebd., S. 78, 80.

wird gemeinhin mit den kulturellen Umbrüchen, die sich nach dem Zweiten Weltkrieg vollziehen, gleichgesetzt. In diesem Zusammenhang ist vor allem die Herausbildung postindustrieller Informationsgesellschaften zu nennen, wobei die neue Rolle der Massenmedien in der Wirklichkeitsvermittlung wohl am frühesten und markantesten in den USA, aber auch in Westeuropa, hervortritt.

Der philosophische Paradigmenwechsel der Postmoderne geht mit einer Distanznahme zu bestimmten mit der Moderne identifizierten Hoffnungen und Ansprüchen wie beispielsweise dem Glauben an Vernunft und Fortschritt einher, die dieser Ansicht zufolge zuallererst die technologische Modernisierung und die mit ihr verbundenen Konflikte herbeigeführt haben. Kennzeichnend für postmodernes Denken sind der Bruch mit dem aufklärerischen Projekt einer umfassenden Erklärung der Natur sowie die Abwehr der großen sinnstiftenden Erzählungen und Utopien, die wie die technologische Modernisierung für die politischen und ästhetischen Totalitarismen des frühen 20. Jahrhunderts verantwortlich gemacht werden.[26]

In epistemischer Hinsicht äußert sich die postmoderne Skepsis generell darin, dass ›Wahrheit‹ nun als ein Effekt widerspruchsfreier sprachlicher Bedeutungen begriffen wird. Man nimmt an, dass jegliches Wissen machtgesteuert sei, während der Glaube an die Autonomie und Erkenntnisfähigkeit des Subjektes erlischt. Dieses gilt nun als ein intertextuelles Produkt, als ein dynamischer Kreuzungspunkt verschiedenster Diskurse oder Sprachspiele.[27] Im Zuge dessen vollzieht sich eine Abwertung vormals privilegierte Kategorien wie ›Rationalität‹, ›Originalität‹ oder ›Kreativität‹. In ontologischer Hinsicht äußert sich diese Skepsis im Verständnis von ›Wirklichkeit‹ als gesellschaftliche Konstruktion. Wie Johannes Lang äußert, erkennt die Postmoderne Wirklichkeit somit als produzierte und damit als gestaltbare an, doch weiß sie diese Gestaltbarkeit nicht mit dem richtigen oder guten Handeln zu vereinen.[28]

Für solche Überzeugungen lassen sich etliche Autoren anführen: So gilt in der dekonstruktivistischen Theorie von Jacques Derrida ›Wirklichkeit‹ als ein multidimensionales Textfeld und eine nicht-hierarchische Verweisstruktur von Zeichen.[29] »[D]ie Realtität ist ein Text«, so Derrida, und

---

26 Vgl. Schubert, »Postmoderne/Postmodern«, S. 303.
27 Vgl. ebd., S. 304.

28 Vgl. Lang, »Drei Wirklichkeitsbezüge künstlerischer Praxis. Eine Einleitung«, S. 11f.
29 Vgl. Schubert, »Postmoderne/Postmodern«, S. 304.

»der Text ist kein Zentrum«[30]. In der Medientheorie von Jean Baudrillard wird die Realität von multimedialen Technologien der ›Simulation‹ verdrängt und ersetzt. Durch die Wucherung des Medialen entsteht eine ›Hyperrealität‹, die sich auf Seiendes zu beziehen scheint, diese Referenz aber nur vortäuscht, also durch ›Modelle‹ und ›Codes‹ simuliert. Anstatt die Wirklichkeit zu vermitteln, haben sich die massenmedialen Zeichen von der zu bezeichnenden Wirklichkeit gelöst und sind ›referenzlos‹ bzw. selbstreferentiell geworden: Sie verweisen nur noch aufeinander, aber nicht mehr auf etwas, das außerhalb ihrer liegt.[31]

Im Zeichen solcher philosophischer Anschauungen stellen Kunsthistoriker wie Douglas Crimp oder Craig Owens künstlerische Montage- und Zufallsprozeduren modernen Modellen künstlerischer Produktion gegenüber und werten sie als Ausdruck postmoderner Identitäts-, Originalitäts- oder Innovationskritik.[32] Die Einbeziehung und Verarbeitung alltäglicher Phänomene und Materialien scheint nun die postmoderne ›Enthierarchisierung‹ oder sogar ›Entdifferenzierung‹ von Hoch- und Populärkultur zu indizieren. Ephemere Aktionen wie Happenings und Performances, die sich nicht mehr den modernen Kunstgattungen subsumieren lassen, gelten als symptomatisch für die postmoderne Wertschätzung des Flüchtigen und Ereignishaften. Crimp wertet die Flucht aus dem Museum generell als Ausdruck postmoderner Kritik an der modernen Kunstpraxis.[33]

Für unsere Frage nach der Neugestaltung der Beziehung zwischen Kunst und alltäglicher Wirklichkeit ist dabei von besonderem Interesse, dass man unter dem Einfluss der geltenden philosophischen Paradigmen dazu neigt, die als postmodern identifizierten künstlerischen Manifestationen als erfahrungs- und erkenntnisskeptizistisch zu qualifizieren und damit der Kunsterfahrung jegliche wirklichkeitserschließende Dimension in Abrede zu stellen. So konstatiert man aufgrund des Überhandnehmens interpikturaler Verweise und des Schwunds von Referenzen auf andere Seinsbereiche als denjenigen der Kunst einen generellen ›Wirklichkeitsverlust‹. Man behauptet, dass angesichts offener oder ephemerer Kunst-

---

30 Peter Engelmann, Jacques Derrida: »Jacques Derridas Rundgänge der Philosophie«, in: Jeff Bernard (Hg.): *Semiotica Austriaca*, Wien 1987, S. 108, zit. n. Schubert, »Postmoderne/Postmodern«, S. 304.
31 Siehe hierzu beispielsweise Baudrillards Text »Die Präzession der Simulakra«.
32 Auf beide Autoren werde ich im Teil über Rauschenberg noch näher eingehen.
33 In dem 1979 publizierten Artikel »Pictures« konstatiert er einen »Bruch mit der Moderne«, die er als »Ära des Museums« begreift.

formen die Verantwortung für die Bedeutungsproduktion auf den Rezipienten übergegangen sei, der sich darin quasi frei nach Belieben entfalten könne und im Wesentlichen selbst erfahre. Aus der Kontingenz des Wahrgenommenen wird also auf die Kontingenz der Wahrnehmung, also auf die Nicht-Wahrnehmbarkeit des Seienden geschlossen, womit jeder erkennende oder erfahrende Bezug zur Wirklichkeit verlustig geht. Bedeutungsstiftend ist nach diesem Verständnis weder die künstlerische Form noch das Material, sondern allein die Aktivität des Rezipienten.[34]

So fordert beispielsweise Rüdiger Bubner 1973 zu einer Rückbesinnung auf die kantische Erfahrungsästhetik auf.[35] Er bestimmt Kunsterfahrung als einen unabschließbaren Prozess von Deutungsversuchen, in denen sich der Betrachter in seinen schöpferischen Leistungen erfahren kann. Der Philosoph Christoph Menke spricht von der »gegenstandslosen Selbstbezüglichkeit des Ästhetischen«[36], also auch der Kunsterfahrung. Unter Berufung auf Inge Baxmann schreibt Jan-Peter Pudelek über die Performances von John Cage und Merce Cunningham, dass diese die Möglichkeit werkhafter Sinneinheit durch die Desorganisation des herangezogenen Materials systematisch hintertreiben.[37] Ebenso konstatiert er, sich auf Roland Barthes berufend, dass »das auf Totalität und Sinneinheit zielende Konzept des Kunstwerks« von einer neuen Methode unterwandert werde, die auf »freie Rekombinierbarkeit des Details« und »lustvoll-anarchische Zerstreuung des Sinns«[38] setzt. Außerdem behauptet er im Rekurs auf Charles Jencks, dass sich die das »disparate Material zur Sinneinheit organisierende Phantasie« von »der Seite des hervorbringenden Genies auf die der Adressaten«[39] verschoben hat.

Problematisch ist dabei, dass eine Vielzahl an künstlerischen Verfahrensweisen offensichtlich sowohl von den Theoretikern der Avantgarde als auch von denen der Postmoderne in Anspruch genommen wird, mithin sowohl als avantgardistische Strategie als auch als Ausdruck postmoderner Gesinnung gelten kann. Darunter fallen beispielsweise Montagetechniken, das Operieren mit dem Zufall, die künstlerische Initiierung ephemerer Ereignisse sowie die Ablehnung traditioneller Ausstellungsstätten. Beide Seiten, sowohl diejenige, die in Künstlern wie Rauschenberg, Oldenburg oder

---

34 Siehe hierzu ausführlicher Lang, Schieder, »Formen des ›Kontingenten‹ in Land-Art und ökologischem Design«, S. 52f.
35 Vgl. Bubner, »Über einige Bedingungen gegenwärtiger Ästhetik«.
36 Menke, *Kraft. Ein Grundbegriff ästhetischer Anthropologie*, S. 87.
37 Pudelek, »Werk«, S. 524.
38 Ebd., S. 524f.
39 Ebd., S. 525.

Kaprow eine Wiederkehr der Avantgarden erkennt, als auch diejenige, die sie als erste Symptome der Postmoderne begreift, stützen sich also partiell auf dieselben Beobachtungen. Dies ist dem Umstand zu verdanken, dass, wie weiter oben bereits ausgeführt, schon die historischen Avantgarden sowohl in politischer als auch in ästhetischer Hinsicht modernekritische Tendenzen aufweisen. *Die kritische Auseinandersetzung mit den Idealen der Moderne beginnt bereits in der Moderne selbst*, wodurch die Avantgarden die Postmoderne in mancherlei Hinsicht vorwegnehmen.

Zweierlei ist daraus zu schließen: Statt Avantgardismus und postmoderne Kunst einander kontrastiv gegenüberzustellen, erscheint es, ganz nach dem Vorbild Hal Fosters, sinnvoller, dem Erbe der Avantgarden in der Kunst der Postmoderne nachzugehen.[40] Denn die Kunst der Postmoderne scheint, folgen wir Foster, sowohl in die Geschichte der Avantgarde verwickelt als auch auf den zeitgenössischen kulturellen Kontext bezogen zu sein. Zweitens kann nur eine genaue Untersuchung der künstlerischen Praktiken über deren Motive und Erfahrungsinhalte verlässliche Auskunft geben. Was für Sherrie Levine, Cindy Sherman oder Robert Longo stichhaltig ist, mag nicht unbedingt auf Rauschenberg, Kaprow oder Oldenburg zutreffen.

Dies führt uns zu der dritten und letzten relevanten Argumentationsweise, die hier vorgestellt werden soll: Auch in dem Artikel »Dada Then and Now«, der bereits 1963 erscheint und große Beachtung erfährt, bildet die Beziehung der infrage stehenden Künstler zur aktuellen Wirklichkeit ein wesentliches Kriterium. Wenngleich sich die Autorin Barbara Rose, wohl mangels einer besseren Alternative, der Sammelbezeichnung ›neo-Dada‹ bedient, kommt sie zu dem Schluss, dass das Wirklichkeitsverhältnis der darunter subsumierten Positionen von dem gesellschaftskritischen der europäischen Dada-Bewegung zu unterscheiden sei.[41] Während sich die historischen Avantgarden durch eine auf Provokation und Schock ausgerichtete Antikunst-Haltung auszeichneten, sei die »coole unbeteiligte«[42] Kunst der amerikanischen Gegenwart damit beschäftigt, »das

---

40 Siehe beispielsweise die beiden Texte »Against Pluralism« und »Who's Afraid of the Neo-Avant-Garde?«.

41 Das Label ›Neo-Dada‹ wird erstmals 1957 von Robert Rosenblum und im folgenden Jahr von Thomas B. Hess verwendet. Neben Rauschenberg, Kaprow und Oldenburg führt Rose die Künstler Jasper Johns, Jim Dine, Tom Wesselmann, Robert Indiana, James Rosenquist, Roy Lichtenstein, Andy Warhol und Wayne Thiebaud an.

42 Rose, »Dada Then and Now«, S. 23 (»cool detached«).

Gewöhnliche und Banale in Kunst zu verwandeln«[43]. Ganz im Gegensatz zu Dada betrachteten die neo-dadaistischen Künstler die sie umgebende populäre Kultur mit einem »Gemisch aus Horror und Faszination«[44]. Rose schreibt weiter:

> »[... E]xperiencing the war years as children and adolescents, [they] learned to accept in a dispassionate manner what would outrage and inflame a generation that had known something else. Playing a passive role from the start in the events that shaped our world, they are passive, acquiescing and accepting still. Every generation to some extent feels itself the inheritor of a world not of its making, but this feeling usually engenders protest. In this case, however, the futility of protest and the early acceptance of the horrible, the atrocious and the insane as objective facts of life led rather to detachment and non-participation.«[45]

Im zweiten Teil des Textes führt Rose eine alternative Position an, von der aus ihr zufolge die ›neo-dadaistische‹ Bewegung ihren Ausgangs nehme, nämlich die Schriften und Kurse von John Cage, den sie am Ende ihres Textes ausführlich zu Wort kommen lässt: »The novelty of our work derives [...] from our having moved away from simply private human concerns towards the world of nature and society of which all of us are a part. Our intention is [...] simply to wake up to the very life we're living [...].«[46]

Im Unterschied zu Bürger, der in Bezug auf Avantgarden wie Neo-Avantgarden ein auf Veränderung ausgerichtetes gesellschaftskritisches Wirklichkeitsverhältnis konstatiert, und den Verfechtern der Postmoderne, die jeglichen Wirklichkeitsbezug in Abrede stellen, erkennt Rose bei ›neo-Dada‹ also einen affirmativen Grundzug. Dieser erscheint insofern ›ästhetizistisch‹, ja ›pan-ästhetizistisch‹, als die betreffenden Künstler Rose zufolge darum bemüht sind, die Grenze zwischen ästhetischen und nicht-ästhetischen Gegenständen niederzureißen, also jeden Gegenstand, unabhängig davon, wie er in jeglicher anderen Hinsicht zu bewerten ist, als einen ›ästhetischen‹ zu behandeln. Die alltägliche Wirklichkeit wird rein nach ihrer *sinnlichen Wirkung* bemessen, sie interessiert nur im Hinblick

---

43 Ebd., S. 24 (»transform the ordinary and the banal into art«).
44 Ebd., S. 24 (»mixed horror and fascination«).
45 Ebd., S. 25.

46 Ebd., S. 28. Es handelt sich um ein Zitat aus dem erstmals 1944 publizierten Text »Four Statements on the Dance«.

auf das, was sie im rezipierenden Subjekt an Empfindungen auslöst. Tendenziell alle Elemente der aktuellen Wirklichkeit können dann als ›schön‹ gelten, womit sie weder erkannt noch verändert werden müssen. Der Wert des Schönen dominiert, wird allem anderen übergeordnet, während die Werte des Guten, Wahren oder Nützlichen nur von sekundärer Bedeutung sind.

EIGENE THESEN UND VORGEHENSWEISE

Bezogen auf die Diskurse, die ich gerade skizziert habe, dient diese Arbeit dem Nachweis, dass die betreffenden Künstler in formaler, inhaltlicher und programmatischer Hinsicht weder mit den historischen Avantgarden noch mit der postmodernen Kunst gleichgesetzt werden sollten. Stattdessen ist von einer eigenständigen Bewegung zu sprechen, wobei die Eigenständigkeit der betreffenden Künstler – so die These – insbesondere *durch deren spezifisches Wirklichkeitsverhältnis* zum Ausdruck kommt. Zwar weist Rose bereits auf dieses spezifische Wirklichkeitsverhältnis hin, doch wird es von ihr letztendlich nicht korrekt beschrieben. Ich vertrete erstens, dass der Sinn der Thematisierung alltäglicher Phänomene oder ihrer Integration in das Kunstwerk für die behandelten Künstler nicht darin liegt, sie den willkürlichen Projektionen und Konstruktionen der Rezipienten zu unterstellen, sondern darin, Aspekte dieser Phänomene selbst sowie des weiteren gesellschaftlichen Zusammenhangs, in dem sie stehen, in den Fokus zu rücken.[47] Zweitens möchte ich zeigen, dass die behandelten Künstler auf verschiedene Weise darauf abzielen, die Grenze zwischen Kunst und Wirklichkeit zu destabilisieren. Unter anderem werden kunstspezifische Wahrnehmungsweisen auch an nicht-künstlerischen Gegenständen außerhalb von Werkzusammenhängen praktiziert. Sie ereignen sich dann an Objekten in lebensweltlichen Kontexten und unterbrechen solcherart temporär die alltägliche Praxis des Rezipienten.

Mein methodisches Vorgehen besteht in der möglichst vorurteilsfreien Analyse der Ästhetik, also der Erscheinungsweise künstlerischer Realisationen, und es ist mit dem Anspruch verbunden, sich nicht von bestimmten normativen Vorstellungen der Avantgarde-Theorie, aber auch

---

[47] Ich nehme hier fast wörtlich eine Formulierung auf, die aus einem unveröffentlichten Antrag des Forschungsprojektes stammt, an dem ich an der FU Berlin von 2011 bis 2014 mitgearbeitet habe. Insofern bin ich meinen Kollegen Lotte Everts, Johannes Lang und Michael Lüthy zu Dank verpflichtet.

der Kunstgeschichte leiten zu lassen. Jeder der drei folgenden Teile ist einem Künstler gewidmet. Die Auswahl der Werke und Aktionen soll folgende Rückschlüsse erlauben: Erstens über die individuelle künstlerische Entwicklung der Auseinandersetzung mit der alltäglichen Wirklichkeit, zweitens über die diesbezüglichen Verwandtschaften der unterschiedlichen künstlerischen Ansätze und drittens über die in dieser Hinsicht wahrzunehmenden Differenzen zwischen den europäischen Avantgarden, den untersuchten Positionen und dem, was als ›postmoderne Kunst‹ gilt.

Bereits in den Hauptteilen werde ich immer wieder versuchen, spezifische künstlerische Verfahrensweisen zu Praktiken der historischen Avantgarden ins Verhältnis zu setzen. Hierdurch sollen sich nicht nur Ähnlichkeiten offenbaren, sondern vor allem auch Abgrenzungsmöglichkeiten ergeben. Im Schlussteil werde ich dann die gewonnenen Ergebnisse verallgemeinern, indem ich nach Schnittmengen zwischen den behandelten Künstlern suche. An diesem Punkt soll dann nochmals auf den hier skizzierten Forschungsstand kritisch Bezug genommen werden, um zu einer differenzierten historischen Einordnung der untersuchten Phänomene zu gelangen.

ROBERT RAUSCHENBERG

1. EINFÜHRUNG

Wohl kein anderes Credo Rauschenbergs ist öfter aufgegriffen worden als jenes, dass er im »Spalt« zwischen Kunst und Leben »agiere«: »Painting relates to both art and life. Neither can be made. (I try to act in that gap between the two.)«[48] Es wurde tausendfach kommentiert und modifiziert; selbst so herausragende und eigenständige Künstler wie John Cage, Jim Dine, Allan Kaprow oder Claes Oldenburg haben sich wiederholt darauf bezogen oder es sogar für sich selbst in Anspruch genommen, weswegen Joachim Jäger so weit geht, den Satz als »Motto einer ganzen Epoche«[49] zu bezeichnen. Freilich wirft er mehr Fragen auf als er Antworten bietet, was sich schon an der inhaltlichen Varietät seiner Interpretationen zeigt, die bis in die heutige Zeit formuliert werden. Er lässt aber zumindest erkennen, dass Rauschenberg eine Neubestimmung des Verhältnisses zwischen Kunst und alltäglicher Wirklichkeit anstrebt, dass er auf irgendeine Weise versucht, eine engere Beziehung zwischen ihnen herzustellen, dass er also – um im Bild zu bleiben – den besagten ›Spalt‹ zwischen Alltagspraxis und Kunstpraxis durch seine Person, Handlungen oder Werke beseitigen oder zumindest überbrücken möchte. In diesem Teil werde ich nun der Frage nachgehen, welche Konsequenzen dieses Vorhaben sowohl für die Produktion als auch für die Rezeption seiner Werke zeitigt. Ich werde verfolgen, wie es zu einer völligen Neu-Konzeption des Bildes führt.

Einen ersten Anhaltspunkt bietet in diesem Zusammenhang Rauschenbergs Verfahrensweise, alltägliche Materialien in den Werk-

---

[48] Es findet sich in einem Ausstellungskatalog von 1959, der den Künstler vor einigen seiner *Combine Paintings* zeigt: Miller (Hg.): *Sixteen Americans*, S. 58.

[49] Jäger, *Das zivilisierte Bild*, S. 52.

zusammenhang zu integrieren. Hier sind einerseits seine *Combine Paintings* zu nennen, die seit 1954 entstehen, indem Rauschenberg dreidimensionale Alltagsfragmente auf dem Bildträger anbringt, wodurch sich das ›Gemälde‹ faktisch nach vorne in den physikalischen Raum entgrenzt. Hierdurch und durch ihre strukturelle Anlage werden die *Combines* nicht mehr als transparente Medien bildlicher Repräsentation aufgefasst, sondern als physische und opake Arbeitsflächen, auf denen kulturelle Artefakte aller Art verteilt, befestigt und bearbeitet werden – mag es sich hierbei auch um Pressebilder, Fotografien des Künstlers oder Ähnliches handeln. Sie stellen eine Verbindung aus Montagetechnik und abstrakter Malerei dar, was gleichermaßen auf die Assemblage der historischen Avantgarden und die Malerei des Abstrakten Expressionismus zurückweist.

Des Weiteren fällt darunter auch eine Serie von *Silkscreen Paintings*, die zwischen 1962 und 1964 geschaffen wird und – obgleich Rauschenberg mit ihr 1964 auf der Biennale von Venedig den Goldenen Löwen gewinnt – einen weit unbekannteren Teil seines Œuvres bildet.[50] Die Serie umfasst 79 Arbeiten, die wie die *Combines* eine Mischform bilden – in diesem Fall aus Siebdruckreproduktionen, die größtenteils massenmediales Bildmaterial wiedergeben, und frei aufgetragenen Farbspuren. Auch in der formalen Anlage, der Anordnung der Bildelemente, ähneln sie den *Combines*, weisen aber im Gegensatz zu diesen einen ausschließlich mit Farbe behandelten und daher planen Bildgrund auf. Auf diesen Ausschnitt von Rauschenbergs Œuvre möchte ich mich im Folgenden konzentrieren.

Als die Öffentlichkeit 1964 von der Auszeichnung der *Silkscreens* auf der Biennale von Venedig erfährt, führt das zwischen Frankreich und den USA beinahe zu einem politischen Eklat.[51] Erstaunlicherweise stimmen Amerikaner und Franzosen, trotz ihrer antagonistischen Rollen, in der Interpretation der prämierten Siebdrucke weitgehend überein: Beide Seiten machen eine grundsätzlich bejahende Einstellung des Künstlers gegenüber den kapitalistischen Lebensverhältnissen aus, attestieren ihm eine apolitische Haltung und sprechen ihm somit jegliche kritische Distanz ab. Darin jedoch, wie man diesen Befund zu bewerten habe, divergieren die Meinungen in beträchtlichem Maße: Während Alan Solomon,

---

50 Kompletter Katalog: Feinstein (Hg.), *Robert Rauschenberg: The Silkscreen Paintings 1962-1964*.
51 Zu den genauen Umständen der Preisverleihung und zur allgemeinen welt- und kulturpolitischen Situation mit Fokus auf dem Verhältnis zwischen Europa und den USA siehe Monahan, »Cultural Cartography: American Designs at the 1964 Venice Biennale«.

der amerikanische Kurator der Ausstellung, Rauschenbergs »positive«, »optimistische« und »konstruktive« Weltsicht hervorhebt, die von jeglichem politischen Interesse frei sei und Reichtum, Vielfalt und Schönheit überall, also auch innerhalb der spätkapitalistischen Warenwelt erblicke[52], entrüstet sich die französische Presse über ein »groteskes Plagiat« der avantgardistischen Dada-Bewegung:

> »Ces objets usuels, déformés, bafoués, minutieusement reconstruits à d'énormes dimensions, ces fragments de bandes dessinées (de ›Comics‹) scrupuleusement reproduits à l'échelle des écrans de cinéma panoramique, ces collages de photographies de magazine, tout ce bric-à-brac qui constitue le ›Pop Art‹, qu'est ce d'autre qu'un plagiat grotesque de Dada [...] Mais Dada fut un mouvement essentiellement révolutionnaire. [...] C'était une attaque de cette société bourgeoise. [...] Mais les néo-dadaistes embrassent au contraire le symbole bourgeois et sont fermés à la passion.«[53]

Das Attest eines affirmativen Grundzuges, das den *Silkscreen Paintings* von Kuratoren wie Kunstkritik unisono unabhängig von den jeweiligen politischen Interessen ausgestellt wurde, dürfte dabei nicht auf die konkreten Inhalte der Siebdruckappropriationen – diese zeigen neben Armeehubschraubern auch John F. Kennedys Konterfei und andere politisch aufgeladene Motive, sondern auf ihre *strukturellen Eigenschaften* zurückzuführen sein. Denn die Art und Weise, auf die Rauschenberg die massenmedialen Vorlagen anordnet, führt dazu, dass diese nicht mehr als Darstellungsmittel für etwas Anderes, Übergeordnetes dienen. Im Gegensatz zu der Vorgehensweise von Dada lässt sich an Rauschenbergs Siebdrucken keine Absorption der Vorlagen in das transformierende Gewebe einer wie auch immer zu interpretierenden übergeordneten Figuration und somit kein politischer Kommentar des Künstlers mehr feststellen. Und da sich somit scheinbar keine wesentliche Differenz zur Praxis der Werbe-

---

52 Alan Solomon im Vorwort des amerikanischen Kataloges zur Ausstellung: »Unlike the Dadaists preceding him, Rauschenberg has a positive and constructive view of the world. He has no interest in social comment or satire, or in politics; he uses his previously inappropriate materials not out of a desire to shock, but out of sheer delight, out of an optimistic belief that richness and heightened meaning can be found anywhere in the world, even in the refuse found in the street.« Ders., »Introduction«, unpag.

53 Leonard, »Des dollars chez les Doges«, erschienen im *France Observateur*, 25. Juni 1964, zit. n. Monahan, »Cultural Cartography: American Designs at the 1964 Venice Biennale«, S. 415.

industrie und der Massenmedien abzeichnete, betrachteten die Besucher der Biennale die Siebdrucke eben als tautologisch oder gar als ›affirmativ‹.

In einem Aufsatz, der Ende der 1960er Jahre erscheint, bringt Leo Steinberg diese Konzeption des Bildes unter den Begriff der ›flatbed picture plane‹.[54] Die Transformation des Bildes in einen opaken Träger, auf dem allerlei kulturelle Artefakte aufgebracht werden und dessen Repräsentationsfunktion hierbei verlustig geht, stellt für ihn einen Wandel von einer »modernistischen« zu einer »postmodernistischen« Bildauffassung dar[55], ohne dass er zu dieser Zeit schon die Virulenz dieser Begriffskonstellation vorhersehen kann. Im Rekurs auf Steinberg gelten Rauschenbergs Bildwerke seit den 1980er Jahren sowohl aufgrund des verwendeten Materials als auch aufgrund der Materialanordnung für viele US-amerikanische Autoren als frühe Manifestationen einer postmodernen Gesinnung. Man stellt originalitäts- und authentizitätsskeptische Züge fest und klassifiziert sie als spezifische Ausprägung appropriativer – und damit postmoderner – Kunst.

So äußert Douglas Crimp in seinem Aufsatz »On the Museum's Ruins« die These, dass hier die Techniken der Produktion durch Techniken der Reproduktion ersetzt worden seien, was weitreichende Konsequenzen im Hinblick auf die Autorschaft des Werkes habe. Rauschenbergs heterogene Werke, so Crimp, eröffnen im musealen Kontext eine Mise-en-abyme, welche die Logik musealen Sammelns, dem Ordnungskriterien wie Autorschaft, Originalität oder Datierung zugrunde liegen, radikal unterminiere:

> »[T]his move requires us to think of Rauschenberg's art as postmodernist. Through reproductive technology, postmodernist art dispenses with the aura. The fiction of the creating subject gives way to a frank confiscation, quotation, excerptation, accumulation, and repetition of already existing images. Notions of originality, authenticity, and presence, essential to the ordered discourse of the museum, are undermined.«[56]

---

54 Steinberg, »Reflections on the State of Criticism«, Abschnitt »The Flatbed Picture Plane«, S. 27ff. Der Begriff ›Flachbett‹ entstammt der Drucktechnik. ›Flachbettdruck‹ meint ein Verfahren, bei dem der Bildträger nicht über Walzen oder Ähnliches gerollt und damit gebogen wird, sondern auf einer horizontalen Fläche aufliegt, weswegen auch starre und unflexible Materialien als Träger dienen können.
55 Vgl. ebd., S. 36 (»modernist«/»post-modernist«).
56 Crimp, »On the Museum's Ruins«, S. 70.

Anschauungen wie diese prägen die Literatur zu Rauschenberg bis in die jüngere Zeit. In der vergleichsweise aktuellen Monografie *Random Order: Rauschenberg and The Neo-Avant-Garde* erkennt auch Branden W. Joseph autonomieskeptische Züge. Vor dem Hintergrund des sozioökonomischen Wandels von der ›Disziplinar-‹ zur ›Kontrollgesellschaft‹, der eine »totalisierte Sphäre« mit sich bringe, seien die Autonomie, Identität und Kritikfähigkeit des künstlerischen Subjektes fragwürdig geworden.[57] Rauschenberg, den Joseph als den herausragenden Künstler dieser neuen Ära der Kontrolle versteht, sei darum bemüht, der durch die Massenmedien respektive durch das ›Imperium‹ herbeigeführten Standardisierung der Wahrnehmung entgegenzutreten.[58] Auf diese Weise werde das politische und kritische Projekt der Avantgarden unter anderen Bedingungen und mit anderen Mitteln fortgesetzt: »[M]y argument regards Rauschenberg's production as demonstrating a [...] movement beyond a modernism allied with subjective and artistic autonomy and opening onto a condition that traffics in immanent and differential forces.«[59]

So anregend Josephs theoretische Ausführungen in Bezug auf die kritischen und widerständigen Dimensionen von Rauschenbergs Schaffen auch sind, so schwer lassen sie sich in der von Joseph vorgeführten Weise auf die Erfahrungen des Rezipienten beziehen, weswegen seine Werkbetrachtungen in Großteilen theorieüberladen und unpräzise wirken. So versucht er beispielsweise die Erfahrung der *White Paintings*, eine Serie monochromer Gemälde, die 1951 entsteht, folgendermaßen von der Erfahrung der modernistischen Skulpturen der Minimal Art zu unterscheiden: »[Rauschenberg] does not presuppose any common denominator of subjectivity, as in the subject who comes to consciousness of his or her perceptual processes through the phenomenological interaction with the minimalist object.«[60] Stattdessen löse die Erfahrung der *White Paintings*

---

57 »[A]ny analysis of the postwar period«, so Joseph, »must begin from a point that resembles the Frankfurt School's worst nightmare: that of a world everywhere totalized by such that capitalism has effectively liquidated any stable or autonomous realm of the outside.« Joseph, *Random Order: Robert Rauschenberg and the Neo-Avant-Garde*, S. 17. Er beruft sich hierbei auf Gille Deleuzes Begriff der ›Kontrollgesellschaft‹ (siehe beispielsweise ders., »Postskriptum über die Kontrollgesellschaft«). In diesem Zusammenhang kritisiert Joseph auch die »transzendente« und »dialektische« Struktur moderner Machtmodelle (ebd., S. 17).
58 Vgl. ebd., S. 11, 15, 17. Den Begriff ›Imperium‹ übernimmt Joseph von Michael Hardt und Antonio Negri. Hier ließe sich eine Tradition aufzeigen, die auf die Lebensphilosophie von Henri Bergson rückführbar ist.
59 Ebd., S. 18.
60 Ebd., S. 66. Bekanntlich betrachtet Rauschenberg die *White Paintings* als sensible

einen Zusammenbruch des Individuums aus, »an experience aimed at subverting any sense of stable or autonomous individuality«[61]. Auf diese Weise formuliere ihr »non-repräsentationaler Abstraktionismus«[62], ganz im Sinne poststrukturalistischer Theoriebildung, eine Kritik an der Vorstellung eines mit sich identischen Subjektes: »Allowing the play of temporal change across their surface, the White Paintings reveal the nonrepresentational forces of difference at work within the image, differences that are shown differing, that fracture the totality that is the work of art and approach Deleuze's criterion of finding, ›the lived reality of a sub-representative domain‹.«[63] Der performative Selbstwiderspruch solcher Betrachtungen besteht darin, dass die behandelten Werke auf diese Weise zu Repräsentanten einer Theorie verkommen, während die betreffenden Theorien, in diesem Fall die Ontologie von Gilles Deleuze, einer äußersten Simplifizierung unterliegen.[64]

Rauschenbergs Werke finden auch dort vielfache Erwähnung, wo der ›Wirklichkeitsverlust‹ postmoderner Kunst verhandelt wird – wobei in diesem Zusammenhang Walter Benjamins Konzept der ›Allegorie‹ eine wichtige Rolle spielt. In *Ursprung des deutschen Trauerspiels* entwickelt Benjamin eine Sprachtheorie mit geschichtsphilosophischem Hintergrund.[65] Er geht von der Annahme aus, dass sich Mensch und Natur nach dem Sündenfall entzweiten. Er spricht von der »Stummheit der Natur« und der daraus folgenden Notwendigkeit, dass der Mensch der Natur immer wieder aufs Neue Bedeutungen beizulegen habe.[66] In der geschichtlichen Welt haben die Dinge keine Bedeutung an sich mehr; jegliche Bedeutung, die ihnen zugewiesen wird, verdanken sie einer subjektiven Setzung, wie sie der Allegoriker vornimmt. Der Gegenstand liegt »vor dem Allegoriker, auf Gnade und Ungnade ihm überliefert. Das heißt: eine Bedeutung, einen Sinn auszustrahlen, ist er von nun an ganz unfähig; an Bedeutung kommt ihm das zu, was der Allegoriker ihm verleiht. Er legt's in ihn hinein [...]. In seiner Hand wird das Ding zu etwas anderem [...].«[67]

Oberflächen, die Schatten und Lichtreflexionen registrieren, was auf Cages Diktum zurückgeht, dass es sich bei ihnen um »airports for the lights, shadows and particles« handele. Ders., »On Robert Rauschenberg, Artist, And his Work«, S. 102.
61 Ebd., S. 68.
62 Ebd., S. 69 (»›nonrepresentional‹ abstraction«).
63 Ebd., S. 71.
64 Auf Josephs Interpretation der *Silkscreen Paintings* werde ich später noch eingehen.
65 Ich lasse mich hier von der konzisen Zusammenfassung von Erika Fischer-Lichte in *Ästhetik des Performativen*, S. 250ff., leiten.
66 Vgl. Benjamin, »Ursprung des deutschen Trauerspiels«, S. 336ff.
67 Ebd., S. 359. Der so konzipierten ›Allegorie‹ stellt Benjamin das ›Symbol‹ gegenüber. Das Symbol wird so gefasst, dass es jegliche Beteili-

In den kunsthistorischen Texten, in denen Benjamins Allegorie-Konzeption als hermeneutisches Mittel dient, werden künstlerische Verfahrensweisen wie Montage und Collage als allegorische Praktiken verstanden. Wie Benjamins Allegoriker befasse sich ein ›Bildmonteur‹ wie Rauschenberg mit an sich bedeutungs- und zusammenhanglosen Fragmenten, die vom geschichtlichen Prozess ausgeschieden und zurückgelassen worden sind, um sie in eine neue selbstbestimmte Syntax zu überführen. Statt sich der Wirklichkeit zu widmen, beschäftige er sich – reagierend auf den Anbruch des Informationszeitalters – nur mit ihren massenmedialen Abbildern. Noch in der Monografie von Joseph steht in Bezug auf die *Combine Paintings* zu lesen: »[T]he affinity between Rauschenberg's work and the newspaper layout [...] confirms the Combines' loss or breakdown of an experiential relation to the world.«[68]

In seinem Essay »The Allegorical Impulse: Toward a Theory of Postmodernism« greift auch Craig Owens Benjamins erfahrungs- und erkenntnisskeptizistisches Verständnis der Allegorie auf, um eine Theorie der Postmoderne zu begründen, wobei er so weit geht, allegorische Verfahrensweisen und postmoderne Kunst gewissermaßen gleichzusetzen.[69] Indem er Benjamins Allegorie-Konzeption durch die Brille von Theoretikern wie Paul de Man oder Jacques Derrida liest, verleiht er ihr eine dezidiert dekonstruktivistische Wendung.[70] Dies äußert sich beispielsweise darin, dass Owens die allegorische Verfahrensweise, und damit auch die Montage, als Lektüre eines Textes durch einen zweiten versteht. Auch behauptet er eine konstitutive Unlesbarkeit und Sinnverweigerung des allegorischen Kunstwerkes. Dieses sei von einer grundsätzlich epistemologischen Skepsis geprägt und verweise den Rezipienten daher auf die fundamentale Ambiguität und Opazität der Zeichen. So schreibt er unter anderem in Bezug auf Rauschenberg:

> »[I]t remains impossible to read a Rauschenberg, if by reading we mean the extraction from a text of a coherent, monological message. [...] Postmodernism neither brackets nor suspends the referent but works instead to problematize the activity of reference. When the

---

gung eines bedeutungsgenerierenden Subjektes verleugnet, weil es seine Bedeutung in sein ›Inneres‹ aufgenommen hat. Es verfügt über eine intrinsische Bedeutung.
68 Joseph, *Random Order: Robert Rauschenberg*

and the Neo-Avant-Garde, S. 142.
69 Der Artikel wurde 1980 in zwei Teilen in der Zeitschrift *October* veröffentlicht. Ich beziehe mich hier nur auf den zweiten Teil.
70 Vgl. Hammes, »Allegorie«, S. 12.

postmodernist work speaks of itself, it is no longer to proclaim its autonomy, its self-sufficiency, its transcendence; rather, it is to narrate its own contingency, insufficiency, lack of transcendence. It tells of a desire that must be perpetually frustrated, an ambition that must be perpetually deferred.«[71]

Entgegen solcher Auffassungen bin ich der Meinung, dass Rauschenbergs *Silkscreen Paintings* keinen originalitäts-, erfahrungs- oder erkenntnisskeptizistischen Charakter aufweisen. Sie sind damit auch nicht ›postmodern‹ in dem Sinne, dass sie ›appropriativ‹, ›allegorisch‹ oder auch ›simulakral‹ verfahren. Solche Behauptungen scheinen die Motive seines Schaffens völlig zu verfehlen. Meine Gegenthese lautet, dass Rauschenbergs Siebdrucke zwar mit der menschlichen Sinnlichkeit unter den Wahrnehmungsbedingungen der Postmoderne befasst sind, ihnen aber ein epistemologischer Zweifel daran, dass die Wirklichkeit erfahrbar ist, fremd ist. Hierbei sind zwei Aspekte besonders hervorzuheben: Erstens besteht eines ihrer Charakteristika darin, zerstreute Wahrnehmungsweisen hervorzurufen, die typischerweise in Wahrnehmungssituationen auftreten, die sich durch hohe simultane und konsekutive Reizmengen auszeichnen wie etwa der urbane Raum oder bestimmte massenmediale Settings. Wie ich zeigen möchte, birgt dies sowohl eine wirklichkeitserschließende als auch eine politisch-subversive Dimension, wodurch sich der in der Forschung zutage tretende Konflikt zwischen mimetischen und kritischen Interpretationsweisen auflösen lässt. Zweitens scheinen die *Silkscreen Paintings* auf die gestiegene Bedeutung der Massenmedien im anbrechenden Informationszeitalter zu reagieren. Ich verstehe sie in diesem Zusammenhang als sinnliche Reflexionen auf den Wirklichkeitsgehalt massenmedialer Bilder. Drittens soll herausgearbeitet werden, dass der Versuch, die Beziehung zwischen Kunst und alltäglicher Wirklichkeit neu zu gestalten, schon in der Produktionsweise der *Silkscreen Paintings* zum Ausdruck kommt. In diesem Zusammenhang gehe ich der Frage nach, auf welche unterschiedlichen Weisen die Grenze zwischen Kunst und alltäglicher Wirklichkeit auf die Probe gestellt wird.

Vor allem die erste dieser Thesen wird von der Vielzahl an Texten gestützt, in denen die *Silkscreen Paintings* in die Tradition moderner

---

71 Owens, »The Allegorical Impulse: Toward a Theory of Postmodernism, Part 2«, S. 68, 80.

Großstadtdarstellungen gestellt werden, wobei in diesem Zusammenhang die Ausführungen von Brian O'Doherty am aufschlussreichsten sind.[72] O'Doherty beschreibt Rauschenberg als einen Künstler, der die tief greifenden Veränderungen der Wahrnehmung erfasse und sich hierbei insbesondere der urbanen Wirklichkeit zuwende.[73] Rauschenbergs Tätigkeit müsse als eine Art »visueller Journalismus« verstanden werden, der sich mit dem großstadtbedingten Verfall der Wahrnehmung auseinandersetze.[74] O'Doherty beschränkt sich nicht darauf, die Interessen und Verhaltensweisen des Künstlers zu charakterisieren, sondern er versucht, dem Leser anschaulich zu vermitteln, dass urbane Wahrnehmungsweisen auch in der Erfahrung der *Silkscreen Paintings* virulent werden. So vergleicht er die Augenbewegungen des Rezipienten mit dem zerstreuten Blick des Großstädters (»the city dweller's rapid scan«), der eine Reaktion auf die zerstreuende Vielfalt und Unordnung der Sinnesreize darstelle.[75] Eindrücklich schildert er seine erste Begegnung mit diesen Arbeiten in der Retrospektive von 1963:

> »Looking at these works at the Jewish Museum retrospective in 1963 gave you the feeling of crossing the street. You wanted to look over your shoulder to see if you were going to be run over. The work wouldn't let me settle down, and I remember feeling uncomfortable that I'd brought my street reflexes with me. Rauschenberg had introduced into the museum and its high-art ambience not just the vernacular object but something much more important, the vernacular glance.«[76]

---

72 Es ließen sich in diesem Kontext aber noch viele andere Autoren nennen. So beispielsweise Irving Sandler, Dorothy Gees Seckler, Alan Solomon, Leo Steinberg oder auch Armin Zweite. Literatur zu Rauschenberg ist bis 1997 relativ vollständig erfasst im Katalog der Retrospektive von 1998: Davidson, Hopps (Hg.), *Robert Rauschenberg: A Retrospective*, S. 624ff. Die einschlägigsten Aufsätze amerikanischer Autoren sind von Branden W. Joseph herausgegeben worden: Joseph, (Hg.), *Robert Rauschenberg*.

73 Vgl. das Kapitel »Robert Rauschenberg: The Sixties« in ders., *American Masters: The Voice and the Myth*, S. 188–225. Der Text stellt eine erweiterte Fassung eines Aufsatzes von 1973 dar (»Rauschenberg and the Vernacular Glance«, in: *Art in America*, 1963, Nr. 5, S. 82–87).

74 Vgl. ders., *American Masters: The Voice and the Myth*, S. 196, 198 (»visual journalism«).

75 Vgl. ebd., S. 198.

76 Ebd. Der englische Begriff »vernacular« leitet sich vom lateinischen Adjektiv ›vernaculus‹ ab, das ›inländisch‹, ›einheimisch‹ oder auch ›großstädtisch‹ bedeutet. Die substantivierte Form ›vernacular‹ bezeichnet ›Dialekt‹, ›Umgangssprache‹ oder ›Jargon‹ im Gegensatz zur Hoch- oder Schriftsprache. Das Adjektiv wird oft im Sinne von ›volkstümlich‹, ›populär‹, ›gewöhnlich‹, ›angestammt‹, ›nativ‹ oder ›indigen‹ verwendet. Hiermit ist also der Gegensatz von

Für unseren Zusammenhang ist diese Textstelle insbesondere deshalb von Interesse, weil die Großstadt hier nicht als Motiv ins Spiel gebracht wird, sondern Blickbewegungen und Wahrnehmungsweisen beschrieben werden, die auftreten, wenn wir in ihr unterwegs sind. Oder anders formuliert: Die *Silkscreens* bilden nach dieser Vorstellung den urbanen Raum nicht ab, sondern sie provozieren ähnliche Wahrnehmungsweisen wie dieser. O'Doherty beschreibt den Eindruck, selbst in Bewegung zu sein. Streckenweise erscheint es ihm so, als würde er gerade eine Straße überqueren.⁷⁷

Meine Ausführungen über Rauschenberg gliedern sich in zwei Gesichtspunkte: Zunächst werde ich in einer rezeptionsästhetischen Perspektive der Erfahrung der Siebdrucke nachgehen, anschließend soll, aufbauend auf den gewonnenen Ergebnissen, in einer produktionsästhetischen Perspektive ihre Herstellungsweise rekonstruiert werden. Auf diese Weise kann hervortreten, wie Rauschenberg im Zeichen der Neugestaltung der Beziehung zwischen Kunst und alltäglicher Wirklichkeit frühere Muster der Darstellung alltäglicher Wirklichkeit sowie der Bildproduktion überwindet.

›high‹ und ›low culture‹ aufgerufen. Die Pointe der Formulierung ›vernacular glance‹ liegt dabei nicht zuletzt darin, sie der Formulierung ›vernacular object‹ (sinnverwandt mit ›everyday object‹ oder ›common object‹) gegenüberzustellen.

77 Branden W. Joseph kritisiert an O'Doherty, dass seine Ausführungen keine unvermittelte Reaktion auf die betreffenden Werke darstellen, sondern in der literarischen Tradition von Baudelaires ›Künstler-Flaneur‹ stünden bzw. an Walter Benjamins Theorie der ›Zerstreuung‹ angelehnt seien. Außerdem bemängelt er, dass die Beziehung, die zwischen den Siebdrucken und der urbanen Umwelt gesehen werde, eine »rein mimetische« sei und er ihnen somit keine »erkennende« oder »kritische« Distanz zuerkenne: »The relationship O'Doherty sees between Rauschenberg's collage and the urban environment is almost purely mimetic. [...] From this perspective, the challenge posed by the shifting, deconstructive instability of his paintstrokes and collage merely translates the perceptual intensities of a commodity-saturated urban environment.« Ders., *Random Order: Robert Rauschenberg and the Neo-Avant-Garde*, S. 124, 128.

2. GRUNDLEGENDES ZUR REZEPTION DER *SILKSCREEN PAINTINGS*

Einleitend wurde erwähnt, dass sich Rauschenbergs Verfahrensweise dadurch auszeichnet, das Collagieren durch die Reproduktion von Siebdruckmotiven zu ersetzen sowie diesen Reproduktionen Siebdrucktinte und Ölfarbe im freien Auftrag hinzuzufügen (Abb.1). Die Schablonen werden von professionellen Firmen gefertigt, wobei die fotografischen Vorlagen überwiegend illustrierten Magazinen entstammen, sich jedoch vereinzelt auch selbst geschossene Fotografien unter ihnen finden.[78] Die Anwendung des Siebdruckverfahrens bringt es mit sich, dass die fotografischen Motive beliebig vergrößert und reproduziert werden können. Auf diese Weise wachsen die *Silkscreen Paintings* teilweise zu Leinwandgemälden enormen, ja teilweise unüberschaubaren Formats an.[79] Sowohl die Siebdrucktechnik als auch die freie Applikation von Farbsubstanz bringt natürlich eigene gestalterische Möglichkeiten mit sich, wozu beispielsweise Übermalung, die Erzeugung von Unschärfe, Verwischung, farbliche Verzerrung und Ähnliches gehören.

Wie ebenfalls bereits erwähnt, appliziert Rauschenberg die fotografischen Bildvorlagen relativ intakt rasterartig auf dem betreffenden Träger, ohne dass sich ein kohärenter Bildraum ausbildet, ohne dass also ein hierarchisches Kompositionsprinzip zur Anwendung kommt, welches aus dem Ganzen mehr als die Summe seiner Teile macht. Hierbei erscheint die

---

[78] Zu den Illustrierten, aus denen Rauschenberg Bilder entnimmt, gehören unter anderem LIFE, Newsweek, National Geographic, Sports Illustrated und Time. 1964 verfügt Rauschenberg über etwa 100 Siebdruckschablonen (vgl. Feinstein, »The Silkscreen Paintings«, S. 41).

[79] Das größte Werk der Serie, *Barge*, misst 202,9 auf 9,88 Meter.

1. *Choke*, 1964, Öl und Siebdrucktinte auf Leinwand, 152 × 122 cm, Washington Gallery of Art, St. Louis.

Anordnung der fotografischen Motive oft nüchtern und sortiert, teils aber auch wild und chaotisch. In immer neuen Kombinationen werden die Motive auf den Leinwänden angeordnet. Dadurch, dass das Gesamtformat der Leinwände nie mit den Einzelformaten der durchgedruckten Abbildungen übereinstimmt und diese etwa durch Verwischungen und Unschärfen in ihrer Medialität übermarkiert werden, tritt zugleich die Physis des Trägers in besonderer Weise hervor: Der Bildträger materialisiert sich, weil er als feste Fläche aufgefasst wird, auf die etwas appliziert werden kann.[80]

In den kommenden Ausführungen über die Erscheinungsweise der *Silkscreen Paintings* werden zwei unterschiedliche Aspekte verhandelt: Zunächst gehe ich der Bedeutung zerstreuter Wahrnehmungsweisen für die Rezeptionserfahrung nach, anschließend untersuche ich, wie die Massenmedien zum Gegenstand werden. Ich beginne mit der Schilderung einiger Bildeindrücke, um dem Leser das Problem plausibel zu machen. Danach wird das Phänomen der Zerstreuung unter Heranziehung der Forschung zu Charles Baudelaire, Walter Benjamin und Sigmund Freud in einem übergreifenden kulturhistorischen Zusammenhang betrachtet.[81] Diese Vorgehensweise erscheint mir unverzichtbar, um wesentliche Unterschiede zwischen der modernen Bildauffassung und Rauschenbergs ›postmoderner‹ Bildauffassung herausarbeiten zu können. Anhand kontrastiver Gegenüberstellungen versuche ich zu verdeutlichen, dass bei Rauschenberg gegenüber früheren Künstlern inhaltliche Interessenverschiebungen zu verzeichnen sind, die dem veränderten kulturellen Referenzrahmen Rechnung tragen. Im Zuge dessen wird es sich herausstellen, dass sich das Thema der Zerstreuung von dem der Großstadt als Ort der Moderne emanzipiert.

---

80 Vgl. Steinberg: »Reflections on the State of Criticism«, Abschnitt »The Flatbed Picture Plane«, S. 27ff.

81 Wie bereits in Fn. 77 angemerkt, wird Benjamins Theorie der Zerstreuung bereits in Branden W. Josephs Monografie über Rauschenberg erwähnt, aber als nicht stichhaltig in Bezug auf dessen Bildwerke abgelehnt.

3. ERSTE MIMETISCHE DIMENSION: DER BETRACHTER ALS ZERSTREUTER

EINFÜHRENDE WERKBETRACHTUNGEN

Ich möchte zunächst auf das Verhältnis zwischen freiem Farbauftrag und Siebdruckmotiven zu sprechen kommen, wie es in der Bilderfahrung virulent wird, erst in der darauffolgenden Analyse werde ich mich dann verstärkt dem Verhältnis zwischen den Siebdruckmotiven zuwenden. An *Brace* lässt sich das Zusammenspiel zwischen malerischen Farbspuren und gegenständlichen Motiven exemplarisch beobachten (Abb.2). Man erkennt breit gehaltene graue Farbspuren, die zunächst relativ abstrakt wirken. Im Horizont der durchgedruckten Abbildungen wandelt sich dieser Eindruck allerdings. In der Nachbarschaft der Wolken wachsen den Farbspuren feucht-dunstige Züge zu; zugleich scheinen sie in einer Art Dialog die Bewegung des Schlagmannes zu erwidern und den Ball rechts aus dem Bild hinauszutragen. Vorstellbar ist etwa auch ein stürmisches Unwetter, das eingesetzt hat und nun feuchte Luftmassen herumwirbeln lässt. Umgekehrt wirkt die Ko-Präsenz der Farbspuren auch auf die Wahrnehmung der Siebdruckpassagen zurück: Die überlagerten kontrastarmen Abbildungen der Baseballspieler am linken Bildrand lösen sich so weit auf, dass sie nun selbst den schwarzen Farbpartien zuneigen; die linke Partie der rechten Abbildung schließt sich mit dem schwarzen Balken am oberen Bildrand zusammen. Ebenso nähern sich die abgebildeten Wolken den helleren Farbschlieren an. Im Horizont der Farbspuren entwickeln die Abbildungen also nun selbst eine Affinität zur Abstraktion. Schwarze, massive Flächen treten zusammen und lösen sich wieder, springen nach vorne und zurück. Helle Flächen antworten.

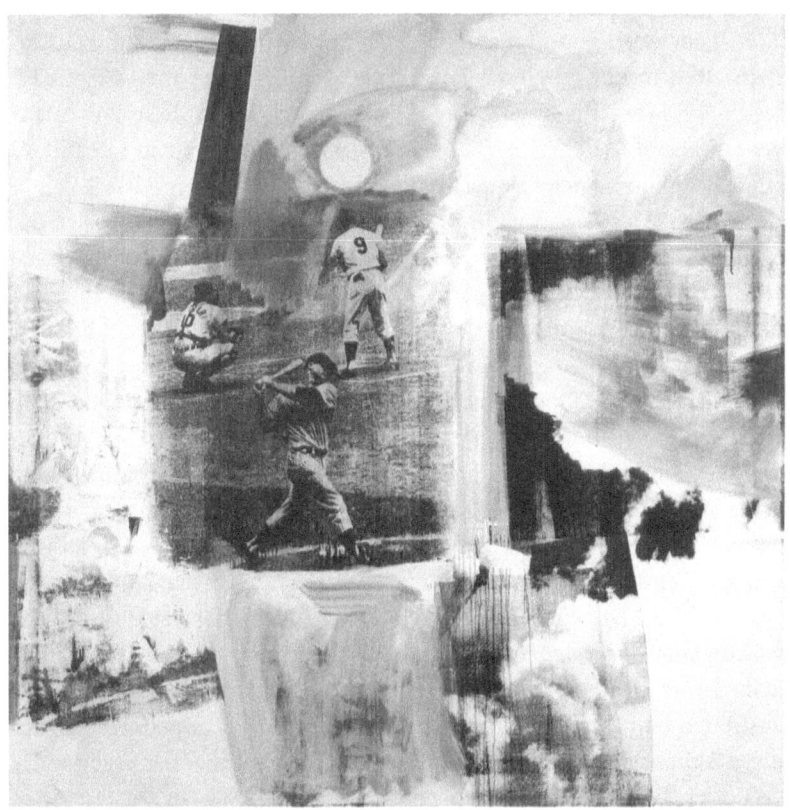

2. *Brace*, 1962, Öl und Siebdrucktinte auf Leinwand, 152 × 152 cm, Privatsammlung.

Sowohl die Farbverwischungen als auch die Siebdruckmotive wechseln so beständig ihren Zeichencharakter. Der Rezipient kann insbesondere erstere als Spuren eines vergangenen Prozesses betrachten. Er kann in diesen Markierungen aber auch Ähnlichkeiten entdecken, sie werden dann bildhaft anschaulich für wechselnde Gegenstände. Daneben kann ihm die aufgebrachte Farbsubstanz, die er in diesem Fall weder als Spur noch als Bild wahrnimmt, etwas über ihre materiellen Eigenschaften verraten. Dies ereignet sich insbesondere dort, wo die Siebdrucktinte die Leinwand heruntergelaufen ist, bevor sie schließlich trocknete. So treten an den farblichen Markierungen in wechselnder Abfolge ihre indexikalischen, ikonischen und physischen Dimensionen hervor.

Die spezifische Zeitlichkeit, die Brace somit eigen ist, konstituiert sich nicht nur durch das konsekutive »part-by-part, image-by-image reading«[82], wie Krauss vorschlägt, sondern auch durch diese Polyvalenz der farblichen Materie. Der Betrachter sieht sich nicht nur mit der Simultaneität, sondern auch mit der Konsekutivität heterogener Reize konfrontiert. Seine Wahrnehmung produziert Abweichungen, durch die sich das Gemälde im Sehen und Deuten kontinuierlich umbildet. Jedes Element steht für Unterschiedliches, je nach wechselndem Kontext. Im Horizont bestimmter Elemente werden vorläufige Bestimmungen erlangt, die stets mit möglichen anderen Deutungen konkurrieren. Nicht nur durch die fehlende Bildeinheit, die keine stabile Ansicht gewährt und somit den Betrachter vor dem Bild zu einem ›Haltlosen‹ macht, sondern auch durch diese zeitlichen Veränderungen entsteht der Eindruck rascher Bildwechsel, ja die Vorstellung, ›unterwegs‹ zu sein.

Ich komme zum zweiten Bildbeispiel: Im Unterschied zu *Brace* wurden auf *Retroactive II* frei aufgetragene Farbspuren fast komplett ausgespart (Abb.3). Die einzelnen Reproduktionen sind hier größtenteils klar voneinander abgesetzt und rasterartig angeordnet. Da das Werk somit keine einheitliche Gestalt aufweist, ist der Blick dazu gezwungen, umherzustreifen und zwischen den einzelnen Abbildungen zu pendeln. So werden die applizierten Motive zunächst gedanklich aufeinander bezogen. Sie verweisen auf den politischen Kontext der frühen 1960er Jahre, auf den Zusammenhang von Kennedy, Rüstung und Raumfahrt.[83]

Diese Momente semantischer Kohärenzbildung scheinen sich auf formaler Ebene zunächst zu bestätigen: So korrespondiert etwa die Wölbung des astronautischen Ballons mit dem Reifen des Armeelasters oben im Bild. Allerdings setzen sich solche Ähnlichkeiten auch völlig unabhängig von inhaltlichen Belangen fort: So findet sich die gleiche Form beispielsweise auch im Ziffernkranz des Barometers unten im Bild wieder. Kennedys Krawatte wiederum wird durch das Überblenden des Stoff-

---

82 Krauss, »Rauschenberg and the Materialized Image«, S. 40.

83 Der fotografische Druck zeigt Kennedy in der typisch-verlebendigenden Geste des großen Redners. Auf vielen Pressefotografien, die Kennedy während einer Pressekonferenz wiedergeben, erscheint die gestikulierende Hand. So ist Kennedy auch bei seiner berühmten Rede vom 25. Mai 1961 festgehalten worden, die das Apollo-Programm einleitete. In dieser Rede gab er der NASA das Ziel vor, noch im selben Jahrzehnt einen Menschen auf den Mond zu befördern. Allerdings hat Rauschenberg alle Bildinformationen entfernt, die über Anlass, Ort oder Zeit der betreffenden Pressekonferenz konkrete Auskunft geben könnten.

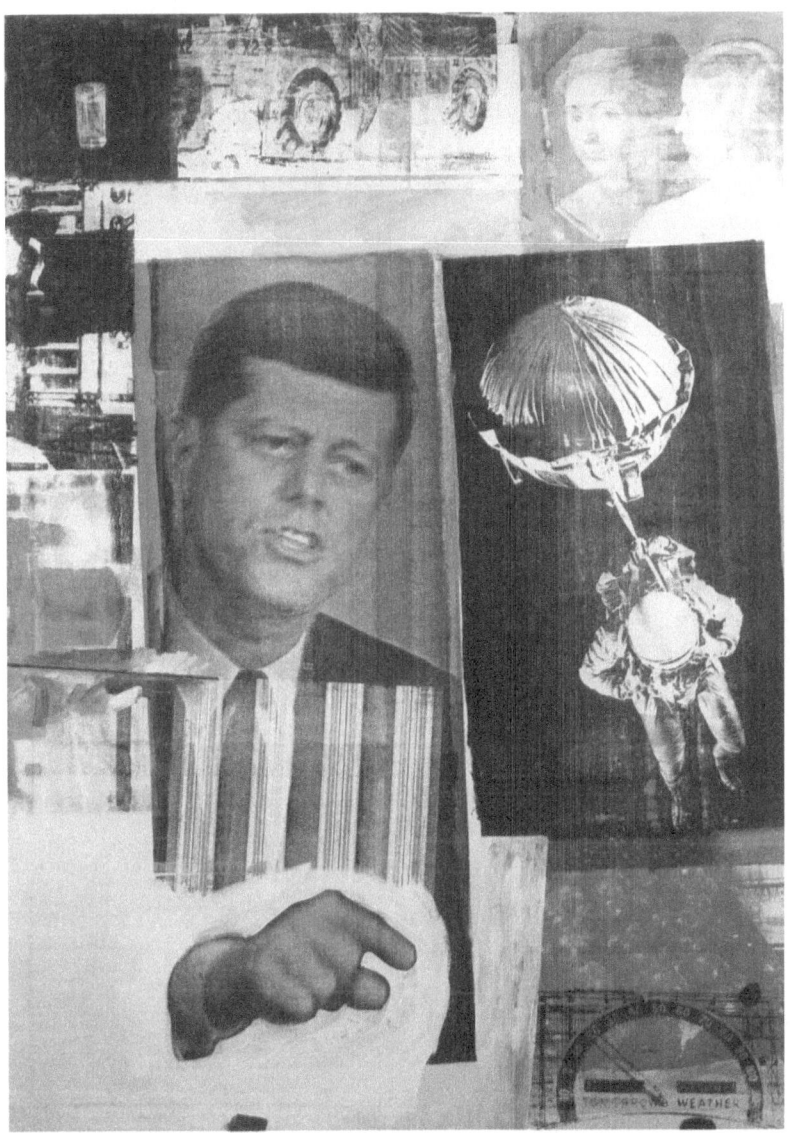

3. *Retroactive II*, 1964, Öl und Siebdrucktinte auf Leinwand, 213 × 152 cm, Privatsammlung.

musters zu einem abstrakten Streifen umgeformt. Hierdurch bildet sich eine Struktur aus, die der klassizistischen Hausfassade links oben ähnelt.

Inhaltliche und formale Sichtweise können sich also gegenseitig bestärken, müssen es aber nicht. Eine vom Bildinhalt weitgehend unabhängige Wahrnehmung formaler Analogien kann dabei gerade dann mit semantischen Kohärenzbildungen konfligieren, wenn sie sich einer inhaltlichen Interpretation sperrt. Vor allem aber wirkt sie deshalb störend, weil der Blick durch sie auf der Oberfläche des Bildes gebunden wird: Die Tiefendimension der Bilder weicht einem abstrakten Flächenmuster, die Wahrnehmung von Gegenständen der Wahrnehmung formaler Korrespondenzen. Auf diese Weise schwankt der Betrachter zwischen zwei sich gegenseitig ausschließenden Wahrnehmungsmodalitäten hin und her.

Durch ihre weiße Umrandung wird Kennedys gestikulierende Hand aus dem innerbildlichen Zusammenhang gelöst. Sie übernimmt die Funktion eines extradiegetischen Signals, das den Betrachterblick anleitet. Dieser wird durch die formale Hervorhebung der Hand gleichermaßen angezogen, wie er durch deren Signalwirkung abgestoßen wird. Die Verwandlung der Hand von einem bildinternen in ein betrachterbezogenes Signal divergiert dabei mit Kennedys versunkenem Blick, der den Betrachter ignoriert. Mit dieser innerbildlichen Dissoziation geht die funktionale Annäherung an den Zeiger des Barometers rechts daneben einher.[84] Da der Zeiger des Barometers, auf den sich der Finger richtet, zurückdeutet, entsteht ein Zirkelschluss, durch den der Betrachterblick ständig hin und her gelenkt wird. Zudem aktiviert die malerische Dekontextualisierung der Hand eine Vielzahl unterschiedlicher und damit widersprüchlicher Deutungen: Beispielsweise wird sie lesbar als Marcel Duchamps *Tu m'*, als Michelangelos Hand Gottes in der Sixtinischen Kapelle (dies vor allem unter Einbeziehung des Barometerzeigers) oder etwa auch als die Hand auf dem propagandistischen Plakat *Uncle Sam* (Abb.4–6).[85]

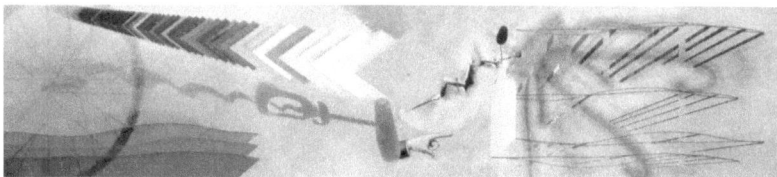

4. Marcel Duchamp, *Tu m'*, 1918, Öl, Kreide und andere Objekte auf Leinwand, 70 × 313 cm, Yale University Art Gallery, New Haven.

84 Der Zeiger des Barometers entspricht Kennedys Hand nicht nur funktional, sondern auch sprachlich, da im Amerikanischen der Zeiger eines technischen Instrumentes auch als ›hand‹ bezeichnet werden kann.

85 Auf solche Korrespondenzen verweisen auch Calvin Tomkins in »The Sistine on Broadway« und Roni Feinstein in »The Silkscreen Paintings«.

Rauschenbergs *Silkscreen Paintings* bieten, so lässt sich aus den bisherigen Beobachtungen zusammenfassen, eine additive Reihung unterschiedlicher Bilder, die den Blick des Betrachters in eine polyfokal zerstreute Aufmerksamkeit zwingt. Er beginnt, unstet zwischen den Abbildungen hin und her zu pendeln, im huschenden Herumspringen die Bildfläche punktuell abzusuchen, wobei er eine signifikante Beschleunigung erfährt. Die Bilddetails werden nicht eingehend untersucht, sondern nur kurz gestreift, bevor es wieder weitergeht. Bestimmte Aspekte blitzen auf, andere Wahrnehmungen drängen sich störend dazwischen. Man bemerkt oberflächliche Zusammenhänge, verwandte Formen und Farben. Die Rezeption der Siebdrucke löst also beim Betrachter einen Zustand der Zerstreuung aus – was sich äußerlich schon an seinen Augenbewegungen ablesen lässt. Im Folgenden möchte ich nun gewissermaßen einen Schritt zurücktreten und dieses Phänomen der Zerstreuung unter anderem im Rekurs auf Jonathan Crary in einer umfassenden historischen Perspektive beleuchten. Danach komme ich dann auf die *Silkscreen Paintings* zurück.

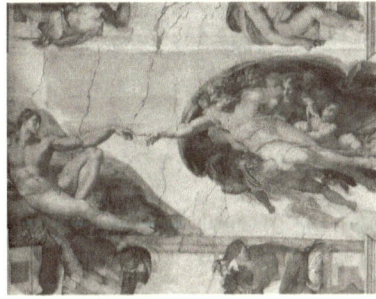

5. Michelangelo Buonarroti, *Die Erschaffung Adams*, 1510, Fresko, 280 × 570 cm, Capella Sistina, Palazzi Vaticani, Rom.

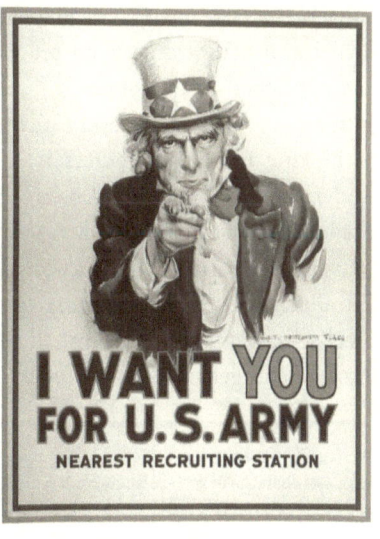

6. James Montgomery Flagg, *Uncle Sam*, 1917, Propagandaplakat, das der Rekrutierung von Soldaten dient.

ZERSTREUUNG ALS KULTURHISTORISCHES PHÄNOMEN (CRARY)

Das Substantiv ›Zerstreuung‹ geht auf das Verb ›zerstreuen‹ bzw. ›verstreuen‹ zurück, das gleichbedeutend ist mit ›da und dort ohne eine erkennbare Ordnung verteilen‹, ›ausstreuen‹ oder ›verschütten‹.[86] In einer Tradition, die über Autoren wie Søren Kierkegaard, Arthur Schopenhauer, Georg Wilhelm Friedrich Hegel, Immanuel Kant, Blaise Pascal, Thomas von Aquin und Augustinus bis in die neuplatonische Mystik zurückreicht, dient Zerstreuung einerseits im Sinne von ›Ablenkung‹ als (negativ konnotierter) Gegenbegriff zu ›Sammlung‹ oder ›Konzentration‹ sowie andererseits im Sinne von ›Vergnügen‹ als Gegenbegriff zu ›Ernst‹ und ›Langeweile‹. Immanuel Kant bestimmt die der Sammlung des Gemüts entgegengesetzte ›Zerstreuung‹ (›distractio‹) als »Zustand einer Abkehrung der Aufmerksamkeit [...] von gewissen herrschenden Vorstellungen durch Vertheilung derselben auf andere, ungleichartige. Ist sie vorsätzlich, so heißt sie Dissipation; die unwillkürliche aber ist Abwesenheit (absentia) von sich selbst.«[87]

In seinem Hauptwerk *Suspensions of Perception* beschäftigt sich Jonathan Crary aus einer Perspektive, die Wissenschafts- und Kunstgeschichte in Zusammenhang setzt, mit den wechselnden Konzepten der menschlichen Wahrnehmung.[88] Er beschreibt, wie im 19. Jahrhundert allmählich zwei Aufmerksamkeitsformen unterschieden werden, und zwar eine fokussierte einerseits und eine zerstreute bzw. ›dissoziierte‹ andererseits, die aufgrund neuronaler Impulse, die fortwährend auf der Suche nach Ungewöhnlichem sind, beständig ihr Objekt wechselt. Die Wissenschaft erkennt, dass zwar auch letztere als ›normaler‹ Modus unserer alltäglichen Wahrnehmung zu verstehen ist, in den wir beispielsweise wechseln, wenn wir Gewohnheitstätigkeiten nachgehen oder uns Tagträumereien hingeben, dass sie jedoch gerade auch dann in ›pathologische‹

---

86 Vgl. für das Folgende: Schiemann, »Zerstreuung«. Der deutsche Begriff ›Zerstreuung‹ lässt sich von unterschiedlichen lateinischen Begriffen wie ›dispersio‹, ›distractio‹ oder ›dissociatio‹ herleiten.
87 Kant, *Anthropologie in pragmatischer Hinsicht*, § 47, zit. n. ebd., S. 1312.
88 Crary, *Suspensions of Perception. Attention, Spectacle and Modern Culture*. Auch Branden W. Joseph verweist in seiner Monografie über Rauschenberg im Zusammenhang mit der durch das Fernsehen ausgeübten Aufmerksamkeitskontrolle auf Texte Crarys (siehe ders., *Random Order: Robert Rauschenberg and the Neo-Avant-Garde*, S. 183ff., 370, Fn. 114). Bildhermeneutisch steht mir aber Crarys eigener Ansatz näher. So beschreibt er beispielsweise in Bezug auf das Gemälde *Vor dem Spiegel* von Édouard Manet den zerstreuten Blick des Betrachters (vgl. ders., *Suspensions of Perception. Attention, Spectacle and Modern Culture*, S. 109). Eine vergleichbare Heranziehung Crarys nebst ausführlicher Zusammenfassung seiner Thesen findet sich auch bei Lüthy, *Bild und Blick in Manets Malerei*, S. 55f.

Steigerungen bzw. in Zustände sensorischer Überlastung übergehen kann, wenn das betreffende Individuum einer hohen Dichte simultaner und konsekutiver Außenreize ausgesetzt ist, die insbesondere für den urbanen Raum, aber auch für bestimmte technische Medien kennzeichnend ist.

Historisch geht der Erforschung dieser Wahrnehmungsmodi die Erkenntnis voraus, dass die Annahme einer transzendentalen Einheit der Apperzeption, die in Immanuel Kants Philosophie vorausgesetzt wird, nicht zu halten ist.[89] Die wahrgenommene Ganzheit der Welt ist nicht mehr garantiert, sondern bildet die Leistung eines synthetisierenden bzw. assoziierenden wahrnehmungspsychologischen Apparates. In der Folge entwickelt sich das Modell einer Wahrnehmung, in der passive Rezeption und aktive Konstruktion des Wahrgenommenen ineinandergreifen. Die Wahrnehmung im Allgemeinen und das Sehen im Speziellen werden nun als ein temporaler physiologischer Prozess verstanden, der von einem variablen Kräfteverhältnis abhängt, für das auch externe, sich der subjektiven Kontrolle entziehende Faktoren verantwortlich sind. Da ein repräsentationales Verhältnis zwischen Außenwelt und Wahrgenommenem somit nicht mehr gegeben ist, kann die Wahrnehmung nur noch an geltenden Normen gemessen werden.

Auch Crary vertritt die These, dass für das Phänomen der ›Zerstreuung‹ unter anderem der technologische Fortschritt verantwortlich zu machen sei. Nach seinem Verständnis hat das Aufkommen bestimmter Aufmerksamkeitstechnologien seit dem Ende des 19. Jahrhunderts zu einem exponentiellen Anstieg subjektiver Dissoziationserfahrungen geführt. Bei der Zerstreuung handele es sich um einen Effekt der Versuche, bei menschlichen Subjekten Aufmerksamkeit zu erzeugen.[90] Gleichzeitig aber wendet Crary sich explizit gegen jene Theoretiker der Moderne, die, wie Hegel oder Benjamin, eine Verfallsgeschichte der Wahrnehmung postulieren, also eine historische Abfolge bestimmter Wahrnehmungsweisen

---

89 Kant nimmt an, dass jede mögliche Wahrnehmung ein sich selbst begründendes ursprüngliches und synthetisches Vereinheitlichungsprinzip, das grundsätzlich über empirischen Sinneserfahrungen wie dem Sehen steht, zur Voraussetzung habe: »Einheit der Synthesis in empirischen Begriffen würde ganz zufällig sein und, gründeten diese sich nicht auf einen transzendentalen Grund der Einheit, so würde es möglich sein, dass ein Gewühle von Erscheinungen unsere Seele anfüllte [...]. Alsdann fiele aber auch alle Beziehung der Erkenntnis auf Gegenstände weg, weil ihre die Verknüpfung nach allgemeinen und notwendigen Gesetzen mangelte.« Ders., *Kritik der reinen Vernunft*, Hamburg 1993, S. 161a.

90 Vgl. Crary, *Suspensions of Perception. Attention, Spectacle and Modern Culture*, S. 1f.

annehmen.[91] Gegen sie führt Crary ins Feld, dass Aufmerksamkeit und Zerstreuung, fokussierte und nicht-fokussierte Wahrnehmung, keine einander historisch entgegenzusetzenden psycho-physischen Zustände darstellen, sondern dass das moderne Subjekt ständig zwischen diesen beiden Polen fluktuiere: »I argue, instead, that attention and distraction cannot be thought outside of a continuum in which the two ceaselessly flow into one another, as part of a social field in which the same imperatives and forces incite one and the other.«[92]

Wird ein psychischer Organismus einer hohen Dichte an Außenreizen ausgesetzt, ist er dazu genötigt, eine begrenzte Zahl von Objekten, Informationen oder Reizen aus dem Fluss eindringender Informationen herauszufiltern. Auf diese Weise wird ein Großteil des Wahrnehmungsfeldes und der Wahrnehmungsdaten effektiv aus dem Bewusstsein ausgeschlossen, ein Phänomen, das Wahrnehmungspsychologen als ›selektive Aufmerksamkeit‹ bezeichnen.[93] Memorisierungsleistungen beruhen auf einer solchen intentionalen Fokussierung. Kann angesichts einer überwältigenden Dichte von Wahrnehmungsdaten eine solche Fokussierung nicht mehr aufrechterhalten werden, gelingt es also nicht mehr, gewisse Inhalte eines sensorischen Feldes auf Kosten anderer zu selegieren, tritt sensorische Überlastung ein, wodurch der Organismus in einen dissoziativen Zustand verfällt, der als krisenhaft empfunden werden kann.[94]

Einen privilegierten Ort für Dissoziationserfahrungen bildet in der Moderne die Großstadt, wo der Passant bisweilen vor große perzeptive und motorische Herausforderungen gestellt ist. Plötzlich können ihm Hindernisse und Gefahren entgegentreten, auf die er schnell zu reagieren hat – unerwartete Menschen im Gegenverkehr, dröhnende Kraftfahrzeuge, lauernde Baustellengruben und dergleichen. Eine Vielzahl visueller

---

91 Schon Hegel konstatiert »die eigenthümliche Unruhe und Zerstreuung unseres modernen Bewußtseyns«. Ders., *Wissenschaft der Logik I*, Vorrede zur zweyten Ausgabe, S. 18, zit. n. Schiemann, »Zerstreuung«, S. 1312.
92 Crary, *Suspensions of Perception. Attention, Spectacle and Modern Culture*, S. 51.
93 Vgl. ebd., S. 37ff.
94 Siehe etwa Andrew McGhie und James Chapman: »Dissorders of Attention and Perception in Early Schizophrenia«, in: *British Journal of Medical Psychology 34* (1961), S. 110f., zit. n. ebd., S. 37, Fn. 74: »Now let us suppose there is a breakdown in this selective-inhibitory function of attention. Consciousness would be flooded with an undifferentiated mass of incoming sensory data, transmitted from the environment via the sense organs. To this involuntary tide of impressions there would be added the diverse internal images, and their associations, which would no longer be coordinated with incoming information. Perception would revert to the passive and involuntary assimilative process of early childhood and, if the incoming flood were to carry on unchecked, it would gradually sweep away the stable constructs of a former reality.«

und akustischer Reize dringt auf ihn ein. Um sich seinen Weg bahnen zu können, hat er sich nach allen Seiten hin zu orientieren. Dabei richtet sich der Blick nicht frei auf die Objektwelt aus, sondern bestimmte Gegenstände, etwa Werbeschilder oder Verkehrszeichen, versuchen, sich beharrlich in seine Aufmerksamkeit zu drängen. Solche Faktoren führen dazu, dass der Wahrnehmende, um nicht die Orientierung zu verlieren, ein hohes Maß an Wachheit, aber auch an Anpassungsfähigkeit aufbringen muss. Die Aktivität des Wahrnehmungsapparates steigert sich, was nicht ohne Folgen für das Wahrgenommene bleiben kann. So führen die spezifischen Wahrnehmungs- und Fortbewegungsbedingungen der Stadt zu spezifischen Wahrnehmungs- und Fortbewegungs*formen* und diese wiederum zu spezifischen Wahrnehmungs*inhalten*.

Welche Wahrnehmungsinhalte sind aber nun für solche Zustände kennzeichnend? Die Beschleunigung des Wahrnehmens und der beständige Wechsel von Objekten können zu einem Misslingen des Wiedererkennens führen, wodurch diese verwechselbar oder sich selbst unähnlich werden.[95] Ebenso können mit mangelnder Fokussierung die Verflachung dreidimensionaler Gegenstände zu reinen Oberflächenphänomenen sowie die Desemantisierung von Zeichenträgern, also ihre Reduktion auf ihr sinnliches Erscheinen, einhergehen. In handlungsbezogener Hinsicht geht in zerstreuten Zuständen die intentionale Orientierung der Wahrnehmung verlustig. Auch ist das Memorisierungsvermögen herabgesetzt, was unter Umständen bis zu völligen Speicherungsresistenzen führen kann. Zugleich lassen sich durch eine hohe Menge und Intensität an Reizen rauschähnliche Genussmomente herbeiführen, was beispielsweise Jahrmärkte, Spielhöllen oder auch Zeichentrickfilme unter Beweis stellen.

Crary insistiert, dass ›Aufmerksamkeit‹ als eine normative Kategorie der institutionellen Macht zu verstehen sei.[96] Verschiedenste gesellschaftliche Institutionen und Disziplinierungsstrategien dienen dazu, Subjekten ›Aufmerksamkeit‹ anzuerziehen, um diese produktiv, kontrollierbar und sozial integrierbar zu machen. Er behauptet in Anlehnung an Gilles Deleuze, dass sich im 20. Jahrhundert die Disziplinargesellschaften allmählich in Kontrollgesellschaften verwandelt haben, »in which the

---

95 Für das Folgende vgl., Crary, *Suspensions of Perception. Attention, Spectacle and Modern Culture*, passim. sowie die Einträge »Aufmerksamkeit«, »Beschleunigung« und »Reizüberflutung« in: Pethes, Ruchatz (Hg.), *Gedächtnis und Erinnerung*, S. 59ff., 80ff., 476ff.

96 Vgl. Crary, *Suspensions of Perception. Attention, Spectacle and Modern Culture*, S. 4f., 72ff.

combination of a global market, information technology, and the irresistible imperative of ›communication‹ produces continuous and unbounded effects of control«[97]. Es werden ›Technologien‹ der Aufmerksamkeit entwickelt, die dazu dienen, beim Konsumenten und Staatsbürger feste Perzeptions- und Reaktionsmuster hervorzurufen.

Vor diesem Hintergrund wird ›Zerstreuung‹ zu einem ambivalenten Phänomen. Sie kann einerseits als Bedrohung politischer oder ökonomischer Interessen sowie des sozialen Zusammenhalts empfunden werden. Sie kann als Weigerung verstanden werden, die Welt in einer sinnvollen, produktiven und sozial nützlichen Weise wahrzunehmen.[98] Andererseits kann Zerstreuung aber auch positiv bewertet werden, weil sich der Zerstreute der Kontrolle und Vereinnahmung durch externe Instanzen entzieht und weil – so die Hoffnung – der Bruch, welcher der Zerstreuung inhärent ist, die Möglichkeit neuer Perzeptionsweisen und sozialer Organisationsformen eröffnet.

Ein Autor, bei dem sich letztere Auffassung exemplarisch aufzeigen lässt, ist Siegfried Kracauer. Wie Henri Band festgestellt hat, ist die geschichtsphilosophische Pointe von »Kult der Zerstreuung«, einem 1926 veröffentlichten Essay über die Berliner Filmpaläste, darin zu sehen, dass »Aspekte der kulturkritischen Diagnose des gesellschaftsübergreifenden Gestalt- und Sinnverlustes und die Vorstellung einer im Zuge dieser Entwicklung atomisierten Rezeptionsweise mit dem utopisch-theologischen Ausblick auf eine aus den zerstückelten Formen und Eindrücken aufsteigende neue gesellschaftliche Ordnung«[99] verklammert werden. Aus dem chaotischen Zustand soll eine neue perzeptive und gesellschaftliche, von den Massen verfügte Ordnung hervorgehen.

Auch Benjamin gewinnt der Zerstreuung nicht nur negative, sondern auch positive Aspekte ab, etwa wenn er verschiedentlich den nationalsozialistischen Versammlungen das zerstreute Kinopublikum gegenüberstellt. Die nationalsozialistischen Kulte dienen der Herstellung einer völkischen Gemeinschaft, die wesentlich auf kollektiven Erfahrungen beruht. Dagegen eröffnen sich dem zerstreuten und hierdurch vereinzelten Kinopublikum neue und kritische Perzeptionsweisen, die emanzipatori-

---

[97] Ebd., S. 76. Siehe hierzu auch Joseph, *Random Order: Robert Rauschenberg and the Neo-Avant-Garde*, S. 17.
[98] Crary zieht in diesem Zusammenhang auch die Pathologisierung der ›Aufmerksamkeitsdefizit-/ Hyperaktivitätsstörung (ADHS)‹ heran, die er als gestörte Verhaltenskontrolle auffasst (siehe ebd., S. 35ff.).
[99] Band, *Mittelschichten und Massenkultur*, S. 66 (Kracauer, »Kult der Zerstreuung«).

sche Potentiale bergen. Auch hier soll also der Bruch, welcher der Zerstreuung inhärent ist, die Möglichkeit neuer Wahrnehmungen und sozialer Organisationsformen eröffnen. Allerdings äußert sich Benjamin nicht konkreter dazu.[100]

ZERSTREUUNG IN DEN KÜNSTEN I: BAUDELAIRE UND BENJAMIN

In den Künsten wird das Phänomen der Zerstreuung wohl deswegen zuerst im Kontext der beim Flanieren auftretenden Wahrnehmungsweisen thematisch, weil hier sowohl die objektiven Voraussetzungen (äußere Reizdichte) als auch eine geeignete subjektive Einstellung, welche die betreffenden Wahrnehmungsphänomene zu registrieren vermag (interesseloses Sich-Selbst-Überlassen der Wahrnehmung), gegeben sind. Der künstlerischen Reflexion dieses Zusammenhangs möchte ich in den nächsten Abschnitten etwas tief greifender nachgehen. Zunächst wird die Veranschaulichung urbaner Erfahrung bei Charles Baudelaire untersucht, danach werde ich auf Walter Benjamins Theorie der Zerstreuung, die wesentliche Inspirationen von Sigmund Freud bezieht, zu sprechen kommen.

Beim ›Flanieren‹ handelt es sich um eine *besondere Praxis* der Fortbewegung im städtischen Raum. Unter diesem Stichwort findet man in alten französischen Wörterbüchern Einträge wie »se promener sans but, au hasard; use son temps sans profit«[101]. Es handelt sich demnach um eine Fortbewegung zu Fuß, die sich dadurch auszeichnet, nicht dem Erreichen eines bestimmten Ortes oder dem Abschreiten einer festgelegten Route zu dienen, sondern selbstzweckhaft zu sein. Der Flaneur verfolgt keine praktischen Interessen, sondern zelebriert den prozessualen Charakter des Gehens, worin er sich vom gewöhnlichen Passanten unterscheidet.[102] Diese Freisetzung der Wahrnehmung bietet die Voraussetzung für

---

100 Vgl. ders. »Das Kunstwerk im Zeitalter seiner technischen Reproduzierbarkeit«, S. 505f. und »Über einige Motive bei Baudelaire«, passim. Siehe hierzu auch: Hansen, »Benjamin, Cinema and Experience«.
101 Maximilian Paul Emile Littré: *Dictionnaire de la langue francaise*, 1982f., Bd. 2, S. 2512, zit. n. Neumeyer, *Der Flaneur: Konzeptionen der Moderne*, S. 11. Das Verb ›flâner‹ ist erstmals 1808 im allgemeinen Sprachgebrauch in Paris belegt und leitet sich ab von ›flana‹, einem Verb skandinavischen Ursprungs, dessen Bedeutung mit ›unbesonnen herumlaufen‹ wiederzugeben ist. Vgl. *Dictionnaires Le Robert*, 1998, Bd. 2, S. 1439, zit. n. Keidel, *Die Wiederkehr der Flaneure: literarische Flanerie und flanierendes Denken zwischen Wahrnehmung und Reflexion*, S. 14.
102 Das Gegenstück zum städtischen Flanieren bildet das ländliche ›Spazierengehen‹. Im Unterschied zu diesem ist das Flanieren jedoch auch ein soziales Ereignis.

verschiedenste und verstreuteste Beobachtungen, aber auch dafür, dass die soeben angesprochenen stadttypischen Wahrnehmungsformen und Wahrnehmungseffekte selbstreflexiv in den Fokus der Aufmerksamkeit rücken können.[103] Vor diesem Hintergrund ist das Flanieren als eine Tätigkeit zu verstehen, die der Zerstreuung dient und im Modus der Zerstreuung vollzogen wird. Der Flaneur wird nicht in die Zerstreuung gezwungen, sondern er gibt sich ihr lustvoll hin.

In Bezug auf Baudelaires Gedichte wurde vielfach erforscht, wie sich in ihnen der Versuch bemerkbar macht, geeignete Darstellungsformen für die mit dem städtischen Flanieren verbundenen Erfahrungen zu entwickeln. Baudelaire fordert eine Kunst, die sich auf die schnelllebige Gegenwart einlässt, womit urbane Phänomene in den Fokus der Aufmerksamkeit rücken, in denen das Transitorische zum Ausdruck kommt. Eines der wichtigsten dieser Phänomene ist die Menschenmasse, durch deren wogende Bewegungen und Verschiebungen sich die flüchtigsten und unvorhersehbarsten Konstellationen und Begegnungen ereignen.

Zwei Gedichtsammlungen sind für diesen Zusammenhang einschlägig: *Les Fleures du Mal*, in der urbane Erfahrung insbesondere in den 18 lyrischen Prosatexten verhandelt wird, die im Abschnitt »Tableaux parisiens« zusammengefasst sind.[104] Sodann Baudelaires Prosagedichte, die ab 1855 verfasst werden und eine neue literarischen Gattung bilden, nämlich die des ›poème en prose‹. Zu seinen Lebzeiten nur verstreut gedruckt, werden sie 1869 postum gesammelt als *Le Spleen de Paris* herausgegeben.[105] Baudelaire verarbeitet kurze Eindrücke, die der Flaneur auf seinem Weg durch die Großstadt aufnimmt: das verschwommene Bild eines Frauengesichts im Fenster, ein Gaukler, der aus seiner Jahrmarktsbude hinausblickt, Bettler vor einem Café, Kinder im Hinterhof, Gestalten der Menge. Die Straße erweist sich als eine Bühne für flüchtige Erscheinungen, die es durch die Poesie zu fixieren gilt. Ein einschlägiges Beispiel für diese neue

---

103 Das Flanieren ist von bestimmten urbanen Voraussetzungen abhängig, die das Paris des frühen 19. Jahrhunderts vor allem durch seine Passagen mitbringt. Später im Jahrhundert eröffnen Boulevards und Trottoirs den Flaneuren ein neues Terrain.
104 Vgl. Baudelaire, »Les fleurs du mal«, S. 78ff. Der Titel ist an Louis-Sébastian Mercier orientiert, der erstmals 1781 kurze Prosastücke über Gegenstände, Verhaltensweisen, Lokalitäten, Sitten und Gebräuche der Stadt Paris unter dem Titel *Tableau de Paris* veröffentlicht hat. Mercier wiederum hat den Begriff ›tableau‹ der Dramentheorie Diderots entlehnt, in der es das vom Schauspiel zu realisierende und der Wirklichkeit entsprechende Bild oder ›Gemälde‹ bürgerlicher Lebensverhältnisse bezeichnet. Siehe hierzu Köhn, *Straßenrausch*, S. 17f.
105 Vgl. Baudelaire, »Le Spleen de Paris«.

Beziehung zwischen beobachtendem Subjekt und beobachtetem Objekt stammt aus dem Abschnitt »Tableaux parisiens« und trägt den Titel *À une Passante*:

> »La rue assourdissante autour de moi hurlait. / Longue, mince, en grand deuil, douleur majestueuse, / Une femme passa, d'une main fastueuse / Soulevant, balançant le feston et l'ourlet; // Agile et noble, avec sa jambe de statue. / Moi, je buvais, crispé comme un extravagant, / Dans son œil, ciel livide où germe l'ouragan, / La douceur qui fascine et le plaisir qui tue. // Un éclair ... puis la nuit! – Fugitive beauté / Dont le regard m'a fait soudainement renaître, / Ne te verrai-je plus que dans l'éternité? // Ailleurs, bien loin d'ici! trop tard! jamais peut-être! / Car j'ignore où tu fuis, tu ne sais où je vais, / O toi que j'eusse aimée, ô toi qui le savais!«[106]

Das lyrische Ich schildert die kurze Begegnung mit einer ihm entgegenkommenden Frau. Dass hier urbane Erfahrung unter dem Aspekt des Flanierens thematisiert wird, äußert sich in der Charakterisierung der Frau als Passantin, der Plötzlichkeit der Begegnung sowie in der Anonymität der Begegnenden. So überraschend die Frau aus der Menge auftaucht, so schnell verschwindet sie wieder, was ihre »flüchtige Schönheit« (»Fugitive beauté«) begründet. »Die Entzückung des Großstädters«, so schreibt Walter Benjamin in »Einige Motive über Baudelaire«, »ist eine Liebe nicht sowohl auf den ersten als auf den letzten Blick. Es ist ein Abschied für ewig, der im Gedicht mit dem Augenblick der Berückung zusammenfällt.«[107] Aus der Innenperspektive des Flaneurs wird die Begegnung mit Naturgewalten gleichgesetzt. Im Vers »Un éclair ... puis la nuit! – Fugitive beauté« wird dies nicht nur inhaltlich ausgesagt, sondern auch auf der Ebene der Grammatik exemplifiziert. Das Satzgefüge bricht auf, die Prädikate fehlen – dem Plötzlichen und Überwältigenden der Erscheinung wird durch Auslassungszeichen und durch die Gegenüberstellung von Substantiven entsprochen, die beim Leser konträre Lichtempfindungen hervorrufen sollen.[108]

---

106 Baudelaire, »Les fleurs du mal«, S. 83.
107 Benjamin, »Über einige Motive bei Baudelaire«, S. 623.
108 Bei diesem Sonett handelt es sich um ein für moderne Großstadterfahrung häufig angeführtes Beispiel. Weiterführende Interpretationen finden sich beispielsweise bei Neumeyer, *Der Flaneur: Konzeptionen der Moderne*, S. 106ff.

Auf diese Weise bilden in Baudelaires Sonett die mit dem Flanieren verbundenen Erfahrungen nicht nur einen Aspekt der Kunstproduktion, sondern werden in der Rezeption auch anschaulich. Urbane Erfahrung wird anhand der Gleichzeitigkeit von Plötzlichkeit und Flüchtigkeit, Nähe und Distanz zwischenmenschlicher Begegnungen thematisiert, also anhand stadttypischer Zeit- und Raumerfahrungen. Baudelaires Thema ist also nicht zuletzt, wie sich *intersubjektive Erfahrung* unter den Bedingungen der modernen Großstadt verändert. Zwar wird das Flanieren oder der Flaneur in der städtischen Menschenmasse nicht immer detailliert geschildert respektive explizit genannt. Dennoch ist in Baudelaires Lyrik – so wiederum Benjamin – stets »die heimliche Gegenwart einer Masse nachweisbar«. Sie hat sich Baudelaires Schaffen »als verborgene Figur eingeprägt«[109].

Benjamins ›Trick‹ besteht nun darin, Baudelaires Lyrik mit Freuds Spekulationen über den ›Schock‹ in Verbindung zu bringen, was einen Baustein in seiner Erzählung über den in der Moderne erlittenen ›Erfahrungs-‹ bzw. ›Gedächtnisverlust‹ bildet. Die textliche Grundlage hierfür bilden Freuds Ausführungen in »Jenseits des Lustprinzips«. Im vierten Abschnitt dieses Textes behauptet Freud, dass sich das System Bewusstsein von den anderen psychischen Systemen dadurch unterscheide, keine Gedächtnisspuren auszubilden, was etwas mit seiner exponierten Lage zwischen Außenwelt und Erinnerungssystem zu tun habe.[110] Er macht geltend, dass das ›System W-Bw‹ keine neuen Reize empfangen könne, wenn die Erregungen in ihm fortdauern, weswegen sie in anderen Systemen, also im Unbewussten und Vorbewussten, gespeichert werden müssten. Zudem stellt Freud die Vermutung an, dass das Bewusstsein nicht nur der Aufnahme von Reizen aus der Außenwelt, sondern auch dem Schutz vor ihnen diene. Der psychische Organismus befinde sich inmitten der »übergroßen, draußen arbeitenden Energien« und würde von ihren Reizwirkungen »erschlagen« werden, wenn er nicht mit einem solchen Schutz versehen wäre. Es mache die affektive Erregung, die mit solchen Reizen verbunden ist, unschädlich, sodass sie »gleichsam im Phänomen des Bewusstwerdens verpufft«, bevor sie den Organismus traumatisiert.[111] Die Energien der Außenwelt können sich also nur mit einem Bruchteil ihrer Intensität auf die

---

109 Benjamin, »Über einige Motive bei Baudelaire«, S. 618.
110 Vgl. Freud, »Jenseits des Lustprinzips«, S. 234ff. In dieser räumlichen Umschreibung orientiert sich Freud am damaligen Stand der Gehirnforschung, die den Sitz des Bewusstseins in der Hirnrinde verortet.
111 Alle Zitate ebd., S. 237, 235.

nächsten psychischen Systeme fortsetzen, sodass sich diese ausführlich der Aufnahme der durchgelassenen Reize widmen können. So gesehen bringt Freud Bewusstsein und Gedächtnis tendenziell in einen Gegensatz, was er schon durch die Beobachtung legitimiert sieht, dass Gedächtnisspuren dann am stärksten und haltbarsten sind, wenn der sie zurücklassende Vorgang niemals voll zu Bewusstsein gekommen ist.[112] Gelingt es dem Bewusstsein nicht, bestimmte Eindrücke zu parieren, etwa weil sie zu intensiv sind oder sich zu plötzlich ereignen, entstehen unbewusste Erinnerungsspuren, welche die Eindrücke unverarbeitet bewahren. Heftige und plötzliche Singulär-Reize aus der Außenwelt, die stark genug sind, den psychischen Reizschutz zu durchbrechen, nennt Freud ›Schocks‹. Der affektive Indikator für solche Schocks ist der Schreck, der aus der Überraschung resultiert. Gerade der Erste Weltkrieg hat für Freud eine Vielzahl solcher traumatischer Erfahrungen hervorgerufen.

Benjamin interpretiert diese Ausführungen etwas vereinfachend dahingehend, dass dem Bewusstsein vor allem die Funktion zukomme, die »Chocks« zu parieren.[113] Da das menschliche Bewusstsein gerade im städtischen Lebensraum aufgrund der hohen Intensität und Dichte überraschender Reize im Interesse der Schockabwehr ständig in erhöhte Alarmbereitschaft und Aktivität versetzt sei, gelinge es den durch die Sinnesreize hervorgerufenen Affekten nicht mehr, sich in tiefere Schichten des psychischen Organismus, also in das Gedächtnis, einzuschreiben. Daher bilden die betreffenden Vorfälle, Ereignisse und Eindrücke keine wirklichen Erfahrungen mehr aus, sondern verkommen zu reinen »Erlebnissen«[114]. Im Unterschied zur ›Erfahrung‹ im vollen Sinne, die sich aus »oft nicht bewussten Daten« bildet, »die im Gedächtnis zusammenfließen«[115], kommen sie hier nur punktuell zu Bewusstsein, ohne in das Gedächtnis einzugehen. Die Leistung des Bewusstseins besteht gerade darin, das Ereignis auf ein momentanes Erlebnis zu reduzieren und seine Aufnahme in das Gedächtnis zu verhindern.

Benjamin betrachtet Baudelaire als den ersten Dichter, der sich in seiner Lyrik eingehend der Darstellung der beständigen Schockabwehr,

---

112 Vgl. ebd., S. 235. Ähnliches konstatiert Freud für die Sinnesorgane: Wie das Bewusstsein dienen diese der Aufnahme spezifischer Reizeinwirkungen, zugleich aber sind sie »besondere Vorrichtungen«, die gegen »übergroße Reizmengen« schützen und »unangemessene Reizarten«
abhalten (ebd., S. 237).
113 Vgl. Benjamin, »Über einige Motive bei Baudelaire«, S. 612ff.
114 Ebd., S. 615.
115 Ebd., S. 608.

des »Chockerlebnisses« des Passanten in der Menge, widmet.[116] Allerdings ist dieser Sichtweise in jüngerer Zeit widersprochen worden: So macht Harald Neumeyer darauf aufmerksam, dass die französische Schreibweise des Begriffes ›Schock‹ suggeriert, dass dieser nicht von Freud, sondern von Baudelaire übernommen wurde.[117] Baudelaire spricht an der von Benjamin übersetzten Stelle aber nicht von den »chocks«, sondern – ohne Bezug auf die Menge – von den »soubresauts« des Bewusstseins, womit sich zeigt, dass Benjamin einfach einen französischen Begriff durch einen anderen ersetzt.[118] Wie Baudelaires eigene Ausführungen nahelegen, ist das geeignete Bild für das Verhältnis des Flaneurs zur Menge jedoch nicht das des Zusammenpralls, sondern das des »Bades« (»bain de multitude«[119]).

Auch auf ein zweites Problem weist die Forschung hin: Selbst wenn Freud das Beispiel der Kriegserfahrung anführt, die sich zugleich durch eine hohe Intensität wie Quantität traumatisierender Eindrücke auszeichnet, geht er in seinen theoretischen Erörterungen doch eher von der Gewalt eines heftigen oder plötzlichen Singulärreizes aus, der als Schock oder Trauma den psychischen Reizschutz durchbricht. Benjamins Verständnis moderner Alltagserfahrung schreibt Freuds Modell zwar fort, rückt es aber zugleich auch an aktuelle Theorien heran, die urbane Erfahrung mit einer hohen *Quantität* simultaner und konsekutiver Sinnesreize identifizieren.[120] Dies tritt besonders an jenen Stellen hervor, an denen Benjamin – wie beispielsweise im Kunstwerk-Aufsatz – auf die Auswirkungen des ›Chocks‹, nämlich auf den wahrnehmungspsychologischen Effekt der ›Zerstreuung‹, zu sprechen kommt.[121]

---

116 Siehe ebd., S. 615ff.
117 Vgl. für das Folgende: Neumeyer, *Der Flaneur: Konzeptionen der Moderne*, S. 105ff.
118 Benjamins Übersetzung findet sich in »Über einige Motive bei Baudelaire« auf S. 617f. In dem übersetzten Brief von Baudelaire an Arsène Houssaye, in dem er sich ohne Bezug auf die Menge zur Arbeit an *Le Spleen des Paris* äußert, heißt es im Original: »Quel est celui de nous qui n'a pas, dans ses jours d'ambition, rêvé le miracle d'une prose poétique, musicale sans rhythme et sans rime, assez souple et assez heurtée pour s'adapter aux mouvements lyriques de l'âme, aux ondulations de la rêverie, aux soubresauts de la conscience?« (Baudelaire, »Le Spleen de Paris«, S. 229). ›Schock‹ leitet sich vom französischen ›choquer‹ ab, das so viel wie ›(an)stoßen‹ bedeutet. ›Soubresaut‹ lässt sich mit ›Erschütterung‹, ›Zusammenfahren‹, ›Zuckung‹ oder ›Erzittern‹ übersetzen.
119 Baudelaire, »Le Spleen de Paris«, S. 243. Schon Benjamins Beschreibung der »draußen arbeitenden Energien« des Straßenverkehrs wirken anachronistisch: »Durch ihn [den Straßenverkehr] sich zu bewegen, bedingt für den einzelnen eine Folge von Chocks und von Kollisionen. An den gefährlichen Kreuzungspunkten durchzucken ihn, gleich Stößen einer Batterie, Innervationen in rascher Folge.« Ders., »Über einige Motive bei Baudelaire« S. 630.
120 Vgl. Pethes, Ruchatz (Hg.), *Gedächtnis und Erinnerung*, S. 478 (Eintrag »Reizüberflutung«).
121 Siehe Benjamin, »Das Kunstwerk im Zeitalter seiner technischen Reproduzierbarkeit«, S. 500ff.

Zusammenfassend stellt Benjamin in »Über einige Motive bei Baudelaire« also die Behauptung auf, dass sich Baudelaire dem Schock der Moderne stellt und diesen zum Stilprinzip seiner Lyrik erhebt. Der Dichter figuriert als eine Art menschlicher Seismograf, der die perzeptiven Vorbeben des 20. Jahrhunderts registriert. Vor diesem Hintergrund lässt sich Benjamin jenen Autoren zuordnen, die ›Zerstreuung‹ zeitdiagnostisch wenden, sie als eine Folge veränderter Wahrnehmungsbedingungen begreifen und zum Signum der Moderne erklären. Dass damit der Ästhetik von Baudelaires Lyrik entsprochen wird, kann allerdings durchaus bestritten werden. Weder scheint diese These mit den Intentionen Baudelaires übereinzustimmen noch der Leseerfahrung seiner Gedichte zu entsprechen.

ZERSTREUUNG IN DEN KÜNSTEN II: HISTORISCHE AVANTGARDEN

Nun stellt sich natürlich die Frage, in welcher historischen Phase der Kunst die Großstadt unter dem Aspekt ihrer erschütternden und bedrohlichen Tendenzen thematisch wird. Wie anzunehmen, fallen künstlerische Darstellungen, die diesem Zusammenhang Ausdruck geben, in etwa in jene Zeit, in der auch Benjamins Schriften entstehen, also in die Zeit der historischen Avantgarden – unabhängig davon, ob wir vom Dadaismus, Futurismus oder Expressionismus sprechen. In der Lyrik ist hierfür beispielsweise der sogenannte ›Simultanstil‹ notorisch, in der bildenden Kunst beispielsweise das Collageverfahren. Ich werde im Folgenden je ein Beispiel anführen und kurz beschreiben.

1911 erscheint das Gedicht *Weltende* von Jakob van Hoddis, das jenes Formprinzip aufweist, welches hinfort als ›Simultanstil‹ oder auch ›Reihungsstil‹ bezeichnet zum Kennzeichen expressionistischer Lyrik avanciert.[122] Auch jene Gedichte von Alfred Lichtenstein, die urbaner Erfahrung gewidmet sind, werden nach diesem Verfahren organisiert. Ich zitiere *Die Nacht*:

»Verträumte Polizisten watscheln bei Laternen. / Zerbrochene Bettler meckern, wenn sie Leute ahnen. / An manchen Ecken stottern

---

[122] Siehe van Hoddis, »Weltende«. Es wurde zuerst in der Berliner Zeitschrift *Der Demokrat* veröffentlicht. Da in dieser Zeit die impressionistische Lyrik tonangebend war, indiziert es landläufig den Beginn eines neuen Abschnittes in der Literaturgeschichte.

starke Straßenbahnen, / Und sanfte Autodroschken fallen zu den Sternen. / Um harte Häuser humpeln Huren hin und wieder, / Die melancholisch ihren reifen Hintern schwingen. / Viel Himmel liegt zertrümmert auf den herben Dingen ... / Wehleidige Kater schreien schmerzhaft helle Lieder.«[123]

Die Eigenart des Simultanstils besteht in formaler Hinsicht in der syntaktischen Geschlossenheit der Verse und in inhaltlicher Hinsicht im Unzusammenhängenden der Bilder und Eindrücke. Fast jeder Vers exponiert einen neuen Gegenstand, ohne unmittelbar an den vorhergehenden Inhalt anzuknüpfen oder zum folgenden überzuleiten (ausgenommen sind hier der fünfte Vers und der sechste Vers, die durch Zeilensprung miteinander verbunden sind). Auf diese Weise fügt sich die Reihung der Sinneseindrücke nicht mehr in die Einheit einer kohärenten Schilderung. Während Baudelaires Sonett eine flüchtige zwischenmenschliche Begegnung herausgreift, gleichsam vergrößert und subjektiv auflädt,[124] wird hier die Aufmerksamkeit des lyrischen Subjektes immer wieder abgelenkt. Die Großstadt wird zu einer Lieferantin disparater Attraktionen, welche die Aufmerksamkeit des Erzählers willkürlich anziehen. Obwohl das Syntagma der Schrift nur eine lineare Wiedergabe der Eindrücke zulässt, scheinen sich die betreffenden Ereignisse gleichzeitig oder in schneller Abfolge zuzutragen. Dieser rasche Wechsel von Eindrücken wird also in der Leseerfahrung wirksam; es entsteht die Fiktion, als flaniere man durch den zwar nächtlichen, aber doch lebendigen und disparaten Raum der Großstadt.

Für diese zerstreute Form der Aufmerksamkeit, die dem lyrischen Ich zukommt, verwendet Silvio Vietta den Begriff der ›Dissoziation‹ bzw. ›Ich-Dissoziation‹. Er spricht von einer »wahrnehmungspsychologischen Überlastung«, die den urbanen Wahrnehmungsbedingungen geschuldet sei und sich in der »Desintegration der Wahrnehmungseinheiten« bzw. in der »Dissoziation der Bilder« niederschlage.[125] Vietta macht in diesem Zusammenhang auf die wechselseitige Abhängigkeit von wahrnehmendem Subjekt und wahrgenommenem Objekt aufmerksam: »Wenn das Wahrnehmungssubjekt die Wahrnehmungsaktivität nicht mehr aufrechterhal-

---

123 Zit. n. Lichtenstein, »Die Nacht«.
124 Siehe S. 57f. dieser Arbeit.

125 Kemper, Vietta, *Expressionismus*, S. 42 (alle Zitate).

ten kann, bricht auch die durchs Subjekt vermittelte Objektwelt in sich zusammen. Subjekt und Objekt der Wahrnehmung ›stürzen ein‹.«[126]

Kommen wir zu unserem Beispiel aus der bildenden Kunst: Paul Citroens Collage *Metropolis* aus den frühen 1920er Jahren bietet die Ansicht einer Großstadt, die aus einer Vielzahl ausgeschnittener fotografischer Fragmente zusammengesetzt wurde (Abb.7). Nur am obersten Bildrand erkennen wir eine schmale Himmelszone, während auf der restlichen Bildfläche verschiedenste Bauten zu erkennen sind – darunter (zum Teil identifizierbare) Galerien, Türme, Wohn- und Verwaltungshäuser, die zusammen ein undurchschaubares städtisches Labyrinth erzeugen. Sowohl in physischer als auch in farblicher und formaler Hinsicht ist das Bild durch zahlreiche Brüche gekennzeichnet. Der Bildraum wirkt inkohärent, weil die fotografischen Fragmente keinen gemeinsamen Fluchtpunkt aufweisen. Die Einzelteile gewinnen an Autonomie und begehren gegen die hierarchisch organisierte Kompositionsweise auf. Zwar wird das massenmediale Material der Darstellung einer Stadtansicht dienlich gemacht, doch führen gerade die zahlreichen Perspektivsprünge zu auffälligen Brüchen im Bildgefüge.[127]

Nun gibt es in der Forschung unterschiedliche Auffassungen darüber, wie solche dissoziativen Bildformen zu interpretieren sind. Manche Autoren zentrieren im Wesentlichen das Wahrnehmungs*objekt* und begreifen die Brüche im Bildgefüge als ikonische Bezugnahme auf eine Eigenschaft der dargestellten Welt. Hierfür sind die Ausführungen von Annegret Jürgens-Kirchhoff exemplarisch, die im Rekurs auf *Metropolis* schreibt: »Mit der Montage reagierten die Dadaisten nicht nur auf die Möglichkeiten der neuen Bildmedien; sie versuchten damit auch, ihrer Wahrnehmung und Erfahrung einer heterogenen, selbst montiert erscheinenden Realität zu entsprechen.«[128] Zwar erscheint dieser Standpunkt angesichts der Heterogenität an Formen und Zeichen, durch die sich moderne Großstädte gemeinhin auszeichnen, zunächst plausibel, doch lassen sich die perspektivischen Brüche im Bildraum letztendlich aufgrund mangelnder anschaulicher Ähnlichkeit nicht wirklich mit der äußeren subjektunabhängigen Wirklichkeit in Übereinstimmung bringen.

---

126 Ebd., S. 34.
127 Gegenüber malerischen Darstellungen resultiert das Verwirrende der Collage auch aus ihrer fotografischen Natur: Trotz der Indexikalität ihrer Fragmente stellt sie einen Ort dar, den es nicht gibt. Die fotografischen Spuren verzweigen sich in verschiedenste Richtungen und Zeiten.
128 Jürgens-Kirchhoff, »Dada«, S. 3.

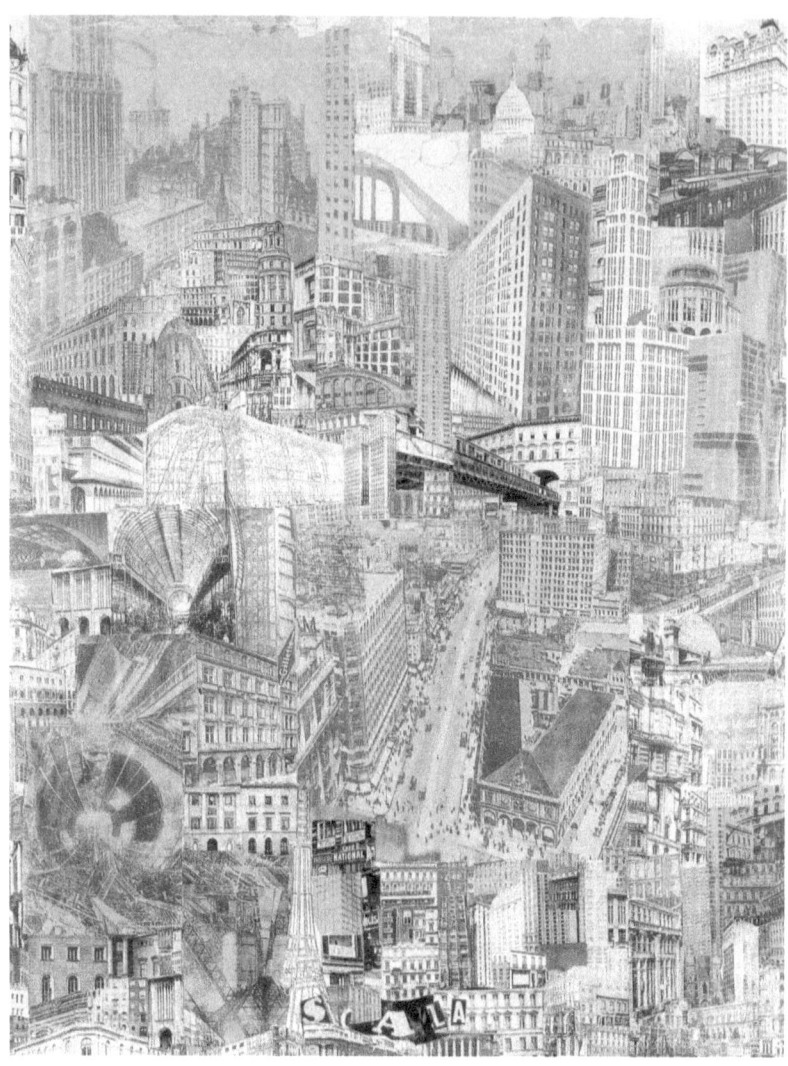

7. Paul Citroen, *Metropolis*, 1923, Collage aus Fotografien, Drucken und Postkarten, 76 × 58 cm, Kupferstichkabinett, Leiden.

Andere Autoren zentrieren daher das Wahrnehmungs*subjekt*. Ihnen zufolge dienen die Brüche im Bildgefüge dazu, einer bestimmten Weltsicht Ausdruck zu verleihen. Die Irritationen, die beim Betrachter ausgelöst werden, stehen dann *gleichnishaft* für die ›Krise‹ des modernen Subjektes ein. Der Zusammenbruch der Bildordnung wird zu einer *Metapher* für den Zusammenbruch der Wirklichkeit, womit der Zeichencharakter des Bildes nicht auf ikonischer Ähnlichkeit, sondern auf analogischem Denken beruht. In ganz ähnlicher Weise hat Walter Benjamin die avantgardistische Collage gedeutet: Sie entstand, so Benjamin, »als es gegen Ende des Krieges der Avantgarde deutlich wurde: die Wirklichkeit hat nun aufgehört, sich bewältigen zu lassen. Uns bleibt – um Zeit und einen kühlen Kopf zu bekommen – nichts weiter übrig, als sie vor allem einmal ungeordnet, selbst, anarchisch, wenn es sein muss, zu Worte kommen zu lassen.«[129]

Es bleibt also festzuhalten, dass die fotografischen Fragmente, da sie keinen gemeinsamen Fluchtpunkt aufweisen, von der anschaulichen Wirklichkeit abweichen. Dennoch bleibt Citroens Collage letztendlich entschieden dem Paradigma ikonischer Repräsentation verpflichtet, da nur auf dessen Grundlage diese formalen Dissonanzen überhaupt hervortreten und wirkungsvoll erfahren werden können.[130] Im Hinblick auf die Darstellung alltäglicher Wirklichkeit verzeichnen wir so gesehen zwar eine Erneuerung der Bild*technik*, die im Collagieren besteht, jedoch keine grundsätzliche Erneuerung der Bild*form*. Die Collage steht in einer langen Tradition dissoziierter Bilder, was man sich beispielsweise durch einen Blick auf die *Carceri* von Piranesi oder die *Pittura Metafisica* von Giorgio de Chirico klarmachen kann.

DAS MIMETISCHE UND SUBVERSIVE POTENTIAL DER *SILKSCREEN PAINTINGS*

Nachdem wir somit unseren Blick an avantgardistischen Kunstwerken geschult haben, können wir zu Rauschenbergs Gemälden zurückkehren. Berücksichtigt man die bisherigen Ergebnisse, drängt sich unmittelbar die Frage auf: Wie lassen sich die *Silkscreen Paintings* von den Collagen der historischen Avantgarden, für die Citroens *Metropolis* stellvertretend herangezogen wurde, im Hinblick auf die Beziehung zwischen Bild und alltäglicher Wirklichkeit voneinander abgrenzen? Wir haben festgestellt, dass Citroen einen einheitlichen Bildraum entwirft, der von dissoziierenden Brüchen durchsetzt ist. Der Zusammenbruch der

---

129 Benjamin, »Bekränzter Eingang. Zur Ausstellung ›Gesunde Nerven‹ im Gesundheitshaus Kreuzberg«, S. 560.
130 Siehe in diesem Zusammenhang Adorno: »Noch wo die Kunst [...] auf dem Äußersten von

Unstimmigkeit und Dissonanten besteht, sind ihre Momente zugleich solche von Einheit; ohne diese würden sie nicht einmal dissonieren.« Ders., *Ästhetische Theorie*, S. 235.

Bildordnung wird zu einer *Metapher* für den Zusammenbruch der Wirklichkeit, womit der Zeichencharakter des Bildes einerseits auf ikonischer Ähnlichkeit, andererseits auf analogischem Denken beruht. Dennoch bleibt Citroens Collage letztendlich entschieden dem Paradigma ikonischer Repräsentation verpflichtet, da nur auf dessen Grundlage die formalen Dissonanzen, ja der Zusammenbruch der Bildordnung überhaupt, hervortreten und wirkungsvoll erfahren werden können. Dagegen werden in der Rezeption von Rauschenbergs *Silkscreen Paintings* nicht städtische Bilder evoziert, sondern *Wahrnehmungsweisen* hervorgerufen, die als Resultat technisierter Lebensräume und massenmedialer Aufmerksamkeitsindustrien einen wesentlichen Aspekt moderner Wirklichkeitserfahrung darstellen und im kulturhistorischen Abschnitt über das Phänomen der Zerstreuung bereits angesprochen wurden.[131] Die Siebdrucke erzeugen also eine *visuelle Anschaulichkeit jenseits von Abbildhaftigkeit*. Diese Behauptung sei noch einmal in zweifacher Hinsicht verdeutlicht:

Erstens wird die Gegenstandswahrnehmung des Rezipienten respektive die Darstellungsfunktion der Abbildungen partiell und temporär unterbrochen. Indem zwischen den Abbildungen formale Korrespondenzen hervortreten, werden diese auf reine Flächenornamente reduziert, was, wie Rauschenberg selbst sagt, deren »Zusammenbruch« heraufbeschwört.[132] Zweitens werden die Bilder, wie wir ebenfalls bemerkt haben, vieldeutig. Dies etwa, wenn sich, wie oben bereits angemerkt, die Hand Kennedys wahlweise als Duchamps Zeigegestus oder Michelangelos Hand Gottes auffassen lässt (Abb.4–5) oder wenn, wie auf *Overcast I*, Finger nicht mehr von Beinen zu unterscheiden sind bzw. diese als jene und jene als diese aufgefasst werden können (Abb.8). Die fotografischen Motive wandeln sich in polyreferentielle Gebilde, die sich diversen und widersprüchlichen Wahrnehmungsweisen öffnen. Durch Ab- und Ankopplungsprozesse von Signifikant und Signifikat werden sie – um wiederum Rauschenberg zu zitieren – aus ihrer Starre »befreit«[133]. Und mit diesem »Zusammenbruch« und dieser »Befreiung« der Bilder gehen der »Zusammenbruch« und die »Befreiung« der Wahrnehmung einher.

---

131 Siehe S. 53 dieser Arbeit.
132 Rauschenberg äußert wörtlich: »Some images can be broken down into abstractions, and some absolutely insist on being themselves no matter what you do with them. I find that the screens I keep around are the ones, that have the sort of flexibility that let's them be broken down.« Zit. n. Feinstein, »The Silkscreen Paintings«, S. 50.
133 Zit. n. Tomkins, »The Sistine on Broadway«, S. 16.

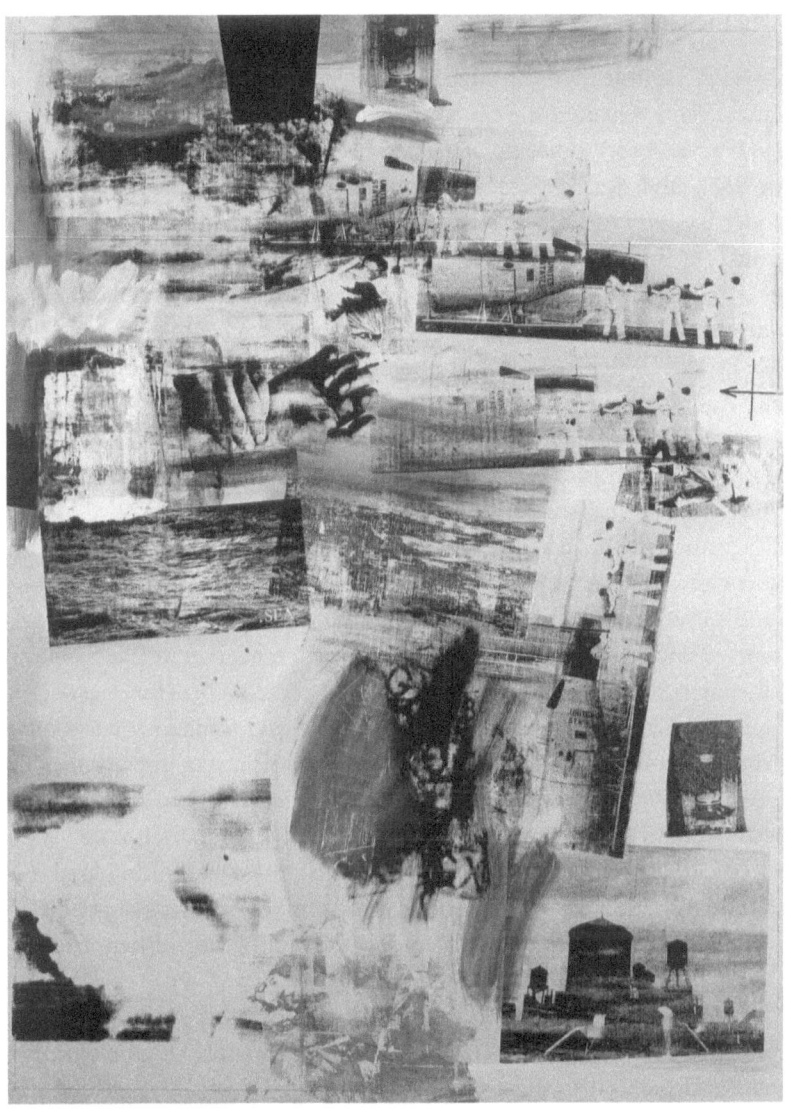

8. *Overcast I*, 1962, Öl und Siebdrucktinte auf Leinwand, 246 × 183 cm, Privatsammlung.

So ist O'Dohertys These vom ›vernacular glance‹ bzw. vom ›city dweller's rapid scan‹ darin zuzustimmen, dass die *Silkscreen Paintings* Erfahrungen wachrufen, die ein Mensch macht, der angesichts einer Vielfalt äußerer Reize in einen polyfokal zerstreuten Aufmerksamkeitszustand wechselt und dessen Augenbewegungen sich rapide beschleunigen. Zu widersprechen ist O'Doherty allerdings darin, dass diese Aufmerksamkeitsform mit einer zweckrationalen Grundorientierung verträglich ist, dass sie also eine gelungene Anpassungsleistung an die städtische Umwelt darstellt, die der Handlungsfähigkeit, ja letztendlich dem Überleben dient. Die Erfahrung der Siebdrucke ruft eher jene Momente wach, in denen wir aus der handlungsbezogenen Orientierung ausscheren und uns in frei schweifender Aufmerksamkeit der ungeordneten Vielfalt an Reizen überlassen: Desemantisierte Zeichen büßen ihre kommunikative Funktion ein und können keine Aufmerksamkeitskontrolle mehr ausüben.[134]

Auch in einem weiteren Punkt sind O'Dohertys Ausführungen zu korrigieren: Die *Silkscreen Paintings* rufen Wahrnehmungsweisen hervor, die als Produkt technisierter Lebensräume und massenmedialer Aufmerksamkeitsindustrien einen wesentlichen Aspekt moderner Wirklichkeitserfahrung bilden. Oder anders formuliert: Da diese Wahrnehmungsweisen von verschiedensten Gegenständen, Medien und Situationen heraufbeschworen werden, lassen sich diese Gemälde nicht nur mit urbaner Erfahrung in Verbindung bringen, sondern auch mit der Erfahrung all jener technischen Medien und Einrichtungen, die heute, und teilweise schon in den 1960er Jahren, unter den Stichpunkten ›Reizüberflutung‹ und ›Bilderflut‹ diskutiert werden. Die *Silkscreen Paintings* emanzipieren sich also letztendlich vom unmittelbaren und exklusiven Bezug auf den urbanen Raum.

Abschließend ist festzuhalten, dass die *Silkscreen Paintings* sowohl *mimetische* als auch *subversive* Dimensionen aufweisen: Sie sind wirklichkeitsbezogen, weil sie zerstreute Wahrnehmungsweisen hervorrufen, die auch in der alltäglichen Lebenswelt auftreten können. Sie sind subversiv, weil diese Wahrnehmungsweisen mit einer ästhetischen Entkräftung mas-

---

134 Insgesamt gleicht die Charakterisierung des ›Alltagsblicks‹ bei O'Doherty nicht, wie Branden W. Joseph in seiner Monografie über Rauschenberg behauptet (s. Fn. 77 dieser Arbeit), der Theorie des ›Chocks‹ bei Benjamin, sondern eher dem, was Simmel in seinem Großstadt-Aufsatz über die ›Blasiertheit‹ des Großstädters als Folge der Reizübersättigung äußert. Man vergleiche in diesem Zusammenhang etwa O'Doherty, *American Masters: The Voice and the Myth*, S. 201, mit Simmel, »Die Großstädte und das Geistesleben«, S. 121.

senmedialer Botschaften einhergehen. Diese Botschaften werden nicht bestritten oder kritisiert, sondern zeitweise außer Kraft gesetzt. Den massenmedialen Bildern wird nicht die Aufmerksamkeit zuteil, die sie einfordern, sondern die Aufmerksamkeit wird von deren Zeichenhaftigkeit, von dem, was sie bedeuten, abgezogen. Es ist allerdings fraglich, ob sich hiermit – wie etwa bei Kracauer – utopische, auf gesellschaftlichen Umsturz gerichtete Dimensionen verbinden. Denn diese Erfahrung ist zunächst einmal nicht auf einen dialektischen Umschlag oder eine neue Ordnung hin konzipiert, sondern sie erfüllt ihren Zweck im perzeptiven Akt. Wie John Cage in einem Brief an Paul Henry Lang schreibt: »With the help, however, of some American paintings, Bob Rauschenberg's particularly, I can pass through Times Square without disgust.« [135]

---

[135] Cage, »Letter to Paul Henry Lang«, S. 118.

4. ZWEITE MIMETISCHE DIMENSION: DIE MASSENMEDIEN ALS GEGENSTAND DES BILDES

GRUNDLEGENDES Bisher wurden die Massenmedien – oder genauer gesagt die Illustrierten – ausschließlich unter dem Aspekt ihrer Verwendung als künstlerisches Material betrachtet, mit dessen Hilfe auf der Seite des Betrachters bestimmte Erfahrungen provoziert werden.[136] In diesem Abschnitt soll an weiteren Bildbeispielen gezeigt werden, wie die Massenmedien selbst, das heißt ihre Rolle für die menschliche Wahrnehmung, thematisch wird, was gegenüber den Collagen der historischen Avantgarden ein weiteres Novum darstellt. Der Verständlichkeit halber werde ich zunächst an mehrere Bemerkungen und Beobachtungen anschließen, die weiter oben bereits geäußert wurden:

In dem einführenden Teil dieser Arbeit habe ich angemerkt, dass der Beginn der postmodernen Epoche gemeinhin mit den kulturellen Umbrüchen, die sich nach dem Zweiten Weltkrieg vollziehen, gleichgesetzt wird.[137] In diesem Zusammenhang verweist man immer wieder auf die Herausbildung postindustrieller Informationsgesellschaften. Die hiermit verbundenen Medienumbrüche äußern sich zunächst darin, dass der durchschnittliche individuelle Medienkonsum enorm ansteigt, die Massenmedien also im Leben des Einzelnen eine immer größere Rolle spielen. Im Informationszeitalter erfolgt Wirklichkeitswahrnehmung verstärkt mittels massenmedialer Wirklichkeitsdarstellung. Zudem verläuft

---

[136] Es wurde bereits angemerkt, dass das Bildmaterial, aus dem Rauschenberg Siebdruckschablonen für seine Gemälde herstellen lässt, überwiegend den großen Illustrierten seiner Zeit entnommen ist.

[137] Siehe S. 21ff. dieser Arbeit.

massenmediale Kommunikation zunehmend bildbasiert oder bildgestützt, was drucktechnische Fortschritte und neue elektronische Technologien ermöglichen. Kurzum: Die Wahrnehmung der Wirklichkeit vollzieht sich zunehmend mittelbar über massenmediale Bilder, wodurch sich die Bedingungen der menschlichen Sinnlichkeit grundlegend verändern.[138]

Es wurde ebenfalls bereits angesprochen, dass für das postmoderne Nachdenken über die Auswirkungen des Mediensystems die Theorie von Jean Baudrillard prägend ist. Baudrillard zufolge wird die Wirklichkeit in der Postmoderne von multimedialen Technologien der ›Simulation‹ verdrängt und ersetzt. Die Massenmedien erzeugen eine ›Hyperrealität‹, die sich auf Seiendes zu beziehen scheint, diese Referenz aber nur vortäuscht. Er selbst definiert ›Hyperrealität‹ als »Generierung eines Realen ohne Ursprung in der Realität«[139], in ihr vollzieht sich die »Substituierung des Realen durch Zeichen des Realen«[140]. Im Unterschied zu Fiktionen schaffen Simulationen eine »Fiktion des Realen«[141], womit zwischen Sein und Schein, zwischen Wirklichem und Fiktivem nicht mehr unterschieden werden kann.[142] ›Simulation‹ bedeutet zugleich die »Liquidierung aller Referentiale« sowie deren »künstliche Auferstehung in verschiedenen Zeichensystemen«[143].

Drittens und letztens wurde darauf hingewiesen, dass bezogen auf Rauschenberg die verwendeten Materialien nicht als Darstellungsmittel für etwas anderes dienen, sondern als selbstgültige ästhetische Objekte fungieren, die auf ihr Erscheinen hin befragt und im Werkprozess reproduziert und rekombiniert werden. In der Rezeption wird dies dadurch virulent, dass sich mit der Materialisierung des Bildträgers auch die durchgedruckten Abbildungen materialisieren. Man nimmt sie verstärkt unter dem Aspekt ihrer Eigenmaterialität wahr, während die dargestellten

---

138 Wenn man Niklas Luhmann folgt, sind mit dem Begriff ›Massenmedien‹ Einrichtungen der Gesellschaft gemeint, »die sich zur Verbreitung von Kommunikation technischer Mittel der Vervielfältigung bedienen. Vor allem ist an Bücher, Zeitschriften, Zeitungen zu denken, die durch die Druckpresse hergestellt werden; aber auch an photographische oder elektronische Kopierverfahren jeder Art, sofern sie Produkte in großer Zahl mit noch unbestimmter Adressation erzeugen. Auch die Verbreitung der Kommunikation über Funk fällt unter den Begriff, sofern sie allgemein zugänglich ist und nicht nur der telephonischen Verbindung einzelner Teilnehmer dient. [...] [D]er Grundgedanke ist, dass erst die maschinelle Herstellung eines Produktes als Träger der Kommunikation [...] zur Ausdifferenzierung eines besonderen Systems der Massenmedien geführt hat.« Luhmann, *Die Realität der Massenmedien*, S. 10f.

139 Baudrillard, »Die Präzession der Simulakra«, S. 7.
140 Ebd., S. 9.
141 Ebd., S. 25.
142 Vgl. ebd., S. 51.
143 Beide Zitate ebd., S. 9.

Gegenstände in ihrer doppelten Vermitteltheit gewissermaßen in die Ferne rücken. Einer der ersten Autoren, der eine Korrelation zwischen diesem Epochenwandel und der Struktur von Rauschenbergs Bildwerken erkennt, ist Leo Steinberg.[144] Steinberg spricht in diesem Zusammenhang – leicht missverständlich – von einer Interessenverschiebung von ›Natur‹ auf ›Kultur‹. Mit dieser Formulierung möchte er offensichtlich nicht darauf hinweisen, dass sich Rauschenberg auf die Wiedergabe urbaner oder technischer Motive beschränkt, denn dies würde ja auf jedes Ölgemälde, das ein urbanes Sujet aufgreift, zutreffen. Steinberg kann damit auch nicht im Sinn haben, dass kulturelle Erzeugnisse zum Material des Künstlers werden, denn dieser Tatbestand wäre beispielsweise schon bei Citroens Collage erfüllt. An einer anderen Stelle wird Steinbergs Argumentationsweise etwas klarer. Dort schreibt er: »The picture conceived as the image of an image. It's a conception which guarantees that the presentation will not be directly that of a worldspace, and that it will nevertheless admit any experience as the matter of representation.«[145]

Neben Steinberg untersucht auch Branden W. Joseph, wie die Massenmedien zum Gegenstand von Rauschenbergs Gemälden werden. Allerdings beschränkt er sich hierbei darauf, formale Charakteristika und Entstehungsweisen von Fernsehbildern zu benennen, die von den betreffenden Arbeiten imitiert werden, was gerade deshalb verwunderlich ist, weil Joseph eigentlich einen betont antimimetischen Ansatz verfolgt. So nimmt er beispielsweise an den *Tansfer Drawings* »ghostly flickering shadows« wahr sowie, Rauschenberg selbst zitierend, ein »headlined, televised radiated purple«[146]. Unter Berufung auf John Cage vergleicht er außerdem die Stiftspuren mit dem Hin und Her des Kathodenstrahls auf der Mattscheibe.[147] Schließlich stellt er fest, dass es so erscheine, als ob die über die Leinwände der *Silkscreen Paintings* verteilten fotografischen Motive nicht mechanisch durchgedruckt, sondern zeitgleich übertragen worden sind: »[...] Rauschenberg passes from a method reminiscent of mechanical reproduction — physical, separable repetitions, produced one after the other like two copies of the newspaper — to a method closer to optoelectronic transmission — simultaneous and split simulacra, like an image broadcast on two different television screens at once.«[148]

---

144 Steinberg, »Reflections on the State of Criticism«, S. 27ff.
145 Ebd., S. 36.

146 Joseph, *Random Order: Robert Rauschenberg and the Neo-Avant-Garde*, S. 173, 177.
147 Vgl. ebd., S. 177.
148 Ebd., S. 202.

Im Folgenden möchte ich mich über den Forschungsstand hinausgehend damit auseinandersetzen, wie der durch Massenmedien vermittelte Weltzugang zum Gegenstand der *Silkscreen Paintings* wird. Ich möchte zeigen, dass Rauschenberg kein Anhänger der baudrillardschen Theorie des Simulacrums ist, die einen generellen Wirklichkeitsverlust konstatiert, sondern dass er darum bemüht ist, die Massenmedien in ihrer *Phänomenalität* zu veranschaulichen, die darin besteht, zwischen der Vermittlung von Wirklichkeit und der Erzeugung einer von dieser Wirklichkeit losgelösten Illusion zu schwanken. Denn es ist nicht nur anfechtbar, dass der in Bezug auf die *Silkscreen Paintings* häufig konstatierte ›Wirklichkeitsverlust‹ als Folge einer zunehmend von massenmedialen Bildern geprägten Alltagswelt angemessen ist. Anfechtbar ist generell, dass das Wirken der Medien von Baudrillard richtig beschrieben wird.

DER WIRKLICHKEITSGEHALT MASSENMEDIALER BILDER

Während massenmediale Bilder über Druckerzeugnisse und Fernsehgeräte tagtäglich in die unmittelbaren Lebenszusammenhänge transportiert werden, sich durch Nähe und Ubiquität auszeichnen, ist der unmittelbaren Erfahrung das, was sie zeigen, zumeist unzugänglich: »Was wir über unsere Gesellschaft, ja über die Welt, in der wir leben, wissen«, schreibt Niklas Luhmann, »wissen wir durch die Massenmedien. Das gilt nicht nur für unsere Kenntnis der Gesellschaft und der Geschichte, sondern auch für unsere Kenntnis der Natur. Was wir über die Stratosphäre wissen, gleicht dem, was Platon über Atlantis weiß.«[149]

Auch die *Silkscreen Paintings* zeigen zu einem Großteil Gegenstände, die dem Betrachter überhaupt nur durch Massenmedien bekannt sein dürften (Abb.3): Dies trifft auf die Abbildung einer öffentlichen Person wie derjenigen Kennedys genauso zu wie auf die eines Astronauten im Orbit. Auch das im rechten oberen Bereich abgebildete Gemälde von Peter Paul Rubens, eine Darstellung der Venus vor dem Spiegel, dürften die wenigsten Menschen – und im Übrigen auch Rauschenberg nicht – je selbst, das heißt unabhängig von fotografischer Vermittlung, zu Gesicht bekommen

---

149 Luhmann, *Die Realität der Massenmedien*, S. 9. Inspirierende Bemerkungen zur Phänomenalität der Massenmedien finden sich auch bei Lüthy, *Andy Warhol. Thirty Are Better Than One*, S. 105ff.

haben.[150] Auf diese Weise vollzieht sich eine räumliche wie zeitliche *Erweiterung* der Wahrnehmung, eine Funktion, die eigenhändig geschossene Fotografien für den Einzelnen nicht haben.[151]

Doch nicht nur im Hinblick auf die Erweiterung, sondern auch im Hinblick auf die *Vertiefung* der Wahrnehmung lassen sich massenmedial verbreitete Fotografien als Instrument der Sichtbarmachung verstehen. Sie vergrößern nicht nur den Umfang des Wahrgenommenen, sondern erhöhen auch die Auflösung unseres Auges. An dieser Stelle ist es lohnend, eine Passage aus *Kleine Geschichte der Fotografie* von Walter Benjamin heranzuziehen, in der dieser das ›Optisch-Unbewusste‹ der Fotografie beschreibt:

> »Es ist ja eine andere Natur, welche zur Kamera als welche zum Auge spricht; anders vor allem so, dass an die Stelle eines vom Menschen mit Bewusstsein durchwirkten Raumes ein unbewusst durchwirkter tritt. Ist es schon üblich, dass einer, beispielsweise, vom Gang der Leute, sei es auch nur im groben, sich Rechenschaft gibt, so weiß er bestimmt nichts mehr von ihrer Haltung im Sekundenbruchteil des ›Ausschreitens‹. Die Photographie mit ihren Hilfsmitteln: Zeitlupen, Vergrößerungen erschließt sie ihm. Von diesem Optisch-Unbewussten erfährt er erst durch sie, wie von dem Triebhaft-Unbewussten durch die Psychoanalyse. Strukturbeschaffenheiten, Zellgewebe, mit denen Technik, Medizin zu rechnen pflegen – all dieses ist der Kamera ursprünglich verwandter als die stimmungsvolle Landschaft oder das seelenvolle Porträt.«[152]

Geht man die *Silkscreen Paintings* durch, begegnet man allen möglichen fotografischen Formaten: mikroskopischen Aufnahmen, Kurzzeitfotografien, Langzeitbelichtungen, chronofotografischen Dokumenten und dergleichen. Größenunterschiede zwischen den dargestellten Objekten werden nivelliert, in räumlicher und zeitlicher Hinsicht weit auseinanderliegende Wirklichkeitsausschnitte rücken zusammen und werden hierdurch erst vergleichbar (Abb.9). Auf diese Weise gewinnen Ähnlichkeiten zwischen Motiven an Prägnanz. Auf *Crocus* nehmen wir beispielsweise

---

150 Das Gemälde entstand um 1614 und befindet sich heute in der Sammlung Liechtenstein (Wien). Es handelt sich um eine Abbildung aus einem Artikel der Illustrierten LIFE (30. August 1963) mit dem Titel »Smuggled from Nazis into Cold Storage«, der die Wechselfälle der Sammlung Liechtenstein darstellt (vgl. Feinstein »The Silkscreen Paintings«, S. 98, Fn. 28).

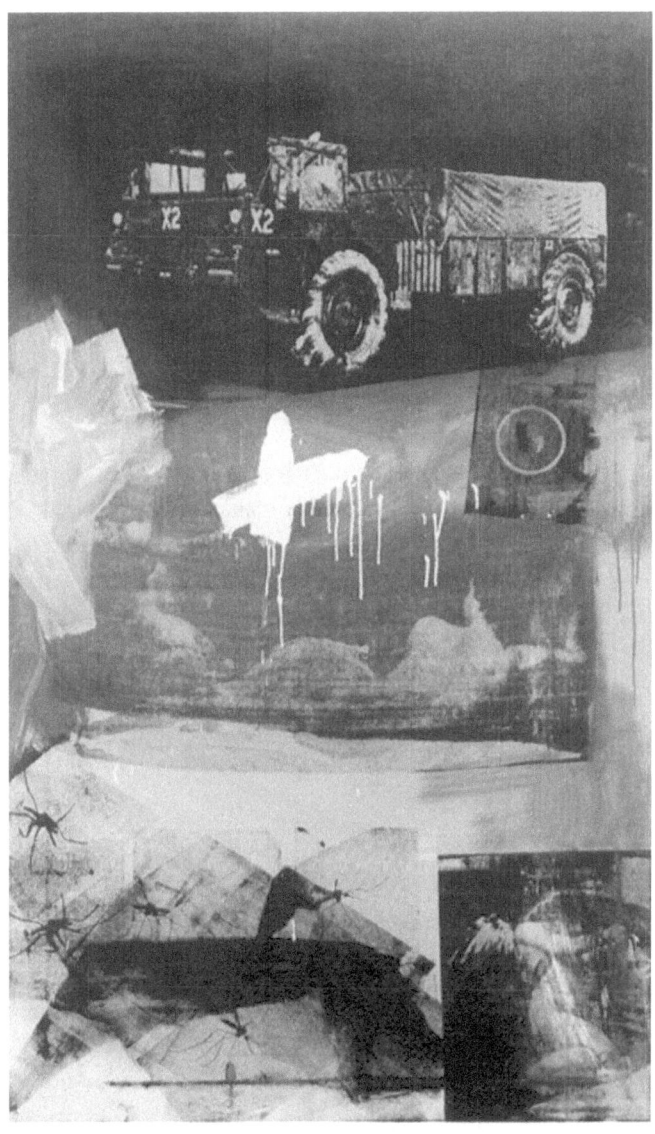

9. *Crocus*, 1962, Öl und Siebdrucktinte auf Leinwand, 152 × 91 cm, Privatsammlung.

151 Natürlich stellt diese Erweiterung zugleich eine Lenkung dar, denn der Rezipient bekommt nicht zu sehen, was er gerne sehen würde, sondern was man ihn sehen lässt.

152 Benjamin, »Kleine Geschichte der Fotografie«, S. 371f.

formale Übereinstimmungen zwischen Moskito und Cupido wahr, die ansonsten, mit Benjamin gesprochen, ›unbewusst‹ blieben. Es handelt sich um Eigenschaften der physischen Wirklichkeit, die ohne fotografische Vermittlung nicht erfahrbar wären, die aber grundsätzlich auch außerhalb des Bildes der Fall sind. Diese vertiefende Funktion haben für den Einzelnen auch selbst geschossene Fotografien, weswegen der Aspekt massenmedialer Verbreitung hier sekundär ist. In massenmedialen Abbildungen können die erweiternde und die vertiefende Funktion jedoch zusammentreten.

Was in *Kleine Geschichte der Fotografie* allerdings nicht zur Sprache kommt, ist der Umstand, dass die massenmedialen Abbilder nicht nur Wirklichkeit vermitteln, sondern auch Trugschlüsse befördern, was beispielsweise daran liegt, dass die dargestellten Gegenstände nicht physisch anwesend, sondern nur artifiziell sichtbar sind. Der Preis, der für die umstandslose Vermittlungsleistung der Massenmedien gezahlt werden muss, ist der Verlust der Unmittelbarkeit des Wahrgenommenen, weswegen alle abgebildeten Gegenstände – um eine Formulierung von Rosalind Krauss aufzugreifen – »an equal degree of density«[153] aufweisen. Rauschenberg rückt dies beispielsweise dadurch in die Anschauung, dass er die Venus mit Kennedy und Astronauten auf den Plan treten lässt, obwohl es sich in einem Fall um eine fiktive Figur auf einem Gemälde und in den anderen Fällen um Personen aus dem öffentlichen Leben handelt, die somit einem anderen ontologischen Register angehören (Abb.3). Ein ähnliches Vorgehen zeigt sich bei dem eben erwähnten Beispiel mit Mücke und Cupido (Abb.9).[154] Hierbei wird der Eindruck eines »gleichen Grades an Dichte« dadurch gefördert, dass die Rahmen der Gemälde vom Künstler ausgeblendet werden und die spezifischen Materialitäten der abgebildeten Objekte durch die Rasterung des Siebdruckes nicht mehr erkennbar sind, sondern einer gleichmäßigen Körnigkeit weichen. Während Krauss solche Merkmale der *Silkscreens* auf den »Raum der Erinnerung« (»space of memory«) zurückführt, neige ich, wie gesagt, eher dazu, sie als Reflexionen auf einen massenmedial vermittelten Wirklichkeitszugang zu begreifen.[155]

---

153 Krauss, »Rauschenberg and the Materialized Image«, S. 51.
154 Bei dem Cupido handelt es sich um einen Ausschnitt aus dem Gemälde *Venus vor dem Spiegel* von Diego Velásquez (um 1650, National Gallery, London).

155 Krauss schreibt: »There is of course, another space, one to which we all have recourse, in which this kind of experience of leveling occurs. It is a space in which the image of a painting we have seen in a museum, and the image of an actual event we have witnessed, and the image

In dieser Hinsicht ist an den *Silksceen Paintings* weiterhin auffällig, dass bestimmte farbliche Korrespondenzen zwischen fotografischen Motiven erst durch drucktechnische Verzerrungen erzeugt werden. Auch bestimmte formale Übereinstimmungen, wie beispielsweise die zwischen Stoffstreifen und klassizistischer Hausfassade oder zwischen Weltraumballon und Ziffernkranz, sind das Produkt eines fotografischen Effektes, der in diesen Fällen in der Steigerung des Hell-Dunkel-Kontrastes besteht (Abb.3). Die formalen Merkmale, aufgrund derer bestimmte Abbildungen kombiniert werden, kommen also in solchen Fällen nicht den dargestellten Objekten zu, sondern ergeben sich erst aus der fotografischen Aufnahme und drucktechnischen Wiedergabe. Allerdings ist die Grenze zwischen wirklicher und scheinhafter Ähnlichkeit nicht immer scharf zu ziehen, wie beispielsweise die Aufnahme eines Arbeiters beweist, auf der es unklar bleibt, ob die Ähnlichkeiten zwischen seinem gemusterten Hemd und den Sternen der amerikanischen Flagge auf die dargestellten Gegenstände zurückgehen oder einen Effekt der fotografischen Reproduktionen bilden (Abb.10).

An zwei Bildbeispielen möchte ich noch einmal zuspitzen, auf welche Weise diese Spannung zwischen der Vermittlung von Wirklichkeit und der Erzeugung einer von der Wirklichkeit unabhängigen Sichtbarkeit anschaulich wird: Auf *Tracer* ist mittig eine Vogelpärchen in einem Käfig zu erkennen (Abb.11). Darüber befinden sich zwei weitere flugfähige Objekte. Allerdings ist erst nach eingehender Betrachtung festzustellen, dass es sich hier weder um eine Abbildung zweier Hubschrauber noch um zwei verschiedene Abbildungen desselben oder unterschiedlicher Hubschrauber handelt, sondern um die Abbildung eines Hubschraubers, die von Rauschenberg zweifach reproduziert wurde. Obgleich wir also den beiden Hubschraubern auf dem Bild, auch bedingt durch malerische Mittel, fast zwangsläufig zwei unterschiedliche Referenten zuweisen, referieren sie in Wirklichkeit auf ein und denselben. Wenn wir uns nun der Abbildung am oberen rechten Bildrand zuwenden, erkennen wir eine weibliche

---

of one we have merely fantasized or dreamed, all do possess an equal degree of density. This is the space of memory. For as one remembers experience, each memory image seems to function for recall in a way that is independent of whether it happened or not, or what degree of denseness it had when we experienced it. The image of a scene from a movie may be equally vivid for memory as the face of an absent friend.« Krauss, »Rauschenberg and the Materialized Image«, S. 50f. Krauss erneuert dieses Argument in Bezug auf die Siebdrucke in dies., »Permanente Bestandsaufnahme«, S. 216f.

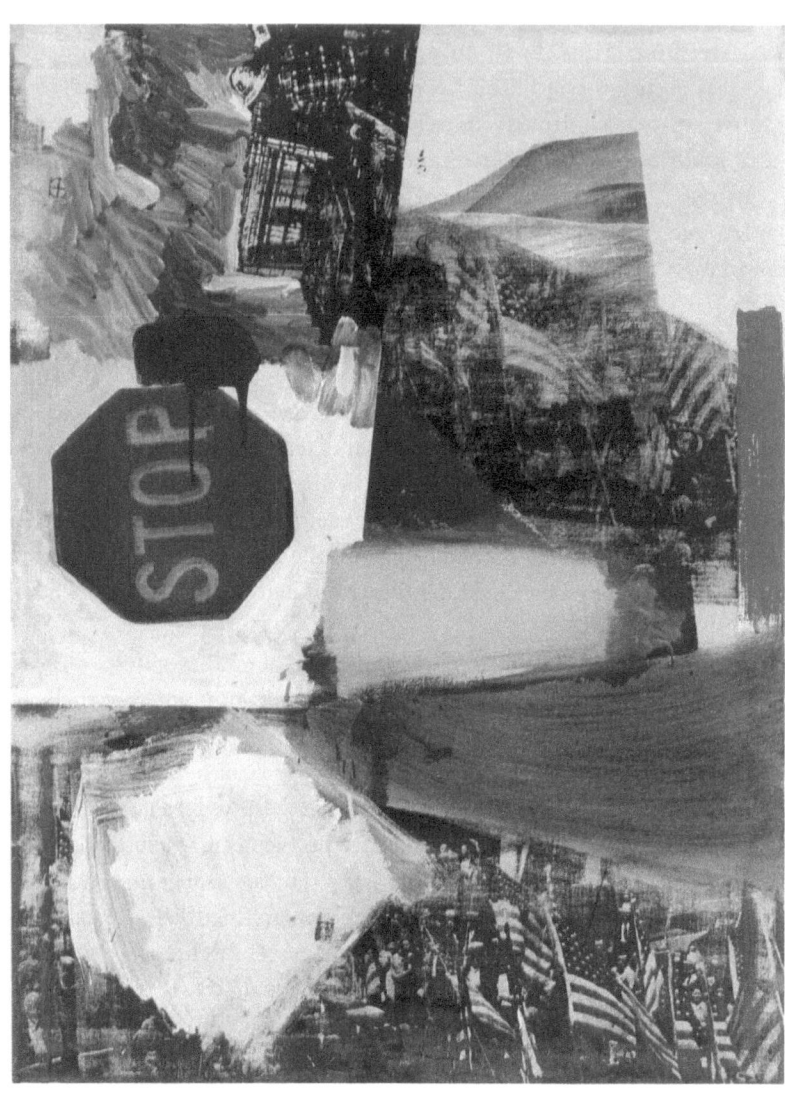

10. *Lock*, 1964, Öl und Siebdrucktinte auf Leinwand, 102 × 76 cm, Privatsammlung.

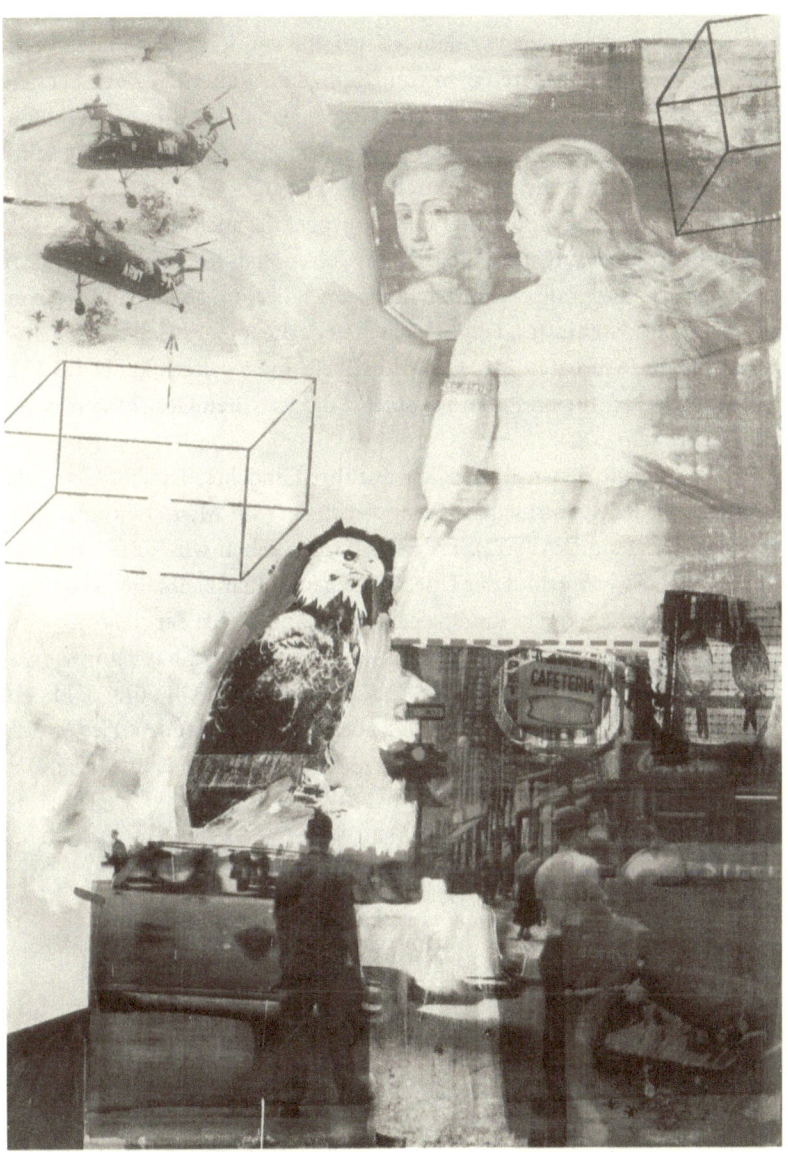

11. *Tracer*, 1963, Öl und Siebdrucktinte auf Leinwand, 213 × 152 cm, The Nelson-Atkins Museum of Art, Kansas City.

Figur, nämlich die Venus vor dem Spiegel, die von Rubens gemalt wurde. Hier zeigt sich eine andere Form von Duplizität: Während es sich bei den Singvögeln um die Aufnahme zweier Singvögel handelt und bei den Hubschraubern Verdopplung durch eine doppelte Reproduktion erzeugt wird, entsteht sie hier anscheinend durch die Spiegelung einer Person. Doch während sowohl die Abbildung der Singvögel als auch die Abbildungen der Hubschrauber auf reale Objekte verweisen, handelt es sich hier eben nicht um die fotografische Darstellung einer Person, sondern um die eines Gemäldeausschnittes. Folglich hat erstens die fotografisch dargestellte Figur keinen Referenten in der Wirklichkeit und zweitens kann das Verhältnis zwischen ihr und dem im Spiegel dargestellten Gesicht kein indexikalisches sein.

Das zweite Beispiel, das ich anführen möchte, ist das Gemälde *Express*, auf dem verschiedene Gruppierungen von Menschen und Pferden abgebildet sind (Abb.12). Im Bildzentrum sehen wir fünf Tänzer in Aktion, wobei es aufgrund der Übermalungen unklar bleibt, ob es sich bei den beiden hinteren nicht um Spiegelungen handelt (bei der rückwärtigen Wand des Raumes könnte es sich um eine Spiegelwand handeln, wie sie in Tanzstudios üblich ist). Auf der Abbildung darunter sind drei Soldaten zu erkennen, die sich an einer Mauer oder Felswand abseilen. Lassen wir nun unseren Blick nach rechts wandern, entdecken wir eine Aufnahme,

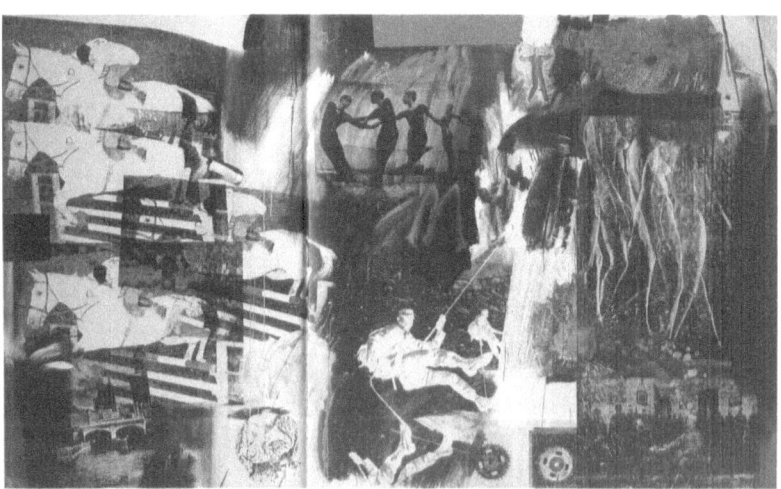

12. *Express*, 1963, Öl und Siebdrucktinte auf Leinwand, 183 × 305 cm, Thyssen-Bornemisza Collection, Lugano.

die der Abbildung der Tänzer formal recht nahesteht, da auch sie eine Art Figurenfries zeigt. Allerdings stellt sich bei näherer Untersuchung heraus, dass es sich hier um eine chronofotografische Aufnahme handelt. Wir betrachten also nicht die Abbildung unterschiedlicher *Menschen*, sondern die eines Menschen, der zu unterschiedlichen *Zeiten* aufgenommen wurde.[156] Diese Erkenntnis wirkt nun aber auf die Wahrnehmung der beiden zentralen Abbildungen zurück: Ihnen wächst nun selbst eine chronofotografische Dimension zu, man glaubt also plötzlich, eine Person zu verschiedenen Zeitpunkten präsentiert zu bekommen, wodurch es beispielsweise auf der unteren Abbildung so erscheint, als ob ein Soldat abstürzen würde.

Damit kommen wir zum linken Bildbereich: Hier erkennt der Betrachter ein Pferd, das im Begriff ist, über eine Hürde zu springen. Dabei handelt es sich aber weder um die chronofotografische Aufnahme eines Pferdes noch um eine Aufnahme mehrerer Pferde, sondern um die Aufnahme eines Pferdes, die von Rauschenberg mehrfach reproduziert wurde, wobei durch die besonderen Platzierungen und Versetzungen des Motivs auf der Bildfläche die Lauf- und Sprungbewegung des Pferdes nachvollzogen wird. (Gerade durch die Überlappungen, Verwischungen und Fehlstellen entsteht der Eindruck von Bewegung.) Die verschiedenen Abbildungen eines Pferdes verweisen also weder auf unterschiedliche Entitäten (wie bei den Tänzern und Soldaten) noch auf eine Entität zu unterschiedlichen Zeiten (wie bei der Aktfotografie), sondern auf eine Entität zu einem bestimmten Zeitpunkt. Durch die mehrfache Applikation des Motivs simuliert Rauschenberg einen Sprung, der wirklich stattgefunden hat.

Dass die *Silkscreen Paintings* solche Vermittlungsleistungen und Opazitäten zur Anschauung bringen, wird sich wohl auf die Medienrevolutionen der 1950er und 1960er Jahre zurückführen lassen. Vor dem Hintergrund diese kulturellen Wandels lassen sie sich als sinnliche Reflexionen auf die Folgen massenmedialer Wirklichkeitsdarstellung verstehen. So wie die Massenmedien durch ihre mediale Eigenlogik zwischen der Vermittlung von Realität und der Erzeugung einer von dieser Realität unabhängigen Illusion schwanken, changieren auch Rauschenbergs Siebdrucke zwischen Gebilden, die einerseits ein vorgängiges Sein wiedergeben und

---

156 Die Fotografie stammt aus LIFE (26. Oktober 1962). Sie ist an *Nu descendant un escalier* von Marcel Duchamp orientiert (1912, Philadelphia Museum of Art). Vgl. Feinstein »The Silkscreen Paintings«, S. 98, Fn. 23.

andererseits eine von diesem vorgängigen Sein unabhängige Sichtbarkeit erzeugen, was vom Betrachter wirkungsvoll und bewusst erfahren wird. Die Problematisierung fotografischer Indexikalität ist nach dieser Interpretation nicht Selbstzweck, sondern hat veranschaulichende Funktion im Hinblick auf die veränderten Bedingungen menschlicher Sinnlichkeit.

5. DIE PRODUKTION DER *SILKSCREEN PAINTINGS*

GRUNDLEGENDES In diesem Kapitel möchte ich mich mit der Produktion der *Silkscreen Paintings* auseinandersetzen. Hierbei nehme ich an, dass sich der Versuch, die Beziehung zwischen Kunst und alltäglicher Wirklichkeit neu zu gestalten, nicht erst in dem abzeichnet, was die vollendeten Werke im Betrachter auslösen, sondern schon in der Art und Weise ihrer *Herstellung*. Ich gehe der Frage nach, wie die Grenze zwischen Kunst und alltäglicher Wirklichkeit im Produktionsprozess durch verschiedene Mittel auf die Probe gestellt wird.

Methodisch soll folgendermaßen vorgegangen werden: Zunächst werde ich Charles Baudelaires Konzeption des flanierenden Künstlers aufgreifen, da diese für die Moderne paradigmatisch ist, um vor dieser Folie die Produktionsweise der *Silkscreen Paintings* genauer zu untersuchen.[157] Die entscheidende Frage ist, wie sich Rauschenbergs ›postmoderne‹ Bildpraxis von der des ›modernen‹ Künstlerflaneurs unterscheidet. Ich werde mich hierbei überwiegend auf die Heranziehung schriftlicher Quellen beschränken. Danach soll die serielle Produktionsweise der *Silkscreen Paintings*, die einer permutativen Logik gehorcht, zur Sprache kommen. Da die Forschung zu Rauschenberg eine deutliche Affinität zu rezeptionsästhetischen Ansätzen hat, bin ich in diesem Punkt auf mich allein gestellt.

In der Phase seiner Schaffenszeit, in der die Siebdrucke entstanden sind, veröffentlichte Rauschenberg an unterschiedlichen Orten zwei

---

157 Wie in Fn. 77 angemerkt, wird der Baudelairesche Flaneur bereits bei Joseph erwähnt, aber für Rauschenbergs Produktionspraxis als irrelevant abgelehnt.

Artikel. Diese lassen sich als schriftliche *Metareflexionen* auf das eigene Schaffen verstehen. Daher werde ich abschließend versuchen, einige wichtige Aspekte dieser Artikel hervorzuheben und solcherart an die bisherigen Ergebnisse anzuschließen, diese zu stützen und – zumindest ansatzweise – auszubauen.

DIE PRODUKTIONSWEISE DES MODERNEN KÜNSTLERS (BAUDELAIRE)

Im vorigen Kapitel über die künstlerische Reflexion der ›Zerstreuung‹ haben wir uns mit der Figur des Flaneurs beschäftigt. Wir haben festgestellt, dass das Phänomen der Zerstreuung zuerst im Zusammenhang mit dessen Wahrnehmungsweisen thematisch wird, weil hier sowohl die objektiven Voraussetzungen als auch eine geeignete Haltung des Wahrnehmenden gegeben sind. Wir hatten auch gesehen, dass Baudelaire das Flanieren zur privilegierten, ja notwendigen Fortbewegungs- und Wahrnehmungsform des modernen Künstlers erklärt, weil dieser hierdurch die Flüchtigkeit und Veränderlichkeit urbaner Phänomene auf ideale Weise zu registrieren vermag. Wie sich Baudelaire die Produktionsweise des modernen Künstlers genau vorstellt, soll nun anhand der Lektüre seines Manifests »Le peintre de la vie moderne« aus dem Jahr 1863 genauer untersucht werden.[158]

Der anonyme Held des Textes, der den modernen Künstler exemplarisch verkörpert, wird von Baudelaire ›M.G.‹ genannt.[159] Er wandert tagtäglich durch Paris, um Szenen des städtischen Lebens rastlos in sich einzusaugen, wobei seine innere Disposition vor allem durch sein Verhältnis zur Menschenmenge zum Ausdruck kommt: Zwar taucht ›M.G.‹ leibhaftig in die Menge ein, doch führt dies nicht zur restlosen Verschmelzung mit ihr. Sein Verhältnis zur Menge besteht eher darin, *Teil* ihrer und zugleich *Beobachter* zu sein, worin er sich vom einfachen Passanten unterscheidet. Zweitens grenzt Baudelaire seine Einstellung explizit von der des Dandys ab: Während der Dandy die Blicke der anderen auf sich ziehen will, befindet sich der Künstler-Flaneur, wie ihn ›M.G.‹ personifiziert, in der Menge,

---

[158] Ich wähle im Folgenden eine deutsche Übersetzung (Baudelaire, »Der Maler des modernen Lebens«). Allerdings werde ich dort, wo es mir der Präzision halber wichtig erscheint, die Formulierungen nach der Werkausgabe von Claude Pichois originalsprachlich ergänzen (Baudelaire, »Le peintre de la vie moderne«).

[159] Wie der heutige Leser weiß, handelt es sich bei ›M.G.‹ um den Zeichner Constantin Guys (›M.G.‹ = ›Monsieur Guys‹).

um beobachten und partizipieren zu können, aber selbst unbemerkt zu bleiben. Auch die »Blasiertheit« des Dandys kommt ihm nicht zu; seine Haltung ist eher mit der eines Kindes gleichzusetzen: Wie das Kind sei der Künstler-Flaneur mit Neugierde und Anteilnahme sowie mit nervlicher Erschütterungsfähigkeit ausgestattet. In seiner unersättlichen Leidenschaft zu sehen und zu fühlen, in seiner unbegrenzten Wahrnehmungsbereitschaft, unterscheide er sich vom Dandy, der eher nach »Unempfindlichkeit« (»insensibilité«)[160] strebe:

> »Die Menge ist sein Bereich, wie die Luft der des Vogels, das Wasser der des Fisches ist. Seine Leidenschaft und sein Beruf ist es, *sich mit der Menge zu vermählen*. Für den vollendeten Flaneur, den leidenschaftlichen Beobachter ist es ein ungeheurer Genuss, Aufenthalt zu nehmen in der Vielzahl, in dem Wogenden, in der Bewegung, in dem Flüchtigen und Unendlichen. Draußen zu sein, und sich doch überall zu Hause zu fühlen; die Welt zu sehen, mitten in der Welt zu sein, und doch vor der Welt verborgen zu bleiben. Der Beobachter ist ein Fürst, der überall sein Inkognito genießt. [...] So vereinigt der Liebhaber des All-Lebens sich mit der Menge, als träte er mit einem ungeheuren Vorrat an Elektrizität in Verbindung.«[161]

Wann und wo kann ›M.G.‹ sich nun aber seinen Zeichnungen widmen? Erst nachts, wenn sich die Pariser Bevölkerung zur Ruhe begeben hat, findet er die Zeit, die erinnerten Eindrücke in eruptiven Schaffensergüssen zu Papier zu bringen: »[E]r hantiert mit Bleistift, Feder, Pinsel, lässt das Malwasser bis zur Decke spritzen, wischt die Feder an seinem Hemd ab, eilig, heftig, aktiv, als fürchte er, die Bilder könnten ihm entwischen, einsam, doch wie mit sich selbst im Streit liegend und sich selber anfeuernd.«[162] Die urbanen Motive, deren Darstellung sich ›M.G.‹ widmet, werden also in einer Form aktionistischen Zeichnens zu Papier gebracht. Da Wahrnehmungs- und Produktionssituation somit zeitlich auseinanderliegen, ist ›M.G.‹ dazu gezwungen, aus der Erinnerung zu arbeiten – weswegen Baudelaire die Imagination und das »auferweckende Gedächtnis« bekräftigt.[163] Dabei wird durch die hastige Arbeitsweise nicht nur dem

---

160 Ebd., deutsche Fassung, S. 222, französische Fassung, S. 1160.
161 Ebd.
162 Ebd., S. 224.
163 Ebd., S. 231 (»une contention de mémoire résurrectionniste, évocatrice«, ebd., S. 1168).

Vergessen entgegengearbeitet, sondern auch den dynamischen Gegenständen entsprochen. Man gewinnt fast den Eindruck, als ob sich die Energie der Großstadt auf den Künstler übertagen habe und er sie nun performativ zur Darstellung bringe. Nicht nur wird ›M.G.‹ mit einem Kaleidoskop verglichen, das mit Bewusstsein ausgestattet ist, auch ist er dazu imstande, Bilder zu schaffen, »die lebendiger sind als das immer unbeständige und flüchtige Leben selbst«[164]. Baudelaire bezeichnet ›M.G.‹ auch als einen »Archivisten des Lebens«[165], der die an den Augenblick gebundenen Erscheinungen des alltäglichen Lebens fixiert und damit wertvolle Dokumente der aktuellen Wirklichkeit schafft, wodurch auch auf den historischen Wert seiner Arbeit hingewiesen wird.[166]

Baudelaire nimmt also die Zeichnungen von Constantin Guys zum Aufhänger, die Rolle des Künstlers in der Moderne neu zu definieren und eine Ästhetik zu entwerfen, die zwischen traditionellen Theoremen und den Herausforderungen einer neuen sozialen Dynamik vermittelt. Da sein Konzept auf den Erfahrungsraum der Großstadt bezogen ist, bricht es mit den traditionellen Gegenständen der Kunst. Hierbei wird nicht nur das Darzustellende als ein in sich Bewegtes betont, sondern der Künstler wird selbst in Bewegung gesetzt. Flanieren wird zur notwendigen Voraussetzung der Kunst. Allerdings, und das wird uns im Hinblick auf den Entstehungsprozess von Rauschenbergs Siebdrucken im nächsten Abschnitt interessieren, ereignet sich die Produktion der Zeichnungen hinter verschlossenen Türen. Das Eintauchen in die Menge geschieht um den Preis, dass die Situation der Motivsicherung von der des Schaffensaktes geschieden ist.

ZWISCHEN KUNST- UND ALLTAGS-PRAXIS: DER KÜNSTLER ALS ZERSTREUTER

Kommen wir zu Rauschenbergs Arbeitsweise: Um seine Leinwände bedrucken und bemalen zu können, breitet Rauschenberg sie ungespannt auf dem Atelierboden aus, wobei, wie bereits erwähnt, die Siebdrucktechnik die Bewältigung großer Formate erlaubt. Dieses Dispositiv verbindet sich mit einer enormen Aufwertung des Schaffensaktes. Teil-

---

164 Ebd., S. 222f.
165 Ebd., S. 232.
166 Siehe hierzu und zum folgenden Absatz ausführlicher Jauß, »Literarische Tradition und gegenwärtiges Bewusstsein der Modernität«, und Neumeyer, *Der Flaneur: Konzeptionen der Moderne*, S. 67ff.

weise gibt der Künstler zu verstehen, dass er in der Hauptsache auf den Prozess der Bildherstellung fokussiert sei, während das Produkt hierfür nur noch das Mittel bilde: »It's almost as if art, in painting and music and stuff, is the leftovers of some activity. The activity is the thing that I'm most interested in.«[167] Im Kontext der bildkritischen Debatten der Zeit reiht Rauschenberg sich in die Linie derer ein, welche die ephemere Ereignishaftigkeit der performativen Künste dem Überdauernden und Statischen des Bildes gegenüberstellen: »You see«, erklärt er einmal, »there is really very little difference between the action of paint and the action of people, except that paint is a nuisance because it keeps drying and setting.«[168]

Natürlich lassen diese Auffassungen sowie das horizontale Produktionsdispositiv sofort an Jackson Pollocks *Drip Paintings* denken, die zwischen 1946 und 1951 entstehen und fortan als Inbegriff aktionistischen und performativen Malens gelten. Pollock gehört neben Picasso zu denjenigen Künstlern, bei denen der Schaffensprozess durch verschiedenste Fotografen und Filmemacher am hartnäckigsten zu einer Art ›Performance‹ stilisiert worden ist. Den Grundstein hierfür legte bekanntlich Harold Rosenberg in seinem Text »The American Action Painters« aus dem Jahr 1952, in dem er das Bild zum Zeugnis einer Aktion erklärt. Dabei versteht Rosenberg die Handlungen des Malers nicht allein als produktive Tätigkeiten, die der Entstehung des Bildes dienen, sondern auch als Ausdrucksakte, die mit denen eines Schauspielers zu vergleichen sind:

> »Since the painter has become an actor, the spectator has to think in a vocabulary of actions: its inception, duration, direction — psychic state, concentration and relaxation of the will, passivity, alert waiting. He must become a connoisseur of the gradations between the automatic, the spontaneous, the evoked.«[169]

---

167 Zit. n. Kostelanetz, »A Conversation with Robert Rauschenberg«, S. 94.
168 Rauschenberg in Kostelanetz: »The Artist as Playwright and Engineer«, in: *New York Times Magazin*, Oktober 1966, Nr. 9, S. 32, zit. n. Joseph, *Random Order: Robert Rauschenberg and the Neo-Avant-Garde*, S. 262. Man vergegenwärtige sich in diesem Zusammenhang auch die Entstehung von *Time Painting* innerhalb der Performance *Hommage to David Tudor*, dessen Vorderseite für das Publikum nicht zu sehen war. Siehe hierzu Jäger, *Das zivilisierte Bild*, S. 175ff.

169 Rosenberg, »The American Action Painters«, S. 29. Rosenberg spricht in diesem Zusammenhang auch von »Dramen des Als-Ob« (»*Dramas Of As If*«, ebd., S. 27). Wie bekannt, hatte Rosenberg beim Verfassen des Textes nicht unbedingt Pollock im Sinn.

So ist also vorerst festzustellen, dass Rauschenberg wichtige Anregungen aus der aktionistischen Malerei aufnimmt, was gegenüber den Collagen der europäischen Avantgarden zu einer performativen Neukonzeption der Bildproduktion führt. Rauschenbergs Konzeption der *Silkscreen Paintings* ist ohne die Collage der historischen Avantgarden nicht zu denken, sie weiß aber auch die Schule des US-amerikanischen Modernismus hinter sich.

Vor diesem Hintergrund ist es nicht verwunderlich, dass sich viele Werkstattberichte, die über Rauschenbergs Arbeitsweise Auskunft geben, so lesen, als habe der betreffende Autor einer Performance beigewohnt.[170] Einige dieser Berichte liefern sehr genaue und aufschlussreiche Informationen über die spezifische Vorgehensweise Rauschenbergs: Er arbeitet zumeist an mehreren Leinwänden gleichzeitig, er betätigt sich mal hier, mal dort, läuft um die Arbeiten herum, lässt an einer die Farbe trocknen, während er an einer anderen weitermalt. Er empfängt während der Arbeit gerne Freunde und Bekannte, um sich nebenbei unterhalten zu können, nimmt jeden Anruf entgegen, lässt sich vom laufenden Radio oder Fernseher ablenken und öffnet die Fenster in seinem Atelier so weit, dass die städtischen Geräusche in den Innenraum eindringen können.[171] Er füttert und streichelt nebenbei seine Haustiere, überhaupt widmet er sich immer mehreren Dingen gleichzeitig, geht verschiedenen Beobachtungen nach und versucht, für unvorhergesehene Ereignisse offen zu sein.

Im vorigen Abschnitt habe ich beschrieben, wie bei Baudelaires ›M.G.‹ die Wahrnehmungssituation des Flanierens und die Produktionssituation der Darstellung seiner Eindrücke räumlich und zeitlich auseinanderfallen. Tagsüber flaniert ›M.G.‹ durch die Stadt, aber erst nachts in seinem Atelier macht er sich an die Arbeit: »Und wenn nun alle anderen schlafen, sitzt er über seinen Tisch gebeugt, denselben Blick auf das Papier gerichtet, den er soeben auf die Dinge geheftet hielt [...].«[172] Und es wurde ebenfalls festgestellt, dass er eine aktionistische Form des Zeichnens

---

170 Vgl. für das Folgende: Tomkins, »The Sistine on Broadway«, und ders., *Off the Wall, Robert Rauschenberg and the Art World of Our Time*, S. 211ff. (Bei dem ersten Text handelt es sich um einen Ausschnitt aus dem zweiten, wobei sich in ihm Ergänzungen finden, die der zweite nicht aufweist.) Vgl. auch die Erinnerungen von Rauschenberg und Barbara Rose in dies., *An Interview with Robert Rauschenberg*, S. 72, 75f.

171 Das Loft, in dem Rauschenberg zu dieser Zeit arbeitet, liegt am Broadway zwischen 11ter und 12ter Straße: »Tall, grimy windows let in the distinctively white light of downtown New York – also the roar of trucks on Broadway.« Tomkins, *Off the Wall. Robert Rauschenberg and the Art World of Our Time*, S. 211.

172 Baudelaire, »Der Maler des modernen Lebens«, S. 224.

pflegt: Man gewinnt fast den Eindruck, als ob sich die Energie der Großstadt auf ihn übertragen habe.

Wie lässt sich Rauschenbergs Vorgehensweise hiervon unterscheiden? Zunächst ist auffällig, dass er offensichtlich versucht, innerhalb des Ateliers ähnliche Wahrnehmungsbedingungen herbeizuführen wie sie draußen, im urbanen Raum, vorherrschend sind. Die Grenze zwischen dem bewegten Außen der Stadt und dem ruhigen Innenraum, von der die Produktion bei ›M.G.‹ gekennzeichnet ist, wird aufgehoben. Damit geht einher, dass der Schaffensakt nicht mehr der Darstellung eines vorgängigen Motivs dient, sondern den Zweck hat, die Siebdruckvorlagen auf ihr Erscheinen hin zu befragen. Der Akt ikonischen Darstellens wird ersetzt durch Akte der Reproduktion und Rekombination bereits bestehender Bilder. Auf diese Weise lösen sich nicht nur die Grenzen zwischen Innen- und Außenraum auf, sondern es werden auch die Situation der Gegenstandserfahrung und die Situation der Bildproduktion zusammengeführt.

Nachdem somit die Trennung zwischen Atelier und Außenraum sowie zwischen Erfahrungssituation und Produktionssituation, die nicht nur Guys' Zeichnungen, sondern auch die Montage der historischen Avantgarden kennzeichnen, aufgehoben ist, stellt sich die Frage danach, wie auch der Produktionsakt selbst neu ausgerichtet wird. Wir haben gesehen, dass Guys bei seiner Arbeit durch nichts abgelenkt werden möchte. Dagegen geht aus den weiter oben wiedergegebenen Werkstattberichten hervor, dass es Rauschenberg offensichtlich darauf anlegt, in einer frei schweifenden Form der Aufmerksamkeit, die sich absichtlich stören und ablenken lässt und beständig ihre Objekte wechselt, zu produzieren.[173] Zudem werden alltägliche Handlungen (gehen, telefonieren, sich unterhalten) und Produktionsakt miteinander verschliffen. *Kunstpraxis* und *Alltagspraxis* sind nicht mehr deutlich voneinander abzugrenzen. Indem Rauschenberg ständig zwischen diesen beiden Praxen hin und her wechselt, wird er selbst zu einer Mittlerfigur. Wie er eben selbst sagt, »agiert« er im Spalt zwischen Kunst und Leben. Oder anders formuliert: Erst durch ihn wird das Leben zur Kunst.

---

173 Tomkins, *Off the Wall. Robert Rauschenberg and the Art World of Our Time*, S. 194: »[I]t had puzzled me that he went about his work in such a seemingly haphazard way, laying in the colors too quickly or out of register, scrubbing the canvas clean again with benzine and starting over, paying little or no attention to the technicalities of what was after all a highly exacting process.« Ders., »The Sistine on Broadway«, S. 16: »He was working even more rapidly now, moving from one canvas to another, laying in images from six or seven screens.«

So macht sich ein Produktionsdispositiv bemerkbar, das die Rahmenbedingungen der Werkentstehung aufwertet. Diese werden nicht mehr – wie dies bei traditionellen Kunstpraktiken der Fall ist – zugunsten des freien und ungestörten Selbstausdruckes des Autors neutralisiert, sie werden weder optimiert noch standardisiert.[174] Ausschlaggebend sind vielmehr auch jene ferneren Begebenheiten, die sich während des Produktionsprozesses ereignen und diesen affizieren können. Die Zweiheit von Autor und Material wird erweitert auf die Dreiheit von Autor, Material und Produktionskontext. Eine weitere grundsätzliche Neuerung in der ›postmodernen‹ Produktionsweise der *Silkscreen Paintings* besteht also gegenüber modernen Herstellungsverfahren auch in dem Versuch, das Kunstwerk als *Produkt* oder *Spur* der alltäglichen Wirklichkeit erscheinen zu lassen. Das Kunstwerk soll nicht nur über das ›Leben‹, sondern auch ein Produkt *des* ›Lebens‹ sein, also der Mitte des Lebens, dem unmittelbaren Entstehungskontext, entspringen.[175] Allerdings geht Rauschenberg hierbei keineswegs so weit, dass sich – wie bei zufallsbasierten Praktiken – das, was sich autorunabhängig während der Produktion ereignet, *unmittelbar* auf der Leinwand niederschlagen soll, um das Kunstwerk als autorunabhängiges Produkt erscheinen zu lassen. Weder werden die Produktionsbedingungen zugunsten der freien und selbstbestimmten Entfaltung des Subjektes neutralisiert noch werden sie umgekehrt ihm gegenüber verabsolutiert, vielmehr sollen sich die Produktionsbedingungen *mittelbar* niederschlagen, indem sie die Wahrnehmungen, Entscheidungen und (Re)Aktionen des Autors beeinflussen.

ZUR SERIELLEN HERSTELLUNGSWEISE DER *SILKSCREEN PAINTINGS*

Wir haben bereits festgestellt, dass Rauschenberg seine Leinwände, um sie bedrucken und bemalen zu können, ungespannt auf dem Atelierboden ausbreitet, wobei die Siebdrucktechnik die Bewältigung großer Formate erlaubt. Wir haben ebenfalls verfolgt, wie in diesem Zusammenhang das Phänomen der ›Zerstreuung‹ einer Neubewertung unterliegt, nämlich produktiv gewendet und positiv

---

174 Für die Optimierung und Standardisierung der Produktionsbedingungen sind im klassischen Werkprozess beispielsweise immer gleiches Licht (hohes Tageslicht von Norden) oder die akustische Abschottung der Produktionssphäre kennzeichnend. Im Prinzip ist der Produktionskontext austauschbar, weil er sich (idealerweise) nicht auf die Werkproduktion niederschlägt.

175 Rauschenberg kommentiert dies so: »I don't want my personality to come out through the

bestimmt wird: Der Künstler versetzt sich in einen zerstreuten Aufmerksamkeitszustand, um sich dem Außen zu öffnen, um neue Zusammenhänge zu bemerken und flüchtige und unvorhersehbare Beobachtungen zu machen. In der Zerstreuung können sich die Siebdruckvorlagen neu zeigen, können sie sich von einer anderen Seite zeigen. In diesem Sinne stellt Zerstreuung eine besondere Erlebnisbereitschaft dar, eine Art Neugierde, die den Möglichkeitsraum, innerhalb dessen sich etwas zutragen kann, überhaupt erst öffnet. Der heutige Sprachgebrauch vermag diese Dimension des Begriffes nicht zu transportieren – für Rauschenberg scheint sie aber wesentlich zu sein.

Bei der Herstellung seiner Siebdrucke geht Rauschenberg nicht streng seriell vor, sondern arbeitet fast immer an mehreren Werken gleichzeitig, wobei sich die Vorlagen in wechselnden Konstellationen auf den Leinwänden zusammenfinden. Es zeigt sich, dass diese unter immer neuen Aspekten wahrgenommen und kombiniert werden: Beispielsweise erscheint das Barometer, das auf *Retroactive II* der Hand Kennedys, den Reifen des Armeelasters und dem Weltraumballon ähnelt (Abb.3), auf *Trellis* zusammen mit einer konzentrischen Satellitenantenne. Auf *Hedge* und *Harbor* wird sein Skalenkranz mit weit ausschwingenden Rohrleitungen in Zusammenhang gebracht. Auf *Trap* korrespondiert dieser Kranz mit der Krone der Freiheitsstatue, wobei Rauschenberg deren Zackigkeit durch den freien Farbauftrag nachträglich akzentuiert.[176] Solche Wahrnehmungswechsel lassen sich anhand vieler anderer Motive aufzeigen, beispielsweise anhand der Abbildungen des Arbeiters, bei der in einem Fall seine zeigende Hand und im anderen Fall das Muster seines Hemdes im Vordergrund steht, oder anhand der amerikanischen Flagge, die manchmal unter dem Aspekt ihrer Sterne und manchmal unter dem ihrer Streifen wahrgenommen wird. »The images«, so Rauschenberg selbst, »keep on suggesting other things when they're juxtaposed with other images on the canvas [...].«[177]

Die Bildwahrnehmungen schlagen sich also aspekthaft nieder, sind aber nicht aspektverhaftet, das heißt, sie konzentrieren sich nicht auf die

---

piece. That's why I keep the television on all the time. And I keep the windows open. I want my paintings to be reflections of life and life can't be stopped.« Zit. n. Rose, *An Interview with Robert Rauschenberg*, S. 72.

176 Die angesprochenen Werke sind abgebildet in Feinstein (Hg.), *Robert Rauschenberg: The Silkscreen Paintings 1962-1964*, auf S. 69, 162, 115 und 164.
177 Zit. n. Tomkins, *The Bride and the Bachelors*, S. 233.

feststellende Fixierung bestimmter Merkmale.[178] Im Sinne permanenter Wahrnehmungsübungen – regelrechter Exerzitien – werden die Motive immer neu betrachtet, so als wolle der Künstler sich von sämtlichen Gewohnheiten – der »Standardisierung der Wahrnehmung«[179] – befreien. Eine Konstante in den Selbstzeugnissen Rauschenbergs ist in der Tat die Problematisierung der – wie er es nennt – »Assoziationsklischees«, der automatisierten Wahrnehmungsformen von Gegenständen, die in der Alltagspraxis auftreten: »If I see any superficial subconscious relationships, that I'm familiar with — clichés of association — I change the picture.«[180] Eben daher ist die Produktionsweise von einem Prozess permanenter Differenzierung bestimmt, was den Umgang mit wiederholbaren Elementen voraussetzt. Dieser Prozess postuliert das Subjekt als ein unkalkulierbares.

ERSTE SCHRIFTLICHE REFLEXION: »RANDOM ORDER«

Um die gewonnenen Ergebnisse bestätigen und punktuell erweitern zu können, wollen wir uns nun Rauschenbergs schriftlichen Reflexionen über den künstlerischen Schaffensakt zuwenden. Bei »RANDOM ORDER«, einem Artikel, den Rauschenberg im Frühjahr 1963 veröffentlichte, handelt es sich um einen fünfseitigen Artikel, der als Text-Bild-Collage gestaltet ist. Er findet sich wieder in einer Ausgabe der Zeitschrift *Location*, die von Thomas B. Hess und Harold Rosenberg herausgegeben wurde (Abb.13–16).

Die erste Seite (recto) zeigt eine Reproduktion des Siebdruckgemäldes *Sun Dog* von 1962. Auf den nächsten beiden Seiten sind mehrere Fotografien zu erkennen, die von Rauschenberg eigenhändig geschossen wurden und einerseits den urbanen Außenraum Manhattans und andererseits den privaten Innenraum von Rauschenbergs Atelier wiedergeben. Zwischen diesen Fotografien, die mit Klebeband unregelmäßig auf den Papierträger geklebt worden sind, erkennt man ebenso unregelmäßig verteilte Textblöcke. Unter die Aufnahme der Küchenzeile, auf der im Hintergrund zwei Siebdruckgemälde zu sehen sind, die horizontal auf dem Boden liegen, hat Rauschenberg in großen Lettern »ALLEGORY« geschrieben. Auf den folgenden Seiten werden zwei ganzseitige Abbildungen einander

---

178 Zur Unterscheidung von ›aspekthaftem‹ und ›aspektverhaftetem‹ Sehen, siehe Martin Seel, *Ästhetik des Erscheinens*, S. 54.
179 Crary, »Spectacle, Attention, Counter-Memory«, S. 103 (»standardization of perception«). Crary bezieht sich hierbei auf Henri Bergson.
180 Zit. n. Seckler, »The Artist Speaks: Robert Rauschenberg«, S. 76.

gegenübergestellt: Verso ein Siebdruckgemälde mit dem Titel *Renascence* und recto eine Fotografie von Rauschenberg, die eine verschmutzte Fensterscheibe seines Ateliers zeigt und mit der Bildüberschrift »View from the artist's studio« versehen ist, womit insbesondere die Grenze zwischen Innenraum und Außenraum in den Fokus rückt. Natürlich ist der Betrachter unter diesen Voraussetzungen sofort dazu geneigt, die Fotografie als Metapher für die (neuzeitliche) Malerei zu verstehen, vergleicht Leon Battista Alberti in *De Pictura* von 1435 sein neues, auf perspektivischer Raumkonstruktion beruhendes Bildkonzept doch mit dem Blick durch ein geöffnetes Fenster (»finestra aperta«).

Die Veröffentlichung des Artikels koinzidiert zeitlich mit der Entstehung der ersten *Silkscreen Paintings* im Herbst 1962 und er wird, wie gerade beschrieben, von zwei frühen Arbeiten dieser Serie eingefasst. Das auf der vierten Seite abgebildete Gemälde *Renascence* stellt das erste überlieferte Werk dieser Serie dar (Abb.16). Es spricht einiges dafür, dass dieser Titel nicht ausschließlich auf die historische Epoche der Renaissance zu beziehen ist, sondern dass die *Silkscreen Paintings* aufgrund ihres indexikalischen Charakters von Rauschenberg als ›Wiedergeburt‹ der *White Paintings* verstanden werden. Auffällig sind in diesem Zusammenhang das weiße Feld in der Bildmitte sowie die Tatsache, dass alle frühen *Silkscreen Paintings* und somit auch *Renascence* nicht nur wie die *White Paintings* ein quadratisches Format haben, sondern sogar exakt die gleichen Maße aufweisen wie die Tafeln der vierteiligen Version von 1951.[181] Wie allgemein bekannt, betrachtet Rauschenberg die *White Paintings* als sensible Oberflächen, die Schatten und Lichtreflexionen registrieren, womit Cages Diktum verbunden ist, dass es sich bei ihnen um »airports for the lights, shadows and particles«[182] handele. Der Unterschied zwischen den *White Paintings* und den *Silkscreen Paintings* besteht also darin, dass jene in Echtzeit reflektieren, was gerade im Raum vor ihnen geschieht, während die Leinwände der *Silkscreens* als Druckunterlage für massenmedial vermittelte Fotografien dienen.

Rosalind Krauss hat dem Dokument einen bekannten Aufsatz gewidmet. Ihr zufolge stellt es »teilweise ein Manifest, teilweise ein Tagebuch,

---

181 *Renascence* misst 91,4 × 91,4 cm. Die Maße des aus vier Tafeln bestehenden *White Painting* werden im Katalog der Retrospektive von 1998 mit 182,9 × 182,9 cm angegeben. Vgl. Davidson,

Hopps (Hg.), *Robert Rauschenberg: Retrospektive*, S. 58.
182 Cage, »On Robert Rauschenberg, Artist, and his Work«, S. 102.

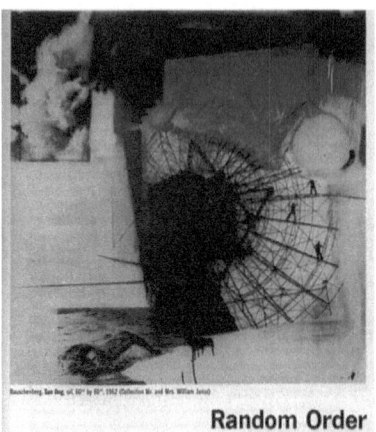

13. »RANDOM ORDER«, erste Seite, im Frühjahr 1963 in der Zeitschrift Location veröffentlicht.

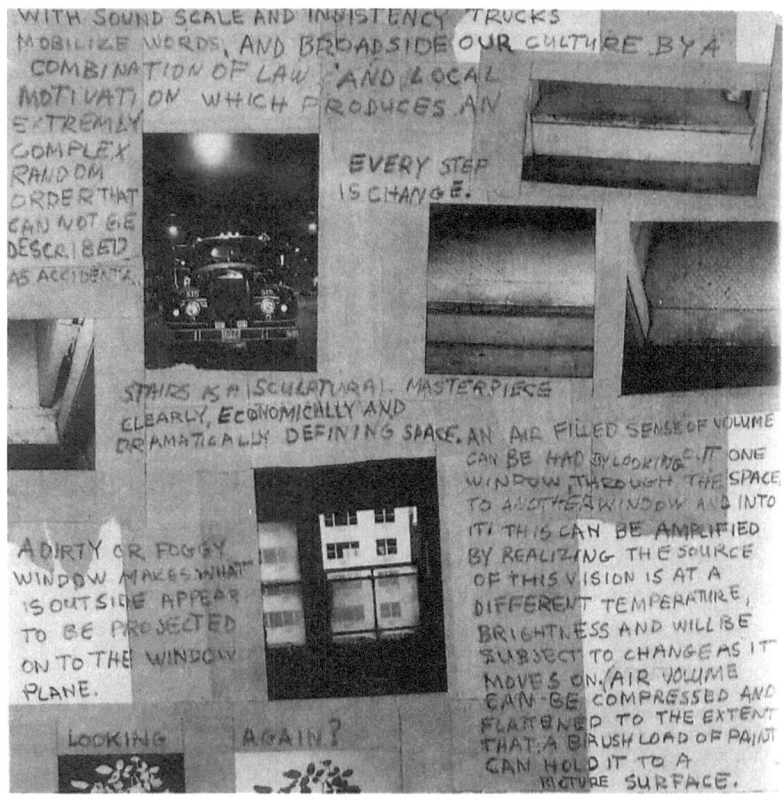

14. »RANDOM ORDER«, zweite Seite (wie Abb.13).

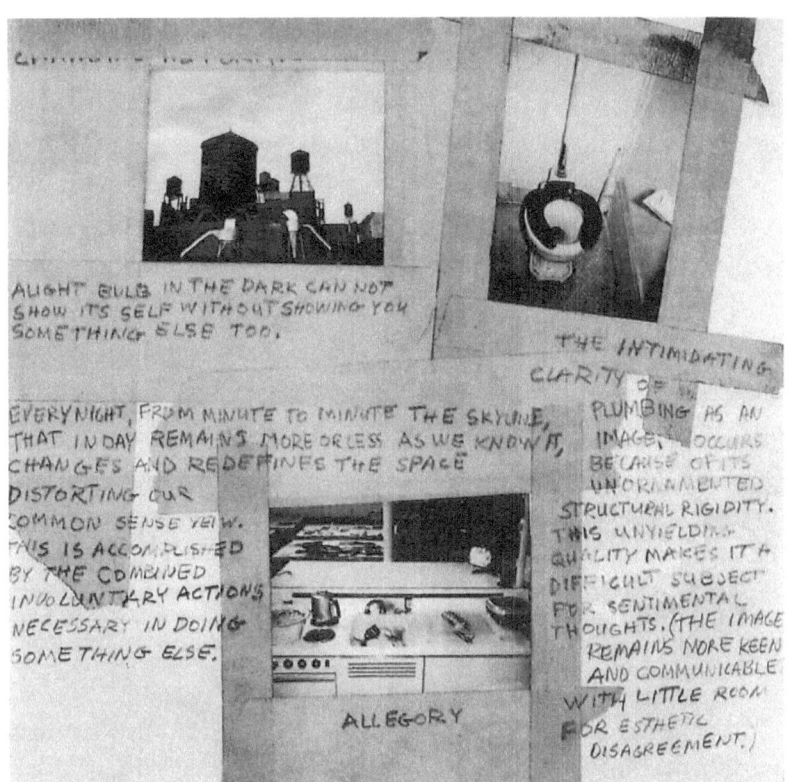

15. »RANDOM ORDER«,
dritte Seite (wie Abb.13).

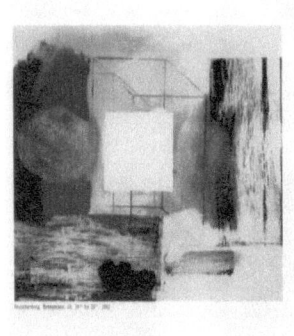 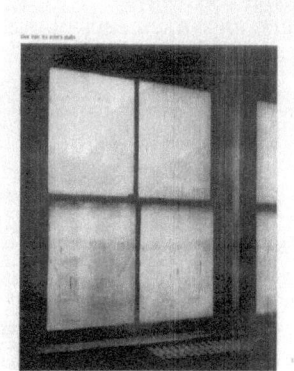

16. »RANDOM ORDER«,
vierte und fünfte Seite (wie Abb. 13).

teilweise ein Gedicht« dar[183] und reflektiert im Wesentlichen auf die Vermittlung zwischen dem äußeren Raum der Bilder und dem inneren Raum subjektiver Assoziationen, die hier durch die Schrift vertreten werden, wofür der »oszillierende Raum« der Malerei der Renaissance aufgrund seiner Dialektik von Oberfläche und Tiefe »das allegorische Vorbild« abgebe: »Die Allegorie von Innen und Außen, von Vorder- und Rückseite, davon, wie das Fotografische das Subjekt von außen bombardiert, aber von innen her in einer anderen Form (der Grammatik der Klischees) emporquillt, [...] ist die Botschaft von ›Random Order‹.«[184]

So erhellend diese Beobachtungen auch sind, möchte ich den Artikel im Folgenden enger als Krauss dies tut auf die Herstellung und Erfahrung der *Silkscreen Paintings* beziehen, die weiter oben bereits erörtert wurden. Dies nicht nur, weil dieses Dokument in einem unmittelbaren zeitlichen Zusammenhang mit der Aneignung der Siebdrucktechnik steht, sondern auch deshalb, weil die Atelieraufnahmen in Verbindung mit der Bildunterschrift »ALLEGORY« an Gustave Courbets berühmtes Atelierbild von 1855 erinnern, das dieser als »allégorie réelle« bezeichnet hat.[185] Insofern lässt sich »RANDOM ORDER«, trotz der eigenwilligen Form, in die lange zurückreichende Tradition von Atelier-Darstellungen einreihen, die zumeist programmatischen Charakter haben und auf einer Metaebene das Schaffen des betreffende Künstlers reflektieren.[186] Vor diesem Hintergrund gehe ich davon aus, dass der Artikel einerseits die Kompositionsweise der Siebdrucke *exemplifiziert* – was schon im Titel »RANDOM ORDER« anklingt. Zweitens denke ich, dass er als eine Allegorie des dieser Kompositionsweise zugrunde liegenden Kunstbegriffes zu verstehen ist – was die rätselhaften, nur mühsam zu entschlüsselnden Fotografien und Textfragmente bedingt.[187]

---

183 Krauss, »Permanente Bestandsaufnahme«, S. 209.
184 Alle Zitate ebd., S. 219f.
185 Der vollständige Titel lautet: *L'atelier du peintre – allégorie réelle, déterminant une phase de sept années de ma vie artistique.* Ich nehme hier einen mündlichen Hinweis dankend auf, den Michael Lüthy an der FU Berlin in einer von ihm geleiteten Seminarsitzung, die unter anderem »RANDOM ORDER« zum Gegenstand hatte und zu der ich eingeladen war, gegeben hat. Eine ausführliche Interpretation des Werkes liefert Hofmann, *Das Atelier. Courbets Jahrhundertbild*.

186 Siehe hierzu beispielsweise Mongi-Vollmer, *Das Atelier des Malers. Die Diskurse eines Raums in der zweiten Hälfte des 19. Jahrhunderts* und Bauer, *Das Atelierbild in der französischen Malerei 1855-1900*. Die Tradition des Atelierbildes reicht bis in die Renaissance zurück. Siehe hierzu auch Winner, »*Gemalte Kunsttheorie. Zu Gustave Courbets ›Allgeorie réelle‹ und der Tradition*«.
187 Auf einer der Fotografien liegen im Hintergrund zwei *Silkscreen Paintings* auf dem Boden. Sie werden anscheinend gerade produziert (Abb.15). Allgemein misst die Forschung diesem Artikel und besonders dem Titel einen derart hohen

Sehen wir uns den Aufbau und den Inhalt des Artikels etwas genauer an: Auf der ersten Fotografie der zweiten Seite taucht ein Lastwagen mit blendenden Scheinwerfern aus der Nacht auf (Abb.14). Daneben steht zu lesen: »WITH SOUND SCALE AND INSISTENCY TRUCKS MOBILIZE WORDS, AND BROADSIDE OUR CULTURE BY A MOTIVATION WHICH PRODUCES AN EXTREMELY COMPLEX RANDOM ORDER THAT CAN NOT BE DESCRIBED AS ACCIDENTAL.« Diese Außenraumaufnahme löst im (passiven) Subjekt also erste Assoziationen aus. Sie bildet den Anstoß für einen inneren Monolog, der unter anderem die Affinität von Klang und Schrift zum Inhalt hat.[188] Nun lässt sich der Begriff ›ORDER‹ nicht nur raumbezogen als ›Anordnung‹, sondern auch zeitbezogen als ›Ablauf‹ oder ›Abfolge‹ verstehen. Wohl daher finden sich weiter rechts drei Aufnahmen, die Stufen aus der Perspektive von jemandem zeigen, der sich auf dem Weg zu Rauschenbergs Atelier befindet. Daneben steht »EVERY STEP IS CHANGE« zu lesen. Dies wiederum provoziert einen Kommentar zur skulpturalen Qualität von Treppen – »STAIRS IS A SCULPURAL MASTERPIECE CLEARLY, ECONOMICALLY AND DRAMATICALLY DEFINING SPACE«, der dann Gedanken des Autors zum Thema ›Volumen‹ auslöst und damit zu einem eher räumlichen Ordnungsbegriff zurückführt. Ähnliche gedankliche Zusammenhänge ließen sich beispielsweise zwischen den Fotografien von Wassertanks, Wasserklosett und Küchenzeile nachweisen (Abb.15).

Einerseits erscheinen die einzelnen Text- und Bildelemente also formal geschlossen und inhaltlich unzusammenhängend. Jedes Element greift ein neues Thema auf, ohne unmittelbar und stringent an den vorhergehenden Inhalt anzuknüpfen oder zum folgenden überzuleiten. Andererseits sind die Elemente gedanklich nicht völlig unverbunden und sprunghaft, sondern gehen eine prekäre Verbindung ein, indem einzelne Begriffe und Gegenstände verschiedentlich wieder aufgegriffen und anders gewendet werden. (Rauschenberg macht sich hier insbesondere die Polyvalenz von Begriffen zunutze.) Und genau diese Kompositionsweise, die zwischen

---

Aussagewert für das Schaffen Rauschenbergs zu, dass man gleich zwei Monografien nach ihm benannte (Feinstein, *Random Order: The First Fifteen Years of Robert Rauschenberg's Art*, und Joseph, *Random Order: Robert Rauschenberg and the Neo-Avant-Garde*). Trotz dieser Titelgebungen bemühen sich die beiden Autoren aber nicht darum, den Begriff, die Verfahrensweise oder den Artikel näher zu analysieren.

188 Um den Eindruck von Lautstärke zu erzeugen, werden nicht erst in Rauschenbergs *Combines*, sondern schon in den Collagen der historischen Avantgarden Buchstaben und Wortfetzen auf die Bildfläche geklebt.

thematischer Sprunghaftigkeit und assoziativem Zusammenhalt oszilliert, bezeichnet Rauschenberg eben als ›Zufallsordnung‹ (›RANDOM ORDER‹).

Rauschenberg verkettet Bilder und Texte also auf eine ähnliche Weise, wie dies bei der Produktion seiner *Silkscreen Paintings* der Fall ist. Er reflektiert nicht metasprachlich auf ihre Kompositionsweise, sondern exemplifiziert diese, führt sie im bildsprachlichen Medium vor. Und es versteht sich, dass sich diese assoziativen Verknüpfungen theoretisch unendlich weit über das Format der Blätter hinaus fortsetzen ließen. (So, wie sich auf den *Silkscreen Paintings* die Motivkombinationen theoretisch unendlich weit über das Format der Leinwände hinaus fortsetzen ließen.) Allerdings bilden die *Silkscreen Paintings* keine Vermittlungsebene zwischen dem Außen der Bilder und dem Innen der Gedanken vertreten durch die Schrift,[189] sondern zwischen einem chaotischen Außen (dem Chaos ungeordneter Erscheinungen) und einem ordnenden, aber auch überlasteten Innen (der wahrnehmenden Tätigkeit des Subjektes). So betrachtet lässt sich die Bildfläche der *Silkscreen Paintings* auch in Analogie zum menschlichen Bewusstsein bringen. Wie weiter oben bereits angesprochen, siedelt Freud das Bewusstsein zwischen Erinnerungssystem und Außenwelt an. Freud spricht von der »exponierte[n] Lage des Systems Bw.«, von seinem »unmittelbare[n] Anstoßen an die Außenwelt«[190]. Auf der technischen Ebene entspricht diesem Vermittlungsakt die zweifache Indexikalität des Siebdruckverfahrens: Der Künstler hat die Farbmaterie mit der Rakel durch das Maschengewebe hindurchzudrücken, sodass die fotografischen Spuren und die Spuren des Künstlers auf der Bildebene ununterscheidbar werden. So steht ›RANDOM ORDER‹ wohl für jenen spannungsreichen Zustand, in dem es nicht mehr gelingt oder in dem es nicht mehr darum geht, die Erscheinungen einer absoluten vom Subjekt verfügten Synthese zu unterwerfen. Als Rauschenberg 1961 in einem Interview nach der Struktur seiner Arbeiten gefragt wurde, antwortete er: »Mes toiles ont la valeur de la réalité. A un moment donné, la perspective fut une actualité. Maintenant, nous savons que c'est une illusion. De la même manière, ces combinaisons sont, maintenant des actualités.«[191]

Vor dieser Folie stellt sich natürlich die Frage, wie die bereits erwähnte Fenstermetapher, also die Fotografie auf der letzten Seite des

---

189 So Krauss, »Permanente Bestandsaufnahme«, S. 219f.
190 Freud, »Jenseits des Lustprinzips«, S. 234ff.

Siehe S. 58 dieser Arbeit.
191 Zit. n. Parinaud, »Un ›Misfit‹ de la Peinture New Yorkaise se confesse«.

Artikels, im Hinblick auf Rauschenbergs Bildkonzept sowie die postmodernen Produktionsbedingungen zu interpretieren ist (Abb.16). Ich habe in jenen Abschnitten, in denen ich Rauschenbergs Produktionsweise erörtert habe, Calvin Tomkins' Beschreibung seines Ateliers wiedergegeben: »Tall, grimy windows let in the distinctively white light of downtown New York — also the roar of trucks on Broadway.«[192] Rauschenberg selbst äußert verschiedentlich: »I always wanted my works — whatever happened in the studio — to look more like what was going on outside the window.«[193] Und es wurde bereits angesprochen, dass er dieses Außen mit Beginn der *Silkscreen*-Serie schließlich mit den Massenmedien identifiziert: »I was bombarded with TV sets and magazines, by the excess of the world. I thought an honest work should incorporate all of these elements, which were and are a reality.«[194]

Ein Foto auf der zweiten Seite des Artikels zeigt ein geöffnetes Atelierfenster (Abb.14). Alles, was der Betrachter zu sehen bekommt, ist die gegenüberliegende Hausfassade, in die mehrere Fenster eingelassen sind. Es handelt sich also um eine Anlage, die derjenigen der *Silkscreen Paintings* entspricht (und die von Steinberg als ›flatbed picture plane‹ bezeichnet wurde). Ausschnittweise hat Rauschenberg daneben notiert: »AN AIR FILLED SENSE OF VOLUME CAN BE HAD BY LOOKING OUT ONE WINDOW, THROUGH THE SPACE TO ANOTHER WINDOW AND INTO IT.« Die zweite Fensterabbildung auf der letzten Seite des Artikels zeigt dagegen ein geschlossenes Fenster, dessen Scheibe so verdreckt und eingetrübt ist, dass man kaum hindurchsehen kann und so das Haus auf der anderen Straßenseite nur schemenhaft erkennt (Abb.16). In dieser Hinsicht ist die Anlage mit dem daneben abgedruckten Siebdruckgemälde vergleichbar, das ebenfalls opake Züge aufweist.[195] Auch zu diesen Abbildungen findet sich auf der zweiten Seite des Artikels ein Kommentar: »A DIRTY OR FOGGY WINDOW MAKES WHAT IS OUTSIDE APPEAR TO BE PROJECTED ON THE WINDOW PLANE.« In der Erfahrung des Betrachters, der durch die Fensterscheibe blickt, wird die Wirklichkeit da draußen also zum Bild. Die Außenwelt nimmt ikonischen Charakter an, sodass sie nur mehr bildhaft, aber nicht mehr physisch gegeben zu sein scheint. So versinnbildlichen

---

192 Tomkins, *Off the Wall. Robert Rauschenberg and the Art World of Our Time*, S. 211.
193 Zit. n. Taylor, »Robert Rauschenberg«, S. 146.
194 Zit. n. Kotz, *Robert Rauschenberg: Art*

and Life, S. 99. Vgl. auch Krauss, »Permanente Bestandsaufnahme«, S. 220.
195 Dieses zeigt hauptsächlich Fotografien von Wasserflächen.

diese Fotografien genau jenen vermittelten Wirklichkeitszugang, der in den Siebdrucken verhandelt wird: Einerseits trifft der Blick immer nur auf weitere ›Fenster‹, während der Ursprung des Bildes in die Ferne rückt. Andererseits befinden wir uns an der Grenze des Bildlichen, also an jenem Punkt, an dem das Bild in reines Rauschen übergeht.

ZWEITE SCHRIFTLICHE REFLEXION: »NOTE ON PAINTING«

Abschließend möchte ich noch kurz auf einen zweiten Artikel von Rauschenberg hinweisen, der ein ähnliches Thema wie »RANDOM ORDER« aufgreift, nämlich die Vermittlung von ungeordneten Sinneseindrücken und subjektiver Innenwelt, die eine ›Zufallsordnung‹ erzeugt. Es handelt sich um das Schriftstück »NOTE ON PAINTING«, das Rauschenberg zwar schon im Herbst 1963, während er mit der Merce Cunningham Dance Company auf Tour ist, verfasst, das aber erst 1967 in einer Anthologie über Pop Art veröffentlicht wird (Abb.17a+b). Wie »RANDOM ORDER« ist auch »NOTE ON PAINTING« als ein Dokument zu verstehen, das nicht nur bestimmte metasprachliche Aussagen trifft, sondern das verhandelte Sujet auf struktureller Ebene zu veranschaulichen sucht. Im Unterschied zu »RANDOM ORDER« verzichtet Rauschenberg hier auf die Unterstützung fotografischer Darstellungen.

Rauschenberg strengt einen Monolog an, in den Wörter und Wortverbindungen eingestreut werden, die einzelne Eindrücke seiner Reise wiedergeben: »FREE ICE«, »OPEN 24 HRS«, »HEATED POOL« usw. Dies führt einerseits dazu, dass die Syntax immer wieder unterbrochen wird, andererseits evoziert dies beim Leser extrem plastische Vorstellungen von bunten Reklameschildern und leuchtenden Neonwerbungen, die aus der Nacht plötzlich auftauchen und sich in die Netzhaut einschreiben. (Die *Merce Cunningham Dance Company* war in einem Kleinbus auf Tour.)[196] Zwar wirkt sich dies störend auf den Lesefluss aus, doch können innerer Monolog und äußere Sinnesreize letztendlich ohne Umstände auseinandergehalten werden. »This text«, so Branden W. Joseph, »figures a confrontation of sorts between Rauschenberg's reflection and the anonymous, impersonal language of the contemporary environment. It is a confrontation between thinking as a process and language encountered as an archive.«[197]

---

196 Vgl. Krauss, »Permanente Bestandsaufnahme«, S. 220; Joseph, *Random Order: Robert Rauschenberg and the Neo-Avant-Garde*, S. 163.

197 Joseph, *Random Order: Robert Rauschenberg and the Neo-Avant-Garde*, S. 163.

Gegen Ende des Textes spitzt sich das Szenario dann allerdings krisenhaft zu (ab »IT SEEMS TO ME THAT [...]«): Eine Vielfalt an Sinneseindrücken unterbricht den inneren Monolog, die Außenwelt erscheint als ein Chaos unzusammenhängender und ungeordneter Reize. Schließlich kann zwischen Innen und Außen, Diskurs und Sinneseindrücken nicht mehr unterschieden werden. Sowohl das Subjekt als auch die durch das Subjekt vermittelte Objektwelt bricht in sich zusammen: »Subjekt und Objekt der Wahrnehmung ›stürzen ein‹.«[198]

```
NOTE ON PAINTING   OCT 31-NOV 2, 1963
I FIND IT NEARLY IMPOSSIBLE FREE ICE TO
WRITE ABOUT JEEPAXLE MY WORK. THE
CONCEPT I PLANTATARIUM STRUGGLE TO
DEAL WITH KETCHUP IS OPPOED TO THE
LOGICAL CONTINUITY LIFT TAB INHERENT
IN LAGUAGE HORSES AND COMMUNICATION.
MY FASCINATION WITH IMAGES OPEN
24 HRS. IS BASED ON THE COMPLEX
INTERLOCKING OF DISPARATE VISUAL
FACTS HEATED POOL THAT HAVE NO
RESPECT FOR GRAMMAR. THE FORM
THEN DENVER 39 IS SECOND HAND TO
NOTHING. THE WORK THEN HAS A
CHANCE TO ELECTRIC SERVICE BECOME
ITS OWN CLICHE. LUGGAGE, THIS IS
THE INEVITABLE FATE FAIR GROUND
OF ANY INANIMATE OBJECT FREIGHTWAYS
BY THIS I MEAN ANYTHING THAT DOES NOT
HAVE INCONSISTENCY AS A POSSIBILITY
```

17a. »NOTE ON PAINTING«, 1963, veröffentlicht in *Pop Art Redefined*, hg. von Suzi Gablik und John Russell (1969).

---

198 Kemper, Vietta, *Expressionismus*, S. 34.

BUILT-IN..
THE OUTCOME OF A WORK IS BASED ICY
ICE ON AMOUNT OF INTENSITY ~~~~~~
CONCENTRATION AND JOY THAT IS
PURSUED ROADCROSSING- IN THE ACT
OF WORK. THE CHARACTER OF THE
ARTIST HAS TO BE RESONSIVE AND
LUCKY. PERSONALLY I HAVE NEVER
BEEN INTERESTED IN A DEFENSIBLE
REASON POST CARD FOR WORKING-
ACHIEVMENT FUNCTIONALLY IS A
~~~~~~~~~ DELUSION. TO DO A NEEDED
WORK SHORT CHANGES ART. IT SEEMS
TO ME THAT A GREAT PART INDIAN
MOCCASINS OF URGENCY IN WORKING
LIES IN THE FACT THAT ONE ACTS
FREELY FRIENDS AND ASSOCIATES
MAY BECOME MORE CLOSELY ALLIED
WITH YOU REAL SOON. U.S. POSTAGE
STAMPS - SANITARILY PACKAGED-
SAVE A TRIP TO POST OFFICE
~~~~~ SHAPES.. FILES.. CLEANS WITH
KEY CHAIN FORGET TO BRING IT
WITH YOU... TO MAKE SOMETHING
THE NEED OF WHICH CAN ONLY
FISHING 7 SPRINGS BE DETERMINED
AFTER ITS EXISTENCE AND THAT
JUDGMENT SUBJECT TO CHANGE AT
ANY MOMENT. 15'18". IT ~~~~~~~
IS EXTREMELY IMPORTANT THAT
ART BE UNJUSTIFIABLE.

      ROBERT RAUSCHENBERG

17b. »NOTE ON PAINTING« (wie Abb. 17a).

6. RESÜMEE ZU RAUSCHENBERG

In diesem Teil haben wir festgestellt, dass Rauschenbergs Unternehmen, die Beziehung zwischen Kunst und alltäglicher Wirklichkeit neu zu gestalten, nicht erst in der Rezeption, sondern schon in der Produktion seiner Siebdrucke zum Ausdruck kommt. Hierbei sind wir nicht nur der Frage nachgegangen, wie sich Rauschenbergs Darstellungskonzepte von denen älterer Realismen unterscheiden, sondern haben auch Verfahrensweisen untersucht, durch welche die Grenze zwischen Kunst und alltäglicher Wirklichkeit in performativer Hinsicht auf die Probe gestellt wird.

Auf der Produktionsseite machte sich bemerkbar, dass Rauschenberg innerhalb des Ateliers ähnliche Wahrnehmungsbedingungen herbeifuhrt wie sie außerhalb, im urbanen Raum, vorliegen, womit die Grenze zwischen Innen- und Außenraum in dieser Hinsicht verschwimmt. Zweitens werden dadurch, dass die Bildmotive den wesentlichen Erfahrungsgegenstand bilden, die Situation der Erfahrung und die Situation der Produktion zusammengeführt. Drittens pendelt Rauschenberg beständig zwischen alltäglichen Tätigkeiten und Produktionsakten hin und her, wodurch *Alltags*praxis und *Kunst*praxis nicht mehr deutlich voneinander abzugrenzen sind. (Nach eigenem Bekunden »agiert« er im Spalt zwischen Kunst und Leben.) Viertens wurde ein Produktionsdispositiv auffällig, das die Rahmenbedingungen der Werkentstehung aufwertet, womit die Zweiheit von Autor und Material auf die Dreiheit von Autor, Material und Produktionskontext erweitert wird: Das Kunstwerk soll nicht nur *über* das ›Leben‹, sondern auch ein Produkt *des* ›Lebens‹ sein, also dem unmittelbaren Entstehungskontext entspringen. In diesem Zusammenhang wird das Phänomen der ›Zerstreuung‹ einer Neubewertung unterzogen: Der

Künstler versetzt sich in einen zerstreuten Aufmerksamkeitszustand, um die Dinge anders wahrzunehmen und neue Zusammenhänge beobachten zu können, um also automatisierte Perzeptionsmuster zu durchbrechen, worin eine politisch-widerständige Dimension liegt. So ist die serielle Produktionsweise von einem Prozess permanenter Differenzierung bestimmt, was den Umgang mit wiederholbaren Elementen voraussetzt.

Auf der Rezeptionsseite stellte sich heraus, dass die *Silkscreen Paintings* Wahrnehmungsweisen hervorrufen, die als Produkt technisierter Lebensräume und massenmedialer Aufmerksamkeitsindustrien einen wesentlichen Aspekt moderner Wirklichkeitserfahrung bilden. Gegenüber der alltäglichen Wirklichkeit dient der künstlerische Akt also der Hervorrufung einer Ähnlichkeit jenseits von Abbildhaftigkeit. Gleichzeitig sind die *Silkscreen Paintings* subversiv, weil diese Wahrnehmungsweisen mit einer ästhetischen Entkräftung massenmedialer Botschaften einhergehen. Den massenmedialen Bildern wird nicht die Aufmerksamkeit zuteil, die sie einfordern, sondern die Aufmerksamkeit wird durch Desemantisierungsprozesse von deren Zeichenhaftigkeit, von dem, was sie bedeuten, abgezogen. Auf diese Weise lassen sich an den *Silkscreen Paintings* sowohl *mimetische* als auch *subversive* Dimensionen nachweisen.

In der Untersuchung der Ästhetik dieser Gemälde wurde weiterhin deutlich, dass Wahrnehmungsveränderungen reflektiert werden, die aus der neuen Rolle der Massenmedien im Informationszeitalter resultieren. Rauschenberg reagiert auf die Tatsache, dass Wirklichkeitswahrnehmung verstärkt durch massenmediale Bilder vermittelt ist. So, wie diese durch ihre mediale Eigenlogik zwischen der Vermittlung von Wirklichkeit und der Erzeugung einer von dieser Wirklichkeit unabhängigen Illusion schwanken, changieren auch Rauschenbergs Siebdrucke zwischen Gebilden, die einerseits ein vorgängiges Sein wiedergeben und andererseits eine von diesem vorgängigen Sein unabhängige Sichtbarkeit erzeugen. Angesichts solcher Ergebnisse lässt sich – entgegen landläufiger Meinungen – abschließend festhalten, dass Rauschenbergs *Silkscreen Paintings* keinen erfahrungs- oder erkenntnisskeptizistischen Charakter aufweisen. Ganz im Gegenteil: Rauschenberg setzt alles daran, in seiner Kunst die Erfahrung alltäglicher Wirklichkeit zu reflektieren.

In der Moderne wurde die Kunst immer wieder zu einer rettenden Domäne erklärt, die den ›niederen‹, ja ›pathologischen‹ Formen der Wahrnehmung geläuterte Formen entgegenzusetzen hat. In diesem Zusammenhang wurde eine zerstreute Aufmerksamkeit als negativer Effekt

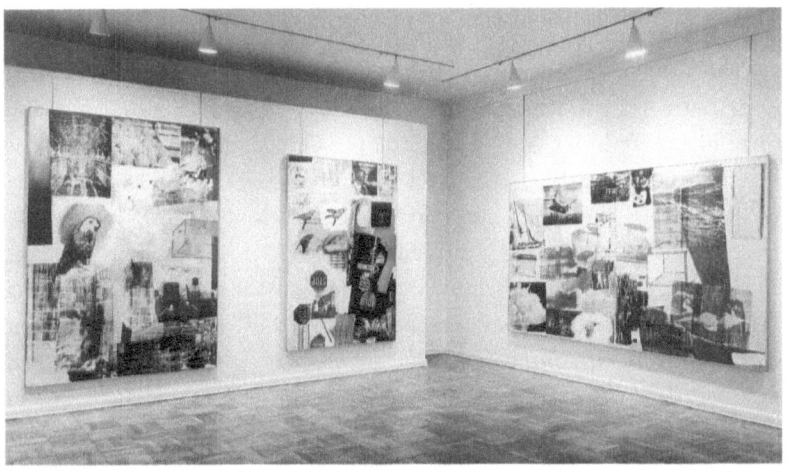

18. Ansicht der Ausstellung »Robert Rauschenberg«, 1963, Leo Castelli Gallery, New York.

des Hochkapitalismus, als eine Verfallsform der Wahrnehmung verstanden. Dagegen wurde die Kunst zur Gralswächterin einer kontemplativen Aufmerksamkeit stilisiert, die von den Mauern der Galerien und Museen schützend umfangen wird. So schildert beispielsweise Norman Bryson, der diese Entgegensetzung einer ›niederen‹ und einer ›hohen‹ Wahrnehmung aus einem historischen Blickwinkel eingehend untersucht hat, dass zwischen beiden Wahrnehmungsformen eine strenge Hierarchie bestehe, und zwar so, als ob die eine der »aristokratischen« und die zweite der »plebejischen Redeweise« zugehöre.[199] Noch der amerikanische Modernismus – die Kunst, an der sich Rauschenberg abgearbeitet hat – hat sein Wahrnehmungsmodell häufig gerade aus dem Kontrast zu alltäglichen Formen des Sehens gewonnen. Nicht nur das *Was*, sondern auch das *Wie* der Erfahrung von Kunstwerken wurde der Erfahrung mondäner Situationen entgegengesetzt.[200]

In Anbetracht dieser Konstellation ist die Spezifik der Grenzverwischung zwischen Kunst und alltäglicher Wirklichkeit, die Rauschenberg mit den *Silkscreen Paintings* betreibt, darin zu sehen, dass nicht nur

---

199 Bryson, *Das Sehen und die Malerei*, S. 123. Bryson beschreibt den eindringlichen ›gaze‹ als wachsam, examinativ und durchdringend, den schweifenden ›glance‹ dagegen als subversiv, zufällig und unordentlich. Während sich jener durch Permanenz, Kontemplation und Durchgeistigung auszeichne, äußere sich dieser durch ein stetes Vagabundieren, das von Spannen der Unaufmerksamkeit durchzogen sei.

200 »[T]his idea of ›purification‹ is carried through in the immaculate spaces of the modernist gallery.« O'Doherty, *American Masters: The Voice and the Myth*, S. 202.

Materialien, die der alltäglichen Wirklichkeit entstammen, sondern auch Wahrnehmungsweisen, die als ›nieder‹ empfunden werden können, in den Kunstraum ›transferiert‹ werden.[201] Die *Silkscreens* infiltrieren den White Cube nicht durch den Müll und Unrat der Großstadt, sondern durch das rastlose (und deplatzierte) Sehen der Rezipienten (Abb.18). Die »alte Klage«, von der Walter Benjamin spricht, kehrt sich also um: Nicht der Betrachter sucht Zerstreuung, während die Kunst ihm Sammlung abverlangt, sondern er sucht Sammlung, während die Kunst ihn in die Zerstreuung zwingt.[202] Rauschenbergs Motivationen sind jedoch nicht destruktiv, sondern positiv zu bestimmen: Kunsterfahrung hat sich qualitativ zu verändern, um den White Cube – metaphorisch gesprochen – mit neuem ›Leben‹ zu erfüllen.

---

[201] Vgl. ebd., S. 198.
[202] Ich beziehe mich hier auf einen Satz von Benjamin in »Das Kunstwerk im Zeitalter seiner technischen Reproduzierbarkeit«, S. 504: »Man sieht, es ist im Grunde die alte Klage, dass die Massen Zerstreuung suchen, die Kunst aber vom Betrachter Sammlung verlangt.«

ALLAN KAPROW

1. EINFÜHRUNG

Allan Kaprows Popularität gründet damals wie heute nicht allein auf seinem praktischen Schaffen, sondern auch auf zahlreichen publizistischen Stellungnahmen, also auf Manifesten, Pamphleten sowie kunsttheoretischen und kunstkritischen Schriften, durch die er seit Ende der 1950er Jahre versuchte, seine Ansichten öffentlichkeitswirksam zu vertreten. Während seine Kunst spätestens seit Mitte der 1960er Jahre jegliche materielle Beständigkeit einbüßte und nur noch vor kleinen Öffentlichkeiten aufgeführt oder in völliger Privatheit fernab von Galerien und Museen realisiert wurde, publizierte er in regelmäßiger Folge Aufsätze in Kunstzeitschriften wie *Artnews* und *Artforum*, mit denen er ein größeres Publikum erreichte. Gerade seine frühen Schriften sind von dem Bemühen geprägt, das Verhältnis zwischen Kunst und alltäglicher Wirklichkeit neu zu bestimmen und die Veränderung der Wahrnehmung alltäglicher Dinge, Vorgänge und Situationen als »Alchemie der 1960er Jahre«[203] zu beschwören. Hierfür ist beispielsweise die abschließende Passage aus »The Legacy of Jackson Pollock« von 1958 bezeichnend, in der er sich unmittelbar an seine Kollegen wendet:

> »Pollock, as I see him, left us at the point where we must become preoccupied with and even dazzled by the space and objects of our everyday life, either our bodies, clothes, rooms, or, if need be, the

---

203 Kaprow, »The Legacy of Jackson Pollock«, S. 9 (»alchemies of the 1960s«). Eine Anthologie von Texten Kaprows ist erstmals 1996, also noch zu seinen Lebzeiten, herausgegeben worden. Siehe Kelly (Hg.), *Allan Kaprow: Essays on the Blurring of Art and Life*.

vastness of Forty-second Street. Not satisfied with the suggestion through paint of our other senses, we shall utilize the specific substances of sight, sound, movements, people, odors, touch. Objects of every sort are materials for the new art: paint, chairs, food, electric and neon lights, smoke, water, old socks, a dog, movies, a thousand other things that will be discovered by the present generation of artists. Not only will these bold creators show us, as if for the first time, the world we have always had about us but ignored, but they will disclose entirely unheard-of happenings and events, found in garbage cans, police files, hotel lobbies; seen in store windows and on the streets; and sensed in dreams and horrible accidents. An odor of crushed strawberries, a letter from a friend, or a billboard selling Drano; three taps on the front door, a scratch, a sigh, or a voice lecturing endlessly, a blinding staccato flash, a bowler hat — all will become materials for this new concrete art. / Young artists of today need no longer say, ›I am a painter‹ or ›a poet‹ or ›a dancer‹. They are simply ›artists‹. All of life will be open to them. They will discover out of ordinary things the meaning of ordinariness. They will not try to make them extraordinary but will only state their real meaning.«[204]

»The Legacy of Jackson Pollock« wird oft als ein Text interpretiert, der für Kaprow die Funktion hatte, den Schritt vom virtuellen Raum der Malerei in den physikalischen Raum des Environments theoretisch zu begründen.[205] Pollock, so wird vertreten, wies Kaprow einen Weg aus der Krise des Modernismus in Richtung einer raumbasierten aktionistischen Kunst – auch wenn er selbst diesen nicht beschritten habe. Wie diese abschließende Passage zeigt, akzentuiert Kaprow nicht nur den physikalischen Raum, sondern auch die materielle Wirklichkeit der Dinge, wobei ihm Pollocks Verfahrensweise auch diesbezüglich als Aufhänger dienen kann.[206] Wenngleich hierbei unterschiedlichste kunsthistorische Anleihen

---

204 Ebd., S. 8f.
205 Siehe Blunck, *Between Object and Event. Partizipationskunst zwischen Mythos und Teilhabe*, S. 97ff., Dreher, *Performance Art nach 1945: Aktionstheater und Intermedia*, S. 65f., Kaye, *Site-Specific Art. Performance, Place and Documentation*, S. 107f., Ursprung, *Grenzen der Kunst. Allan Kaprow und das Happening*, Robert

Smithson und die Land Art, S. 60ff.
206 In verschiedenen Werken Pollocks, beispielsweise in *Full Fathom Five* von 1947 (Museum of Modern Art, New York), sind verschiedenste Gegenstände verarbeitet worden, darunter Zigarettenkippen, Schlüssel, Münzen, Nägel, Knöpfe, Reißzwecken und Streichhölzer.

aufgenommen werden und es daher unklar bleibt, was an diesen Dingen erfahren werden soll, ja wenngleich sogar von »kühnen Schöpfern« die Rede ist, scheint es doch unmissverständlich, dass Kaprow sich in dieser Passage gegen den Subjekt-Zentrismus des Abstrakten Expressionismus wendet, um Praktiken des Auswählens und Präsentierens autorunabhängig entstandener Dinge und Stoffe zu propagieren. Die Kunst soll dem Künstler nicht länger dazu dienen, sich selbst, sondern das andere des Selbst, »the world we have always had about us but ignored«[207], in das Zentrum der Aufmerksamkeit zu rücken.

Solche Auffassungen dürften nicht zuletzt aus den regelmäßigen Besuchen der Abendkurse für experimentelle Komposition resultieren, die John Cage an der New School for Social Research gegeben hat.[208] In ihnen propagierte Cage die Überwindung anthropozentrischer Kunst, um die Expressivität der Dinge (wieder) erfahrbar zu machen: »For ›art‹ and ›music‹, when anthropocentric (involved in self-expression), seem trivial and lacking in urgency to me. We live in a world where there are things as well as people. Trees, stones, water, everything is expressive.«[209] Vor diesem Hintergrund tritt zutage, dass »The Legacy of Jackson Pollock« untergründig eine spezifische Auffassung der Form und Funktion des Kunstwerks transportiert. In formaler Hinsicht liegt die Aufgabe des Künstlers nicht darin, Dinge hervorzubringen, darzustellen oder zu verändern, sondern sie in die sinnliche Gegenwart des Rezipienten zu rücken. In funktionaler Hinsicht wird dem Kunstwerk die Aufgabe überantwortet, die Erfahrung alltäglicher Dinge zu erneuern und die Transformation ihrer Wahrnehmung in die Wege zu leiten.

Für die kommenden Ausführungen sind die Beobachtungen leitend, dass Kaprows Kunst in ihrer Entwicklung von einem zweifachen Telos bestimmt ist: Erstens – seit etwa 1958 – von dem Ziel, die ästhetische Grenze zwischen dem virtuellen Bildraum und dem physikalischen Raum des Rezipienten zu beseitigen, diesen mit der Physis der Dinge zu konfrontieren und ihn als einen körperlich Handelnden mit allen Sinnen in das

---

[207] Kaprow, »The Legacy of Jackson Pollock«, S. 9.
[208] Kaprow hat erstmals 1957 teilgenommen. Wir werden noch sehen, wie stark er insbesondere von Werken wie *4' 33"* geprägt war.
[209] Cage, »Letter to Paul Henry Lang«, S. 117f. Cage wendet sich nicht nur gegen den Abstrakten Expressionismus im Speziellen, sondern gegen den Individualismus westlicher Gesellschaften, der diesem zugrunde liege, im Allgemeinen. Siehe hierzu etwa Jones, »Finishing School. John Cage and the Abstract Expressionist Ego«, und Joseph, »›A Therapeutic Value for City Dwellers‹: The Development of John Cage's Early Avant-Garde Aesthetic Position«.

Environment zu involvieren. Zweitens zeichnet sich seit Beginn der 1960er Jahre das Anliegen ab, die institutionalisierten Kunsträume zu verlassen und Happenings und ›Activities‹ in der alltäglichen Lebenswelt zu realisieren. Anhand der Analyse verschiedener Environments, Happenings und Activities soll untersucht werden, welche Konsequenzen hieraus für die Produktions- und Rezeptionspraxis erwachsen und wie die betreffenden Erfahrungen inhaltlich zu bestimmen sind.

In der kunsthistorischen Forschung gilt Kaprows Entwicklung als beispielhaft für die Wende der Kunst zum Ereignishaften, Partizipativen und Performativen. So etwa für Lars Blunck, der in *Object & Event. Partizipationskunst zwischen Mythos und Teilhabe* die körperliche Beteiligung des Betrachters als »neues Paradigma« der 1950er Jahre versteht und sich hierbei mit den Environments, Happenings und ›Activities‹ von Kaprow beschäftigt.[210] In diesem Problemzusammenhang stellt sich vor allem die Frage, inwiefern sich die Rolle und Erfahrung des Rezipienten durch dessen körperliche Aktivität verändert und wie vor diesem Hintergrund der ontologische Status des Kunstwerkes neu zu bestimmen ist. Ich werde mich Bluncks Partizipationsbegriff in einem eigenen Abschnitt widmen.

In der Habilitationsschrift *Grenzen der Kunst*, deren erster Teil Kaprows Environments, Happenings und ›Activities‹ gewidmet ist, scheut sich der Autor Philip Ursprung nicht, eine Revision der Kunstgeschichtsschreibung zu fordern, da sich Kaprows Kunst, die bisher »im toten Winkel der kunstgeschichtlichen Perspektive«[211] gelegen habe, nicht in die Logik der modernen und postmodernen Abfolge von Stilen einordnen lasse.[212] Als Argumente dienen ihm der partizipative, innovationskritische und museumsfeindliche Charakter von Kaprows Kunst sowie Kaprows Strategien der Ephemerisierung, Dekommodifizierung, räumlichen Verschiebung sowie sozialen Entgrenzung des Kunstwerkes.[213] Infrage steht jedoch, ob dieser Auffassung nicht ein falsches Bild der Kunstgeschichtsschreibung zugrunde liegt, handelt es sich doch bei Kaprow keinesfalls um eine marginalisierte Position, und hat sich die Forschung in den letzten Jahren doch ausführlich mit solchen Tendenzen der Kunst auseinandergesetzt

---

210 Blunck, *Between Object and Event. Partizipationskunst zwischen Mythos und Teilhabe*, S. 93ff.
211 Ursprung, *Grenzen der Kunst. Allan Kaprow und das Happening, Robert Smithson und die Land Art*, S. 10.
212 Die Postmoderne sieht Ursprung durch Pop Art, Minimal Art und Conceptual Art repräsentiert (vgl. ebd., S. 9).
213 Siehe ebd., S. 43ff.

und sie als Symptome einer postmodernen Weltanschauung eingestuft.[214] Angesichts dessen muss danach gefragt werden, ob sich Kaprow tatsächlich einer Zuordnung zur Postmoderne sperrt und – falls dies positiv zu beantworten ist – ob sich für diesen Befund nicht bessere Argumente finden lassen.

In seiner Studie *Site-Specific Art. Performance, Place and Documentation* beschäftigt sich Nick Kaye mit ortsspezifischen Kunstwerken. Unter dem Abschnitt ›Performing Mapping‹ behandelt er auch Kaprows Happenings und ›Activities‹, die er als »environmental performances« bezeichnet.[215] Hierbei hebt Kaye zwei Aspekte hervor: Erstens wird der Ort durch die Beziehung, die der zum Performer gewordene Rezipient zu ihm aufbaut, selbst zum Gegenstand der Erfahrung: »Here, performance provided a means through which the geography and events of ›found‹ sites could be approached outside the representational terms of painting and sculpture.«[216] Zweitens werden die räumlichen Grenzen des Kunstwerkes unklar: »[...] Kaprow strives to produce a crisis for the limits and borders of the work. [...] Kaprow attempts to open the work of art to its own erasure and so to a breaking down towards site.«[217] Kayes Feststellungen sind in mancher Hinsicht instruktiv. Allerdings vergisst er die Frage danach zu stellen, wie angesichts der Entgrenzungstendenzen zwischen den Orten und Situationen der Kunst einerseits und des Alltags andererseits die Grenze zwischen Kunst und alltäglicher Wirklichkeit neu zu bestimmen ist. Schon der reiche Gebrauch von Metaphern, die zumeist von Kaprow übernommen werden, indiziert, dass dieses Problem bei ihm noch auf eine gedankliche Lösung wartet.

Auch Alexander Potts spricht Kaprows Vorgehen an, durch die räumliche Verschiebung der Kunstpraxis die Wahrnehmung alltäglicher Wirklichkeit unmittelbar zu verändern. So bemerkt er, allerdings ohne dies anhand von konkreten Objektanalysen zu belegen, dass Kaprow darum bemüht war, die Selbstbezogenheit moderner Kunst zu eliminieren, indem er eine Verfahrensweise entwickelte, »for effecting a compelling transition from materials and situations that were genuinely nonartistic [...] to an art that momentarily existed outside the context of the art world. [...] Kaprow was fascinated and compelled by moments when art and life momentarily became indistinguishable, when something with the reality

---

214 Siehe hierzu S. 23ff dieser Arbeit.
215 Kaye, *Site-Specific Art. Performance, Place and Documentation*, S. 105.
216 Ebd.
217 Ebd., S. 111f.

and density of the nonartistic happened to take on an aesthetic charge.«[218] Zu einer ähnlichen Auffassung gelangt Jeff Kelley in seiner Biografie über den Künstler. Zusammenfassend schreibt er, dass Kaprows Bedeutung darin liege, »that he creates participatory forms of enactment in which aesthetic awareness is trained on ordinary experiences, revealing their ecstatic potential. It is in this sense that Kaprow can be understood as an heir to the American tradition of the transfigured commonplace.«[219] Zwar bieten solche Aussagen erste Orientierungshilfen, doch klaffen in Formulierungen wie »aesthetic charge« (Potts) oder »ecstatic potential« (Kelley) eklatante Leerstellen auf: Bis heute hat sich die Forschung offensichtlich nicht darum bemüht, die Inhalte solcher Erfahrungen anhand konkreter Werk- bzw. Aufführungsanalysen näher zu bestimmen.[220]

Somit wird deutlich, dass weder die Entwicklung, die Kaprows Kunst in den 1960er Jahren durchläuft, noch die Phänomenalität der erfahrenen Gegenstände bisher genau bestimmt worden ist, womit die Beziehung dieser Kunst zur alltäglichen Wirklichkeit sowohl in formaler als auch in inhaltlicher Hinsicht zwangsläufig unterbelichtet geblieben ist.[221] Dieses Versäumnis hat offensichtlich mehrere Ursachen: Erstens widersetzen sich Kaprows Werke solchen Bestimmungen grundsätzlich, weil sie ephemerer Natur sind und daher für die betreffenden Autoren nur in seltenen Fällen aus der Ich-Perspektive zu erfahren waren. Zweitens lassen auch Kaprows eigene Bekundungen, die behelfsweise herangezogen werden können, in dieser Hinsicht höchst unterschiedliche Schlüsse zu. In der eingangs zitierten Passage finden sich beispielsweise Formulierungen wie »the real meaning of ordinary things«, die eher auf eine Haltung hinweisen, welche – im Zeichen einer literalistischen Ästhetik – den Dingen ein sinnliches Dasein zugesteht, das vom Menschen, also von bestimmten Gebrauchsweisen oder kulturellen Semantiken, unabhängig ist. Wie

---

[218] Potts, »Writing the Happening: The Aesthetics of Nonart«, S. 21, 23.
[219] Kelley, *Childsplay: The Art of Allan Kaprow*, S. 225.
[220] Dies gilt auch für die breit angelegte Studie von Thomas Dreher, der zwar mit Niklas Luhmann »Beobachtungen zweiter Ordnung« einführt und zwischen »Kunst-« und »Weltbeobachtungen« unterscheidet, aber gänzlich offen lässt, worin die Beobachtungen im Einzelnen bestehen. Siehe Dreher, *Performance Art nach 1945: Aktions-* *theater und Intermedia*, S. 10, 26ff. und (bezogen auf Kaprow) S. 102, Fn. 181.
[221] Im Hinblick auf die jüngere Forschung ist der Vollständigkeit halber der Ausstellungskatalog Meyer-Hermann, Perchuk u. a. (Hg.), *Allan Kaprow: Art as Life* zu nennen, der sich überwiegend mit für mich nicht relevanten Problemen, wie beispielsweise der Präsentation von Kaprows Kunst in (aktuellen) Ausstellungen oder dem Reenactment seiner Happenings, auseinandersetzt.

weitere Begriffe dieses Zitats belegen, kommt bei Kaprow jedoch auch ein Interesse am Rätselhaften und Traumhaften, ja sogar am Traumatischen dieser Dinge und Ereignisse zum Vorschein (»horrible accidents«). So wird einerseits deren sinnliche Konkretheit beschworen, andererseits aber auch deren expressives Potential.

Angesichts dieser Unentschiedenheit, die Kaprows Schriften im Hinblick auf die inhaltliche Dimension seiner Arbeiten aufweisen, bleibt nur der Weg, sich mit Dokumenten, materiellen Resten oder anderen Quellen, das heißt mit Fotografien, Berichten, Scores oder auch gezeichneten Skizzen auseinanderzusetzen. Es ist zu erforschen, welche Aspekte der betreffenden Materialien und Phänomene unter den Bedingungen der jeweiligen Arbeit erfahren werden konnten. In einem ersten Schritt werde ich mich der Analyse von *18 Happenings in 6 Parts* widmen, weil sich hier exemplarisch zeigen lässt, wie sich die Seinsweise und Wahrnehmung von alltäglichen körperlichen Bewegungen durch deren Inszenierung im Kunstrahmen verändern und wie Kaprow versucht, die Rezipienten in aktive Teilnehmer zu transformieren. Im Anschluss daran werden die Folgen für die ästhetische Erfahrung des Rezipienten analysiert, die der Schritt vom Bild zum Environment nach sich zieht. Hierbei interessiert einerseits, wie das Material des Environments erfahren wird, und andererseits die Selbst- und Außenwahrnehmung des Rezipienten. Abschließend beschäftige ich mich dann mit jenen Happenings, die Kaprow fern von Museen und Galerien durchführte. Hier stehen die Konsequenzen dieser räumlichen Verschiebung für die Erfahrung der Teilnehmer und für die Grenzen zwischen Kunst und alltäglicher Wirklichkeit im Zentrum.[222]

---

222 Ich danke Johannes Lang für die vielen Diskussionen über Kaprows Kunst, die für mich sehr fruchtbar waren.

2. ALLTAGSHANDLUNGEN IN *18 HAPPENINGS IN 6 PARTS*

GRUNDLEGENDES

18 Happenings in 6 Parts wird an insgesamt sechs Abenden im Oktober 1959 aufgeführt.[223] Der längsrechteckige Ausstellungsraum der Reuben Gallery ist durch mit Folien bespannte Holzkonstruktionen in drei Teilräume gegliedert worden, die jeweils Bühne und Zuschauerraum in sich vereinen (Abb.19).[224] Diese drei Räume werden in sechs aufeinanderfolgenden Zeiteinheiten von fünf Minuten und 20 Sekunden synchron bespielt (Abb.20). Von Raum zu Raum werden unterschiedliche Tätigkeiten vorgeführt, die großteils aus alltäglichen Zusammenhängen bekannt sind und sich aus einfachen gymnastischen Bewegungen oder körperlichen Interaktionen zusammensetzen, wobei ihre Anordnung, ganz nach dem Vorbild von John Cage, durch ein aleatorisches Verfahren ermittelt wurde.[225] Zu den Aktivitäten, die vorgeführt werden, gehört das Anzünden von Streichhölzern, die dann gleich wieder in einem Wasserglas gelöscht

---

[223] Am Titel zeigt sich, dass Kaprow den Begriff ›Happening‹ zunächst noch nicht zur Bezeichnung theatraler Vorführungen an sich verwendet, sondern damit Geschehnisse *innerhalb* solcher Vorführungen anspricht. In der Einladung schreibt er: »The present event is created in a medium which Mr. Kaprow finds refreshing to leave untitled.« Zit. n. Kirby, *Happenings*, S. 67f. Erst um 1961 wird aus dem Begriff ›Happening‹ dann ein Terminus technicus zur Bezeichnung einer Kunstgattung. Kaprow, der die Deutungsgewalt über das Happening gewinnen möchte, versucht zu diesem Zeitpunkt, in verschiedenen Texten dessen Eigenschaften zu fixieren und eine Art Regelkanon zu formulieren.

[224] *18 Happenings in 6 Parts* ist in der Forschung unüberschaubar oft angesprochen, wenn auch nicht eingehend analysiert worden, wobei sich alle Autoren auf jenes akkurat verfasste Protokoll stützen, das Michael Kirby erstellt und in seinem Buch über Happenings veröffentlicht hat (siehe ders., *Happenings: An Illustrated Anthology*, S. 53ff.). Daneben sind noch etliche Notizen, Fotografien, Pläne und Skizzen erhalten geblieben.

[225] Vgl. ebd., S. 53ff.

19. Raumkonstruktion, *18 Happenings in 6 Parts*, 1959, Reuben Gallery, New York.

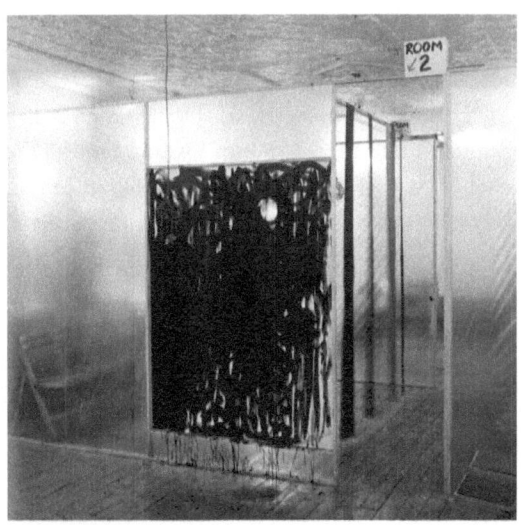

20. Score, *18 Happenings in 6 Parts*, Getty Research Institute, Los Angeles.

werden (Teil 4, Raum 3), das Putzen von Zähnen (Teil 5, Raum 2) sowie das Ablesen von unzusammenhängenden Worten, die auf Plakaten zu lesen sind (Teil 5, Raum 3). Drei Frauen führen langsame Körperbewegungen durch (Teil 1, Raum 2), eine Frau widmet sich einem Springballspiel (Teil 3, Raum 1), eine andere Frau presst Orangen aus und trinkt anschließend den hierdurch entstandenen Saft (Abb.21), wobei all diese Aktivitäten in einem betont nüchternen, ja steifen Modus vollzogen werden.[226] Hinter den semitransparenten Folien zeichnen sich die Akteure in den benachbarten Räumen schemenhaft ab, was beim Zuschauer zu einer Konkurrenz möglicher Perspektiven und zur Bewusstwerdung der Zufälligkeit und Ausschnitthaftigkeit des Wahrgenommenen führt.[227]

Es zeigt sich also, dass alltägliche Dinge und Aktivitäten den Gegenstand des Happenings bilden. Im Folgenden soll dieses facettenreiche Stück nicht in allen Einzelheiten erschöpfend dargestellt, sondern unter relativ engen Fragestellungen ausschnitthaft betrachtet werden. Die zwei wesentlichen Fragen lauten: Worin besteht die Spezifik der Seins- und Wahrnehmungsweise alltäglicher Handlungen im Happening und wie äußert sich Kaprows partizipatorischer Ansatz? Methodisch gehe ich so vor, dass die Vollzüge der Akteure zunächst von denen des dramatischen Theaters abgegrenzt werden. Daher beginne ich mit einer kurzen Skizze des Theaterrahmens.

ABGRENZUNGEN ZUM THEATER Das dramatische Theater wird vom Rollenspiel der Schauspieler getragen, das eine fiktive Welt heraufbeschwört. Dies führt dazu, dass zwischen Darstellern und dargestellten Figuren aus der Perspektive der Zuschauer grundsätzlich unterschieden werden kann, selbst wenn diese Unterscheidung nicht immer in deren Bewusstsein präsent ist. Um es mit der inzwischen klassisch gewordenen Formel von Eric Bentley zu formulieren: »The theatrical situation, reduced to a minimum, is that A impersonates B while C looks on.«[228] Und wie sich Darsteller und Dargestellte voneinander unterscheiden lassen, so lassen sich auch deren real vollzogene Tätigkeiten von den hierdurch dargestellten unterscheiden: So wird beispielsweise Duncan von Macbeth erdolcht, ohne dass die Inhaber dieser Rollen zu

---

226 Vgl. ebd., S. 72.
227 Vgl. ebd., S. 73.

228 Bentley, *The Life of the Drama*, S. 150.

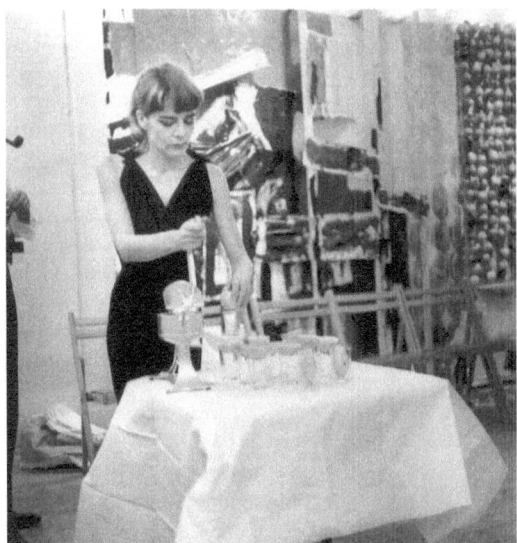

21. *18 Happenings in 6 Parts*, 1959, Reuben Gallery, New York.

wirklichen Mördern oder Opfern werden. Hierbei zeichnet sich die Situation des Zuschauers dadurch aus, dass dieser sich in einer ›ästhetischen Distanz‹ zum Geschehen befindet. Er kann zwar mit Interesse und Anteilnahme die dargestellten Handlungen verfolgen, ist aber freigestellt von jedem eingreifenden Bezug. Er ist beteiligt *ohne* handelndes Beteiligt-Sein.

Im Unterschied zu Theaterschauspielern treten die Akteure von *18 Happenings in 6 Parts* in gewöhnlicher Straßenkleidung oder aber in einem zu ihren gymnastischen Übungen passenden Outfit, also in Trainingsanzügen, vor das Publikum. Wie schon das Programmheft zeigt, soll jegliche Kostümierung, die von vornherein zur Unterscheidbarkeit von Darsteller und dargestellter Figur geführt hätte, vermieden werden (Abb.22).[229] Abgesehen von den Sektionen, in denen unzusammenhängende Wörter von Plakaten abgelesen werden, wird auf Sprechen verzichtet. Ich zitiere einen Auszug aus dem Skript, der eine Anweisung zu einer der Handlungen wiedergibt: »Person 1 in Room 1 Set 1 walks slowly along corridor (ahead of those going to Room 2), stops at entrance 5", walks slowly, in a straight line, eyes ahead, to within 3 feet of the person seated opposite, stops here for 7", turns around for 2", takes one step to the left and proceeds as follows: [...].«[230]

---

[229] Das Programmheft vermerkt kein ›starring as‹. Es listet die Teilnehmer auf und beschreibt ihre Tätigkeiten: »Allan Kaprow—who speaks and plays a musical instrument«, »Rosalyn Montague—who speaks and moves« usw.

[230] Zit. n. Kirby, *Happenings: An Illustrated Anthology*, S. 66. Das Skript wird über Wochen penibel einstudiert.

```
        18 HAPPENINGS                    THE REUBEN GALLERY
        IN SIX PARTS                      61 4th AVE., N.Y.C.
        BY ALLAN KAPROW              OCT. 4,6,7,8,9,10--8:30 p.m.


       CAST OF PARTICIPANTS                 INSTRUCTIONS

       Allan Kaprow - who            The performance is divided into six
       speaks and plays a            parts. Each part contains three
       musical instrument            happenings which occur at once. The
                                     beginning and end of each will be
                                     signalled by a bell. At the end of
       Rosalyn Montague -            the performance two strokes of the
       who speaks and moves          bell will be heard.

       Shirley Prendergast -         You have been given three cards.
       who moves and plays a         Be seated as they instruct you.
       musical instrument            That is, be sure to change your
                                     place for set three and for set
                                     five.
       Lucas Samaras - who
       speaks, plays a game          Between part one and part two there
       and a musical instru-         is a two minute interval. Remain
       ment                          seated.

       Janet Weinberger -            Between part two and part three
       who moves and plays a         there is a fifteen minute interval.
       musical instrument            You may move about freely.

                                     Between part three and part four
       Robert Whitman - who          there is a two minute interval
       moves, speaks and             when you will remain in your seats.
       plays a game
                                     Between part four and part five
       Sam Francis, Red Grooms,      there is a fifteen minute inter-
       Dick Higgins, Lester          val. You may move about.
       Johnson, Alfred Les-
       lie, Jay Milder, George       Between part five and part six
       Segal, Robert Thompson        there is a two minute interval.
       - each of whom paints         Remain seated.

                                     There will be no applause after
                                     each set. You may applaud after
       The visitors - who sit        the sixth set if you wish, although
       in various chairs             there will be no "curtain call".


       The visitors are please asked not to smoke at all in the loft. They
       are also asked not to leave the building during the longer intermis-
       sions.
```

22. Programmblatt, *18 Happenings in 6 Parts*, 1959, Reuben Gallery, New York.

Dieser Ausschnitt zeigt, dass die auszuführenden Aktivitäten bis in kleinste Nuancen choreografiert werden. Während im dramatischen Theater sowohl das zugrunde liegende Skript als auch die Aktionen der Schauspieler eine fiktive Welt vergegenwärtigen, gibt das Skript von *18 Happenings in 6 Parts* peinlich genau bestimmte Bewegungsabläufe vor, die von den Akteuren minutiös zu befolgen sind. Die von den Performern auszuführenden Aktionen dienen also nicht der Darstellung einer Figur. Das Schisma der Welten, das für eine Theateraufführung typisch ist und durch das sprachbasierte Rollenspiel der Schauspieler und das ›Als-Ob‹ ihrer Handlungen hervorgerufen wird, soll also gerade unterbunden werden. Damit erweist sich *18 Happenings in 6 Parts* als idealtypisch für jene

Happenings, die Michael Kirby als »kompartimentalisiertes« (»compartmented«) und »non-diegetisches« (»nonmatrixed«) Theater bezeichnet.[231] Kirby stellt die rhetorische Frage:

> »If a nonmatrixed performer in a Happening does not have to function in an imaginary time and place created primarily in his own mind, if he does not have to respond to often-imaginary stimuli in terms of an alien and artificial personality, if he is not expected either to project the subrational and unconscious elements in the character he is playing or to inflect and color the ideas implicit in his words and actions, what is required of him? Only the execution of a generally simple and undemanding act.«[232]

Da die beständigen Wiederholungen der Handlungsabläufe keine narrative Entwicklung voranbringen, entfernen sich die zeigenden Körper – nach traditionellen Theaterbegriffen – von ihrem ›Sinn‹. Sie produzieren eine fortwährend steigende Erwartung der Begründung, die sie aber nicht liefern. Es ist klar, *dass* da etwas gezeigt werden soll, es bleibt aber unklar was, wodurch die Zuschauer auf die körperlichen Dimensionen der Aktionen zurückverwiesen werden. Mit Hans-Thies Lehmann gesprochen ergibt sich die »provokante Präsenz des Menschen anstelle der Verkörperung einer Figur«[233].

ABGRENZUNGEN ZUR ALLTAGSPRAXIS

Ich versuche nun in einem zweiten Schritt die Eigenart dieser im Rahmen des Happenings vollzogenen Tätigkeiten im Unterschied zu solchen, die in alltäglichen Situationen auftreten, zu beschreiben. Im Alltag lassen sich Handlungen unter zweierlei Perspektiven betrachten: Erstens zeichnen sie sich durch ihre Orientierung auf Handlungs*ziele* aus. Handlungstheoretiker bestimmen ›handeln‹ als Umsetzen eines gewollten Zwecks in die Realität, als eine reflektierte, planmäßige und zielstrebige Aktivität, die auf freiwilliger Basis erfolgt

---

231 Vgl. ebd., S. 21. Ich übersetze ›non-matrixed‹ behelfsweise mit ›non-diegetisch‹. ›Diegese‹ bezeichnet in der Erzähltheorie die fiktive Welt, die ein erzählender Text, ein Theaterstück oder ein Film eröffnet.
232 Ebd., S. 17.
233 Lehmann, *Postdramatisches Theater*, S. 243.

und mehrere Handlungsoptionen voraussetzt.[234] Andererseits lassen sich Handlungen im Alltag als Darstellungs- bzw. Ausdrucksmittel des Handelnden betrachten. In diesem Zusammenhang interessiert uns in alltäglichen Situationen an Handlungen, was sie über die Persönlichkeit oder die Gemütslage des Handelnden zu sagen haben. Die ganze Art der Gestik und des Vollzuges einer Handlung wird gemeinhin als charakteristisch für den Handelnden betrachtet.

Im Unterschied zu alltäglichen Kontexten verlieren die im Rahmen eines Happenings vollzogenen körperlichen Bewegungen ihren lebenspraktischen Sinn. Das Trinken von Orangensaft dient nicht mehr dem Löschen von Durst, Gehen nicht mehr dem Erreichen eines bestimmten Punktes, wobei der Ziellosigkeit dieser Aktivitäten schon durch ihre Repetitivität Ausdruck verliehen wird. In diesem Sinne werden die Handlungen nur ›gespielt‹. Schon das Grimmsche Wörterbuch definiert ›spielen‹ nicht über einen bestimmten Gehalt oder eine bestimmte Vollzugsform von Handlungen, sondern – gemessen an praktischen Zwecken – über deren Zwecklosigkeit. ›Spielen‹ wird als eine Tätigkeit definiert, »die man nicht um eines Resultats oder eines praktischen Zweckes willen, sondern zum Zeitvertreib, zur Unterhaltung und zum Vergnügen übt«[235].

Wie steht es nun aber um den Darstellungs- bzw. Ausdrucksgehalt dieser Vollzüge im Hinblick auf die Person des Handelnden? Ich habe ja weiter oben geschildert, dass Kaprows minutiöse Anweisungen nicht nur das ›Was‹, sondern auch das ›Wie‹ dieser Vollzüge genauestens bestimmen, also den Akteuren so wenig Interpretationsspielraum wie möglich bei der Ausführung der Anweisungen gewähren – was für die Zuschauer während der Performance auch deutlich wird.[236] Gerade in Anbetracht des uniformen Gleichklangs der Bewegungen aller Performer sind die Zuschauer nicht dazu geneigt, sie als *individuelles* Ausdrucksmittel aufzufassen, sondern als Ausdrucksmittel des Regisseurs. Der Konnex zwischen Agierendem und Ausdrucksbewegung wird also durchtrennt.

Die Aktionen der Akteure dienen somit weder der Darstellung einer Figur wie im Theater noch der Realisierung eines praktischen Zwecks respektive der Charakterisierung des Handelnden wie in alltäglichen Kontexten. Es handelt sich um ein Schau-Spiel (insofern als es Zuschauer gibt),

---

234 Vgl. beispielsweise Schütz, *Strukturen der Lebenswelt*, S. 471ff.
235 Grimm, Grimm, »spielen«.
236 Siehe die Beschreibungen von Kirby in *Happenings: An Illustrated Anthology*, S. 72, und von Ursprung (der sich auf Kirby bezieht) in: *Grenzen der Kunst. Allan Kaprow und das Happening, Robert Smithson und die Land Art*, S. 86.

dem die Akteure ihren Körper leihen und dessen Regeln sie sich unterwerfen. Haben sie sich dem Spiel einmal unterworfen, beruhen ihre Aktionen nicht auf Freiwilligkeit und sie haben auch nicht verschiedene Optionen zur Auswahl. Indem die Handlungen auf diese Weise von ihrem ›Ursprung‹ (dem Handelnden) und ihrem ›Ziel‹ (dem praktischen Zweck) losgelöst werden, wird etwas anderes sichtbar: der Vorgang in seiner Körperlichkeit. Während die Körperlichkeit einer Handlung weder vom Interesse am Handelnden noch vom Interesse am Handlungsziel erfasst wird, treten hier die Handlungen als körperliche, ja tänzerische Choreografien ›entblößt‹ hervor. Es wird also etwas freigelegt, was alltägliche Handlungen implizit begleitet, aber handlungstheoretisch irrelevant ist. Folglich wird nicht ein im Hinblick auf seine sinnlichen Eigenschaften gegenüber alltäglichen Kontexten wesentlich *anderer Prozess* wahrgenommen, sondern ein Prozess wird *unter anderen Gesichtspunkten* wahrgenommen. Es kommt etwas zur Anschauung, das sinnlich-konkret ist, das aber im Bewusstsein der Zuschauer abwesend war. Zugleich lenkt diese Transformation der Wahrnehmung die Aufmerksamkeit der Wahrnehmenden auf ihre eigene körperlich-sinnliche Gegenwart.

DER ZUSCHAUER ALS AKTEUR Betrachten wir nun die Interaktionen im Publikum. Wie sich aus überlieferten Fotografien und Skizzen unschwer erschließen lässt, sind die vier Publikumsgruppen so angeordnet, dass sie sich gegenübersitzen. Dies führt während des Happenings dazu, dass aus der Perspektive eines Zuschauers einzelne Performer und andere Zuschauer ineinandergeblendet werden.[237] Der mittlere Raum, in dem sich zwei Zuschauerblöcke konfrontieren, bleibt im zweiten Teil sogar gänzlich unbespielt, wodurch die Zuschauer eines Blocks ausschließlich die Zuschauer des anderen zu Gesicht bekommen (Abb.23–25).[238] Durch einen zweimaligen Platzwechsel

---

237 Zudem reflektieren große Spiegelflächen und die mit Stanniolfolie verkleidete Decke den Innenraum. Ein weiterer Effekt entsteht zwischen den nur bildhaft anwesenden, aber ›animierten‹ Personen (schnell wechselnde Diaprojektionen auf den Trennwänden) und den leibhaftig anwesenden, aber relativ still sitzenden Zuschauern. Projektionen, Reflexionen und verschwommene Durchsichten werden solcherart konsequent verschliffen. Siehe hierzu Kirby, *Happenings: An Illustrated Anthology*, S. 73, und Blunck, *Between Object and Event. Partizipationskunst zwischen Mythos und Teilhabe*, S. 103.
238 Die Zeichnung zeigt, wie Kaprow mit verschiedenen Bestuhlungsweisen experimentiert und wie sich die Stühle hierbei gegenüberstehen sollen.

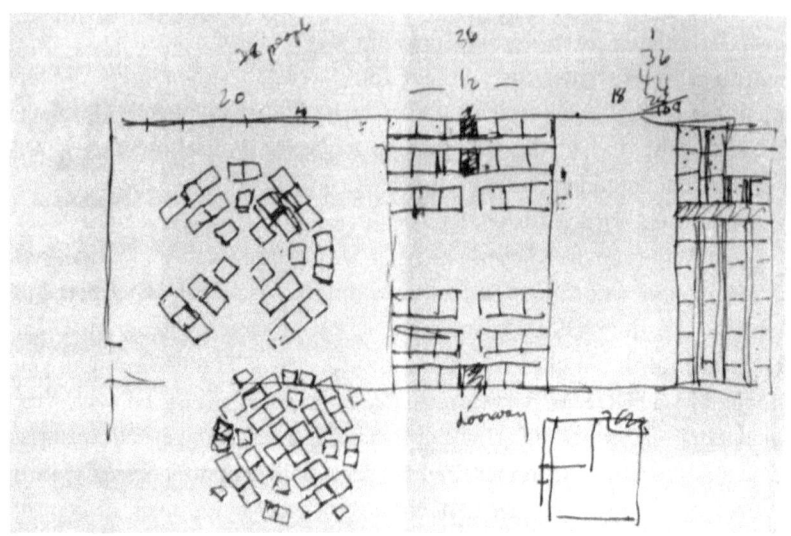

23. Vorbereitende Skizze, *18 Happenings in 6 Parts*, Getty Research Institute, Los Angeles.

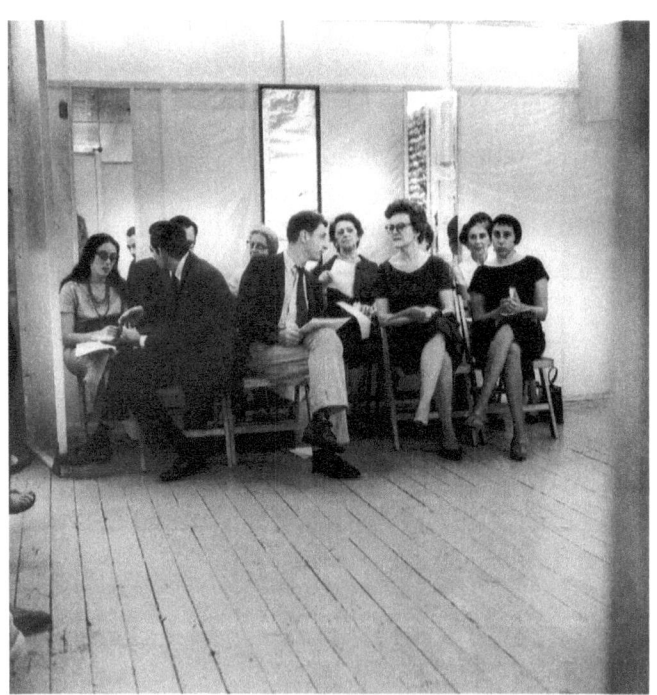

24. *18 Happenings in 6 Parts*, 1959, Reuben Gallery, New York.

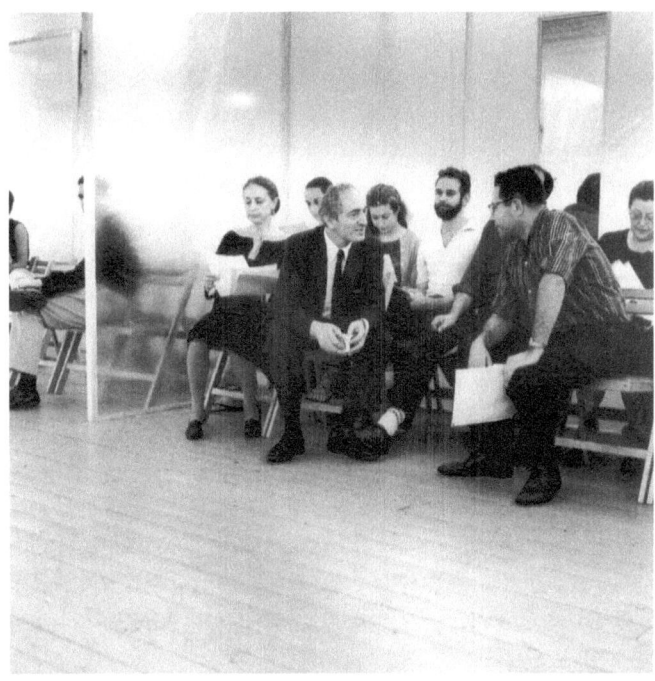

25. *18 Happenings in 6 Parts*, 1959, Reuben Gallery, New York.

während der zwei Pausen wird das Publikum zudem in Bewegung versetzt und neu gemischt, wobei diese Pausen gegenüber den Teilen des Happenings zeitlich enorm aufgewertet werden: Insgesamt stehen etwa 32 Minuten Vorführung etwa 30 Minuten Pause gegenüber.[239] Auf der Einladung werden die Zuschauer explizit dazu angehalten, auf Beifall zu verzichten, wodurch die zeitlichen Zäsuren zwischen den Vorführungen und den Pausen verschwimmen (Abb.22).[240]

Kaprow ›dirigiert‹ also nicht nur die Handlungen der Darsteller, sondern auch die der Zuschauer. Diese werden in die Position von Betrachteten gerückt, changieren zwischen wahrnehmenden Subjekten und wahrgenommenen Objekten. Die Verschleifung von Bühnen- und Zuschauerraum zieht eine Verunklärung dessen, wer als Akteur und wer als Zuschauern zu betrachten ist, nach sich. Indem die Zuschauer zu einem

---

[239] Jedem Besucher werden bei Betreten der Galerie drei Sitzplatzkarten und ein Programmheft mit Instruktionen ausgehändigt. Die zwei Pausen zwischen dem zweiten und dritten sowie zwischen dem vierten und fünften Teil dauern jeweils 15 Minuten.
[240] Vgl. Kirby, *Happenings: An Illustrated Anthology*, S. 71.

Teil des Happenings werden, treten sie als Akteure in Erscheinung. Wenn sich mit Eric Bentley sagen lässt, dass die klassische theatrale Situation aus ›A‹ besteht, der ›B‹ verkörpert, während ›C‹ zuschaut, so wird im Happening vor diesem Hintergrund nicht nur die Differenz zwischen ›A‹ und ›B‹, sondern auch die zwischen ›A‹ und ›C‹ aufgehoben. Wird dem Zuschauer bewusst, dass er die Seiten gewechselt hat und zum Performer geworden ist, folgt der Zwang zur selbstreflexiven Inszenierung des eigenen Verhaltens, denn es gibt dann kein Diesseits des ›Spiels‹ mehr. Auch wer so tut, als bemerke er nichts, inszeniert sein Handeln und spielt.

Hieraus folgt auch, dass sich die im letzten Abschnitt beschriebenen Wahrnehmungsweisen von den Akteuren auf die zu Akteuren gewordenen Zuschauer übertragen lassen. Da diese Bestandteile des theatralen Spiels geworden sind, lassen sich ihre Handlungen grundsätzlich unter ähnlichen Aspekten wahrnehmen, unter denen auch die der Performer wahrgenommen werden. Dies bedeutet, dass deren Agieren (Beobachten, Unterhalten, Klatschen) als ein körperlicher Vorgang erfahren wird. Doch während es sich bei den Aktionen der Performer um körperliche Bewegungen handelt, die – gemessen an praktischen Zwecken – nicht zielgerichtet sind, wird den Aktionen von Zuschauern dies in der Wahrnehmung anderer Zuschauer nur unterstellt. So mag es aus der Perspektive eines Zuschauers erscheinen, *als ob* ein anderer Zuschauer Handlungsanweisungen des Regisseurs ausführe oder *als ob* dessen Handlungen nur gespielt seien, wodurch die Grenze zwischen dem Innen und dem Außen des Happenings verschwimmt.[241]

Wenn ich eben davon gesprochen habe, dass Kaprow die Akteur-gewordenen Zuschauer »dirigiert«, so ist dies sicherlich nicht ganz richtig, denn gerade die Unvorhersehbarkeit ihrer Handlungen erhöht die Selbstständigkeit des Geschehens gegenüber dem Autor der Inszenierung. Genau daher können die Vorführungen (es sind wie gesagt sechs an der Zahl) auch niemals zu identischen ›Produkten‹ führen, obwohl die Bedingungen, die zu ihrer Entstehung vom Künstler geschaffen wurden, identisch sind. In diesem Sinne ist der individuelle Verlauf des Happenings trotz der Rigidität des Skripts einmalig und unvorhersehbar.

---

241 Obgleich *18 Happenings in 6 Parts* ein beliebter Forschungsgegenstand ist, wurde diese spezifische Form der Betrachtereinbeziehung noch nicht thematisiert. Gerade Lars Bluncks Konzept der ›taktil-kinästhetischen Partizipation‹, auf das ich weiter unten noch genauer eingehen werde, ist hierfür blind. Siehe hierzu seine Interpretation von *18 Happenings in 6 Parts* in *Between Object and Event. Partizipationskunst zwischen Mythos und Teilhabe*, S. 105ff.

3. ENVIRONMENTS

GRUNDLEGENDES Zwar erfährt *18 Happenings in 6 Parts* eine beachtliche öffentliche Aufmerksamkeit, doch wird es von seinem Autor aufgrund der nur unzureichend verwirklichten Einbeziehung der Rezipienten, des Fortbestandes der Zweiteilung von Akteuren und Zuschauern, letztendlich als defizitär betrachtet: »A Happening with only an empathic response on the part of a seated audience is not a Happening at all; it is simply stage theater.«[242] Zeitgleich mit *18 Happenings in 6 Parts* entwickelt Kaprow daher eine andere neue Gattung, nämlich diejenige des ›Environments‹, in der die körperliche Involvierung des Rezipienten weitaus konsequenter entwickelt ist. Diese Involvierung führt erstens zu einer veränderten Erfahrung des Materials. Zweitens führt sie auch zu einer veränderten Selbst- und Außenwahrnehmung.[243] Im Folgenden werde ich an verschiedenen Arbeiten zunächst die Materialerfahrung und sodann die Selbst- und Außenwahrnehmung des Rezipienten behandeln. Hierbei steht infrage, wie die Transformation produktiver und rezeptiver Kunstpraxis zu fassen ist.

---

[242] Kaprow, »The Happenings Are Dead: Long Live the Happenings!«, S. 64. Siehe hierzu auch Kostelanetz, »Conversation with Allan Kaprow«, S. 110.

[243] ›Selbstwahrnehmung‹ meint für mich im Folgenden die Art und Weise, wie sich jemand selbst erfährt. ›Außenwahrnehmung‹ bezeichnet dagegen die Art und Weise, wie jemand von einer anderen Person oder einer Gruppe von Personen erfahren wird.

ZWEI EINFÜHRENDE GEGENSTANDS-SKIZZEN (*UNTITLED ENVIRONMENT/ YARD*)

Im März 1958 kann in der Hansa Gallery ein installatives Kunstwerk durchwandert werden, das unter dem Titel *Untitled Environment* firmiert (Abb.26–27). Stoffstreifen und Plastikfolie, auf denen getrocknete Farbspuren zu erkennen sind, hängen von der Decke herab. Zerknülltes Zellophan und Straßenabfälle liegen verstreut auf dem Boden herum. Aus verschiedenen Lautsprechern ertönen mechanische Klänge und abstraktes Rauschen. Ein elektrischer Ventilator verteilt chemische Gerüche im Raum. Die Gestaltungselemente füllen den Raum komplett aus, sodass ästhetisch signifikante Zonen nicht mehr von ästhetisch insignifikanten zu trennen sind. Die mit Farbe bespritzten Stoffe verändern und überspielen die konkreten Örtlichkeiten, verbergen die architektonische Hülle und suggerieren durch ihre Semitransparenz eine unendliche Raumerstreckung. Mittendrin befindet sich der Rezipient, der das Environment – eben weil seine räumlichen Grenzen mit der architektonischen Hülle zusammenfallen – immer nur partiell von innen, nicht aber in seiner Gänze von außen überblicken kann. Durch die transparenten Folienstreifen hindurch lassen sich die verschwommenen Silhouetten der anderen Ausstellungsbesucher erkennen.[244]

Ein zweites Environment mit dem Titel *Yard* wird im Mai 1961 in der Gruppenausstellung »Environments — Situations — Spaces« gezeigt.[245] Kaprow hat den eingefriedeten Hinterhof der Martha Jackson Gallery gleichmäßig mit abgefahrenen Autoreifen angefüllt (Abb.28). Dazwischen zeichnen sich vereinzelt Ölfässer ab, während die normalerweise dort aufgestellten Skulpturen (darunter Werke von Alberto Giacometti) durch schwarze Dachpappe kaschiert worden sind. Die Besucher werden dazu aufgefordert, durch die Hintertür der Galerie nach außen zu treten, sich auf das instabile Gelände zu wagen, auf den Gummireifen herum zu klettern, sie anzufassen und frei nach Belieben umzuschichten (Abb.29).[246]

---

[244] Eingehende Beschreibungen dieses Environments, von dem es zwei Fassungen gibt, finden sich in Kaprow, »A Statement«, S. 45ff., Kelley, *Childsplay: The Art of Allan Kaprow*, S. 20ff., und Ursprung, *Grenzen der Kunst. Allan Kaprow und das Happening, Robert Smithson und die Land Art*, S. 50f.
[245] Teilnehmer der Ausstellung sind neben Kaprow auch Jim Dine, Claes Oldenburg, Robert Whitman und George Brecht.
[246] Eingehendere Beschreibungen finden sich in Blunck, *Between Object and Event. Partizipationskunst zwischen Mythos und Teilhabe*, S. 111ff., Kelley, *Childsplay: The Art of Allan Kaprow*, S. 58ff., und Ursprung, *Grenzen der Kunst. Allan Kaprow und das Happening, Robert Smithson und die Land Art*, S. 139ff.

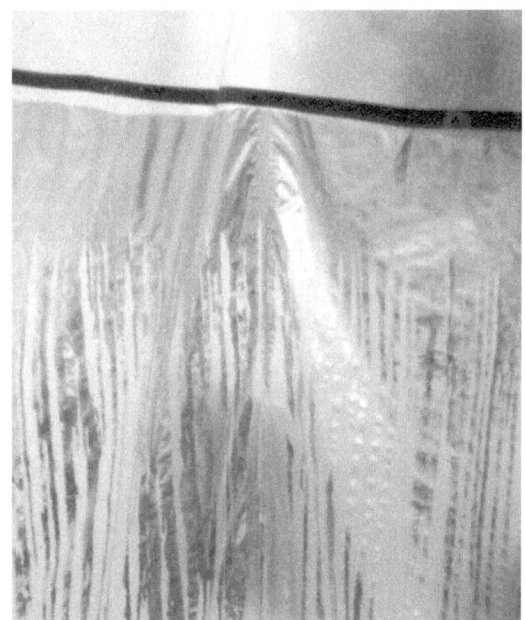

26. *Untitled Environment*, 1958, Hansa Gallery, New York.

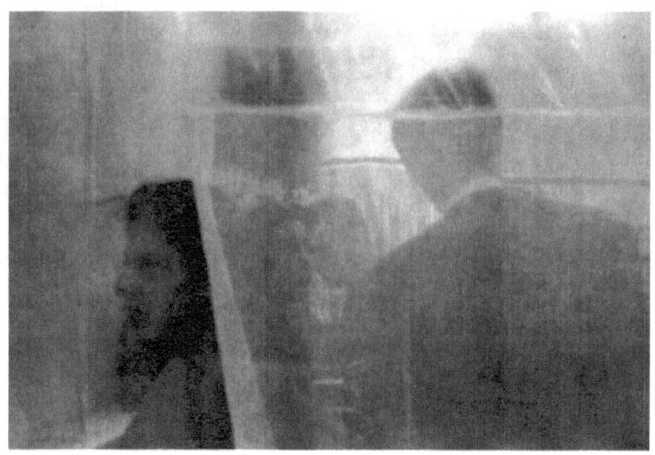

27. *Untitled Environment*, 1958, Hansa Gallery, New York.

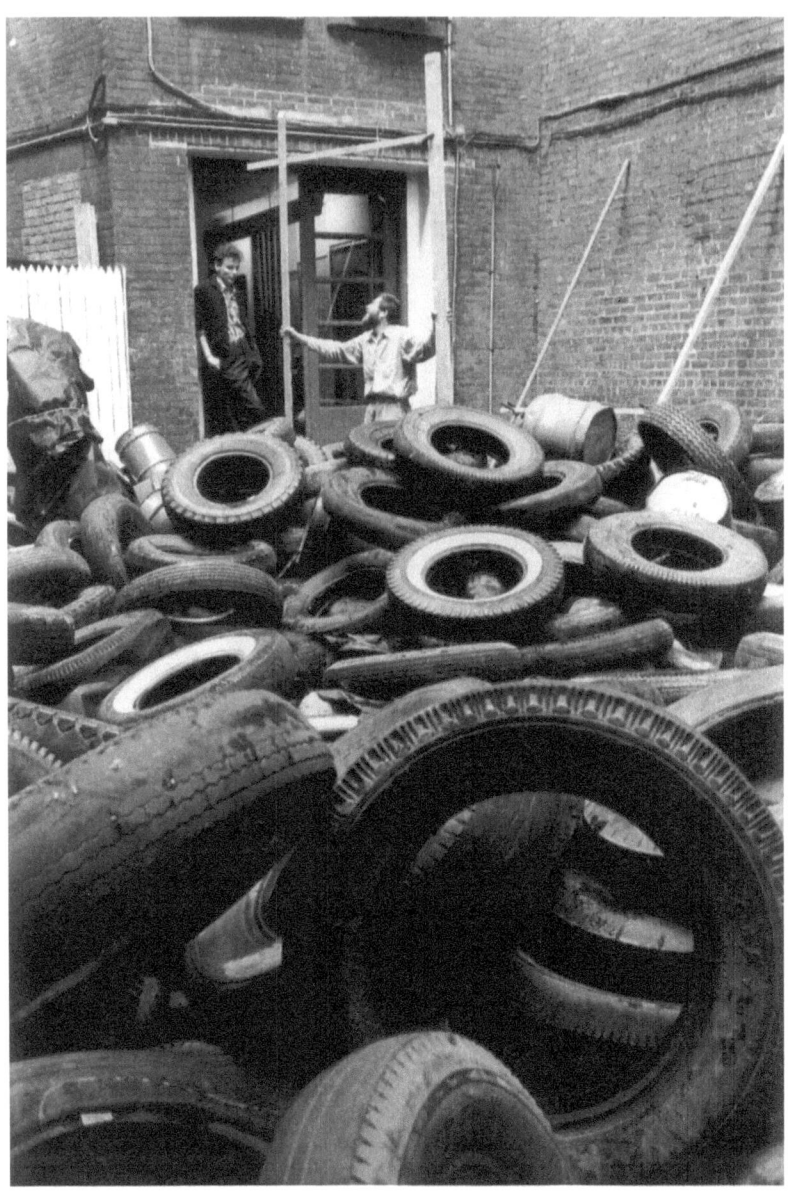

28. *Yard*, 1961, Martha Jackson Gallery, New York.

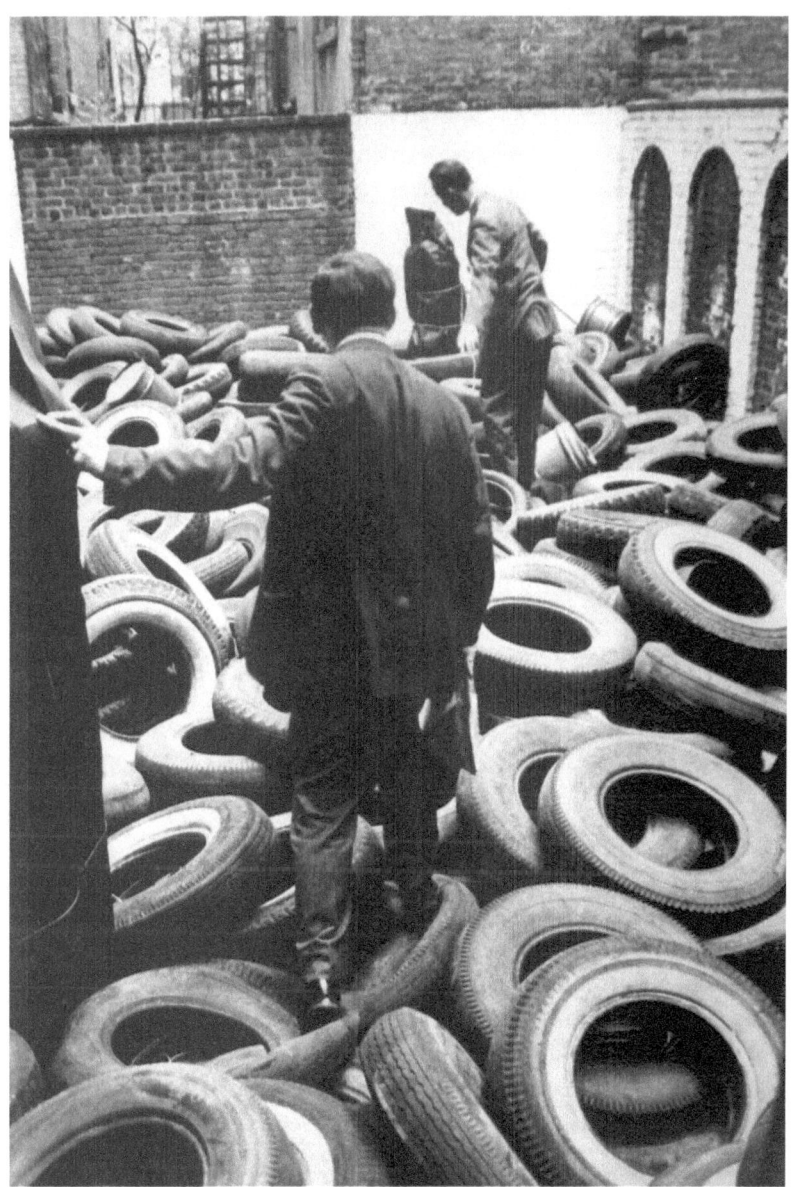

29. *Yard*, 1961, Martha Jackson Gallery, New York.

VOM OBJEKT ZUM RAUM Bei der Rezeption von Kunstwerken wird traditionell zwischen dem ästhetisch signifikanten Objekt und dem ästhetisch sekundären Kontext unterschieden. Klassische Kunstmedien wie etwa Tafelbilder oder auch Skulpturen verfügen gemeinhin über eine kompositorische Binnenstruktur, die bewirkt, dass sich ihr Innen gegenüber dem Außen des Umraumes abschließt. Nach Georg Simmel besitzen sie somit ›Einheit‹ und ›Distanz‹: Sie bilden ein Ganzes für sich, und rücken dadurch in eine Ferne, aus der allein sie ästhetisch genießbar werden. Sie sind »wie eine Insel in der Welt, die wartet, bis man zu ihr kommt, und an der man auch vorüberfahren und vorübersehen kann«[247]. Sich auf jene Insel – also den inneren Zusammenhang – einzulassen, bedeutet, dass der räumliche Kontext auszublenden ist.[248]

Bei installativen Kunstformen wie der in etwa zeitgleich mit dem Environment entstehenden Minimal Art treten diese komplexen Binnenbeziehungen des Kunstwerkes zugunsten der Beziehung zwischen dem (vom Künstler produzierten oder von ihm in Auftrag gegebenen) Objekt und seinem architektonischen Umraum zurück. Hierbei bedient sich der betreffende Künstler verschiedenster gestalterischer Mittel wie etwa der Vergrößerung des Objektmaßstabes, der Reduktion der Objektform auf eine geometrische Grundform, die mit dem architektonischen Behälter korrespondiert, oder der Reihung von Körpern. So wird die Grenze zwischen Objekt und Umgebung zwar problematisch, aber nicht obsolet. Ein Vertreter des Minimalismus wie beispielsweise Robert Morris betont ausdrücklich, dass der Raum durch das Objekt zwar »verändert«, aber nicht »beherrscht« wird in dem Sinne, »dass er durch eine Anhäufung von Objekten oder durch eine Gestaltung der Umgebung des Betrachters in eine neue Ordnung gebracht würde«. Weiterhin betont Morris, dass die Dinge im gleichen Raum mit jemandem sind und nicht jemand in einem Raum von Dingen umgeben ist. »Dass der Raum eine solche Bedeutung gewinnt, besagt nicht, dass eine Environment-Situation geschaffen wird.«[249] Erst

---

[247] Simmel, »Der Bildrahmen: Ein ästhetischer Versuch«, S. 104f.
[248] Wenngleich der Titel von Simmels Aufsatz das physische Faktum des Bildrahmens benennt und Simmel sich auch über weite Teile mit diesem beschäftigt, so ist für die Einheit des Bildes ihm zufolge letztendlich doch die geschlossene Bildkomposition verantwortlich. Der eigentliche Rahmen hat hierfür lediglich unterstützende, symbolisierende oder signalisierende Funktion.
[249] Morris, »Anmerkungen über Skulptur«, S. 106 (zweiter Teil des dreiteiligen Aufsatzes). Zu den Vorbehalten der Minimalisten gegen das Environment siehe auch Bishop, *Installation Art: A Critical History*, S. 54f.

Kaprows Environments, darin ist Morris in Anbetracht unserer einführenden Materialskizzen beizupflichten, bringen den Raum in eine *völlig neue Ordnung*. Ausgangspunkt Kaprows ist ein containerhaft verstandener, jedenfalls mit Objekten zu füllender Raum, nicht ein qua Form zu kontextualisierendes Objekt. Dies zeigt sich selbst noch an *Yard*, das zwar im Außenraum stattfindet, dessen Befriedung aber dazu genutzt wird, ihn mit Autoreifen anzufüllen.

VON DER FORM ZUM MATERIAL In der Einführung zu diesem Teil über Kaprow wurde an dem Text »The Legacy of Jackson Pollock« erörtert, dass er das Environment (ob schlüssig oder nicht) als eine Weiterentwicklung der Pollockschen Malerei interpretiert, weil es die ästhetische Grenze zwischen virtuellem Bildraum und physikalischem Betrachterraum beseitigt oder zumindest verunklärt.[250] Wie aus seinen Schriften weiterhin hervorgeht, betrachtet er es auch als Weiterentwicklung der Assemblage, weil es ähnlich wie diese disparate Gegenstände des Alltags nicht nur darstellt, sondern leibhaftig aufnimmt: altes Zeitungspapier und Folienstreifen, abgefahrene Autoreifen und Bauabfälle.[251] Er beschreibt eine Entwicklung, die sich schrittweise von der Collage über die Assemblage bis zum Environment vollzieht:

»Once foreign matter was introduced into the picture in the form of paper, it was only a matter of time before everything else foreign to paint and canvas would be allowed to get into the creative act, including real space. Simplifying the history of the ensuing evolution into a flashback, this is what happened: the pieces of paper curled up off the canvas, were removed from the surface to exist on their own, became more solid as they grew into other materials and, reaching out further into the room, finally filled it entirely. Suddenly, there

---

250 Kaprow scheibt: »Pollock's choice of enormous canvases served many purposes, chief of which for our discussion is that his mural-scale paintings ceased to become paintings and became environments. [...] [W]hat I believe is clearly discernible is that the entire painting comes out at us (we are participants rather than observers), right into the room.« Ders., »The Legacy of Jackson Pollock«, S. 6.

251 In *Performance Art nach 1945: Aktionstheater und Intermedia* differenziert Dreher erstaunlicherweise nicht zwischen diesen beiden Herleitungsstrategien Kaprows, obwohl er ihn innerhalb des Kapitels »Expansion des ›Action Painting‹ versus ›Multimedia‹« abhandelt. Siehe ebd., S. 49ff., 85ff.

were jungles, crowded streets, littered alleys, dream spaces of science fiction, rooms of madness, and junk-filled attics of the mind....«[252]

So verwundert es nicht, dass Kaprows Environments schon unter Zeitgenossen als typische Manifestationen der ›junk culture‹ gelten. Dies ist eine Bezeichnung, die Lawrence Alloway 1961 in den Kunstdiskurs einführt. Alloway schreibt:

> »Junk culture is city art. It's source is obsolescence, the throwaway material of cities, as it collects in drawers, cupboards, attics, dustbins, gutters, waste lots, and city dumps. [...] Assemblages of such material come to the spectator as bits of life, bits of the environment. The urban environment is present, then, as the source of objects, whether transfigured or left alone.«[253]

Es wird deutlich, dass diese Bezeichnung nicht dazu dient, eine Kunstströmung zu deklassieren, sondern den kulturellen Status der verwendeten Materialien zu adressieren. Neben der Semantik dieser Materialien deutet Alloway auch Aspekte an, die unseren Umgang mit ihnen betreffen: Ihr Altern, also ihre Aussonderung aus den kulturellen Gebrauchs- und Verwertungs-Zusammenhängen (die Dinge haben ihren Zweck verloren, womit uns mit ihnen kein handelndes Verhältnis mehr verbindet), sowie ihre hieraus resultierende wahllose Anhäufung oder aber Unsichtbarmachung durch Beseitigung oder schlicht durch Nichtbeachtung. Da es sich bei den im Environment verwendeten Materialien somit um Dinge handelt, die uns aus unserer alltäglichen Realität grundsätzlich bekannt sind, nehmen wir sie nicht nur als *gegenwärtigen* Bestandteil des Kunstwerkes, sondern auch als *vergangenen* Bestandteil der Lebenswelt wahr.

Nun weisen schon die materialbasierten Ansätze der klassischen Moderne, etwa die Assemblagen der Kubisten oder Dadaisten, den Zug auf, ›junk‹ durch Anverwandlung in die Anschauung zu rücken und damit entweder seinem pragmatischen Nutzen oder aber seinem Verschwinden etwas entgegenzusetzen. Hier werden die Dinge vom Künstler nicht unter

---

252 Kaprow, *Assemblage, Environments & Happenings*, S. 165 (Pünktchen im Original).
253 Alloway, »Junk Culture«, S. 122. ›Junk‹ = ›Abfall‹, ›Schrott‹, ›Gerümpel‹, ›Ramsch‹, ›Trödel‹, ›Krempel‹, ›Ausschuss‹, ›Krimskrams‹, ›Plunder‹.

›To junk‹ = ›wegwerfen‹, ›wegschmeißen‹, ›fortschmeißen‹. Die Verwendung des Substantivs ist seit Mitte des 14. Jahrhunderts nachweisbar, des Verbs ›to junk‹ dagegen erst seit 1916.

dem Aspekt ihrer Gebrauchs-, sondern vielmehr unter dem ihrer *Darstellungs*eigenschaften wahrgenommen. Ziel dieser Anverwandlung des Materials ist seine Transformation in etwas, das es selbst nicht ist. Ein zwar etwas plakatives, aber einschlägiges Beispiel hierfür ist sicherlich *Tête de taureau* von Picasso (Abb.30), dessen Entstehung der Künstler selbst geschildert und kommentiert hat:

> »Eines Tages nehme ich einen Fahrradsattel und eine Lenkstange, setze sie aufeinander, ich mache einen Stierkopf. Sehr gut. Was ich aber sofort danach hätte tun sollen: den Stierkopf wegwerfen. Ihn auf die Straße, in den Rinnstein, irgendwohin werfen, aber wegwerfen. Dann käme ein Arbeiter vorbei, läse ihn auf und fände, dass man aus diesem Stierkopf vielleicht einen Fahrradsattel und eine Lenkstange machen könnte. Und er tut es [...]. Wundervoll wäre das.«[254]

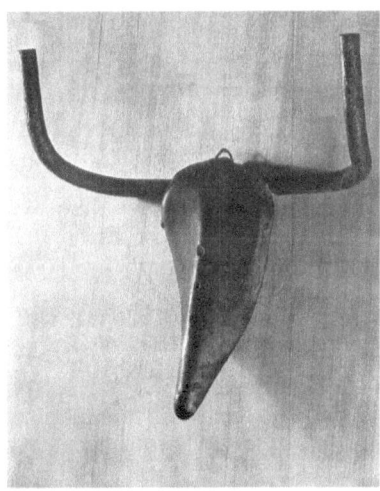

30. Pablo Picasso, *Tête de taureau*, 1942, Sattel, Lenker, 42 × 41 × 15 cm, Musée national Picasso, Paris.

Picasso erzählt also, wie sich unter seinen Händen der Sattel in einen Stierkopf und der Lenker in das dazugehörige Gehörn verwandelt, wobei die Zentralstellung des Transformationsgedankens selbst noch in seinem Bedauern über die unterbliebene Rückverwandlung zum Ausdruck

---

254 Zit. n. Keel (Hg.), *Denken mit Picasso – Gedanken über Kunst, Künstler und Kenner*, S. 73.

kommt. Die rezipientenseitige Erfahrung dieses Stierkopfes zeichnet sich dadurch aus, dass sich dessen Verwandlung im Rezeptionsakt zu wiederholen hat, wodurch die verwendeten Materialien zwischen zwei möglichen Wahrnehmungsweisen oszillieren: zwischen der Identifizierung der Gegenstände als Gebrauchsdinge und der Wahrnehmung dessen, was sie im formalen Zusammenhang des Kunstwerkes darstellen. Das, was sich am Material ausdrücken soll, ist also der kreative Formungsakt des Künstlers, für den es nur das Mittel bildet.

In *Untitled Environment* hängen Plastikfolien, die normalerweise zum Verpacken und Abdecken verwendet werden, so von der Decke herab, dass sich ihre Transparenz offenbaren kann, was auch durch das Scheinwerferlicht, das sich in den Folien bricht, befördert wird. Auf ihnen hat der Künstler Farbe heruntergelaufen lassen, die dann allmählich trocknete. Zeitungspapier, das normalerweise als Informationsträger dient, ist zerknüllt und ausgebreitet worden, um seine fragile Stofflichkeit zu bekräftigen.[255] In *Yard* ist es die horizontale Lagerung der Reifen, die im Kontrast zu ihrer alltäglichen vertikalen Rotation ihre Trägheit betont und ihren individuellen plastischen Charakter hervortreten lässt. Die Logik der Verwandlung in etwas anderes, die ich am Beispiel des Stierkopfes beschrieben habe, ist in diesen Environments also nicht nachweisbar. Das Material ist keine Funktion der künstlerischen Formfindung, sondern es sind umgekehrt die auktorialen Formprozesse, die dazu dienen, die sinnlichen Eigenschaften der verwendeten Materialien der Erfahrung des Rezipienten zugänglich zu machen.[256] Das, was wahrgenommen wird, der Gehalt des Environments, hat also unabhängig vom Künstler Bestand, wird aber von diesem sozusagen ›in Szene gesetzt‹. Das Environment schafft ideale Erfahrungsbedingungen für die sinnliche Wirklichkeit der verwendeten Materialien, die ihnen unabhängig von ihren alltäglichen Gebrauchsweisen und ihren Darstellungsmöglichkeiten zukommt.

---

[255] Das Zerknüllen hinterlässt Spuren am Material. »Jede Spur«, so Jens Soentgen, »die auf einem Ding zu finden ist, ist ein Doppelausdruck, einerseits drückt sie das Ding selbst aus, andererseits verweist sie auf etwas anderes. Am Ding selbst verweisen solche Spuren besonders auf den Stoff, aus dem es gemacht ist.« Soentgen, *Das Unscheinbare. Phänomenologische Beschreibungen von Stoffen, Dingen und fraktalen Gebilden*, S. 262f. (Ich danke Johannes Lang für den Literaturtipp.)

[256] Ich beschreibe hier einen Begriff künstlerischer Form, den Johannes Lang und ich an anderer Stelle und an anderen Gegenständen bereits ausführlich abgehandelt haben. Siehe Lang, Schieder, »Formen des ›Kontingenten‹ in Land-Art und ökologischem Design«.

ZUM WANDEL DER PRODUKTIVEN UND REZEPTIVEN KUNSTPRAXIS

Nun scheint das Anpreisen sinnlicher Eigenschaften von ausrangierten Materialien als eine besondere Erfahrung in der Tat etwas banal. Wer ist sich beispielsweise nicht der Transparenz von Plastikfolie bewusst oder wer hat noch nie zerknülltes Zeitungspapier betrachtet? Spektakulär scheint das Environment eher in einer anderen Hinsicht zu sein, und zwar in der Radikalität, wie sich mit ihm die produktive und rezeptive Praxis der Kunst verändert.

Über die Veränderung der produktiven Praxis habe ich bereits gesprochen: Die künstlerseitige Konstellierung des Materials produziert keine Objekte, sondern räumliche Zusammenhänge. Zudem stellt sich das Environment als ein Konstrukt dar, das man mit Harold Rosenberg als ›unsicheres Objekt‹ (›anxious object‹) bezeichnen kann, weil es seinen Kunstcharakter qua mangelhafter Form verneint oder zumindest infrage stellt.[257] Im Fall von *Yard* kommt ein weiterer Winkelzug hinzu: Das Kunstwerk verschiebt sich in den Hinterhof einer Galerie, wodurch es seine allgemein dechiffrierbare Kodierung als ein solches einbüßt.[258] Bedingt durch seinen informen Charakter führt dies dazu, dass Nachbarn der Galerie die Polizei alarmieren, weil sie das Environment für illegal entsorgten Abfall halten.[259]

In rezeptionsästhetischer Hinsicht wiederum ist entscheidend, dass – im Unterschied zu älteren materialbasierten Ansätzen wie etwa dem von Picasso oder auch Rauschenberg – die Wahrnehmung der Materialien hier nicht auf rein optische Gesichtspunkte beschränkt bleibt, sondern entschieden erweitert wird. In *Untitled Environment* erklingen verschiedenste Geräusche und es werden chemische Gerüche im Raum verteilt. Im Fall von *Yard* sieht sich der Rezipient mit dem Geruch des vulkanisierten Gummis sowie mit dem Schmutz der abgefahrenen Reifen, der an Händen und Hosen haften bleibt, konfrontiert.[260] Es werden also nicht nur visuelle, sondern auch auditive, olfaktorische und taktile Eigenschaften der

---

257 »Where an art object is still present«, so Rosenberg, »it is what I have called an anxious object: it does not know whether it is a masterpiece or junk. It may [...] be literally both.« Ders., *The De-Definition of Art*, S. 12.
258 Ursprung schreibt, dass sich *Yard* zugleich *in* und *neben* der Galerie befand. Vgl. ders., *Grenzen der Kunst. Allan Kaprow und das Happening, Robert Smithson und die Land Art*, S. 141.

259 Vgl. Kelley, *Childsplay: The Art of Allan Kaprow*, S. 61. Siehe hierzu auch Blunck, *Between Object and Event. Partizipationskunst zwischen Mythos und Teilhabe*, S. 112ff.
260 »This physical, sensible, tangible being«, so Kaprow an einer Stelle lapidar, »is to me very important.« Kaprow, »A Statement«, S. 49.

Materialien erfahren. Darüber hinaus stellt das Environment aufgrund der durch die Elastizität der Reifen hervorgerufenen Nachgiebigkeit und Instabilität des Untergrundes die Balance des Rezipienten beständig auf die Probe. So wird nicht nur der Tastsinn, sondern auch der Gleichgewichtssinn thematisch. Es geht hier folglich um Gegenstandseigenschaften, die nur durch körperliche Aktivität hervortreten können. Zusammengefasst kommt die Erfahrung der Materialien – gegenüber älteren Kunstwerken – einer wesentlich umfassenderen Erfahrung ihrer sinnlichen Wirklichkeit gleich.

Die Interessenverschiebung vom virtuellen Raum des Bildes zum physikalischen Raum und zur physischen Präsenz der Dinge geht also einher mit der Transformation des körperlich-passiven und nur mit dem Sehsinn wahrnehmenden Rezipienten in einen aktiv-handelnden, der mit allen Sinnen beteiligt ist. Wie Jeff Kelley anmerkt, liegt diesem Konzept ein Erfahrungsbegriff zugrunde, der maßgeblich von John Dewey beeinflusst ist.[261] In Deweys Philosophie wird ›Erfahrung‹ als ›Teilhabe‹ (›participation‹) des Individuums an seiner ›Umwelt‹ (›environment‹) gefasst.[262] Dewey betont die Beteiligung aller Sinne, die (körperliche) Aktivität und Produktivität des erfahrenden Subjektes sowie die Dialektik von Subjekt und Umgebung:

> »In actual experience, there is never any such isolated singular object or event; an object or event is always a special part, phase, or aspect, of an environing experienced world—a situation. [...] We live and act in connection with the existing environment, not in connection with isolated objects.«[263]

Zwar drängt sich eine Verbindung zwischen Dewey und Kaprow in der Tat geradezu auf, doch ist zugleich darauf hinzuweisen, dass Begriffe wie ›participation‹ oder ›environment‹ bei Dewey nur im Kontext seines allgemeinen Erfahrungskonzeptes fallen, aber in seiner Kunsttheorie

---

261 Kaprow kommt mit Deweys Werk erstmals 1949 in Kontakt, also noch bevor er sein Philosophiestudium in New York aufnimmt. Jeff Kelley, der Biograf von Kaprow, hebt an vielen Stellen die hohe Bedeutung dieses Philosophen für Kaprows Kunstauffassung hervor. Siehe hierzu etwa ders., *Childsplay. The Art of Allan Kaprow*, S. 8, und »Introduction«, S. xiff.
262 Vgl. Dewey, *Art as Experience*, S. 22f.
263 Dewey, »Logic: The Theory of Inquiry«, S. 72f.

keine Rolle spielen – sie also erst von Kaprow in den kunsttheoretischen Diskurs eingeführt werden. Ein zweiter wichtiger Aspekt findet bei Kelley ebenfalls keine Erwähnung: Auch der Erfahrung qualitativer Unmittelbarkeit wird in Deweys Ästhetik eine hohe Bedeutung beigemessen. Sie kommt der Neubelebung von Wahrnehmungsweisen gleich, die der Mensch in einem phylo- wie anthropogenetisch früherem Stadium ausgeübt hat und auf die er sich nun selbstreflexiv zurückwenden kann. Durch sie wird er mit seiner Umwelt in eine ursprünglichere und unmittelbarere Beziehung gesetzt: »Art throws off the covers that hide the expressiveness of experienced things; it quickens us from the slackness of routine and enables us to forget ourselves by finding ourselves in the delight of experiencing the world about us in its varied qualities and forms.«[264] An dieser Stelle äußert sich bei Dewey eine Wendung gegen den neuzeitlichen Trend der Philosophie, die Sinnesqualitäten von den materiellen Substanzen zu lösen, sie in das subjektive Bewusstsein zu verbannen und dieses dadurch in einen Gegensatz zur Natur zu bringen.[265] Die ontologische Bestimmung von Objekten allein unter dem Aspekt jener Eigenschaften, die messbar sind, ist für Dewey letztendlich ein Symptom jenes Prozesses, der sich mit Dijksterhuis als ›Mechanisierung des Weltbildes‹ bezeichnen lässt.[266]

EINE WEITERE GEGENSTANDS-SKIZZE (*PUSH AND PULL*)

1963 baut Kaprow innerhalb der Hans Hofmann gewidmeten und von William Seitz kuratierten Ausstellung »Hans Hofmann and his Students« das Environment *Push and Pull: A Furniture Comedy for Hans Hofmann* auf. Hierbei handelt es sich um eine zweiteilige Installation, deren vorderer Raum wie ein hell erleuchtetes Wohnstudio ausgestattet ist (Abb.31). Der Tisch, die Stühle sowie die Kommode sind mit hellem Gelb bemalt und die Wände sind mit einer gelben Tapete beklebt, die ein violettes Muster aufweist. Der rückwärtige Raum ist dagegen dunkel ausgekleidet und spärlich beleuchtet, er gleicht

---

264 Dewey, *Art as Experience*, S. 108.
265 Siehe hierzu auch seine eingehende historische Auseinandersetzung mir diesem Problem in seinem Hauptwerk *Erfahrung und Natur*. Gerade in der empiristischen Tradition wird die auf Locke zurückgehende Unterscheidung zwischen ›primä-

ren‹ und ›sekundären‹ Qualitäten dazu benutzt, die Erscheinung eines Objektes in den Bereich des bloßen Scheins zu verweisen.
266 Siehe Dijksterhuis, *Die Mechanisierung des Weltbildes*.

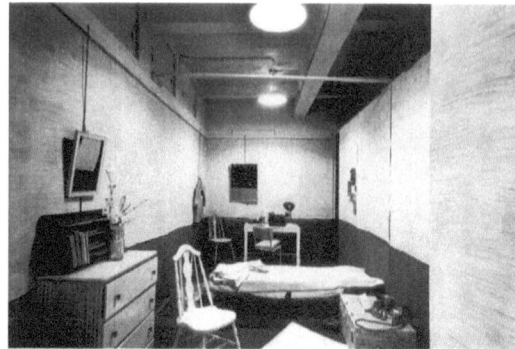

31. *Push and Pull: A Furniture Comedy for Hans Hofmann*, 1963, anlässlich der Wanderausstellung »Hans Hofmann and his Students«.

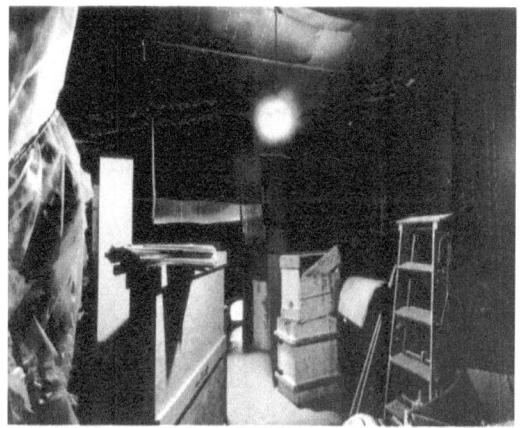

32. *Push and Pull: A Furniture Comedy for Hans Hofmann*, 1963.

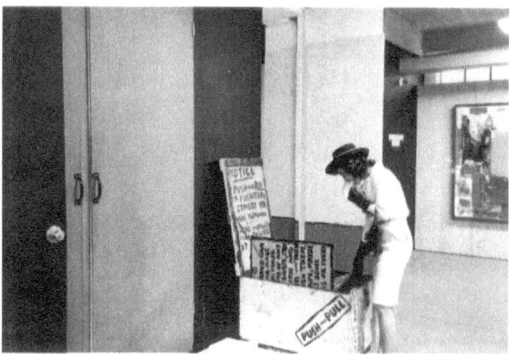

33. *Push and Pull: A Furniture Comedy for Hans Hofmann*, 1963.

einer Abstellkammer und beinhaltet unter anderem eine Staffelei, ein paar Kisten und einen Fernsehapparat (Abb.32). Vor dem Environment steht eine Kiste, in der sich etliche Schrifttafeln befinden (Abb.33). In Auszügen steht auf ihnen zu lesen:

> »Instructions: Anyone can find or make one or more rooms of any shape, size, proportion, and color — then furnish them perhaps, maybe paint some things or everything. Everyone else can come in and, if the room(s) are furnished, they also can arrange them, accommodating themselves as they see fit. Each day things will change. Points of View: Think of subletting someone's apartment. How can you get rid of the fellow when he is in every piece of furniture, every arrangement? Do you like living with him? [...] Maybe, after all, formality is the thing. Then carefully choose a big chair, a little one, a bigger table and a very small lamp, and push them and pull them around until they make a significant composition. [...] But one caution! Don't sit on the chairs, because this will destroy the composition. Unless, of course, you once again start pushing and pulling everything around until it works right. Repeat when you leave. Consider whether or not you're a red-head and dressed in Kelley green. Are you fat, fatter than the table? In that case, quickly change your clothes if the small chair's color doesn't correspond; and also lose some weight. [...] Should rooms be lived in or stared at?«[267]

Wie durch diese ›Instuktionen‹ Kaprows deutlich wird, stiftet *Push and Pull: A Furniture Comedy for Hans Hofmann* die Rezipienten durch paratextuelle Anweisungen dazu an, Einrichtungsgegenstände nach Belieben zu ordnen und herumzuschieben, wodurch sich die beiden Räume im Zeitraum ihres Bestehens kontinuierlich verändern. Das Environment weist also zwei unterschiedliche Bezugsrahmen auf:

Einerseits persiflieren die Handlungen der Rezipienten die Hofmannschen Kompositionsprinzipien des relationalen ›push and pull‹: Es erfolgt ein Medienwechsel vom Gemälde zum Environment, wodurch die

---

267 Zit. n. Kaprow, *Assemblage, Environments & Happenings*, S. 314f. Ausführlichere Beschreibungen des Environments finden sich in: Kelley, *Childsplay: The Art of Allan Kaprow*, S. 80ff., Paul Berg: »Push an Pull – a Furniture Comedy« erschienen am 19. Mai 1963 im *Sunday Magazine*, wieder abgedruckt in: Meyer-Hermann, Perchuk u. a. (Hg.), *Allan Kaprow: Art as Life*, S. 163, und Blunck, *Between Object and Event. Partizipationskunst zwischen Mythos und Teilhabe*, S. 119ff.

ästhetischen Praxen des Malens und Möbelrückens enggeführt werden und die farbliche Wandgestaltung als eine Form der Malerei auf sich aufmerksam macht.²⁶⁸ Anders als bei Hofmann wird das Komponieren hier aber nicht dem Künstler, sondern dem Rezipienten überantwortet. Während sich bei einem Gemälde die Produktivität des Rezipienten im Akt des Sehens erschöpft, wird *Push and Pull faktisch* durch ihn transformiert. Mit einer von Yves Klein geborgten Formulierung könnte man behaupten, dass er zu einem menschlichen Pinsel wird, zu einem Pinsel also, der sich wie von Zauberhand zu verselbstständigen scheint.²⁶⁹

Zweitens referieren die Handlungen der Rezipienten auf alltägliche Vorgehensweisen bei Umzügen und Neueinrichtungen. Während die Einrichtung von Räumen im Alltag dazu dient, ästhetische und praktische Interessen miteinander auszusöhnen, kommt es, wie dokumentarische Fotografien belegen, unter den Bedingungen des Environments zu den absurdesten Formationen, die es in eine ›Komödie‹ verwandeln (Abb. 34). Auf diese performative Dimension hat Kaprow selbst hingewiesen: »I made a stage set out of it [the environment] and kept the people in as consciously integrated elements.«²⁷⁰

ZUR SELBST- UND AUSSENWAHRNEHMUNG DES REZIPIENTEN

Weiter oben habe ich Robert Morris darin zugestimmt, dass durch Kaprows Environments der Raum »kontrolliert«, also in eine völlig neue Ordnung gebracht wird.²⁷¹ Da das Außen dieser Environments mit ihren architektonischen Grenzen zusammenfällt, gibt es nun aber keine Position, von der aus sie rein passiv betrachtet werden könnten. Aus dem Aufgehen des Objektes in eine ›Umgebung‹ resultiert also auch die Aufhebung der räumlichen Distanz zwischen Rezipient und Werk. Die Rezeption des Environments setzt sein Betreten voraus und man findet sich dann in einer umfassenden Situation totalisierter künstlerischer Gestaltung wieder. Zu dieser ›Verschiebung‹ des Rezipienten vom Kontext in das Werk äußert Kaprow selbst:

---

268 Laut Kelley orientiert sich Kaprow bei der Wahl der Farben und der spärlichen Ausstattung an zwei Gemälden von Vincent van Gogh, nämlich an *Le café de nuit* von 1888 und an *De Aardappeleters* von 1885. Vgl. Kelley, *Childsplay: The Art of Allan Kaprow*, S. 80f.

269 Diese Anlage lässt sich auch mit der von *4' 33''* von John Cage vergleichen, wo der Verlauf vom Autor unabhängig ist und sich die Zuhörer in Klangerzeuger verwandeln. Analog dazu werden die Betrachter hier zu Performern.

270 Kaprow in einem unveröffentlichten Interview

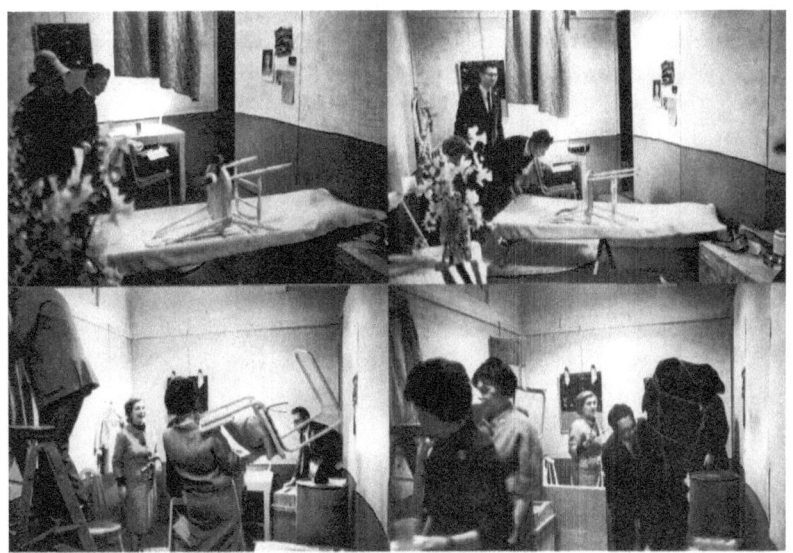

34. *Push and Pull: A Furniture Comedy for Hans Hofmann*, 1963.

»[W]e do not come to look *at* things. We simply enter, are surrounded, and become part of what surrounds us [...] in much the same way that we have moved *out* of the totality of the street or our home where we also played a part. We ourselves are shapes (though we are not often conscious of this fact). We have differently colored clothing; can move, feel, speak, and observe others variously; and will constantly change the ›meaning‹ of the work by so doing. There is, therefore, a never-ending play of changing conditions between the relatively fixed or ›scored‹ parts of my work and the ›unexpected‹ or ›undetermined‹ parts. In fact, we may move in and about the work at any pace or in any direction we wish.«[272]

Die Integration des Rezipienten in das Environment hat also zunächst einmal, wie von Kaprow angesprochen, Auswirkungen auf das Verhältnis zu möglicherweise anwesenden Dritten. Der Rezipient kann für andere zum faktischen Bestandteil des Environments, also zu einem

---

mit Dorothy Gees Seckler, zit. n. Blunck, *Between Object and Event. Partizipationskunst zwischen Mythos und Teilhabe*, S. 102.

271 Siehe S. 132f. dieser Arbeit.
272 Kaprow, »Notes on the Creation of a Total Art«, S. 11f.

Objekt unter Objekten, werden.[273] Während sich vor herkömmlichen Gemälden oder Skulpturen die Blicke der Rezipienten parallel auf ein gemeinsames ästhetisches Objekt hin ausrichten, geraten sie hier in ein unmittelbares Blickverhältnis zueinander. Die Subjekt-Ding-Beziehung des traditionellen Kunstwerkes erweitert sich zu einer Beziehung zwischen den teilnehmenden Subjekten.

Damit ist wiederum eine Situation gegeben, in der sich ein ›Schau-Spiel‹ ereignen kann. Der Unterschied zu einer Theateraufführung besteht allerdings darin, dass das spektatorische Verhältnis hier kein asymmetrisches ist, sondern sich Blicken und Erblickt-Werden wechselseitig bedingen, was eben dem Umstand geschuldet ist, dass das Environment keine Außenansicht zulässt, sondern dass dessen Außen mit den architektonischen Grenzen zusammenfällt und es daher keine Position gibt, von der aus das Geschehen ›nur‹ betrachtet werden könnte. Die Rezipienten werden in die Position von Betrachteten gerückt, changieren zwischen wahrnehmenden Subjekten und wahrgenommenen Objekten. Wer gerade agiert und wer gerade betrachtet ist keine Frage vorab festgelegter Rollen, sondern der momentanen Bewusstseinshaltung zu verdanken. Die Aufteilung der versammelten Individuen in zwei Gruppen, nämlich in die der Performer und in die der Zuschauer, welche in *18 Happenings in 6 Parts* nur zeitweilig und scheinhaft suspendiert wurde, ist hier faktisch beseitigt worden.

Eine zweite Differenz zum Theater besteht sicherlich auch darin, dass diese Ereignisse zeitlich ungebunden sind. Intersubjektive Begegnungen geschehen (innerhalb der Öffnungszeiten der betreffenden Galerie) ohne eine festgelegte Choreografie. Sie können sich über den Zeitraum der Ausstellung immer wieder realisieren, sind aber in ihrem Verlauf gegenüber der Einflussnahme des Künstlers unabhängig. Die gemeinsame Anwesenheit von Akteuren und Zuschauern am selben Ort und zur selben Zeit, die eine unhintergehbare Grundbedingung des Theaters darstellt, wird in die Logik der Ausstellung überführt. In dieser Hinsicht vereint das Environment sowohl Merkmale bildender als auch theatraler Kunst.

---

273 Ähnlich Werner Rhode: »Wer sich in ein Environment begibt, riskiert, dass er selbst zu einem Teil – Subjekt und Objekt zugleich – dieses Environments wird.« Rhode, »Environment«, S. 117.

DIE SELBSTFIKTIONALISIERUNG DES REZIPIENTEN

Die Material-Erfahrung von *Untitled Environment* und *Yard* wurde bisher nur unter dem Aspekt sinnlicher Eigenschaften verhandelt. Genau genommen verfügen aber schon diese beiden Environments über eine fiktionale Potenz.[274] Beispielsweise lässt *Untitled Environment* durchaus die Vorstellung zu, leibhaftig im Bildraum eines ›drip painting‹ gelandet zu sein. *Yard* wiederum erinnert an eine Reifenhalde, auf der man sich frei bewegen kann. So sind die Rezipienten nicht nur mit den sinnlichen Eigenschaften der Materialien, sondern auch mit ihren darstellenden bzw. fiktionalen Dimensionen konfrontiert.

Indem nun *Push and Pull* die Fiktion eines Zwei-Zimmer-Appartements evoziert, wird diese Dimension eher noch deutlicher. Hier transformieren sich die Objekte in der Wahrnehmung der Rezipienten zwar nicht in Objekte anderer Klassen – wie etwa bei Picassos Stierkopf – doch stellen sie fiktive Exemplare derselben Klasse von Objekten dar. Dieser Befund wird durch die paratextuellen Anweisungen bestätigt, die der Rezipient in der Kiste neben dem Eingang des Environments vorfindet: »Think of subletting someone's appartment. How can you get rid of the fellow when he is in every piece of furniture, every arrangement? Do you like living with him?«[275] Es wird deutlich, dass diese Anweisungen nicht nur als eine Aufforderung zum *Handeln*, sondern zunächst und vor allem einmal als Aufforderung zum *Vorstellen* zu verstehen ist. Es handelt sich um einen Anstoß, der in der Imagination des Rezipienten eine fiktive Welt heraufbeschwören soll. Nun geben diese Vorstellungsinstruktionen dem Rezipienten natürlich keine präzise Figur vor. Auch muss ihre Befolgung nicht zwangsläufig bedeuten, dass der Rezipient diese Figur auch verkörpert, also nach außen zur Darstellung bringt. Sicherlich jedoch fühlt er sich dazu aufgefordert, sein Selbstbild dem Bild des Environments anzupassen und sich in die Situation einer Person zu versetzen, die er selbst nicht ist. Der ›Schein‹ des Environments kann sich also auch auf den Rezipienten übertragen. Er agiert dann in einem *fiktiven* Raum. Er fiktionalisiert sich, indem er sich selbst als ein anderer erfährt. Indem er in ein fiktives Szenario hineingezogen wird, verändert sich nicht nur die Art und Weise, wie er von anderen wahrgenommen wird, sondern auch die Art und Weise, wie er sich selbst erfährt. Er wird zu einem *sich selbst rezipierenden Darsteller*.

---

274 Gegenstände, die Fiktionen ermöglichen, werden im Folgenden ›fiktionale Gegenstände‹ genannt. Auf den Begriff der ›Fiktion‹ werde ich weiter unten genauer eingehen.

275 Zit. n. Kaprow, *Assemblage, Environments & Happenings*, S. 314.

Nun ist im allgemeinen Sprachgebrauch das Prädikat ›fiktional‹ überwiegend für literarische, theatralische und filmische Darstellungen, in denen Geschichten erzählt werden, reserviert, während Objektivationen der bildenden Kunst damit so gut wie nie bezeichnet werden. Allerdings ist hier auf den Grundgedanken des Fiktionstheoretikers Kendall Walton zu verweisen, der Fiktion als eine spezifische Form des Spiels betrachtet, dessen »prescriptions to imagine« durch »props« vermittelt werden.[276] Walton beschäftigt sich in diesem Kontext nicht allein mit Kunstgattungen wie Literatur oder Film, sondern er geht vom (kindlichen) Rollenspiel aus, in dem Utensilien wie Baumstümpfe als Personen oder magische Gegenstände fungieren und das Kind als Mitspieler zu einem Handlungsträger wird.[277] Generell können fiktive Räume und Figuren einen realen Referenten in der Lebenswelt besitzen, sie müssen es aber nicht. Auch können sie nach geltender Wirklichkeitskonzeption als möglich oder eben als nicht möglich angesehen werden. Als nicht mögliche Räume und Figuren lassen sich beispielsweise solche ansehen, die aus der Zukunft stammen oder den gegenwärtigen Erkenntnissen zufolge undenkbar erscheinen.[278] So erscheint es derzeit zwar möglich, sich in einem angemieteten Wohnzimmer aufzuhalten, doch mutet es als unmöglich an, den virtuellen Raum eines Gemäldes von van Gogh oder Pollock leibhaftig zu durchschreiten.

Die Versenkung des Rezipienten in die vom Environment evozierte Welt sowie in die eigene Rolle ist mit der Medien- und Fiktionstheoretikerin Marie-Laure Ryan als ein Akt der Rezentrierung (›recentering‹) zu beschreiben, durch den die fiktive als aktuelle Welt erfahren wird.[279] Allerdings verführt diese Metapher dazu, das Fiktionsbewusstsein des Rezipienten zu übergehen. Doch selbst im Falle tiefster Immersion glaubt der Rezipient nicht, dass das fiktive Geschehen in einem herkömmlichen Sinne real ist.[280] Trotz seines Eintauchens in die fiktive Welt ist er sich bewusst, dass das, was aktuell erfahren wird, nicht Wirklichkeit ist. Anders

---

276 Vgl. Walton, *Mimesis as Make-Believe: On the Foundations of the Representational Arts*, S. 35ff., hier S. 58.
277 Vgl. ebd., S. 11ff.
278 Vgl. Zipfel, *Fiktion, Fiktivität, Fiktionalität. Analysen zur Fiktion in der Literatur und zum Fiktionsbegriff in der Literaturwissenschaft*, S. 81.
279 »In the space-travel-mode«, so Ryan, »consciousness relocates itself to another world and, taking advantage of the indexical definition of actuality, reorganizes the entire universe of being around this virtual reality. I call this move recentering [...]. Insofar as fictional worlds are, objectively speaking, non-actual possible worlds, it takes recentering to experience them as actual.« Dies., *Narrative as Virtual Reality. Immersion and Interactivity in Literature and Electronic Media*, S. 103.
280 Ich nehme hier einen Einwand gegen Ryan auf, den Christiane Voss u. a. in »Fiktionale Immersion«, S. 78f., äußert.

als Täuschung und Wahrheit verhalten sich fiktive und wirkliche Welt nicht disjunktiv zueinander. Es erscheint eben, *als ob* wir uns leibhaftig in einem Bild befinden oder *als ob* wir gerade die Wohnung von jemandem übernommen haben. Wir stehen also mit einem Bein in der einen Welt und mit dem anderen Bein in der anderen.[281]

ABSCHLIESSENDES ZUM ENVIRONMENT ALS INSTALLATIVE KUNSTFORM (AUSSTIEG AUS DEM BILD, BETRACHTEREINBEZIEHUNG, ORTSSPEZIFIK)

In den letzten Jahren sind viele Überblickswerke zur Installationskunst entstanden, in denen auch das Environment, als eine ihrer Untergattungen, berücksichtigt wird.[282] Geht man sie durch, stößt man immer wieder auf Feststellungen, die insbesondere auch für unseren Zusammenhang relevant erscheinen: Erstens betont man verschiedentlich den Schritt in den physikalischen Raum, der mit der spätestens seit Ende der 1950er Jahre zu beobachtenden Negation des Tafelbildes und den mit ihm verbundenen Konzepten der Repräsentation und Illusion in Zusammenhang gebracht wird. Während wir vor einem Bild die raumzeitliche Situation, in der wir uns selbst befinden, ausblenden, stellt installative Kunst dieser These zufolge den Anschluss an diese Situation wieder her. Der ›Ausstieg aus dem Bild‹ (Lazlo Glozer) wird so als eine Überwindung des Schismas zwischen dem virtuellen Raum der Kunst und dem physikalischen Raum der Lebenswirklichkeit verstanden. Solche Überzeugungen finden sich noch in neueren und neuesten Publikationen wieder. Beispielsweise steht in Mark Rosenthals Monografie zu lesen:

»The lifelike qualities of installation art group themselves around two paramount matters: space and time. The viewer is asked to investigate the work of art much as he or she might explore some

---

281 Vgl. Remigius Bunia, der in diesem Zusammenhang von »eine[r] gespaltene[n] Loyalität« zur fiktiven und realen Welt spricht: Ders., *Faltungen: Fiktion, Erzählen, Medien*, S. 97.
282 Zu den bekanntesten gehören: Oliveira, Oxley u. a., *Installation Art*; Reiss, *From Margin to Center. The Spaces of Installation Art*; Rosenthal, *Understanding Installation Art. From Duchamp to Holzer*; Bishop, *Installation Art: A Critical History* und (ausschließlich diskursorientiert) Rebentisch, *Ästhetik der Installation*. Insbesondere Rebentisch versteht ›Installation‹ als eine Meta-Gattung, die immer neue Untergattungen hervorbringt: »Was unter dem Begriff der Installation entsteht, sind weniger Werke denn Modelle ihrer Möglichkeit, weniger Beispiele einer neuen Gattung denn immer neue Gattungen.« Ebd., S. 15.

phenomenon in life, making one's way through actual space and time in order to gain knowledge. [...] The viewer is in the present, experiencing temporal flow and spatial awareness. The time and space of the viewer coincide with the art, with no separation or dichotomy between the perceiver and the object. In other words, life pervades this form of art.«[283]

Zu diesem Punkt ist zu äußern, dass Kaprows Environments keineswegs ausschließlich die sinnlichen Eigenschaften der präsentierten Materialien thematisieren, sondern sie evozieren etwas über sie Hinausweisendes, das von der Konkretheit des Materials und des Ortes wegführt. Die Dinge bringen nicht nur Qualitäten ihrer selbst zum Ausdruck, sondern sie weisen auch fiktionale Dimensionen auf. Der Unterschied zwischen einem gegenständlichen Tafelbild und einem Environment wie *Push and Pull* besteht in dieser Hinsicht allein darin, dass im ersten Fall eine zweidimensionale Fläche zum Träger des Bildes wird, während es sich im zweiten Fall um begehbare Räume handelt, welche die Wahrnehmung *von* etwas *als* etwas hervorrufen. Doch selbst wenn dem nicht so wäre, müsste zumindest eingeräumt werden, dass zwar die Grenze zwischen virtuellem und physikalischem Raum nicht mehr Bestand hat, dass aber die zwischen dem Innen und dem Außen des Environments, zwischen dem vom Künstler fingierten Raum und dem gegebenen Kontext, auf den Plan getreten ist. Um es mit Kaprow zu sagen: »We simply enter, are surrounded, and become part of what surrounds us [...] in much the same way that we have moved *out* of the totality of the street or our home where we also played a part.«[284]

Eine zweite Debatte, die in den besagten Monografien zur Installationskunst geführt wird, kreist um die veränderte Form der ›Betrachtereinbeziehung‹ (›spectator participation‹). Hier lassen sich zwei konträre Standpunkte ausmachen: Während sich die erste Position, die beispielsweise von Julianne Rebentisch eingenommen wird, auf die generalisierende Behauptung versteift, dass es sich bei ›Betrachtereinbeziehung‹ um ein systematisches Merkmal aller Kunsterfahrung handele, konstatieren

---

[283] Rosenthal, *Understanding Installation Art. From Duchamp to Holzer*, S. 27. Im Ton nicht ganz so euphorische, aber doch inhaltlich verwandte Überlegungen finden sich beispielsweise auch bei Bishop (dies., *Installation Art: A Critical History*, S. 11f.).

[284] Kaprow, »Notes on the Creation of a Total Art«, S. 12.

Vertreter der zweiten Position, zu denen beispielsweise Lars Blunck zu zählen ist, dass dieses Merkmal nur solchen Kunstwerken zukomme, die den Betrachter zum »Handeln« oder »Mithandeln« veranlassen.[285] Rebentisch versteht Betrachtereinbeziehung als »selbstreflexiv-performative Struktur des ästhetischen Objektbezugs«. Installativen Kunstformen gesteht sie lediglich zu, dass bei ihnen die Einbeziehung des Betrachters durch räumliche Inszenierungen besonders deutlich hervortritt. »Dies wohl vor allem deshalb, weil der Betrachter Beziehungen zum ästhetischen Gegenstand hier *auch* durch seine körperliche Aktivität herstellt.«[286] Dagegen begreift Blunck Betrachtereinbeziehung als eine »taktil-kinästhetische Rezeptionshaltung«, welche die »visuell-kognitive« nicht ablöst, sondern zu dieser hinzutritt. Es stelle »eine Strapazierung der semantischen Prägnanz des verfügbaren Begriffsrepertoires dar, wenn der Partizipationsbegriff instrumentell eingesetzt wird [...], um des prozessualen und produktiven Charakters visuell-kognitiver Wahrnehmung terminologisch und analytisch habhaft werden zu können«[287].

In den letzten Abschnitten dieser Arbeit hat sich herausgestellt, dass die spezifische Form der Betrachtereinbeziehung des Environments weder allein in der körperlichen Aktivierung des Rezipienten besteht (dies vermögen beispielsweise schon klassische und moderne Formen der Skulptur) noch allein in der Involvierung aller Sinne oder in der Provokation der rezipientenseitigen Einflussnahme auf das Kunstwerk (beides leisten beispielsweise auch interaktive Assemblagen, die den Rezipienten nicht nur auditiv ansprechen, sondern ihn auch zu einem Ko-Produzenten des Kunstwerkes machen), sondern darin, dass der Betrachter zugleich als ästhetisches Objekt und als ästhetisches Subjekt fungiert. In den fiktionalen Environments manifestiert sie sich überdies in der *Selbstfiktionalisierung* des Rezipienten. Das Environment lässt sich hier, wie wir gesehen haben, als eine Aufforderung zur Anpassung des Selbstbildes an das vom Raum evozierte Bild verstehen. Der Rezipient fiktionalisiert sich, indem er sich selbst als ein anderer erfährt. Er wird zu einem sich selbst *rezipierenden Darsteller*. Wie Rebentisch vertrete ich also die Auffassung, dass ›Betrachtereinbeziehung‹ ein generelles Merkmal bildet, da alle Kunsterfahrung die Beteiligung und Performativität des Rezipienten voraussetzt.

---

285 Die weiter oben genannten Monografien (Fn. 282) lassen sich durchweg der zweiten Position zurechnen.

286 Rebentisch, *Ästhetik der Installation*, S. 59.
287 Blunck, *Between Object and Event. Partizipationskunst zwischen Mythos und Teilhabe*, S. 19.

Allerdings muss der Begriff im Hinblick auf bestimmte Gattungen oder Werke spezifiziert werden, weil er sonst nicht aussagekräftig ist, sondern nur ein generelles Kunstmerkmal beschreibt. Dies bleibt aber sowohl bei Rebentisch als auch bei Blunck ein Desiderat.

Eine dritte für diesen Zusammenhang relevante These, die verschiedentlich geäußert wird, betrifft den ortsspezifischen Charakter des installativen Kunstwerkes. Als ›ortsspezifisch‹ werden, wie weiter oben bereits angemerkt, solche Werke bezeichnet, die sich mit bestimmten (etwa sinnlichen, historischen, sozialen oder funktionalen) Gegebenheiten ihres Ausstellungs- oder Entstehungsortes beschäftigen, sie zum Ausdruck bringen und daher mit diesem untrennbar verbunden sind.[288] Beispielsweise schreibt Julie H. Reiss in ihrer Monografie:

>»Physical properties of the spaces — the raw, unfinished ›alternative‹ space, or a pristine white gallery — are enormously important in installations where the space becomes integrated into the work. Through its decrepitude, a raw space can represent continuity between the installation and the street. Or a break between the installation and the world outside can be communicated through the rarefied atmosphere of a museum. Moreover, the status of the spaces vis-à-vis the art world has an effect on the status of the works shown. Institutional context has the power to validate works or relegate them to the margin. The spaces are an important part of Installation art's history.«[289]

Zu diesem letzten Punkt ist festzuhalten, dass die Tendenz bei Kaprows Environments eher dahin geht, die konkreten Orte ihrer Errichtung zu füllen und zu überspielen. Wer das Environment betreten hat, findet sich in einer umfassenden Situation totalisierter künstlerischer Gestaltung wieder, welche die Aufmerksamkeit vom vorgefundenen Ort eher abzieht. Hieraus könnte man nun schlussfolgern, dass der Museums- bzw. Galerieraum von Kaprow als eine neutrale Matrix verstanden wird, welche die Realisierung einer theoretisch endlosen Anzahl fiktionaler Environments erlaubt, die von ihr inhaltlich und formal unabhängig sind. Dies

---

[288] Siehe hierzu ausführlich etwa: Kwon, *One Place After Another: Site-Specific Art and Locational Identity*, passim.

[289] Reiss, *From Margin to Center. The Spaces of Installation Art*, S. xix.

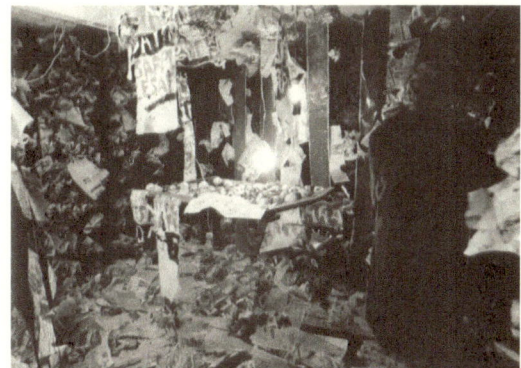

35. *Apple Shrine*, 1960, Judson Memorial Church Gallery, New York.

muss aber nicht unbedingt der Fall sein, denn Thema und Ort dieser Environments können bei Kaprow durchaus in einer inhaltlichen Beziehung zueinander stehen: So findet beispielsweise *Push and Pull* in einem Möbellager statt (im Santini Warehouse in Queens), während *Yard* in einem Hof durchgeführt wird. Ein bisher nicht besprochenes Environment, nämlich *Apple Shrine*, wird 1960 in der Judson Memorial Church Gallery installiert, also an einem Ort, der vormals der Durchführung christlicher Kulte diente (Abb.35).[290] Solche Bezugnahmen lassen sich als logische Konsequenz aus Kaprows Negation des institutionalisierten Kunstraumes verstehen, die eben dazu führen kann, dass zwar nicht auf den Ort als Ausstellungsort Bezug genommen wird, sehr wohl aber auf die eigentlichen, originären oder ehemaligen Funktionen dieses Ortes. Dies bedeutet aber nicht, dass das betreffende Environment in seinem Funktionieren auf diesen Ort auch angewiesen ist, es also an anderen Orten nicht ebenso gut realisiert werden könnte. Im nun folgenden Kapitel wird sich bestätigen, dass Kaprow die Thematisierung bestimmter Eigenschaften des Ortes nicht generell ablehnt, sondern nur die des White Cube im Besonderen. Seit Beginn der 1960er Jahre entstehen seine Happenings und ›Activities‹ in Auseinandersetzung mit Kontexten, in denen wir uns alltäglich bewegen, ja sie nehmen diese zum konzeptionellen Ausgangspunkt.

---

[290] Siehe zu diesem Environment Kelley, *Childsplay: The Art of Allan Kaprow*, S. 162ff.

4. OUTSIDE THE WHITE CUBE: GRUNDLEGENDES

Ich hatte in der Einführung zu diesem Teil über Kaprow die These formuliert, dass die Entwicklung seiner Kunst von einem zweifachen Telos bestimmt sei: Erstens von dem Ziel, die ästhetische Grenze zwischen dem virtuellen Bildraum und dem physikalischen Raum des Rezipienten zu beseitigen, diesen mit der Physikalität der Dinge zu konfrontieren und in einen handelnden Umgang mit ihnen zu bringen – was im vorigen Kapitel abgehandelt wurde. Zweitens äußert sich seit Beginn der 1960er Jahre der Drang, den White Cube zu verlassen. Hintergrund dieses zweiten Schrittes bildet, wie ebenfalls eingangs gestreift, eine bestimmte Unzufriedenheit: Nämlich damit, dass unter den Bedingungen des White Cube die Kunst einen geschlossenen Bezirk bildet, der von der alltäglichen Lebenswelt getrennt bleibt – also die Kunstpraxis eine räumlich begrenzte ist. Dieser Unzufriedenheit hat Kaprow immer wieder Ausdruck verliehen. In einem Statement aus dem Jahr 1965 äußert er rückblickend:

> »I complained immediately about the fact that there was a sense of mystery until your eye reached a wall. Then there was a dead end. At that point my disagreement with the gallery space began. I thought how much better it would be if you could just go out of doors and float an Environment into the rest of life so that such a caesura would not be there. I tried camouflaging the walls one way or another. I tried destroying the sense of bounded space [...]. But this was no solution, it only increased the growing discord between my work and the art gallery's space and connotations.«[291]

Es ist anzunehmen, dass die Schriften von John Dewey, deren Bedeutung für Kaprow bereits herausgestellt wurde, auch für diesen Entschluss, die Räume der Museen und Galerien aufzugeben und in die alltägliche Lebenswelt vorzudringen, nicht ganz unwesentlich waren. Wie sich besonders im ersten und letzten Kapitel seines kunstphilosophischen Hauptwerkes *Art as Experience* zeigt, sieht Dewey die Kunst der Moderne in der Krise, weil sie aufgrund ihrer Professionalisierung, Kommodifizierung und Musealisierung der alltäglichen Erfahrungswelt der Rezipienten entrückt sei.²⁹² Durch Professionalisierung entfremde sich der Rezipient von der Kunstproduktion, wobei der globalisierte Kunstmarkt die Auflösung der Verbindung zwischen dem Kunstwerk und seinem Genius Loci und somit zwischen Produzenten und Rezipienten beschleunige. Die Kommodifizierung der Kunst führe in sozialer Hinsicht zu ihrer Elitisierung, wodurch die unteren gesellschaftlichen Klassen nicht mehr an ›hohen‹ Kunstformen partizipieren könnten. Auch die Musealisierung von Kunstwerken sei gleichbedeutend mit deren Ausscheiden aus der alltäglichen Lebenswelt und ihrer Verbannung in einen geschlossenen Sonderbereich. Statt das alltägliche Handeln zu bereichern, seien sie »aus der gemeinschaftlichen Erfahrung herausgehoben« (»set apart from common experience«²⁹³), wobei die rein zweckinstrumentelle und erfahrungsvernichtende Organisation des Alltags durch die Existenz eines Kunstsystems, in dem erfüllende Erfahrung zwar grundsätzlich möglich sei, an dem aber faktisch nur die oberen Gesellschaftsschichten teilhätten, legitimiert werde. Daher sei die Verkümmerung alltäglicher Erfahrung von der Kunst selbst mitverschuldet. Für Dewey ist all dies symptomatisch für die mangelnde Organizität und Ganzheitlichkeit moderner Gesellschaften.²⁹⁴ Eben vor diesem Hintergrund fordert er die »die Wiederherstellung der Kontinuität von ästhetischer Erfahrung und gewöhnlichen Lebensprozessen« (»recovering the continuity of esthetic experience with normal processes of living«²⁹⁵).

---

291 Kaprow, »A Statement«, S. 46. Ähnliches äußert er in einem Gespräch mit Kostelanetz: »To be honest, I'm really not interested in Environments any more. The reason is that they tend to be, however large, set pieces. I'm really more interested in a continually active field, whose outlines are very, very uncertain so that they blend in and out of daily life.« Kostelanetz, »Conversation with Allan Kaprow«, S. 109.

292 Vgl. Dewey, *Art as Experience*, S. 1ff., 339ff.
293 Ebd., S. 8.
294 Dewey spricht immer wieder von der mechanischen Aufteilung des Lebens in niedrige und hohe, profane und geistige, materielle und ideelle, affektive und kognitive, kontemplative und aktive, erzwungene und lustvolle, körperliche und geistige Handlungsbereiche.
295 Ebd., S. 9.

Bevor ich zwei Arbeiten von Kaprow, nämlich *Calling* und *Self-Service*, näher untersuche, möchte ich kurz einige systematische Anmerkungen vorwegschicken. Zunächst einmal ist darauf hinzuweisen, dass es sich bei der Unterscheidung zwischen ›Kunstraum‹ und ›Alltagsraum‹ nicht – wie bei jener zwischen virtuellem und physikalischem Raum – um eine Unterscheidung (ontologisch) verschiedener Räume, sondern (ontologisch) verschiedener *Praxen*, die an bestimmte konventionelle Orte gebunden sind, handelt. Wie sich anhand des Environments gezeigt hat, ist der Kunstraum bei Kaprow dadurch gekennzeichnet, dass Dinge der alltäglichen Lebenswelt entnommen und in einen vom Künstler gestifteten räumlichen Zusammenhang überführt werden. Dagegen zeichnet sich der Alltagsraum dadurch aus, dass die Dinge einen gegebenen Zusammenhang bilden, sei dieser natürlicher Art (wie beispielsweise in einem Urwald) oder von Menschenhand gestaltet (wie beispielsweise in der Stadt).

Wie wir sehen werden, geht es Kaprow nun weder darum, mit dem Wechsel des Raumes auch die Praxis zu wechseln, noch darum, die alltägliche Lebenswelt nach seiner Maßgabe zu gestalten, also den bestehenden Zusammenhang der Dinge zu verändern, sondern die Dinge sollen in diesen Zusammenhängen aufgesucht werden, um sie einer veränderten Wahrnehmung zu unterstellen.[296] Kaprow spricht in diesem Zusammenhang auch vom »found environment«[297]. Wenn ich mich im Folgenden mit einem Happening und einer Activity näher auseinandersetze, die Kaprow im Alltagsraum realisierte, dann erfolgt dies unter dem Aspekt dieser räumlichen Entgrenzung. Ich frage nach der spezifischen Herangehensweise des Künstlers sowie nach den Folgen des ›Ineinanders‹ von Kunst und alltäglicher Wirklichkeit für die Erfahrung der Teilnehmer und unbeteiligter Dritter. Des Weiteren soll beschrieben werden, wie Wahrnehmungsweisen, die für Activities typisch sind, durch eine Art unwillkürliches Überspringen auch in Situationen praktiziert werden, die sich im *zeitlichen* Umfeld der Kunstsituation ereignen – ein Phänomen, das ich, eben weil hierdurch die *zeitliche* Grenze zwischen Happening und Alltagspraxis verschwimmt, als ›liminale Situation‹ bezeichnen werde.

---

296 Thomas Dreher schreibt hierzu: »Die Welt wird [...] durch den Rahmen der Kunst beobachtet und zugleich werden (mit Weisen der Weltbeobachtung) kunstspezifische Weisen der Beobachtung in Frage gestellt.« Ders.,

Performance Art nach 1945: Aktionstheater und Intermedia, S. 99. Genauer lässt er sich auf diese Beobachtungen aber nicht ein.
297 Kaprow, »Manifesto«, S. 81.

5. CALLING

ORTSWECHSEL Seit Beginn der 1960er Jahre distanziert sich nicht nur Kaprow, sondern ein großer Teil der New Yorker Happening-Szene vom White Cube, um sich mit kunstfernen Orten auseinanderzusetzen, die zu generierenden Momenten von Happenings werden. Hierbei sucht man zunächst noch nicht Orte auf, die unser alltägliches Leben ermöglichen und bedingen, sondern abseitige Räume, die uns normalerweise verborgen oder verschlossen sind. Ein nicht unbeträchtlicher Anteil am Erfolg dieser ortsspezifischen Happenings hängt von der Auffindung eines Ortes ab, der das Publikum zu affizieren vermag. Dessen Erscheinungsweise soll die des Happenings mitbestimmen und durchdringen und umgekehrt verändert das Happening die Phänomenalität des Ortes. In einem Aufsatz von 1961 schreibt Kaprow:

»The sheer rawness of the out-of-door or the closeness of dingy city quarters in which the radical Happenings flourish is more appropriate, I believe, in temperament and un-artiness, to the materials and directness of these works. The place where anything grows up (a certain kind of art in this case), that is, its ›habitat‹, gives to it not only a space, a set of relationships to the various things around it, and a range of values, but an overall atmosphere as well, which penetrates it and whoever experiences it. Habitats have always had this effect, but it is especially important now, when our advanced art approaches a fragile but marvelous life, one that maintains itself by a mere thread, melting the surroundings, the artist, the work, and everyone who comes to it into an elusive, changeable configuration.«[298]

Eines der ersten solcher Happenings von Kaprow ist *The Night*, das im Mai 1961 nach Sonnenuntergang in einem alten Flugzeughangar stattfindet.[299] Das Angebot, die Lehmann Mushroom Caves in St. Paul, Minnesota, nutzen zu dürfen, führt im November 1962 zur Durchführung von *Mushroom*.[300] *Eat* wird in New York realisiert: Die Teilnehmer haben sich in der Smolin Gallery anzumelden und erhalten daraufhin eine Wegbeschreibung, die sie zum Gelände der Ebling Brewery in der Bronx führt. Dort gelangen sie in einen alten Felsenkeller, wo sie sich eine Stunde lang frei bewegen können.[301] Im März 1962 führt Kaprow im Heizungstrakt des Theaters Maidman Playhouse auf der 42nd Street *A Service for the Dead* durch (Abb.36).[302]

Calling ist dann das erste Happening von Kaprow, das im öffentlichen Raum stattfindet, ohne dass ein Publikum darüber vorab informiert wird. Die Aktion wird am 21. und 22. August 1965 durchgeführt, am ersten Tag in Manhattan, am zweiten Tag außerhalb New Yorks in einem Wald, der zu George Segals Farm gehört. 21 teilnahmewillige Personen haben sich auf ein an Freunde und Bekannte gerichtetes Rundschreiben gemeldet, darunter Künstler wie Christo und Jeanne-Claude oder Autoren wie Michael Kirby. Sie treffen sich zweimal, um von Kaprow in die Abläufe eingeweiht zu werden.

Mit diesem Happening möchte ich mich nun etwas eingehender auseinandersetzen. Nach einer kurzen Skizze des Gegenstandes werde ich zunächst untersuchen, wie die durch das Happening bewirkte Transformation der Wahrnehmung alltäglicher Wirklichkeit zu fassen ist. Danach werde ich erörtern, welche Konsequenzen sich für den Begriff der Grenze zwischen Kunst und alltäglicher Wirklichkeit aus der spezifischen Situierung des Happenings ergeben, um mich in einem letzten Schritt der Außenwahrnehmung des Happenings unter rahmentheoretischen Gesichtspunkten zuzuwenden.

---

298 Kaprow, »Happenings in the New York Scene«, S. 18.
299 Siehe hierzu Kaprow, »The Night«. Das Happening ist Teil eines Festivals an der University of Michigan in Ann Arbor.
300 Siehe hierzu Kaprow, »Mushroom«.
301 Siehe hierzu Kirby, »Allan Kaprow's Eat«.
302 Siehe hierzu Kaprow, »A Service for the Dead«.

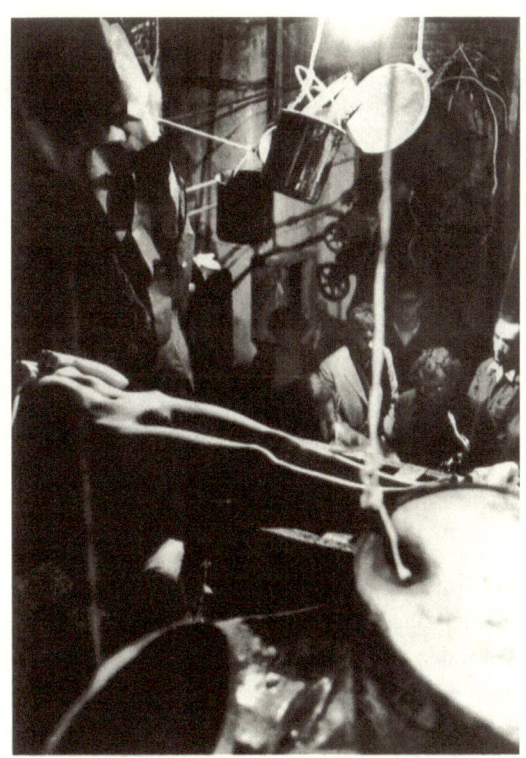

36. *A Service for the Dead*, 1962, Maidman Playhouse, New York.

ABLAUF

Die ›city section‹ am ersten Tag ist in drei örtlich und personell voneinander unabhängige Handlungsabfolgen gegliedert, die erst gegen Ende des Happenings an einem Ort zusammenfinden.[303] Diese Handlungsabfolgen verlaufen in allen drei Fällen gleich: Sechs Teilnehmer verteilen sich gleichmäßig auf zwei Autos. Das Happening beginnt, indem eine siebte Person an einer Straßenecke Manhattans etwa eine halbe Stunde wartet. Schließlich hält einer der beiden Pkws an, seine Insassen rufen den Namen des Wartenden, worauf dieser einsteigt. Der Wagen setzt sich in Bewegung und durchfährt die Innenstadt. Währenddessen wird der Fahrgast von den beiden anderen Mitfahrern bis auf einen Schlitz zum Atmen vollständig in Aluminiumfolie eingewickelt, sodass sein Sehsinn komplett suspendiert ist (Abb.37). Zu einem festgelegten Zeitpunkt wird

---

[303] Der folgende Ablauf ist von Kaprow genau dokumentiert worden, vgl. ders., »Calling«.

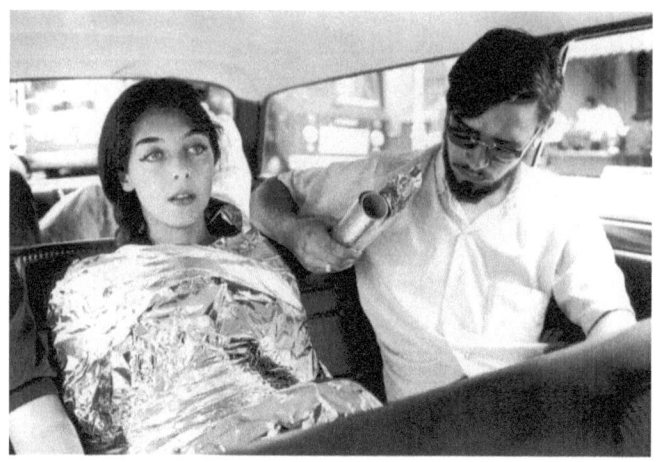

37. *Calling*, 1965, New York (erster Tag).

das Auto auf einem verabredeten Parkplatz abgestellt. Alle Insassen außer der eingewickelten Person steigen aus. Währenddessen hat das zweite Team den zweiten Wagen in einem Parkhaus abgestellt und ist am vereinbarten Treffpunkt erschienen. Es übernimmt nun das Auto, nicht ohne dem ersten Team zu verraten, in welcher Parkgarage sich das andere Auto befindet. Während der Fahrt wird die verhüllte Person wieder aus der Folie ausgewickelt, jedoch nur, um sogleich wieder in Stoffsäcke verpackt zu werden (Abb.38). Schließlich wird sie in der Parkgarage ausgeladen, zu der sich das erste Team zwischenzeitlich bewegt hat. Dort wird das verschnürte Bündel von diesem in den anderen Pkw verfrachtet und nach einer Fahrt durch die Straßen Manhattans zur Grand Central Station gebracht. Hier fließen die drei Handlungssequenzen, die davor örtlich, zeitlich und personell unabhängig voneinander abgelaufen waren, zusammen: Die drei Bündel werden von den ersten Teams auf den Schultern in die Bahnhofshalle getragen, an den zentralen Auskunftsschalter gelehnt und dann sich selbst überlassen (Abb.39–41). Die eingewickelten Akteure rufen sich gegenseitig mit ihren Namen an und befreien sich selbst aus den Stoffsäcken. Dann gehen sie zu öffentlichen Telefonapparaten und wählen die Telefonnummern der Fahrer der zweiten Teams, die sich zwischenzeitlich nach Hause bewegt haben. Diese warten, bis es 50 Mal geklingelt hat, dann nehmen sie ab. Die Anrufer nennen den Namen der Angerufenen, woraufhin diese auflegen. Damit ist die ›city section‹ beendet.[304]

Am zweiten Tag ereignet sich das Happening in einem Wald, der zu Segals Farm gehört. Alle Teilnehmer bis auf diejenigen, die am Vortag verhüllt worden sind, teilen sich in fünf Gruppen auf, die verschiedene voneinander entfernte Punkte im Wald aufsuchen.[305] An jedem dieser fünf Punkte hängen Säcke aus Segeltuch an Seilen von Bäumen. Eine Person aus der jeweiligen Gruppe klettert in den Sack, sodass sie mit dem Kopf nach unten etwa einen halben Meter über dem Boden hängt (Abb.42). Die Personen, die am Vortag zur Gruppe der Eingewickelten zählten, gehen auf ein Signal Kaprows in den Wald. Sie durchsuchen ihn und rufen die Namen derjenigen, die von den Bäumen hängen. Wenn der richtige Name fällt, schreien die betreffende Person und die anderen Mitglieder ihrer Gruppe »here«. Die Suchenden folgen der Stimme, bis sie bei dieser Person ankommen, und reißen ihr dann die Kleidung vom Leib. Dies wird so lange wiederholt, bis alle Personen, die von den Bäumen herabhängen, gefunden und auf diese Weise entkleidet worden sind. Nach einer Phase der Stille beginnen für zehn Minuten alle Teilnehmer die Namen derjenigen, die an Bäumen hängen, zu rufen, was eine »zufällige vokale Symphonie« erzeugt.[306] Nach einem langsamen Ausklingen entsteht wieder eine Phase der Stille und die Teilnehmer verlassen schließlich vereinzelt und nacheinander den Wald.

Wie diese kurzen Beschreibungen zeigen, hat sich sowohl die zeitliche Dauer als auch der räumliche Radius des Happenings gegenüber *18 Happenings in 6 Parts* enorm ausgedehnt. Am ersten Tag werden die Teilnehmer in Kraftfahrzeugen im urbanen Raum auf eine Route geschickt, deren Verlauf nicht vorab festgelegt wird, sodass sich die verschiedenen Aktionen an unterschiedlichsten, weit voneinander entfernt liegenden Orten ereignen.[307] Da sich das Happening aus drei Handlungssträngen mit jeweils zwei Teams und einer verpackten Person zusammensetzt, bleiben die Teilnehmer über die genauen Aufenthaltsorte und Aktionen der anderen uninformiert. Am zweiten Tag wird das urbane Setting durch ein rurales ausgetauscht. Auch hier ist das Terrain so groß dimensioniert, dass sich die Teilnehmer aus den Augen verlieren, womit der Kontakt allein

---

304 Kaprow macht sich hier die Vieldeutigkeit des Verbs ›to call‹ zunutze, das unter anderem ›rufen‹, ›herbeirufen‹, ›telefonieren‹, ›(be)nennen‹, ›besuchen‹ oder auch ›aufsuchen‹ bedeuten kann.
305 »Each group was isolated in the damp woods. None of the people in one group could see any of the participants in any of the other groups.« Kaprow, »Calling«, S. 210.
306 »For perhaps ten minutes the names of the five hanging people were the material for a random vocal symphony sounding from various locations and with various volumes and qualities.« Ebd.
307 Vgl. ebd., S. 207.

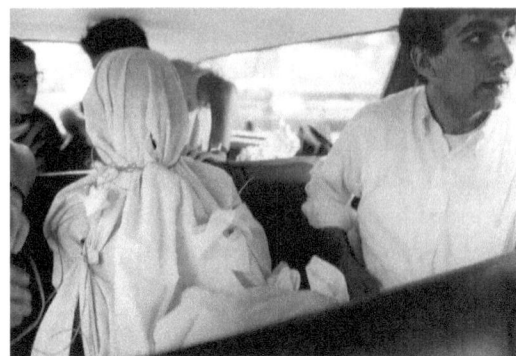

38. *Calling*, 1965, New York (erster Tag).

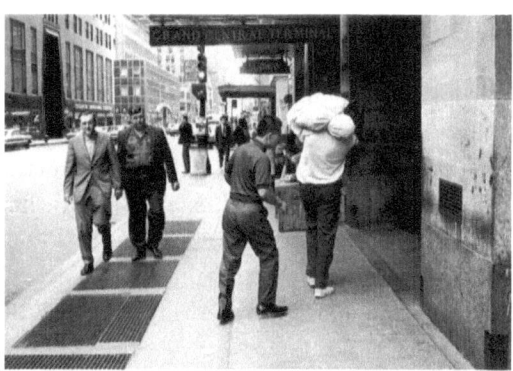

39. *Calling*, 1965, New York (erster Tag).

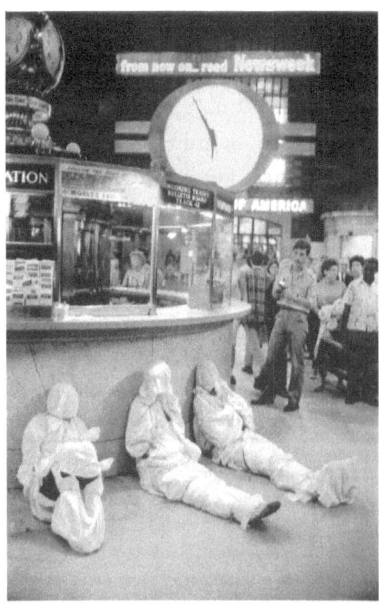

40. *Calling*, 1965, New York (erster Tag).

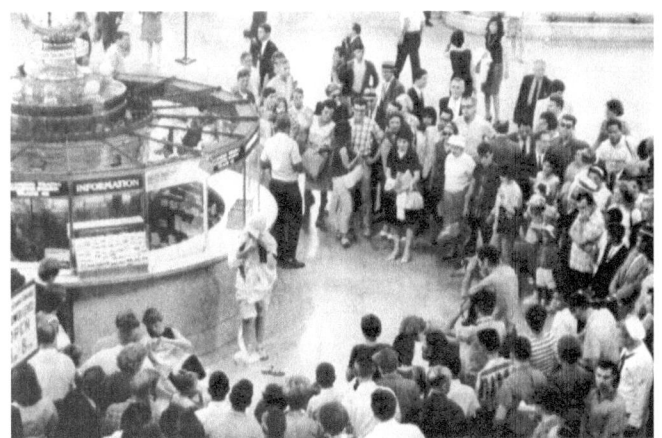

41. *Calling*, 1965, New York (erster Tag).

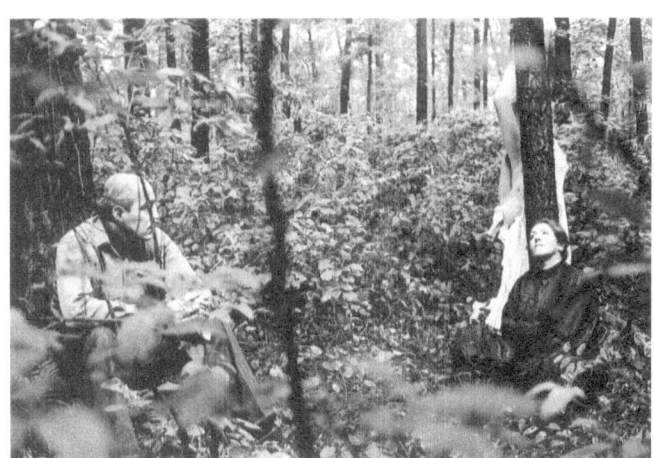

42. *Calling*, 1965, North Brunswick (zweiter Tag).

über Rufen und Antworten herzustellen ist. Keiner der Teilnehmer ist also dazu in der Lage, das Happening in seiner Gänze zu erleben.[308] Sie wissen um ein ›Mehr‹ an Happening, das sich gerade anderswo abspielt, aber der eigenen Einsicht entzogen ist.

DIE ERFAHRUNG ALLTÄGLICHER WIRKLICHKEIT IM HAPPENING

Auch *Calling* zeigt, dass sich Kaprow gegen eine rein kontemplative Auffassung von ›Erfahrung‹ wendet. Körperliches Handeln und Fortbewegung werden gegen Passivität und Bewegungslosigkeit ins Feld geführt. Die Teilnehmer stehen dem jeweiligen ›found environment‹ nicht gegenüber, sondern treten durch ihre Interaktionen mit diesem in vielfache Verbindung. Wie in den fingierten Environments werden sie nicht nur zu körperlich aktivierten Rezipienten, sondern zu ›Darstellern‹, welche die Handlung des Happenings tragen und voranbringen müssen. Wie weiter oben bereits formuliert, steht nun infrage, wie die Erfahrung dieser ›found environments‹ sowie die Selbsterfahrung der Teilnehmer zu fassen sind.

Zunächst einmal ist auffallend, dass durch die Handlungen der Teilnehmer deren Wahrnehmung auf bestimmte – normalerweise oft unreflektierte – Aspekte ausgerichtet wird: Wie bewegt man sich im betreffenden Environment fort? Auf welche Weise kommuniziert man? Indem die Handlungen am ersten und am zweiten Tag des Happenings Variationen eines Themas bilden – Rufen, Verhüllen, Enthüllen, Fortbewegen – dienen sie überdies als Mittel, um die Erfahrung der beiden Environments unter bestimmten Aspekten miteinander vergleichen zu können. Es ist auffällig, dass die beiden Environments diesbezüglich äußerst gegensätzliche Erfahrungen hervorrufen: dem Lärm der Stadt kontrastiert die Stille des Waldes, dem Ausgestellt-Sein der Akteure die Einsamkeit, der technikgestützten Kommunikation die techniklose, der Fortbewegung durch Motorkraft die Fortbewegung zu Fuß.[309] Ein besonderer Akzent liegt sicherlich auf den akustischen Verhältnissen: daher die verschiedenen Formen des ›Rufens‹ bzw. ›Anrufens‹ und daher die abschließende »Symphonie«.

---

308 Siehe hierzu auch Kaye, *Site-Specific Art. Performance, Place and Documentation*, S. 108f., und Kelley, *Childsplay. The Art of Allan Kaprow*, S. 110.

309 Auf solche Kontraste weist auch Kelley in *Childsplay. The Art of Allan Kaprow*, S. 108, hin.

In der Forschung wird häufig die Auffassung vertreten, dass es Kaprow mit *Calling* darum gegangen sei, eine Entführungsaktion in Szene zu setzen, ja überhaupt Gewaltausübung und Gewalterfahrung zu thematisieren.[310] Gestützt wird diese Auslegung des Happenings durch den Umstand, dass Kaprow den urbanen Raum verschiedentlich in solche ›crime scenes‹ verwandelt hat.[311] Jeder Teilnehmer hat sich demnach entweder in die Täter- oder in die Opferperspektive zu versetzen. Unter den Bedingungen der ästhetischen Distanz, also der Fiktionalität des Happenings, werden so zwar außergewöhnliche Grenzerfahrungen erzeugt, doch entfällt der Handlungsdruck, der solchen Situationen außerhalb des Happenings zukäme. Die Handlungen und Erfahrungen sind dramatisch, ja zum Teil traumatisch, ohne jedoch tatsächlich existentiell bedrohlich zu sein.[312]

Aus der Interpretation des Happenings als Entführungsaktion folgt, dass die Darsteller ihre Handlungen insofern als fiktional betrachten, als sie ihnen einen Gehalt zuschreiben, der über das Faktische hinausgeht (sie nehmen sich als Täter oder Opfer eines Entführungsszenarios wahr). Es ist nun aber wiederum zu erwarten, dass sich nicht nur die Wahrnehmung der eigenen Person und des eigenen Handelns hierdurch entscheidend verändert, sondern dass auch die Wahrnehmung des betreffenden Environments diesem fiktionalen Rahmen anzupassen ist. Ich greife exemplarisch den ersten Tag des Happenings heraus: Elemente des Stadtraumes werden dann wohl episodisch als etwas wahrgenommen, das faktisch nicht gegeben ist. Beispielsweise mögen das Blaulicht und die Sirene eines zufällig vorüberfahrenden Einsatzwagens der örtlichen Verkehrspolizei sowohl aus der Täterperspektive als auch aus der Opferperspektive so erscheinen, als ob es sich um einen die Verfolgung aufnehmenden Einsatzwagen der Kriminalpolizei handelt. Es kommt zu einer durch das fiktive Entführungsszenario bewirkten Transformation der Wahrnehmung alltäglicher Wirklichkeit, es kommt zur Wahrnehmung *von* etwas *als* etwas.

---

310 Siehe etwa McDonough, »The Crimes of the Flaneur«, S. 111, oder Kelley, *Childsplay*, S. 106, 108.
311 Ein Beispiel hierfür bietet *Shape*, das 1966 innerhalb von *Six Ordinary Happenings* realisiert wird: »SHOES, BODIES / ON STREETS, SIDEWALKS, FIELDS / SPRAY PAINTING THEIR SILHOUETTES / REPORTS AND PHOTOS IN NEWSPAPER.« Zit. n. Meyer-Hermann, Perchuk u. a. (Hg.), *Allan Kaprow: Art as Life*, S. 207.

312 ›Ästhetischen Distanz‹ spielt in vielen ästhetischen Theorien von Aristoteles bis Kant eine Rolle. Bei Aristoteles ist sie eine entscheidende Bedingung für die Möglichkeit der kathartischen Wirkungen der Tragödie. Bei Kant ist die Erfahrung des Schönen durch das Merkmal der Interesselosigkeit bestimmt, während die Erfahrung des Erhabenen die Freisetzung aus der direkten Betroffenheit durch den erhabenen Gegenstand voraussetzt.

Aus der Perspektive der Täter wird diese Situation zweifellos mit Unwohlsein, dem Gefühl der Bedrohung, verbunden sein. Aus der Perspektive der Opfer dürfte sich dies jedoch anders darstellen, sodass – um den fiktiven Fall weiterzuspinnen – der die Verfolgung aufnehmende Polizeiwagen hier wohl Gefühle der Hoffnung und Zuversicht auslösen dürfte. Auch ist im Unterschied zu den Tätern die Wahrnehmung der Opfer – bedingt durch das Einwickeln und Verbinden der Augen – zeitweise stark behindert bzw. auf den Gehörsinn beschränkt, weswegen sie sich in dieser Phase weder darüber im Klaren sein dürften, wo sie sich gerade befinden, noch was um sie herum eigentlich genau passiert (der Polizeiwagen ist für die Opfer zwar hörbar, aber nicht sichtbar). Da der Sinnesapparat modifiziert wurde, ist die Wahrnehmung dazu gezwungen, sich neu auszurichten, weswegen das Environment verstärkt unter Aspekten wahrgenommen wird, die normalerweise unbewusst bleiben. Dass die Qualität des Erfahrenen von der jeweiligen Perspektive abhängig ist, würde sich sicherlich auch am zweiten Tag des Happenings bestätigen, wo sich der Wald fiktional auflädt und sich atmosphärisch – wiederum abhängig von der individuellen Perspektive – in unterschiedlicher Weise präsentiert. Es werden also nicht nur die verschiedenen Environments, sondern auch ein und dasselbe Environment – abhängig von der jeweiligen Rolle – in qualitativer Hinsicht unterschiedlich erfahren. So gesehen erprobt *Calling* die fiktionalen und expressiven Potentiale alltäglicher Wirklichkeit relativ zur jeweiligen Handlungssituation.

Nun ist die Idee, dass Kunst die Wahrnehmung alltäglicher Dinge zu ›verfremden‹ habe, um diese anders erfahren zu können, natürlich keine neue. Es ist bekannt, dass dieses Konzept, ausgehend von Henri Bergsons Überlegungen zur »automatischen Wiederholung«, mit Viktor Šklovskij Eingang in die Kunsttheorie findet.[313] Šklovskij begreift das ›Seltsam-Machen‹ von Gegenständen (›ostranenie‹) als eine wesentliche künstlerische Verfahrensweise, die zu einer Verlangsamung bzw. Verzögerung der Wahrnehmung führen soll und damit dem rein Wiederkennenden der Wahrnehmung entgegenarbeitet.[314] Indem der Künstler die Konventionen der Gegenstandsdarstellung aufbricht, soll sich ein neues Empfinden der dargestellten Gegenstände ereignen.[315] Doch im Unterschied zu den litera-

---

313 Zur Beziehung zwischen Bergson und Šklovskij siehe beispielsweise Menke, *Die Souveränität der Kunst: Ästhetische Erfahrung nach Adorno und Derrida*, S. 48ff.

314 Den Begriff ›ostranenie‹ hat Šklovskij von ›strannyi‹ (›seltsam‹) abgeleitet.
315 Mit Šklovskijs eigenen Worten: »[G]erade um das Empfinden des Lebens wiederherzustellen,

rischen Darstellungstechniken, die Šklovskij beschreibt, werden hier nicht alltägliche Phänomene als abwesende Phänomene nur medial vermittelt, sondern die Teilnehmer haben sich aus den Museen und Galerien hinausbewegt, um sie in ihren gegebenen Zusammenhängen *aktualiter* zu erfahren. Das Happening hat sich räumlich entgrenzt, sodass die alltägliche Lebenswelt selbst den Erfahrungsgegenstand der Rezipienten bildet und somit – abhängig von der Perspektive – direkt einer veränderten Wahrnehmungsweise unterliegt.

Kaprow möchte die Aufmerksamkeit der Teilnehmer also darauf lenken, wie sich durch die Kunstpraxis die Selbst- und Umwelterfahrung qualitativ verändert. Künstlerische Gestaltung macht sich so nicht mehr an den spezifischen Räumen oder Gegenständen geltend, auch nicht an deren räumlichen Zusammenhang, sondern bezieht sich auf die Praxis der Teilnehmer, die spezifische Erfahrungen provoziert.[316] Kaprow gestaltet nicht den Raum, sondern lenkt durch Anweisungen die teilnehmenden Subjekte und die Art und Weise ihres Handelns. Hierbei treten die fiktionalen und expressiven Potentiale der alltäglichen Lebenswelt zutage. Somit werden Dimensionen offenbar, die wir normalerweise eher künstlerischen Artefakten zurechnen, die aber nicht an diese gebunden sind, sondern von der spezifischen Praxis abhängen.

DIE GRENZE ZWISCHEN HAPPENING UND ALLTÄGLICHER WIRKLICHKEIT

Welche Konsequenzen hat dies nun für die *ästhetische Grenze* zwischen Happening und alltäglicher Wirklichkeit? Wir hatten gesagt, dass Kaprow davon absieht, einen fingierten Raum zu gestalten, innerhalb dessen das Happening stattfindet. Der Schauplatz des Happenings wird nicht mehr durch Requisiten transformiert, sondern das jeweilige ›found environment‹ wird selbst zur Kulisse des Happenings. Zweitens hatten wir festgestellt, dass der fiktionale und expressive Charakter des betreffenden Ortes nicht länger auf einer Differenz gegenüber anderen Orten, sondern auf der abweichenden Praxis der

---

um die Dinge zu fühlen, um den Stein steinern zu machen, existiert das, was man Kunst nennt. Ziel der Kunst ist es, ein Empfinden des Gegenstandes zu vermitteln, als Sehen, und nicht als Wiedererkennen.« Šklovskij, »Die Kunst als Verfahren«, S. 15.
316 Blunck vertritt in diesem Zusammenhang,

dass sich Kaprow die Teilnehmer als ›Material‹ verfügbar macht (vgl. ders., *Between Object and Event. Partizipationskunst zwischen Mythos und Teilhabe*, S. 109). Dreher spricht von einer »Auflösung des Objektbegriffes in Begriffe wie Situation und Ereignis«. Ders., *Performance Art nach 1945: Aktionstheater und Intermedia*, S. 96.

Teilnehmer beruht. Das Happening verliert also seinen objektiv bestimmbaren räumlichen Rahmen.[317] Die Grenze zwischen Kunst und alltäglicher Wirklichkeit verläuft nicht mehr zwischen »geformtem Kunstraum und ungeformtem Freiraum«, wie beispielsweise Ernst Michalski vorschlägt[318], sondern *zwischen den verschiedenen Handlungs- und Wahrnehmungsweisen der beteiligten Subjekte.*

Ein Effekt dieser Eliminierung der räumlichen Grenze besteht darin, dass das Happening nicht nur als das Produkt auktorialer Gestaltung, sondern auch zufälliger autorunabhängiger Ereignisse zu betrachten ist, die auf den Verlauf des Happenings entscheidenden Einfluss nehmen. Anders als bei *18 Happenings in 6 Parts* und den Environments lassen sich diese Ereignisse nicht nur auf die Teilnehmer, sondern auch auf die sozialen und natürlichen Prozesse im ›found environment‹ zurückführen. Man denke nur einmal an das Verkehrsaufkommen in den Straßen Manhattans, an die Ampelsignale, Staus und Unfälle: »When you have an outline around your space, in which all of your activity takes place, then you are responsible for everything that happens within it. The minute you break your space, a lot of dimensions become unpredictable.«[319]

Diese Neudefinition der ästhetischen Grenze als Praxiswechsel lässt die zeitlichen Grenzen des Happenings eigentlich unberührt. Für die Teilnehmer dürfte es demzufolge kein Problem darstellen, den Beginn und das Ende des Happenings zu identifizieren. Allerdings werden seitens des Autors etliche Mittel aufgewandt, um auch diesen *zeitlichen* Rahmen zu verunklären. So haben die zu verpackenden Personen zu Beginn des Happenings etwa 30 Minuten auf ihre ›Entführer‹ zu warten, eine Situation, die man mit Arnold van Gennep und Victor Turner als ›Schwellenphase‹, als Zustand des »betwixt and between«[320], bezeichnen könnte. Michael Kirby, der an *Calling* teilnahm, beschreibt einen solchen Zwischenzustand einsetzender Fiktionalisierung:

> »When I participated in *Calling*, several of us went to a soda fountain after Kaprow's briefing session to pass the time until we were scheduled to begin our part of the performance. Perhaps because of

---

317 Vgl. Kaye, *Site-Specific Art. Performance, Place and Documentation*, S. 105ff.
318 Michalski, *Die Bedeutung der ästhetischen Grenze für die Methode der Kunstgeschichte*, S. 10.
319 Kaprow, zit. n. Kostelanetz, »Conversation with Allan Kaprow«, S. 112.
320 Turner, *The Ritual Process. Structure and Anti-Structure*, S. 95.

the sense of anticipation, the conspiratorial qualities of the particular piece, or the feeling of adventure that was generated, it was as if everything that we said and did was already part of the piece.«[321]

ZUR AUSSENWAHRNEHMUNG DES HAPPENINGS (RAHMENTHEORETISCHE GESICHTSPUNKTE)

Ich möchte mich nun einem weiteren Effekt der räumlichen Entgrenzung des Happenings zuwenden. Hier steht das Verhältnis zwischen den Akteuren und dem zufällig auftretenden ›Publikum‹ im Mittelpunkt. Mithilfe der Rahmentheorie von Erving Goffman möchte ich untersuchen, welche Konsequenzen die räumliche Entgrenzung zwischen Happening und alltäglicher Wirklichkeit für die Erfahrung unbeteiligter Dritter zeitigt.

In verschiedenen Readern zur Theorie der Performance finden sich Textausschnitte oder ganze Aufsätze von Goffman wieder.[322] Diese Reproduktionen haben offensichtlich den Zweck, Studenten zum Nachdenken darüber anzuregen, wie Aktivitäten innerhalb von Performances durch den ›Spielrahmen‹ von Handlungen in der alltäglichen Wirklichkeit geschieden sind und daher einer anderen Interpretationsweise unterstellt werden. Anders formuliert: In diesem Kontext geht es darum, innerhalb von Performances ausgeführte Aktivitäten in ontologischer und ästhetischer Hinsicht von alltäglichen Handlungen zu unterscheiden. Dagegen werde ich im Folgenden versuchen, die verschiedenen Typen von Irritationen und Fehlinterpretationen, die Calling durch seine unvermittelte Situierung im öffentlichen Raum provoziert, mithilfe dieser Theorie systematisch zu erläutern. Wiederum anders formuliert: Thematisch wird im Folgenden gerade die ›Brüchigkeit‹ des Rahmens.

Nach Erving Goffman sind ›Rahmen‹ Deutungsmuster für soziale Handlungen, mit denen ihnen Sinn verliehen wird.[323] Goffman geht hierbei vom primären Rahmen der alltäglichen Einstellung aus, die es uns ermöglicht, alle sich zutragenden Ereignisse und Vorgänge für uns

---

321 Kirby, *Art of Time: Essays on the Avant-Garde*, S. 166. Ähnliche Grenzsituationen ließen sich für das Ende des Happenings am zweiten Tag konstatieren.

322 So ist in Bail (Hg.), *The Performance Studies Reader*, im Kapitel »What is performance?« Goffmans Text »Performances: belief in the part one is playing« abgedruckt (S. 59–63). In Counsell,

Wolf (Hg.), *Performance Analysis: An Introductory Coursebook*, findet sich im ersten Teil (»Decoding the Artefact«) ein Ausschnitt aus *Frame Analysis* wieder (S. 24–30).

323 Ich beziehe mich im Folgenden auf Goffman, *Rahmen-Analyse. Ein Versuch über die Organisation von Alltagserfahrungen*.

auszulegen.[324] Eine Transformation des Primärrahmens ereignet sich dann, wenn Handlungen einem veränderten Interpretationsschema unterstellt werden. Eingeleitet und beendet werden solche Rahmentransformationen durch Signale, welche die Dauer der Transformation begrenzen. Hierbei wird vorausgesetzt, dass alle Beteiligten wissen, dass eine systematische Umwandlung erfolgt, die das, was in ihren Augen vor sich geht, grundlegend neu bestimmt. Die Transformation eines Rahmens verändert den (körperlichen) Vollzug der darin enthaltenen Handlungen vielleicht nur geringfügig, »doch sie verändert entscheidend, was in den Augen der Beteiligten vor sich geht«[325].

Paradigmatisch für solche Rahmentransformationen sind für Goffman etwa das (kindliche) Spiel oder die Theateraufführung, denen er ausführliche Analysen zuteilwerden lässt. In dem Kapitel ›Der Theaterrahmen‹ beschreibt Goffman, wie die Außengrenzen einer Theateraufführung durch etliche Mittel und Vorkehrungen markiert werden. Dazu gehören in räumlicher Hinsicht schon die architektonischen Voraussetzungen des Theaterbaus, die dem theatralen Geschehen einen bestimmten Ort zuweisen. In zeitlicher Hinsicht wiederum werden bestimmte Signale wie das Öffnen und Schließen des Vorhanges oder die Abdunkelung und Erhellung des Zuschauerraumes genannt.[326] Mit diesen Außenrändern der Theateraufführung korreliert nach Goffman eine Binnenaufteilung, durch welche die Bühnenzone vom Zuschauerraum getrennt wird. Während einer Vorstellung werden sämtliche Handlungen der Darsteller für das Publikum, das den Gegenpol zu den Schauspielern bildet, dargestellt und auf dieses ausgerichtet: »Es besteht eine Ausschließlichkeit des Anspruchs der Zuschauer auf die Handlung, der sie beiwohnen.«[327]

Wie verhält es sich nun aber bei *Calling*? Wie lässt sich das Verhältnis zwischen Darstellern und Zuschauern unter rahmentheoretischen Gesichtspunkten hier beschreiben? Die Durchführung des Happenings erzeugt insbesondere dort große öffentliche Aufmerksamkeit, wo die menschlichen Bündel zum Vorschein kommen, also beispielsweise beim Parken der Autos.[328] In diesen Momenten bilden die dargestellten Handlungen einen Kontrast zum alltäglichen Geschehen, wodurch sich ein kon-

---

324 Vgl. ebd., S. 31ff.
325 Ebd., S. 57.
326 Vgl. ebd., S. 143ff.
327 Ebd., S. 143. Zum ›Theaterrahmen‹ siehe auch S. 118f. dieser Arbeit.

328 Vgl. Kaprow, »Calling«, S. 207. Siehe hierzu auch Blunck, *Between Object and Event. Partizipationskunst zwischen Mythos und Teilhabe*, S. 110, und Dreher, *Performance Art nach 1945: Aktionstheater und Intermedia*, S. 100.

tingentes und veränderliches Publikum herausbildet, das aus Passanten, Autofahrern und Zugreisenden besteht. So erzählt Kaprow beispielsweise von einem Bauarbeiter, der vor Staunen seine Lotsentätigkeit unterbricht, wodurch ein Lastwagen beinahe in eine Baugrube gestürzt sei.[329]

Die Zuschauer kommen also nicht zum Happening, sondern das Happening kommt zu ihnen. Es ereilt sie unvorbereitet und ohne sich auszuweisen. Die Transformation des Rahmens erfolgt hier nicht, wie im idealtypischen Theaterrahmen, durch räumliche Vorkehrungen und allgemeine soziale Konventionen, sondern durch intersubjektive Verabredungen. Allerdings bleibt das akzidentielle Publikum von diesen Verabredungen ausgeschlossen. So kommt es, dass dem Einweiser die distanzierende Fiktionsmarkierung des ›Als-Ob‹ entgeht und er das Geschehen für bare Münze nimmt. Er hält die Entführung (zumindest kurzzeitig) nicht für fiktiv, sondern für real. Hier liegt das Beispiel für eine Situation vor, die Goffman ›Rahmungsirrtum‹ oder auch ›Modulationsfehler‹ (›miskeying‹) nennt.[330]

Das Gegenstück zur Rahmentransformation bildet bei Goffman das ›Täuschungsmanöver‹. Die strukturelle Eigenschaft dieses Manövers besteht darin, dass die Beteiligten in zwei Gruppen zerfallen, nämlich in die der Wissenden und die der Hereingelegten, die verschiedene Vorstellungen davon haben, was vor sich geht. Während eine Transformation des Rahmens darauf abzielt, dass alle Beteiligten zu einer gleichen Sichtweise kommen, ist ein Täuschungsmanöver auf Unterschiede angewiesen: »[F]ür die Wissenden bei einem Täuschungsmanöver geht ein Täuschungsmanöver vor sich; für die Getäuschten geht das vor sich, was vorgetäuscht wird. Der Rand des Rahmens ist eine Fälschung, doch nur die Fälscher erkennen sie als solche.«[331]

Schon der von Kaprow erwähnte Bauarbeiter dürfte wohl nach einigen Sekunden der Irritation erkannt haben, dass es sich bei den beobachteten Vorgängen nicht um eine wirkliche Entführung handeln kann und daher über ihre wahren Hintergründe gerätselt haben. Dem entspricht, dass die Akteure, während sie in der Stadt unterwegs sind, immer wieder auf den Anlass ihres Handelns angesprochen werden (Abb.43), so auch von den zufällig vorübergehenden Passanten in der Bahnhofshalle der

---

329 Vgl. Kostelanetz: »Conversation with Allan Kaprow«, S. 119.
330 Vgl. Goffman, *Rahmen-Analyse. Ein Versuch* *über die Organisation von Alltagserfahrungen*, S. 338ff.
331 Ebd., S. 99.

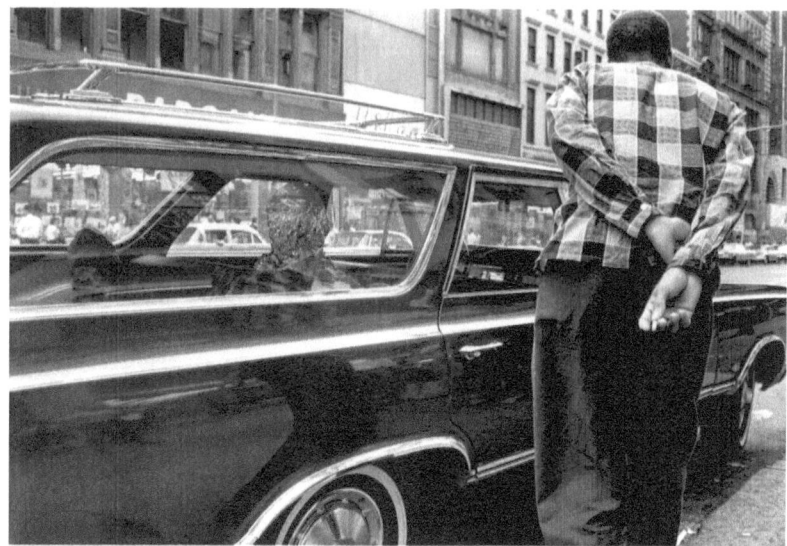

43. *Calling*, 1965, New York (erster Tag).

Grand Central Station, die sich allmählich zu einer großen Traube zusammenfinden (Abb.40–41). Im Sinne Goffmans äußert sich in solchen Fällen ein allgemeines Bedürfnis nach Gewissheit über den anzuwendenden Interpretationsrahmen. Dem wird aber seitens der Performer nicht entsprochen, denn bei Nachfragen werden gezielte Fehlinformationen gestreut. So antworten die Akteure während ihrer Tour durch die Innenstadt, dass es sich nicht um ein Happening, sondern um vorbereitende Arbeiten für einen Kinderfilm handle, der von Menschen erzählt, die versehentlich als Paket eingewickelt und dergestalt um die Welt geschickt worden sind.[332] In der Schalterhalle der Grand Central Station wird dem Publikum dagegen die Auskunft erteilt, dass »Proben für ein Kindertheater«[333] durchgeführt würden. Weder die eingewickelten Performer noch die Zuschauer sehen also, was vor sich geht.

---

332 Vgl. Kirby, *Art of Time: Essays on the Avant-Garde*, S. 165.
333 Zit. n. Ursprung, *Grenzen der Kunst. Allan Kaprow und das Happening, Robert Smithson und die Land Art*, S. 119, Fn. 69.

6. SELF-SERVICE

DAS ENDE DES HAPPENINGS Schon Mitte der 1960er Jahre wird das Happening als Kunstform derart populär, dass beispielsweise das Magazin *The Esquire* in seiner Rubrik »Where not to be seen« 1965 dringend davon abrät, an einem solchen teilzunehmen. In der Folge beginnt die New Yorker Kunstszene, sich allmählich von solchen nun häufig als ›Spektakel‹ diffamierten Veranstaltungen zu distanzieren.[334] So fällt die Konjunktur des Begriffes außerhalb der Sphäre der Kunst zeitlich mit dem fast spurlosen Verschwinden der Gattung Happening innerhalb der Kunst zusammen.[335] Während sich das Interesse der New Yorker Kunst-Szene auf andere Gattungen (zurück-)verlagert, wird der Begriff in die Allgemeinsprache aufgenommen und bezeichnet fortan alle möglichen nicht-künstlerischen Phänomene des öffentlichen Lebens: von der Mondlandung bis zum Footballspiel, von einer Flower-Power-Demonstration bis zum Auftritt des US-amerikanischen Präsidenten. Auf diese Sachlage reagiert Kaprow anders als seine Kollegen: Er zieht sich einerseits zunehmend aus der Öffentlichkeit zurück, um Aktionen in kleinen Kreisen fernab großer Publika durchzuführen, andererseits sieht er von der Verwendung des Begriffes ›Happening‹ ab und erfindet um 1966 eine neue künstlerische Gattung namens ›Activity‹. Hierunter fällt auch *Self-Service*.

---

334 Vgl. Kirby, »The New Theatre«, S. 29. Kommentare von Claes Oldenburg und Jim Dine zu dieser Entwicklung finden sich bei Kostelanetz, »Conversation with Claes Oldenburg«, S. 145, und Nöth, *Strukturen des Happenings*, S. 62. Siehe hierzu auch Ursprung, *Grenzen der Kunst*.

Allan Kaprow und das Happening, Robert Smithson und die Land Art, S. 43.
335 Vgl. Ursprung, *Grenzen der Kunst. Allan Kaprow und das Happening, Robert Smithson und die Land Art*, S. 43.

Self-Service unterscheidet sich von *Calling* dadurch, dass keine emotionalen Grenzerfahrungen zu machen sind, sondern Aktionen vollzogen werden, die so oder so ähnlich zu unserer alltäglichen Praxis gehören. So betrachtet ist diese Activity mit dem Happening *18 Happenings in 6 Parts* vergleichbar.[336] Im Gegensatz zu diesem sind die Handlungen hier aber *vom Kunstpublikum* auszuführen. Außerdem ist ein allgemein ersichtlicher Rahmen verloren gegangen, der die vollzogenen Handlungen als der Activity zugehörig kennzeichnete. Vor diesem Hintergrund werde ich unter den Stichpunkten ›Theatralität‹ und ›Rollenbewusstsein‹ wiederum danach fragen, wie die Selbst- und Außenwahrnehmung der Teilnehmer sowie die Erfahrung des jeweiligen ›found environment‹ zu fassen ist. Ich thematisiere hierbei auch die personellen Abgrenzungsprobleme, die entstehen, wenn unbeteiligte Dritte in die Interaktionen verwickelt werden.

FORMEN DER THEATRALITÄT

Die Activity *Self-Service* findet über einen Zeitraum von vier Monaten in drei verschiedenen Städten statt.[337] Kaprow erstellt einen Katalog von insgesamt 31 möglichen Aktivitäten, die innerhalb der jeweiligen Stadt an beliebigen Orten und zu beliebigen Tages- oder Nachtzeiten realisiert werden können. Der raumzeitliche Aktionsradius und die Zahl der Teilnehmer haben sich also gegenüber *Calling* noch einmal beträchtlich vergrößert. An jedem der drei Austragungsorte wird das Projekt von einer Kunstinstitution unterstützt, welche die Öffentlichkeitsarbeit und Organisation übernimmt und an der Kaprow einen einführenden Vortrag hält.[338] Interessierte können sich zur Teilnahme anmelden und sich aus dem Katalog an Aktivitäten frei bedienen. Im Unterschied zu *Calling* rekrutieren sich die Teilnehmer (wie bereits erwähnt) eben nicht mehr aus einem Kreis befreundeter Künstler, sondern aus einem Kunstpublikum, zu dem der Kontakt über die betreffende Institution hergestellt worden ist. Es zeigt sich, dass die Rezipienten von *Self-Service* zugleich Zuschauer und Performer der Activity sind – oder anders formuliert: Es handelt sich um Akteure, die sich selbst rezipieren.[339] Insgesamt werden 117 Aktivitäten realisiert, von denen ich eine Auswahl anführe:

---

336 Siehe hierzu S. 116ff. dieser Arbeit.
337 Vgl. Kaprow, »Self-Service«, S. 160.
338 In Boston ist das Institute of Contemporary Art und in Los Angeles das Pasadena Art Museum beteiligt. Die New Yorker Institution ist mir nicht namentlich bekannt.
339 So auch Kaprow selbst: »Without either an audience or a formally designated stage or

(a) »Many shoppers begin to whistle in aisles of supermarket. After a few minutes they go back to their shopping.«
(b) »People shout in subway just before getting off, leave immediately.«
(c) »Couples kiss in the midst of the world, go on.«
(d) »People enter public phone booths, eat sandwiches and drink sodas, look out at the world.«
(e) »Someone, waiting for a person with a sad face, rides on a bus. The person is tailed until no longer possible. Then a person with a really funny face is looked for. Time to go home.«
(f) »People stand on bridges, on street corners, watch cars pass. After two hundred red ones, they leave.«
(g) »Everyone watches for either: a signal from someone. a light to go on in a window. a plane to pass directly overhead. an insect to land nearby. three motorcycles to barrel past. Immediately afterwards, they write a careful description of the occurrence, and mail copies to each other.«
(h) »Couples make love in hotel rooms. Before they check out, they cover everything with large sheets of black plastic film.«
(i) »On the streets, kids give paper flowers to people with pleasant faces.« [340]

Bei *Calling* konnten wir verfolgen, wie das Happening durch seine räumliche Entgrenzung den Fluss des alltäglichen Geschehens unterbricht, die Aufmerksamkeit zufälliger Passanten auf sich zieht und solcherart eine Polarisierung von Akteuren und Zuschauern herbeiführt. Dieses Happening weist theatrale Züge auf in dem Sinne, dass es inszeniert und bezeugt wird, dass es Personen zu zufälligen Zuschauern macht, womit die gemeinsame Anwesenheit von Akteuren und Zuschauern am selben Ort und zur selben Zeit als Minimalbedingung des Theatralen gegeben ist. Solche *unterbrechenden* Aktionen, welche die zufälligen Zuschauer in ihrem Alltagsleben unvorbereitet ereilen, hat auch *Self-Service* aufzubieten. Hierzu gehören beispielsweise das Pfeifen im Supermarkt (a) sowie das

---

clearing, the performer becomes simultaneously agent or watcher. She or he takes on the task of ›framing‹ the transaction internally, by paying attention in motion.« Ders., »Participation Performance«, S. 188.
340 Komplette Auflistung der Aktivitäten in Kaprow, »Self-Service«, S. 161ff. Die Aktivitäten werden von Kaprow per Zufallsverfahren aus einem größeren Kontingent ausgewählt. Zum Zustandekommen und zur Auswahl dieser Aktivitäten siehe ebd., S. 160, und Kostelanetz, »Conversation with Allan Kaprow«, S. 113.

Schreien in der U-Bahn (b). Da eine allgemein verständliche Transformation des Interpretationsrahmens ausbleibt, werden sie für die Anwesenden zu einem plötzlichen und irritierenden Ereignis, das sie in Interpretationsnöte bringt. Sie wirken wie ein ›Pausenpfiff‹, der den Alltag selbst als ein kurzzeitig unterbrochenes ›Spiel‹ erscheinen lässt, bevor man allmählich wieder in die Normalität zurückkehrt. Auch hier bleiben die zeitlichen Grenzen zwischen Happening und Alltag bewusst unbestimmt: »After a few minutes they go back to their shopping.«[341]

Bei *Self-Service* tritt jedoch ein zweiter Typ von Aktivitäten hinzu: Zu den *unterbrechenden*, die in alltägliche Abläufe intervenieren, gesellen sich *verdeckte* und *heimliche*, die sich äußerlich nicht mehr von alltäglichen Handlungen unterscheiden lassen. Hierunter fallen beispielsweise die Kussszene (c) oder das Picknick in der Telefonzelle (d). Andere Activities sind äußerlich nicht wahrnehmbar (e, f, g) oder werden in völliger Abgeschiedenheit durchgeführt (h), sodass sie der äußeren Einsicht generell entzogen sind.[342] Seltsamerweise führt der Rahmen der Activity nun aber dazu, dass die Teilnehmer sich nicht nur dann einer besonderen Sichtbarkeit ausgesetzt fühlen, wenn diese faktisch Bestand hat (c, d), sondern irritierenderweise auch dann, wenn ihnen die Außenwelt faktisch keine Aufmerksamkeit zuteilwerden lassen kann. Gerade in den *heimlichen* Aktionen tritt in aller Deutlichkeit hervor, dass wir, wenn wir in eine Activity verwickelt sind, unsere Handlungen für die Augen (imaginärer) anderer inszenieren. Der menschliche Leib, so könnte man mit Maurice Merleau-Ponty argumentieren, gehört dann der Ordnung des Subjektes *und* des Objektes an, er »ist nicht einfach de facto gesehenes Ding (ich sehe nicht meinen Rücken), er ist de iure sichtbar, er unterliegt einer Sicht, die unausweichlich und zugleich aufgeschoben ist. [...] Mein Leib als sichtbares Ding ist im großen Schauspiel mit enthalten.«[343]

---

341 In vielerlei Hinsicht antizipieren diese unterbrechenden Aktionen die sogenannten ›Flashmobs‹ der 1990er Jahre.
342 Vgl. Kirby: »The actions of the person himself become the object of his own attention. This work of art can only be seen by one person, and it can only be viewed from within.« Ders., *Art of Time: Essays on the Avant-Garde*, S. 155.
343 Merleau-Ponty, *Das Sichtbare und das Unsichtbare gefolgt von Arbeitsnotizen*, S. 181f.

DER AKTEUR ALS ZUSCHAUER Einige Aktivitäten, welche die Teilnehmer im Kontext von *Self-Service* auszuführen haben, verpflichten sie zu teilweise körperlich inaktiven Beobachtungsoperationen.[344] In einem Fall sind Personen mit bestimmten Merkmalen so lange zu verfolgen, bis es nicht mehr geht (e). In einem anderen Fall hat man zu warten, bis ein Flugzeug vorüberfliegt, ein Insekt in der Nähe landet oder drei Motorräder vorbeigefahren sind (g). Die Teilnehmer haben also auf den Eintritt eines bestimmten Ereignisses zu warten oder bestimmte Ereignisse bis zu einem bestimmten Grenzwert zu summieren (f, g), womit die Activity beendet ist.

Es liegt auf der Hand, dass sich die Wahrnehmung von jemandem, der dazu verpflichtet wird, auf Autos einer bestimmten Farbe oder auf ein Insekt zu warten, neu fokussieren und neu organisieren muss. Auch in solchen Activities steht also im Vordergrund, wie die Handlung, die der betreffende Teilnehmer auszuführen hat, seine Erfahrung des Environment verändert. Der Teilnehmer nimmt eine Erwartungshaltung gegenüber sozialen oder natürlichen Phänomenen ein, die normalerweise unregistriert bleiben, aber jetzt in den Vordergrund treten. Etwas normalerweise Unwesentliches wird als wesentlich oder bedeutsam wahrgenommen, es wird zu einem Ereignis, weil es dazu ›gemacht‹ wird. Indem der Akteur innerhalb der Activity die Seiten wechselt und die Rolle des Zuschauers einnimmt, werden die betreffenden Objekte zu unfreiwilligen und unwissentlichen Medien eines Happenings, das nur *für ihn* geschieht. *Es ereignet sich ein zugleich sichtbares wie unsichtbares Schau-Spiel.*

Während die zeitlichen Außengrenzen der Activity klar definiert sind (mit dem Eintreten des finalen Ereignisses ist sie beendet), ist die Länge der Zeitspanne, die zwischen ihnen liegt, sowohl der Kontrolle des Autors als auch der des Teilnehmers entzogen. Der betreffende Teilnehmer unterwirft sich einem in seinem Verlauf unvorhersehbaren Prozess, der die Dauer der Activity bestimmt und seine Konzentration sowie sein Durchhaltevermögen auf eine Probe stellen kann, wobei die Dynamik der Ereignisse und die subjektive Zeiterfahrung von Activity zu Activity variieren.[345] Durch die jeweilige Activity – Zählen, Beobachten, Suchen, Verfolgen – tritt also

---

[344] Dies merkt auch Dreher an (ders., *Performance Art nach 1945: Aktionstheater und Intermedia*, S. 101).

[345] »Time is treated differently; it takes its shape from the events and not vice-versa.« Kaprow, zit. n. Schechner, »Extensions in Time and Space, an Interview with Allan Kaprow«, S. 154.

wiederum die *Selbstständigkeit* und *Unabhängigkeit* des Geschehens sowohl vom Autor als auch vom jeweiligen Akteur hervor.[346]

INTERAKTION MIT DRITTEN Eine weitere Folgeerscheinung der im Rahmen von *Self-Service* zu vollziehenden Aktivitäten ist die Einbeziehung unbeteiligter Dritter. Die Activity ist jederzeit dazu in der Lage, ihr ›Ensemble‹ klammheimlich zu erweitern, uninformierte Dritte agieren als Verkäufer (a), werden beschattet (e) oder bekommen Blumen geschenkt (i). Betrachten wir beispielsweise die Situation im Supermarkt (a) noch einmal unter diesem Gesichtspunkt: Sie schließt zwar die Angestellten dieses Supermarktes, beispielsweise die Kassiererin ein, doch wird diese nicht darüber aufgeklärt, dass sie in eine Aktion involviert ist, die unter besonderen Vorzeichen steht. Der Vollzug eines Kaufaktes kann hier also sowohl als Teil des ›Spiels‹ verstanden werden wie auch als ›Ernst‹, als eine Handlung, die zweckrationalen Zwängen gehorcht und ökonomische Verhältnisse real verändert. Ob es sich um einen gespielten Einkauf oder um einen alltäglichen Einkauf handelt, ist objektiv nicht entscheidbar.[347] Und so, wie der Akteur sein Gegenüber zu Recht als Mitspielerin betrachten kann, kann auch die Kassiererin ihr Gegenüber zu Recht als gewöhnlichen Kunden betrachten. Die Teilnehmer sind Teil der sozialen Umwelt, wie die soziale Umwelt Teil der Activity ist.

Die Teilnahme an einer Activity führt also dazu, dass man in die soziale Rolle des Einkäufers, des (naiven) Blumenmädchens oder des verliebten Brautpaares einrückt. Wie lassen sich dann aber die Selbsterfahrungen der Teilnehmer von den Erfahrungen derer, die solche Rollen im alltäglichen Leben innehaben, unterscheiden? Ich greife noch einmal auf das (fiktive) Beispiel der Kassiererin zurück: Da sie ja ihren alltäglichen beruflichen Tätigkeiten nachgeht, ist anzunehmen, dass ihre Rolle ihr längst zur zweiten Natur geworden ist, dass sie sich also mit ihrer sozialen Rolle identifiziert.[348] In *Wir alle spielen Theater: Die Selbstdarstellung im Alltag* spricht Goffman in diesem Zusammenhang von dem eigenen Glauben an

---

346 Kaprow stellt solche Activities auch in die Tradition von Cages ›chance operations‹ (vgl. Kaprow, »Right Living«, S. 224f.).

347 Schon auf der Seite des Akteurs ist es grundsätzlich denkbar, dass die Activity überdeterminiert ist in dem Sinne, dass sowohl lebenspraktische als auch ästhetische Motivationen vorliegen, die betreffenden Handlungen also zugleich instrumentell *und* selbstzweckhaft sind.

348 Allgemein zum Begriff der ›zweiten Natur‹ siehe Rath, »Natur, zweite«.

den »Anschein der Wirklichkeit« (»the impression of reality«), der in der sozialen Umwelt hervorgerufen werden soll.[349] Die Kassiererin fordert sich und die übrigen Anwesenden dazu auf, ihre Rolle »ernst zu nehmen«, also nicht zwischen eigener Person und eigener Rolle zu unterscheiden.

Die Erfahrung des Akteurs, der als Kunde auftritt, entspricht dagegen der des Rollen*spielers*. Im Rollenspiel, so kann man Überlegungen von Hans Robert Jauß zusammenfassen, wird das Rollenverhalten *selbstreflexiv* und *selbstzweckhaft*, wird die Darstellung *als Darstellung* thematisch.[350] Da das Rollenspiel nicht von der persönlichen Lebenssituation, sondern vom Autor und der Struktur der Activity veranlasst ist, ist der Handelnde vom Ernst und vom Motivationsdruck alltäglicher Rollen spielerisch freigesetzt. Dem Akteur ist es gestattet, seine Rolle zu spielen, sich gewissermaßen zu verdoppeln, und anschließend aus dieser Distanz wieder in den Ernst der Alltagswirklichkeit zurückzukehren:

> »Gleichviel ob man diesen inneren Abstand als ein Sich-in-der-Rolle-Genießen oder als ein reflektiertes Übernehmen und Thematisieren der Rolle als Rolle versteht, entspringt es der ästhetischen Illusion des Spiels, freiwillig tun zu können, was man sonst im Ernst tun muss. Das ästhetische Rollenverhältnis ist also nicht wesensverschieden von dem habituellen oder engagierten Sich-Verhalten in einer sozialen Rolle; es macht nurmehr die Verdopplung, die allem Rollenverhalten inhärent ist, kontrastiv bewusst und ermöglicht es, sich selbst in der Erfahrung der Rolle zu genießen.«[351]

Für Jauß steht das Rollenspiel also nicht in einem kategorialen Gegensatz zum sozialen Rollenverhalten, doch macht es die Verdopplung, die allem Rollenverhalten inhärent ist, eben »kontrastiv bewusst«. Die Schwelle zwischen Rollenverhalten und Rollenspiel sieht er immer dann überschritten, wenn die unausdrücklich eingenommene Rollendistanz durch das ›Als-Ob‹ der ästhetischen Einstellung ausdrücklich wird. Aus all dem folgt, dass alle möglichen sozialen Rollen auch ›gespielt‹ werden können. Und

---

349 Goffman, *Wir alle spielen Theater: Die Selbstdarstellung im Alltag*, S. 19. Das verdeutlichende Originalzitat findet sich in ders., *The Presentation of Self in Everyday Life*, S. 10. Auch dieser Text wird verschiedentlich von der Performance- und Theatertheorie herangezogen, um auf die Darstellungs- und Ausdrucksdimension von Handlungen im Alltag hinzuweisen.
350 Vgl. Jauß, »Soziologischer und ästhetischer Rollenbegriff«.
351 Ebd., S. 603.

natürlich wirkt sich in diesem konkreten Fall das Rollenbewusstsein der Teilnehmer auch auf die Wahrnehmung der zufällig in die Activity verstrickten Personen aus.

7. LIMINALE SITUATIONEN ZWISCHEN ACTIVITY UND ALLTAG

In Bezug auf *Self-Service* habe ich gerade festgehalten, dass die einzelnen Activities in der viermonatigen Periode der Durchführung völlig unabhängig voneinander zu unterschiedlichen Zeiten und an unterschiedlichen Orten – beispielsweise an Straßenecken oder in Supermärkten – vollzogen werden können. Diese Aktivitäten durchsetzen also das Alltagsgeschäft der Akteure.[352] Dass diese zeitliche Struktur nicht nur *Self-Service*, sondern auch einer Vielzahl anderer Activities zukommt, lässt sich durch verschiedene Beispiele belegen.

Moving wird 1967 in Chicago durchgeführt und dauert vier Tage. Die Teilnehmer haben leer stehende Häuser aufzusuchen und diese mit gebrauchtem Mobiliar auszustatten, wobei in den möblierten Wohnungen nicht nur gegessen, sondern auch übernachtet wird (Abb.44).[353] *Travelog* findet 1968 in einem Zeitraum von zwei Tagen statt: Während einer Autofahrt werden immer wieder Tankstellen angefahren, um die Reifen zu wechseln oder vom betreffenden Tankwart wechseln zu lassen (Abb.45). Anlässlich von *Pose*, das 1969 innerhalb von *Six Ordinary Happenings* durchgeführt wird, haben die Teilnehmer für einen Tag lang einen Stuhl mitzunehmen. An verschiedenen Stellen der Stadt setzen sie sich nieder, um zu »posieren« (Abb.46). *Maneuvers*, das 1976 in Neapel ausgetragen

---

[352] »Activities took place among those of the participants' normal lives.« Kaprow, »Self-Service«, S. 160. »There was cohesion and casualness, an in-and-out-of-your-daily-lifeness.« Kaprow, zit. n. Schechner, »Extensions in Time and Space, an Interview with Allan Kaprow«, S. 153.

Siehe hierzu auch Kaye, *Site-Specific Art. Performance, Place and Documentation*, S. 110f.

[353] Ausführlicheres zu *Moving* findet sich bei Ursprung, *Grenzen der Kunst. Allan Kaprow und das Happening, Robert Smithson und die Land Art*, S. 185.

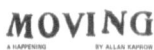 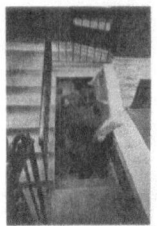

44. *Moving*, 1967, Chicago, Vorder- und Rückseite aus dem zugehörigen Photoalbum, 1967.

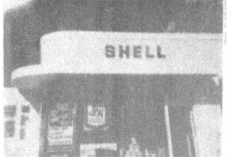 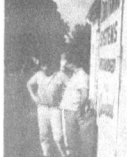 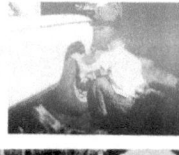 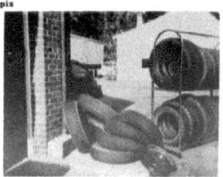

45. *Travelog*, 1968, New Jersey, Kalenderblatt aus *Days Off: A Calendar of Happenings*, 1970.

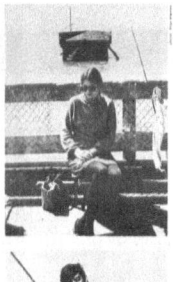 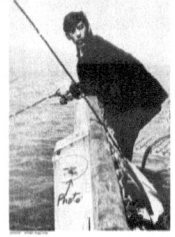 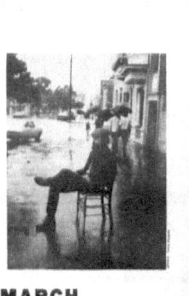

46. *Pose*, 1969, Berkeley, Kalenderblatt aus *Days Off: A Calendar of Happenings*, 1970.

wird, konstituiert sich aus folgenden Handlungen: Die Akteure haben paarweise verschiedene Türen in öffentlichen Räumen zu durchschreiten, wobei sich diese Durchschreitung sowohl als ein Rollenspiel, als eine Art komödienhafte Inszenierung von Missgeschicken, wie auch als sorgsam choreografierter Paartanz auffassen lässt (Abb.47). In unterschiedlichsten Windungen und Drehungen schlängeln sich die Teilnehmer durch schmale und breite Türen hindurch (sie bewegen sich auf der ›Schwelle‹), wobei hierbei gerade die körperliche Nähe zum Gegenüber, die Unausweichlichkeit des Kontaktes, die Notwendigkeit, sich gemeinsam durch eine Tür zwängen zu müssen, also die Körperlichkeit der Handlungen, thematisch wird. Hierbei ist es ihnen innerhalb des zweitägigen Zeitraumes freigestellt, wann genau und wo genau sie ihre Darbietungen zwischen »einkaufen, essen gehen, studieren und sozialisieren«[354] vollziehen. Mit Dewey gesprochen zeichnet sich in solchen Activities also der Versuch ab, »die Kontinuität von ästhetischer Erfahrung und gewöhnlichen Lebensprozessen«[355] wiederherzustellen. Meine These lautet nun, dass solche Verfahrensweisen dazu dienen, eine temporale Ausdehnung von Wahrnehmungsweisen, die für Activities typisch sind, auf solche Interaktionen zu provozieren, die sich in zeitlicher Nähe einer Activity zutragen. Solche Zustände bezeichne ich als ›liminale Situationen‹, weil in ihnen die zeitliche Grenze zwischen Activity und Alltag zu verschwimmen scheint.

Was soll das aber genau heißen? Wie sind diese für Activities typischen Wahrnehmungsweisen inhaltlich zu bestimmen? Beispielsweise hatten wir kurz gestriffen, dass uninformierte Dritte, die in das Geschehen verwickelt werden, sich gewissermaßen durch den Spielrahmen hindurch betrachten lassen. Hier sind es nicht die Handelnden, welche die lebenspraktischen Motivationen und Ziele ihres Handelns vermissen lassen, sondern es ist der Teilnehmer, der ihnen dies nur *unterstellt*. In liminalen Situationen verhält es sich nun so, dass diese Unterstellung zu einem Zeitpunkt erfolgt, an dem die Activity bereits beendet wurde. Wie im Falle des Bauarbeiters, dem bei *Calling* das Als-Ob der Entführung kurzzeitig entgeht, liegt hier – in den Worten Goffmans – ein ›Rahmungsirrtum‹ bzw. eine ›Fehlmodulation‹ (›miskeying‹) vor. Doch im Unterschied zu jenem

---

354 Kaprow, »Participation Performance«, S. 193: »During the nearly two days allotted, they [the participants] maintained their everyday routines as usual and fitted in the special routine of the Activity around shopping, eating, going to class, and socializing.«

355 Dewey, *Art as Experience*, S. 9 (»recovering the continuity of esthetic experience with normal processes of living«). Das Zitat wurde weiter oben bereits angeführt (S. 153).

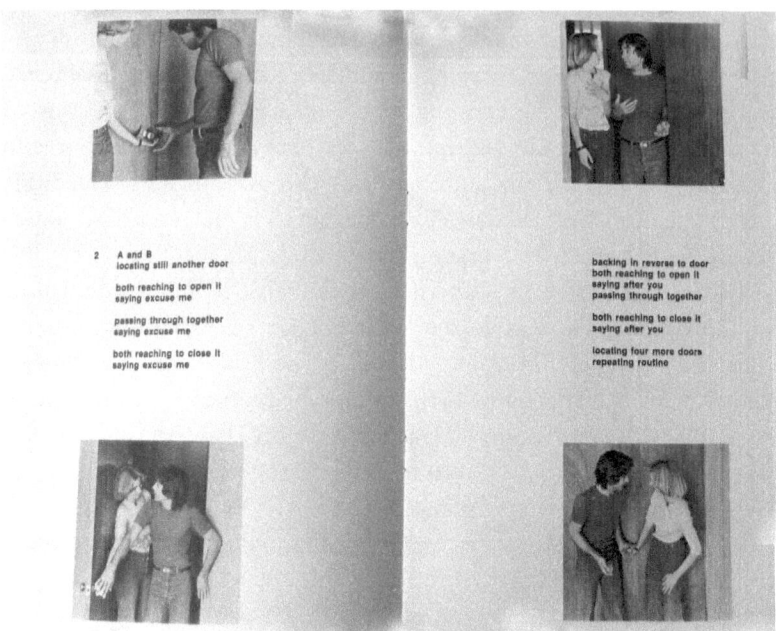

47. *Maneuvers*, 1976, Neapel, Seiten aus dem zugehörigen Booklet, 1976.

Fall äußert sich hier die Transformation des Rahmens nicht durch ›Heruntermodulieren‹ (›downkeying‹), sondern durch ›Heraufmodulieren‹ (›upkeying‹)[356]: Wir interpretieren also nicht eine gespielte Situationen als Ernst, sondern den Ernst des Alltags als Rollenspiel.

Indem das Rollenbewusstsein sowie das Bewusstsein für die Theatralität der Situation, das in der Activity geschult wurde, temporär unsere Wahrnehmung in alltäglichen Interaktionen prägt, scheinen diese sich in selbstzweckhafte Spiele zu verwandeln, die von den Anwesenden als Inhaber unterschiedlicher Rollen getragen werden. Es entsteht der Eindruck, dass die Anwesenden ihr Verhalten aus einer rein spielerischen Veranlassung heraus inszenieren, dass sie in eine fremde Rolle geschlüpft sind, um aus dieser Distanz irgendwann später wieder in den Ernst der alltäglichen Wirklichkeit zurückzukehren. Indem die alltägliche Wirklichkeit fiktive Züge annimmt, erscheint es so, als würde man sich (immer noch) in einer

---

356 Vgl. Goffman, *Rahmen-Analyse. Ein Versuch über die Organisation von Alltagserfahrungen*, S. 344.

Activity befinden. Activity und Alltag sind nicht eins geworden, sondern beginnen, beunruhigend ineinander überzugehen. Solche Erfahrungen überfallen die Akteure plötzlich, sie müssen sie aber auch geschehen *lassen*, ihnen auch stattgeben. Sie setzen die Grenze zwischen Activity und Alltag respektive zwischen Kunstpraxis und Alltagspraxis voraus, um sie temporär zu durchbrechen.

8. RESÜMEE ZU KAPROW

Wie wir gesehen haben, ist Kaprows Handlungsbegriff kein politisch-interventionistischer. Ihm geht es weder um die Frage nach den normativen Dimensionen des Handelns noch um die Initiierung politischer Aktionen. Bereits die Untersuchung von *18 Happenings in 6 Parts* hat gezeigt, dass die Aktionen der Performer nicht nur in der Wahrnehmung des Rezipienten, sondern auch faktisch von ihrem praktischen Handlungsziel befreit und in ihrer Körperlichkeit sichtbar werden. Während die Körperlichkeit einer Handlung weder vom Interesse am Handelnden noch vom Interesse am Handlungsziel erfasst wird, treten hier die Bewegungen der Performer als tänzerische Choreografien gleichsam ›entblößt‹ hervor. Es wird also etwas freigelegt, was alltägliche Handlungen implizit begleitet, aber handlungstheoretisch irrelevant ist.

Auch in den Happenings und Activities, in denen die Rezipienten selbst zu Teilnehmern werden, geht es Kaprow nicht darum, die physische Umwelt in einer unmittelbaren und nachhaltigen Weise zu transformieren. Die Aktivitäten der Teilnehmer sind in diesem Kontext wesentlich als *Instrumente der Erfahrung* zu verstehen. Durch Handlungsanweisungen ›steuert‹ Kaprow ihr Verhalten, wodurch sich ihre Selbsterfahrung sowie die Erfahrung des betreffenden ›found environment‹ verändert. Die Wahrnehmung richtet sich neu aus, weswegen das Environment verstärkt unter Aspekten erfahren wird, die in anderen Situationen unbewusst oder unregistriert bleiben. Die Teilnehmer erfahren gegebene Kontexte in Abhängigkeit von ihrer ›Rolle‹, erkennen also, wie sich eine besondere Situation oder Praxis auf die Erfahrung auswirkt.

Die Spezifik von Kaprows Erfahrungsbegriffes besteht demnach darin, dass die *visuelle Erfahrung* alltäglicher Gegenstände auf ihre *körperliche Erfahrung* erweitert wird. Es geht hier auch um Gegenstandseigenschaften, die nur durch den körperlichen Umgang mit ihnen hervortreten können. Im Unterschied zu Rauschenbergs Werken wird kontemplativer Kunsterfahrung hier also nicht durch die Zerstreuung der Aufmerksamkeit entgegengewirkt, sondern dadurch, dass die Rezipienten zu Handelnden werden. Dies ist auch der Grund, weshalb die Erfahrung der Materialien – gegenüber älteren Kunstwerken – einer wesentlich umfassenderen Erfahrung ihrer sinnlichen Wirklichkeit gleichkommt. Hierbei treten nicht nur sinnliche Eigenschaften, sondern auch fiktionale und expressive Potentiale zutage. Somit werden Dimensionen offenbar, die wir normalerweise eher künstlerischen Artefakten zurechnen, die aber nicht unbedingt an diese gebunden sind, sondern durch diese *Praxis* auch an alltäglichen Kontexten aufgedeckt werden. Einen Zweifel daran, dass die Wirklichkeit erfahrbar ist, hat Kaprow folglich nicht. Er gesteht den Dingen ein von menschlichen Gebrauchsweisen und kulturellen Semantiken unabhängiges Dasein zu, das dennoch erfahrbar ist. Die Kunst wird von den alltäglichen Phänomenen und Kontexten her gedacht, die nicht zu transformieren, sondern überhaupt erst einmal wahrzunehmen sind.

Vor diesem Hintergrund konnte auch geklärt werden, wodurch das Verschwimmen der Grenze zwischen Kunst und alltäglicher Wirklichkeit – »the blurring of art and life« – bei Kaprows Activities bewerkstelligt wird: Nämlich dadurch, dass diese beiden Sphären nicht mehr durch spezifische Objekte oder Räume, sondern nur mehr durch spezifische Praxen voneinander geschieden sind. Kaprows Activities lassen sich als ereignishafte Unterbrechungen alltäglichen Erfahrens verstehen, die nur in *actu* Bestand haben. Hierbei kann es, wie wir ebenfalls gesehen haben, in einer Art unwillkürlichem Überspringen passieren, dass Wahrnehmungsweisen, die für Activities typisch sind, auch in solchen Situationen und Interaktionen auftreten, die sich im zeitlichen Umfeld einer Activity ereignen, aber nicht deren Bestandteil sind, was durch die zeiträumliche Verzahnung der Activity mit der Alltagspraxis der Teilnehmer provoziert wird. In diesen von mir sogenannten ›liminalen Situationen‹ wird die phänomenale Grenze zwischen Activity und alltäglicher Wirklichkeit respektive zwischen Kunstpraxis und Alltagspraxis kurzzeitig außer Kraft gesetzt.

Wenn wir also im Hinblick auf die untersuchten Happenings und Activities nach der Grenze zwischen Kunst und alltäglicher Wirklichkeit fragen, stoßen wir auf eine spezifische Dialektik: auf den Prozess ihrer Eliminierung und Neufundierung, ihrer ›Aufhebung‹ im besten Sinne, aber auch auf den ihrer Subjektivierung. Gleichzeitig ist festzuhalten, dass Kaprows Kunst, entgegen Deweys Kontinuitätsforderung, also der Forderung der »Wiederherstellung der Kontinuität von ästhetischer Erfahrung und gewöhnlichen Lebensprozessen«, eine Praxis unter anderen Praxen darstellt, ohne mit diesen anderen einen Erfahrungszusammenhang, eine Erfahrungskontinuität oder eine Erfahrungstotalität zu erzeugen.[357] Verstanden als *Differenz von Handlungs- und Erfahrungsweisen* lässt sich diese Grenze mit Gottfried Boehm als eine absolute »Schranke« begreifen, »die zu brechen auch der Möglichkeit der Kunst Abbruch tut, ihr virtuelles Dasein am Leben zu erhalten«[358]. Selbst in liminalen Situationen wird diese Grenze zwar temporär destabilisiert, aber eben nicht endgültig beseitigt.

---

[357] Siehe hierzu generell Menke, *Die Souveränität der Kunst: Ästhetische Erfahrung nach Adorno und Derrida*, S. 260ff. und insbesondere S. 270.

[358] Boehm, »Die Dialektik der ästhetischen Grenze. Überlegungen zur gegenwärtigen Ästhetik im Anschluss an Josef Albers«, S. 120.

CLAES OLDENBURG

1. EINFÜHRUNG

Wie Rauschenberg und Kaprow so beschränkt sich auch Oldenburg nicht auf die Produktion bildender Kunst, sondern es existieren zahlreiche schriftliche, ja literarisch zu nennende Äußerungen, die sein bildnerisches Werk flankieren. Eine Notiz, die für unsere Fragestellung einschlägig ist und sich in dem 1967 publizierten Buch *Store Days* wiederfindet, möchte ich eingangs näher beleuchten:

> »[The] elevation of sensibility above bourgeois values, which is also a simplicity of return to truth and first principles, will (hopefully) destroy the notion of art and give the object back its power. Then the magic inherent in the universe will be restored and people will live in sympathetic religious exchange with the materials and objects surrounding them. They will not feel so different from these objects, and the animate / inanimate schism mended.«[359]

Die Textstelle lässt sich als eine Art künstlerisches Programm auffassen, das vorsieht, die allgemeine »Sensibilität« zu erhöhen (»elevation of sensibility«) sowie den Dingen ihre »Kraft« zurückzugeben (»give the object back its power«), was nicht nur für den Gegenstandsbereich der Kunst, sondern auch für den Bereich alltäglicher Objekte Gültigkeit haben soll (»people will live in sympathetic religious exchange with the materials and

---

[359] Oldenburg, *Store Days*, S. 60. Die Publikation versammelt schriftliche Aufzeichnungen, Skripte und Fotografien zum *Store*-Projekt.

objects surrounding them«). Oldenburg deutet auch an, worin der Gehalt bzw. das Resultat dieser Erfahrung bestehen könnte, nämlich im Ende des Schismas zwischen Menschen und Dingen (»the animate / inanimate schism mended«). Auf die skulpturale Tradition ist Oldenburgs Zitat folglich insofern beziehbar, als die lebendige Natur für das Kunstwerk das Vorbild abgibt, zugleich jedoch geht Oldenburgs Anspruch über den des klassischen Bildhauers hinaus, weil sich dieses Moment der Verlebendigung auf den gesamten Bereich toter Objekte erstrecken soll.[360] Der folgende Teil dient der Klärung dessen, welche Segmente und Aspekte der alltäglichen Wirklichkeit hierbei in den Fokus rücken – wie also die »Erhöhung der Sensibilität«, von der Oldenburg spricht, näher zu bestimmen ist – und wie sich das im Zuge dessen neu gestaltete Verhältnis zwischen Kunst und alltäglicher Wirklichkeit darstellt. Auf diese Weise soll nicht die Kunst durch das Zitat, sondern das Zitat durch die Kunst erläutert werden.

Die Forschung zu Oldenburg gabelt sich in einen eher inhaltlich und einen eher formal orientierten Zweig. So wird Oldenburgs Werk aufgrund populärkultureller Sujets häufig der Pop Art zugerechnet oder als deren Vorstufe gesehen (›Proto-Pop‹), ohne dass es den Autoren der betreffenden Sammelbände oder Ausstellungskataloge gelänge, die Spezifik von Oldenburgs Perspektive auf die Populärkultur genauer zu bestimmen. (Die Flut an Publikationen zur Pop Art, in denen Oldenburg erwähnt wird, ist unüberschaubar.) Daneben existieren mehrere Monografien zu Oldenburg, die weitgehend biografisch angelegt sind und keine übergreifenden Thesen, aber dafür einzelne hilfreiche Beobachtungen liefern. Viele dieser Beobachtungen ziehen sich durch die gesamte Oldenburg-Forschung, ohne dass die betreffenden Autoren aufeinander Bezug nehmen.[361]

---

[360] Insbesondere Michael Lüthy geht in einem Aufsatz, der unter anderem Oldenburgs *The Store* behandelt, auf diese Textstelle näher ein. Siehe ders., »Das Konsumgut in der Kunstwelt – Zur Para-Ökonomie der amerikanischen Pop Art«, S. 148f. Ich werde diesen Aufsatz im Teil über *The Store* eingehender vorstellen. Ich danke Michael Lüthy an dieser Stelle für die zahlreichen anregenden Gespräche über diesen Künstler, aus denen auch ein gemeinsamer Aufsatz hervorgegangen ist (Lüthy, Schieder, »Die Kunst und ihr Außen – Am Beispiel von Claes Oldenburgs *The Store*«).

[361] Frühe Ausstellungskritiken, Zeitungsartikel und Aufsätze werden in der 1970 erschienenen Monografie von Barbara Rose aufgeführt (siehe dies., *Claes Oldenburg*, S. 206ff.). Die wichtigsten Publikationen bis 1995 finden sich aufgelistet in der englischen Fassung des Kataloges zur großen Oldenburg-Retrospektive von 1995. Siehe Celant, Koepplin u. a. (Hg.), *Claes Oldenburg: An Anthology*, S. 572ff. In jüngster Zeit hat die Oldenburg-Forschung wieder Auftrieb erhalten durch die Wanderausstellung *Claes Oldenburg: The Sixties*. In dem zugehörigen Katalog finden sich u. a. Aufsätze von Branden W. Joseph, Ann Temkin, Gregor Stemmrich und Benjamin Buchloh. Siehe Hochdörfer, Schröder (Hg.), *Claes Oldenburg: The Sixties*.

Der eher formal orientierte Zweig der Forschung betont eher Oldenburgs Affinität zum Surrealismus, die unter anderem durch seine Beschäftigung mit Vexierbildern und die latente Erotik seiner anthropomorphen Objekte zum Ausdruck kommt.[362] Dieser zweite Ansatz steht nicht selten in einem größeren Argumentationszusammenhang, in dem die betreffenden Autoren darum bemüht sind, den Einfluss des Surrealismus auf die amerikanische ›Neo-Avantgarde‹ gegenüber dem Einfluss von Dada stärker hervorzuheben.[363]

Die unveröffentlichte Dissertation von Lisa Freiman hat sich am eingehendsten mit Oldenburgs schon früh aufkeimendem Interesse am Surrealismus und an Sigmund Freuds Psychoanalyse befasst.[364] Die Autorin zeichnet detailreich nach, wie Oldenburg Mitte der 1950er Jahre in Chicago durch Sammler, Galeristen und Kunstinstitutionen mit der Kunst und Literatur des europäischen Surrealismus in Berührung kommt und wie er in dieser Phase auch Freuds Schriften entdeckt.[365] Oldenburg liest unter anderem Salvador Dalís Autobiografie, rezipiert seine frühen Filme und setzt sich bei einer Ausstellung im Art Institute of Chicago mit dessen Gemälde *La Invención de los Monstruos* von 1937 auseinander.

1957 entstehen erste plastische Arbeiten. In einem Bastelbuch ist Oldenburg auf die Technik der Herstellung von Objekten durch den Aufbau von Maschendrahtgerüsten und ihrer Ummantelung mit Pappmaché

---

[362] In den 1950er Jahren experimentiert Oldenburg mit einer Vielzahl weiterer surrealistischer Verfahrensweisen wie dem automatischen Zeichnen, dem ›hasard objective‹, dem ›cadavre exquis‹ und anderen Zufallsverfahren (siehe hierzu beispielsweise Rose, *Claes Oldenburg*, S. 19ff.).

[363] Wichtig für die Neubewertung des Surrealismus sind in diesem Kontext die Ausstellungen ›The Other Tradition‹ (1966, Institute of Contemporary Art in Philadelphia, kuratiert von Gene Swenson) und ›Dada, Surrealism, and Their Heritage‹ (1968, Museum of Modern Art in New York, kuratiert von William S. Rubin). Kataloge: Swenson (Hg.), *The Other Tradition*; Rubin (Hg.), *Dada, Surrealism, and Their Heritage*. Einen Überblick über wichtige Stationen und Positionen dieser Debatte bietet Freiman, *(Mind)ing The Store: Claes Oldenburg's Psychoaesthetics*, Kapitel »Oldenburg's Neo-Surrealism« (S. 20–56), und Zalman, *A Vernacular Vanguard: Surrealism and the Making of American Art History*, Kapitel »The Disputed Legacy of Surrealism in the 1960s« (S. 119–212). Das Problem der Anerkennung surrealistischer Einflüsse auf die Neo-Avantgarde besteht zunächst wohl gerade auch darin, dass der Abstrakte Expressionismus so eng mit dem Surrealismus verbunden ist.

[364] Freiman, *(Mind)ing The Store: Claes Oldenburg's Psychoaesthetics*, hier besonders das Kapitel »Turning Inside Out: Modernism, Primitivism, and the Unconscious« (S. 57–100). Schon Barbara Rose (dies., *Claes Oldenburg*, S. 12, 30) und Ellen H. Johnson (dies., *Claes Oldenburg*, S. 12, 59, Fn. 6) weisen auf die Bedeutung von Freuds Schriften für Oldenburg hin.

[365] Vgl. Freiman, *(Mind)ing The Store: Claes Oldenburg's Psychoaesthetics*, S. 57f. Werke des Surrealismus waren in Chicago im amerikanischen Vergleich aufgrund einiger Sammlungen überdurchschnittlich gut zugänglich.

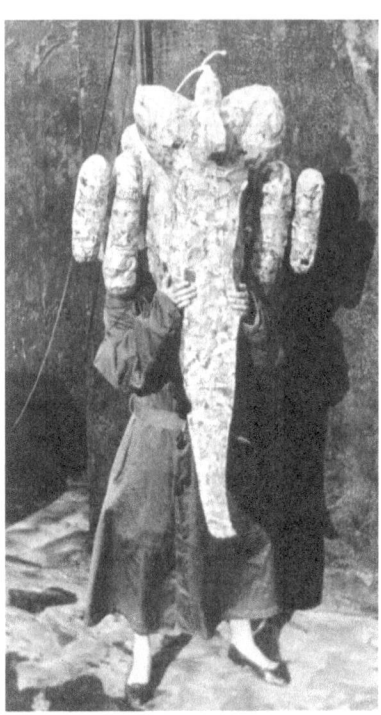

48. *Elephant Mask*, geleimtes Zeitungspapier über Maschendraht, Latexfarben, 99 × 69 × 61 cm, im Besitz des Künstlers.

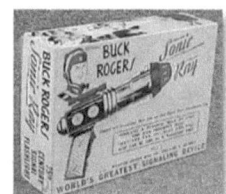

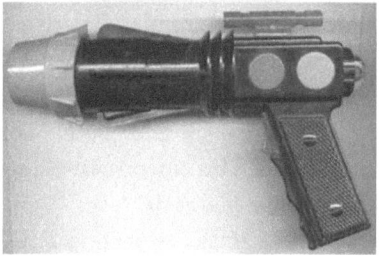

50. *Buck Rogers Super Sonic Ray Gun*, mit Blitzlichtfunktion, gestaltet von Norton Honer, späte 1950er Jahre.

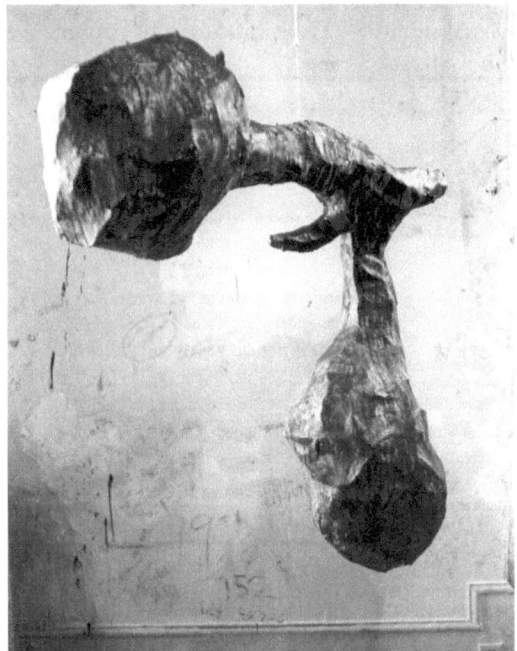

49. ›*Empire*‹ (›*Papa*‹) *Ray Gun*, 1959, geleimtes Zeitungspapier über Maschendraht, Kaseinbemalung, 91 × 114 × 37 cm, The Museum of Modern Art, New York.

gestoßen. Ein frühes dieser solcherart entstehenden Objekte ist *Elephant Mask*. Auf einer Fotografie ist eine weibliche Person abgebildet (nämlich Pat Muchinski), die diese Maske auf ihrem Kopf trägt, wobei ihre Hände auf dem Rüssel ruhen (Abb.48). Das Skandalöse dieser Figuration besteht in der unterschwelligen Sexualität, in der Latenz männlicher Genitalien, durch die sich die Handberührung in eine masturbatorische Geste verwandelt. Es handelt sich also um ein Vexierbild, um eine Verkehrung von Kopf und Genitalien. 1959 entsteht ein weiteres Objekt aus Pappmaché, das den Titel ›*Empire*‹ *(›Papa‹) Ray Gun* trägt (Abb.49). ›Ray Guns‹, also ›Strahlenpistolen‹, sind fiktive Zukunftswaffen, die realen Pistolen der Gegenwart ähneln, aus denen aber »tödliche oder betäubende Strahlen unbekannter Art kommen«[366]. Mit ihnen werden die Protagonisten von Comics wie Flash Gordon oder von Fernsehserien wie Star Trek ausgestattet und sie werden auch in Spielzeugläden angeboten (Abb.50). Bei Oldenburgs Pistolenskulptur entsprechen das rechte Winkelverhältnis zwischen Lauf und Knauf sowie der Pistolenabzug zwar diesen Strahlenpistolen, dennoch ist das gesamte Objekt organisch verformt und weist keine Nähe zu den Ausführungen seiner industriell gefertigten Vorbilder auf. Die Ray Gun verwandelt sich durch Griff und Lauf, die an ihrem Ende zu gewaltigen Hoden anschwellen, in ein phallisches Monstrum. In diesem Fall übt sich Oldenburg also an einem Kippbild zwischen Schusswaffe und Genitalien. Jene Form ist gefunden, die sich als eine Pistole wahrnehmen lässt, wahlweise jedoch auch als das Geschlecht eines Mannes oder die gespreizten Beine einer Frau. Wie in surrealistischen Objekten gehen Bilder des Männlichen und Weiblichen sowie des Belebten und Unbelebten ineinander über, aber auch Sexualität und Gewalt sind miteinander verwoben.[367] In einem Interview mit Barbara Rose äußert Oldenburg: »The use of the Ray Gun which appears in my work is [...] a parallel to a symptom of America being obsessed with guns as deflected objects, penises [...]. And the Ray Gun Mfg. Co., actually is America, I mean I think of it sometimes as that.«[368]

---

366 So *Webster's Third International Dictionary of the English Language* von 1967, Eintrag ›Ray Gun‹ (»a hypothetical future weapon releasing deadly or stunning rays of unknown nature«). Siehe hierzu auch van Bruggen, *Claes Oldenburg: Mouse Museum/Ray Gun Wing*, S. 8.
367 Auf die Forschung zur Ray Gun werde ich im betreffenden Abschnitt eingehen.

368 Zit. n. Freiman, *(Mind)ing The Store: Claes Oldenburg's Psychoaesthetics*, S. 196 (unveröffentlichtes Interview). Es ist in diesem Zusammenhang interessant, dass ›*Empire‹ (›Papa‹) Ray Gun* an durchsichtigen Fäden aufgehängt präsentiert wird, wodurch das Objekt wie ein schwebender Planet aussieht (vgl. Hochdörfer, »Von der Street zum Store: Claes Oldenburgs Pop Expressionismus«, S. 22).

Mit dieser Individualentwicklung Oldenburgs korrespondieren generelle geistes- und bewusstseinsgeschichtliche Veränderungen, die von den metapsychologischen Spätschriften Freuds eingeleitet werden. In seiner Abhandlung »Das Unbehagen in der Kultur« bezeichnet Freud sein Unterfangen als einen »Versuch zur Übertragung der Psychoanalyse auf die Kulturgemeinschaft«[369]. Freuds ›Repressionsthese‹ besagt, dass sich die Triebnatur des Einzelnen und die gesellschaftlichen Anforderungen unversöhnlich gegenüberstehen, weil menschliches Zusammenleben erst dann möglich wird, wenn sich eine Mehrheit zusammenfindet, die stärker ist als die unmittelbaren Triebregungen der involvierten Einzelsubjekte.[370] Kultur beginnt dort, wo auf das primäre Ziel der vollständigen Befriedigung von Bedürfnissen verzichtet wird. Hierbei weist Freud auf zwei grundsätzliche Schicksale der Triebe in der menschlichen Gemeinschaft hin, und zwar einerseits auf ›Triebverzicht‹, also auf die Unterdrückung oder Verdrängung von Trieben, und andererseits auf ›Triebersatz‹, also auf die Umwandlung von Triebobjekten und Triebzielen in Verhaltensweisen, die kulturell toleriert werden, wodurch es zur ersatzweisen Befriedigung aggressiver wie auch libidinöser Impulse kommt. Eine Form von Triebersatz stellt ›Sublimierung‹ dar: Durch Sublimierung werden libidinöse Triebwünsche in höhere Handlungs- und Erfahrungsfelder transformiert (darunter Wissenschaft und Kunst), die gesellschaftliche Anerkennung finden. Individuelle Triebimpulse, die mit der Kultur unvereinbar sind, werden also unterdrückt, andere mit der Wirklichkeit versöhnt – ein Prozess, den Freud als Ablösung des ›Lustprinzips‹ durch das ›Realitätsprinzip‹ bezeichnet.[371] In den USA nehmen seit Mitte der 1950er Jahre insbesondere Herbert Marcuse und Norman O. Brown diese und andere Überlegungen Freuds zum Ausgangspunkt, um den Konflikt zwischen individuellen Trieben und modernen industriellen Gesellschaftsformen zu erläutern.[372]

Vor diesem Hintergrund kommt Freiman zu dem Schluss, dass sich Oldenburgs künstlerische Praxis mit der Intention verbinde, geeignete Ausdrucksmittel für sein Unbewusstes zu finden. Sie schreibt, dass die Ob-

---

369 Freud, »Das Unbehagen in der Kultur«, S. 266.
370 Vgl. ebd., S. 225ff. Unterdrückung ist hier also nicht als individualpsychologischer, sondern als kultureller Mechanismus zu verstehen.
371 Siehe beispielsweise Freud, »Formulierungen über die zwei Prinzipien des psychischen Geschehens«.
372 Siehe vor allem Marcuse, *Eros and Civilization: A Philosophical Inquiry into Freud* (1955), sowie Brown, *Life against Death* (1959), und ders., *Love's Body* (1966).

jekte und Situationen der äußeren Welt, die Oldenburg zur Darstellung bringt, als Formkorrelate innerer Zustände zu verstehen seien. Ganz nach surrealistischem Vorbild bemühe er sich um die Aufdeckung einer tieferen Identität, die sich im psychischen Bereich des Unbewussten verberge.[373] Schon Rose äußert in ihrer Monografie über Oldenburg, dass dieser sich in seinem Frühwerk mit seiner »eigene[n] Psychologie«[374] auseinandersetze. Seine weitere Entwicklung beschreibt sie folgendermaßen:

> »He began to identify his own consciousness [...] with a psychotherapy of American society. [...] Noting that the self is generally denied in US culture, he deliberately set out to create an art of the forbidden, the taboo, and the repressed, presumably for the purpose of curing civilization of its discontents by forcing a conscious acknowledgment of repressed instincts. [... T]he past was to be recaptured and the purposed was to be reinstated through art.«[375]

Mithin interpretiert Rose Oldenburgs Kunstpraxis als Versuch, die Wiedereinsetzung des Lustprinzips herbeizuführen, was sich nicht zuletzt auch darin äußert, dass sie in diesem Zusammenhang die Funktion des Künstlers mit der des Schamanen vergleicht.[376] In Oldenburgs Glauben an die heilende Kraft der Kunst und des Erotischen erkennt sie eine Übereinstimmung mit dem Optimismus des Neo-Freudianers Norman O. Brown, der hierin vom kulturkritischen Pessimismus eines Sigmund Freud zu unterscheiden sei.[377] Die skizzierten skulpturalen Verxierbilder sind Rose zufolge dadurch motiviert, beim Betrachter »subliminale Effekte« (»subliminal effects«[378]) zu erzielen.

Auch Tom Williams bedient sich eines psychoanalytischen Deutungsmusters. In einem Text, der sich mit Oldenburgs 1969 auf dem Beinecke Plaza der Yale University errichteten Skulptur *Lipstick (Ascending)*

---

373 Siehe Freiman, *(Mind)ing The Store: Claes Oldenburg's Psychoaesthetics*, beispielsweise S. 58f.
374 Rose, *Claes Oldenburg*, S. 19 (»his own psychology«).
375 Ebd., S. 51.
376 Siehe ebd.
377 Rose schreibt: »Oldenburg's own position was coincidental with, rather than actually dependent upon, Brown's conclusions, as is demonstrated by the fact that many of the ideas developed in Brown's most recent book, *Love's Body* [...], were actually anticipated in Oldenburg's work. The close similarity of Oldenburg's iconography to post-Freudian thought may be explained by his deep immersion in Freud's own writings during the 1950s, while his art was being conceived.« Ebd., S. 70, Fn. 1.
378 Ebd., S. 48.

on Caterpillar Tracks beschäftig, schreibt er, dass die Instrumentalisierung der Sexualität in der Konsumkultur für Oldenburgs eigenen »»objective expressionism‹« vorbildhaft sei.[379] Nach Williams intendiere Oldenburg, den Betrachter aus seiner distanzierten und kontemplativen Einstellung zu reißen. Er versuche, Objekte zu schaffen, »that radiated all the intensity of an immediate sexual encounter. In his account, such objects would disrupt aesthetic reflexion and analysis by confronting the viewer on a prelogical level. *They would de-aestheticize art by desublimating it.*«[380]

Diejenigen Autoren, die Oldenburgs Kunst in einen (neo-)freudianischen Zusammenhang stellen, verkennen also die sich abzeichnende ›kulturpsychologische‹ Wende oder aber konstatieren eine ausschließlich auf Wirklichkeitsveränderung ausgerichtete Haltung, ohne mögliche wirklichkeitserschließende Dimensionen näher ins Auge zu fassen. Eine überzeugende Antwort auf die Frage, wie die beschriebenen skulpturalen Vexierbilder zu erklären sind, bleiben sie schuldig. Ihnen zufolge dienen sie der Erzielung »subliminaler Effekte« oder dazu, den Betrachter »auf einer vorlogischen Ebene« zu konfrontieren und ihn aus einer ästhetischen Einstellung zu reißen. Doch stellt der anthropomorphe vexierbildhafte Charakter dieser Skulpturen nicht einen wichtigen und bewusst wahrgenommenen Aspekt der sinnlichen Auseinandersetzung des Betrachters mit den betreffenden Objekten dar?

Einerseits gerät also jene wesentliche Interessenverschiebung aus dem Blick, die sich in der Zuwendung Oldenburgs zu populärkulturellen Themen äußert und die nach meinem Befinden die psychoanalytisch informierte Pop Art vom historischen Surrealismus scheidet. Das Zusammenfinden von surrealistischen Vexierbildern und populärkulturellen Sujets zeigt meiner Interpretation zufolge an, dass sich Oldenburgs Aufmerksamkeit nicht mehr ausschließlich auf das eigene Unbewusste richtet, sondern auf die unbewussten Dimensionen der gesellschaftlichen Funktion von Dingen: »Each object«, so Oldenburg, »besides being its own flower, is committed somehow, somewhere along the way to War and Sex«.[381]

---

379 Williams, »Lipstick Ascending: Claes Oldenburg in New Haven in 1969«, S. 127. Williams greift hier eine Formulierung von Oldenburg auf, die bei Rose, *Claes Oldenburg*, S. 193, abgedruckt ist.
380 Williams, »Lipstick Ascending: Claes Oldenburg in New Haven in 1969«, S. 128 (Kursivschreibung übernommen). Williams stützt sich hierbei auf ein selbst durchgeführtes Interview mit dem Künstler. Seine Ausführungen sind insofern plausibel als schon in *Store Days* zu lesen steht: »The erotic or the sexual is the root of ›art‹, its first impulse«. Oldenburg, *Store Days*, S. 62.
381 Oldenburg, »America: War & Sex, Etc.«, S. 38.

Andererseits neigt man zu einer Überbetonung von wirklichkeitsverändernden gegenüber wirklichkeitserschließenden Dimensionen. Hierdurch gerät meines Achtens aus dem Blick, dass Oldenburg die Wirklichkeit nicht oder nicht nur verändern, sondern überhaupt erst einmal zur Erfahrung bringen möchte. Vor diesem Hintergrund lautet die These, welche die kommenden Ausführungen leitet, dass Oldenburgs Kunst die sexuelle Bedingtheit der kulturellen Produktion, Veräußerung, Wahrnehmung und Verwendung von Dingen reflektiert. In einer von Freud und dem Surrealismus inspirierten kulturpsychologischen Perspektive, so argumentiere ich, thematisiert Oldenburg die Wünsche, Bedürfnisse und Obsessionen, die in dieser Dingpraxis zum Ausdruck kommen. Die Gegenstände sollen nicht nur eine neue – nämlich erotische – Erfahrung befördern, sondern sie werden anschaulich für die kulturellen Zusammenhänge, in die sie eingebunden sind.[382]

Dies soll anhand der Untersuchung zweier environmentaler Installationen nachgewiesen werden: Einerseits konzentriere ich mich auf *The Store*, ein skulpturales Environment, das 1961 außerhalb der Kunstinstitutionen entsteht, und andererseits auf das erstmals 1972 auf der Documenta 5 realisierte Environment *Mouse Museum/Ray Gun Wing*, in dem Produkte der Konsumkultur nicht nachgeahmt, sondern präsentiert werden. *The Store* (von Oldenburg auch mit ›US mind‹ paraphrasiert) basiert auf der Beobachtung, dass den nicht-praktischen Bedürfnissen im Warenhandel eine bedeutende Rolle zukommt. Auch *Mouse Museum/Ray Gun Wing*, dessen Exponate im Inneren einer Ray Gun und des Kopfes einer Comicfigur ausgestellt werden, die für die USA nahezu emblematischen Charakter haben, stellt eine Reflexion auf die erotische Bedingtheit der gesellschaftlichen Produktion und Konsumtion von Gegenständen dar.

In einem abschließenden Teil möchte ich aufzeigen, dass – und hier komme ich auf das eingangs angeführte Zitat zurück – die »Erhöhung« der rezipientenseitigen »Sensibilität« in der Tat nicht auf Gegenstände der bildenden Kunst begrenzt ist, sondern dass sich neue Wahrnehmungsweisen

---

382 Wenn in diesem Teil der Arbeit von ›Alltagsgegenständen‹ oder schlicht von ›Dingen‹ die Rede ist, dann sind damit immer vom Menschen hergestellte, d. h. zumeist industriell produzierte Objekte gemeint, die in alltäglichen Situationen eine Rolle spielen, so beispielsweise Gebrauchsgegenstände, schmückende Objekte, aber auch Nahrungsmittel. Ich pflichte der Forschung bei, die in diesem Zusammenhang auf die wachsende Warenproduktion sowie auf die hieraus resultierende gestiegene kulturelle Bedeutung der Dinge verweist. Siehe etwa Lüthy, »Das Konsumgut in der Kunstwelt – Zur Para-Ökonomie der amerikanischen Pop Art«, S. 150, oder Celant, »Claes Oldenburg und das Gefühl der Dinge«, S. 18, 25.

auch an nicht-künstlerischen Gegenständen außerhalb von Werkzusammenhängen ereignen. Ich gehe der Frage nach, wie die Leistungen des Künstlers und der Rezipienten in solchen Situationen zu beschreiben sind.

2. THE STORE

GRUNDLEGENDES Im Juni 1961 mietet Oldenburg eine Ladenfläche auf der Lower East Side an. Im rückwärtigen Raum installiert er die sogenannte ›Ray-Gun-Manufaktur‹, deren Produkte er ab Dezember desselben Jahres zu festen Geschäftszeiten im vorderen Raum – dem ›Laden‹ – zum Kauf anbietet (Abb.51–52).[383] Hierbei handelt es sich um Plastiken, die aus Gips auf Musselin und Maschendraht bestehen und eine grelle Lackbemalung aufweisen. Sie scheinen jene Waren zu imitieren, die auch in den Schaufenstern und Auslagen der benachbarten Geschäfte betrachtet und erstanden werden können: die Unterwäsche und leichten Kleider der Miederwarengeschäfte, die Nahrungsauslagen der Delis und Diners, der Ramsch der kleinen Läden ringsum.[384] Wie in einem wirklichen Laden werden die Objekte im Schaufenster, in Vitrinen und auf Kleiderstangen präsentiert, wie in einem wirklichen Laden buhlen sie um die Aufmerksamkeit der Passanten. Dabei ahmt Oldenburg nicht nur Kleider, Unterwäsche, Fleischwaren oder Backwerk, sondern beispielsweise auch Werbeträger und Visitenkarten nach. Er

---

[383] Die Öffnungszeiten – Montag bis Sonntag von 13–18 Uhr – entsprechen eher denen einer Galerie als denen eines Ladens. Die Gesamtfläche beträgt etwa 3 × 24 Meter. *The Store* besteht bis Ende Januar 1962.
[384] Vgl. die Beschreibungen von Rose, *Claes Oldenburg*, S. 64. Es werden insgesamt 107 Objekte her- und ausgestellt, wobei grundsätzlich zwischen eher flachen Objekten, die an die Wand gehängt werden, und eher vollplastischen stehenden zu unterscheiden ist. Zum Teil werden auf den Objekten Gegenstände malerisch dargestellt, ohne dass die plastische Form darauf Rücksicht nimmt. Eine Anzahl dieser somit zwischen Malerei und Skulptur oszillierenden Objekte ist beispielsweise abgebildet in Celant, Koepplin u. a. (Hg.), *Claes Oldenburg: An Anthology*, S. 74ff.

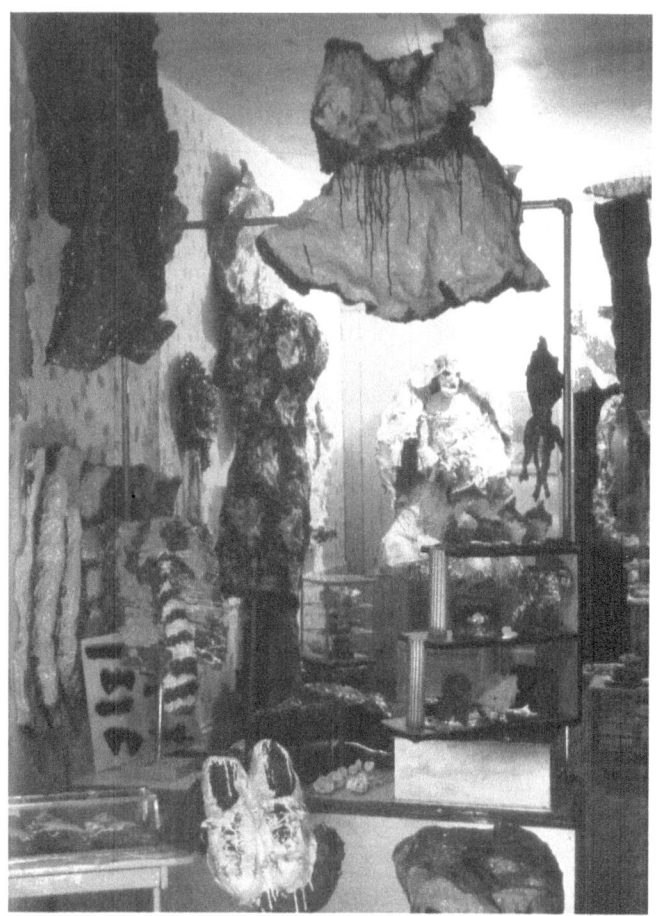

51. *The Store*, Blick durch das Schaufenster, 1961, 107 East 2nd Street, New York.

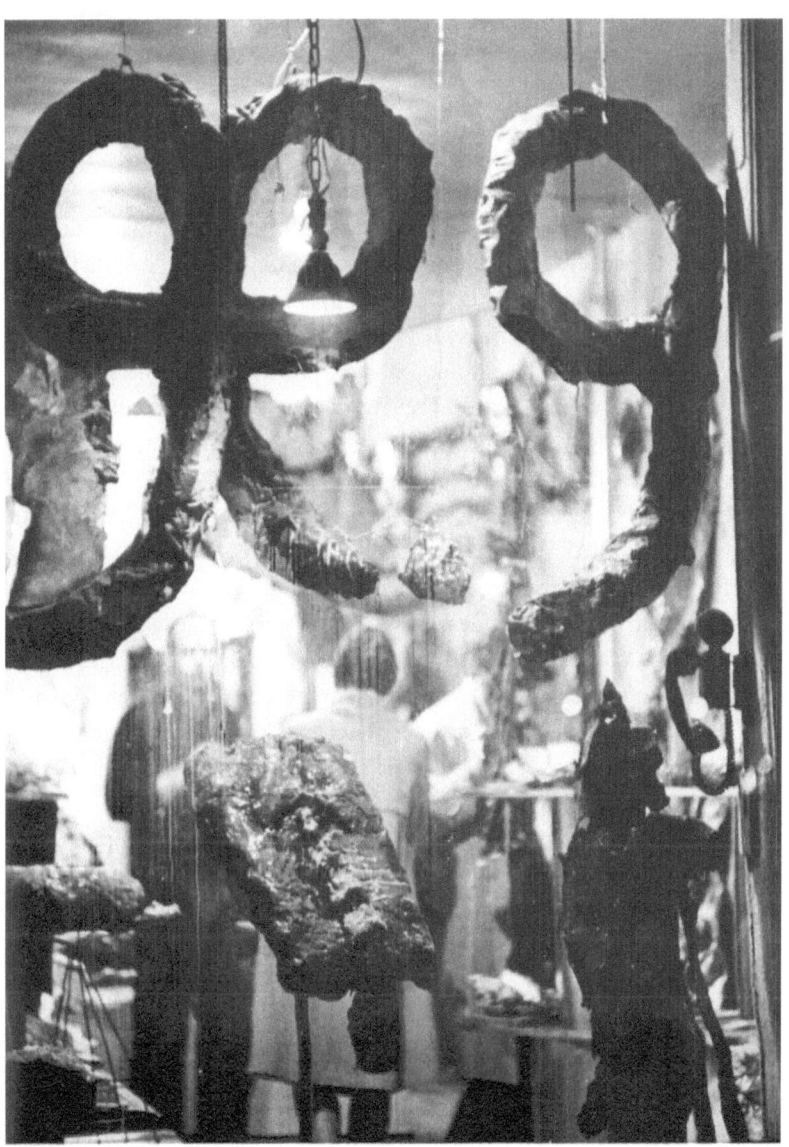

52. *The Store*, Verkaufsraum, 1961, 107 East 2nd Street, New York.

setzt sich also in verschiedenen Rollen in Szene: als Warenproduzent und Geschäftsmann, als Buchhalter und Verkäufer (Abb. 53).[385]

Oldenburg hat also den Galerien-Kontext aufgegeben und ist in einen verwahrlosten Bezirk Manhattans geflüchtet, um sich in Räumen niederzulassen, die vormals nicht der Praxis der Kunst, sondern der des Möbelhandels vorbehalten waren. Somit fällt der kunstinstitutionelle Rahmen als Vorbedingung und Signalgeber für die ästhetische Einstellung des Rezipienten eigentlich weg. Doch gilt dies nur für zufällige Passanten, während Oldenburgs fester Kundenstamm – darunter Kunstsammler und Kunsthändler wie Allan Solomon, Martha Jackson oder Giuseppe Panza di Biumo – von weit her extra anreist und über den Status von *The Store* als Projekt eines Künstlers bestens informiert ist.[386] Doch auch diese Mitglieder der New Yorker ›Art World‹ sehen sich vor etliche Rätsel gestellt: Bin ich in die Galerie eines Künstlers geraten oder befinde ich mich in einem Laden? Um eine Galerie kann es sich nicht handeln, weil Oldenburg sich als Handwerker, Unternehmer und Verkäufer in Szene setzt und die Objekte in Vitrinen, auf Kleiderbügeln und dergleichen ausgestellt werden. Um einen Laden jedoch ebenso wenig, weil die feilgebotenen Waren aus Gips bestehen und sich somit weder verzehren noch überstreifen lassen.

Zu *The Store*, dem Inbegriff der Erneuerung der US-amerikanischen Kunst nach dem Abstrakten Expressionismus, ist die Literatur sehr reichhaltig. Die betreffenden Autoren lassen sich in zwei für meine Fragestellung relevante Gruppen aufteilen, wobei die erste dieser Gruppen eine affirmative und die zweite eine kritische Beziehung dieses Environments zur kunstinternen wie kunstexternen Wirklichkeit konstatiert.

Zur ersten Gruppe gehört beispielsweise Sidney Tillim, der 1962 von Oldenburgs »ganz realer Vernarrtheit in die Geschmacklosigkeit von spezifisch amerikanischem Kitsch« berichtet und *The Store* »als echtes Abbild der höchsten Stufe des amerikanischen Gemischtwarenladens« betrachtet.[387] Ähnliche Ansichten finden sich zu dieser Zeit bei Max Kozloff.[388]

---

385 Vgl. Celant, »Claes Oldenburg und das Gefühl der Dinge«, S. 26f., und Lüthy, »Das Konsumgut in der Kunstwelt – Zur Para-Ökonomie der amerikanischen Pop Art«, S. 149. Lüthy äußert, dass Oldenburg hierdurch die Arbeitsteilung moderner Gesellschaften außer Kraft setzt. Auf diesen Text werde ich gleich noch näher eingehen.
386 Vgl. van Bruggen, *Claes Oldenburg: Mouse Museum/Ray Gun Wing*, S. 21. Die Nachbarschaft zeigte nach Oldenburgs eigenem Bekunden wenig bis gar kein Interesse an dem Environment, was, wie Oldenburg in einem Gespräch mit Benjamin Buchloh äußert, auch gar nicht in seinem Interesse lag (vgl. Buchloh, »Three Conversations«, S. 36).
387 Sidney Tillim, »Month in Review: New York Exhibitions«, in: *Arts Magazine*, Februar 1962, S. 34–37, zit. n. Ashton, »›The Store‹, New York 1961«, S. 154 (Übersetzung von ihr).

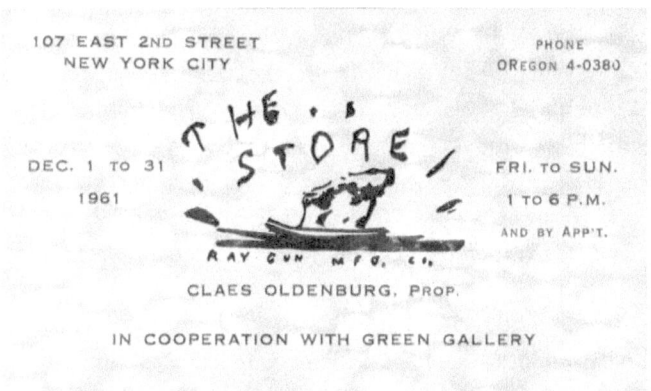

53. *The Store*, Visitenkarte, 1961.

Noch 2003 schreibt Philip Ursprung: »Oldenburgs Image als Entrepreneur nahm seine Karriere als sein Manager vorweg. [...] Sein *Store* war Ausdruck, nicht Kritik der Kunst als Teil des Warenumsatzes.«[389] Nach Ansicht dieser Autoren scheint Oldenburg – da er sich Verkaufsstrategien der Konsumindustrie aneignet, ja den Kaufakt zu einem Aspekt der Kunsterfahrung erhebt – sein kommerzielles Interesse zu bejahen und zu befördern. Eben dies führt zu dem Schluss, dass sich *The Store* nicht mehr ausreichend von der kapitalistischen Wirklichkeit – sei es als Negation oder Kritik – abgrenzen lässt. Diesen Positionen ist insofern zuzustimmen als *The Store* die Vorstellung von der Kunst als eine außerökonomische Wertsphäre tatsächlich nachhaltig zu brüskieren scheint. Damit legt er allerdings nur offen, was für den Kunstbetrieb ohnehin vorauszusetzen ist, jedoch im White Cube gemeinhin verschleiert wird: dass das Kunstwerk immer schon an der Warenzirkulation teilhat.

Hiermit komme ich zu den kritischen Lesarten, in denen sich ein weitaus größeres Interesse an der Erscheinungsweise der *Store*-Plastiken bekundet. Dore Ashton stellt Oldenburgs Schaffen in den Kontext ›antikultureller Bewegungen‹ wie Street- oder Outsider Art, die nach ihrer Auffassung gegen die Kunstwelt und den bürgerlichen Kunstbegriff gerichtet sind.[390] Unter dieser Prämisse dient *The Store* dazu, das kommerzielle Kunstsystem sowie – mittels der expressiven farbliche Gestaltung der

---

[388] Siehe hierzu Kozloff, *Renderings*, S. 216.
[389] Ursprung, *Grenzen der Kunst. Allan Kaprow und das Happening, Robert Smithson und die Land Art*, S. 142, 150.
[390] Siehe Ashton, »›The Store‹, New York 1961«, S. 148ff.

ausgestellten Plastiken – die Meisterwerke des Abstrakten Expressionismus zu parodieren.[391] Barbara Rose wiederum, die, wie bereits angemerkt, Oldenburgs Schaffen weitgehend in den Kontext neo-freudianischen Denkens stellt, versteht *The Store* als symptomatisch für den Wandel von einer pessimistischen Haltung, die derjenigen von Sigmund Freud entspreche und von der noch das Environment *The Street* (1960) geprägt sei, hin zu einem Optimismus, der demjenigen des Neo-Freudianers Norman O. Brown gleiche:

»A comparison of the street with the store is like a capsule history of the distinction between Freudian und and neo-Freudian thought. [...] With its brilliant color, sensuous surfaces, and abundance of goods, the store hinted at the joys and pleasures that industrial civilization *might* bring [...]. Whereas, The Street expressed the pessimistic, nineteenth-century European attitude toward civilization, with its concomitant evils and the sacrifices of the instinctual life that it demands, The Store accepted the message formulated by Norman O. Brown and confidently predicted Life's triumph over Death.«[392]

In einem Artikel, der unter anderem *The Store* behandelt, nimmt Michael Lüthy eine produktionsästhetische Perspektive ein. Nach Lüthy arbeiten die Künstler der Pop Art, zu denen er auch Oldenburg zählt, »parallel zur zeitgenössischen Konsumkultur«, die eine »Neudefinition des künstlerischen Produzierens« erforderlich mache.[393] Lüthy zufolge kritisiert Oldenburg die »Entfremdung des Alltags vom Leben« einerseits sowie »der Kunst vom Alltag« andererseits.[394] Der Entfremdung des Alltags vom Leben begegnet er durch die Strategie, »inmitten der amerikanischen arbeitsteiligen Gesellschaft zum nicht-entfremdeten Handwerker-Dasein der vorkapitalistischen Wirtschaft zurückzukehren«[395], wodurch »das System kapitalistischer Arbeitsteilung«[396] zum Einsturz kommt. Der Entfremdung von Kunst und Leben begegne er dagegen dadurch, dass er »deren jeweilige Energien« »ineinanderfließen« lässt. So steht die »›Anthropomorphisierung‹

---

391 Vgl. ebd., S. 154. Auch Germano Celant spricht von einer »Parodie« auf den Kunstbetrieb (siehe ders., »Claes Oldenburg und das Gefühl der Dinge«, S. 27).
392 Rose, *Claes Oldenburg*, S. 175.
393 Lüthy »Das Konsumgut in der Kunstwelt –

Zur Para-Ökonomie der amerikanischen Pop Art«, S. 148 (beide Zitate).
394 Ebd., S. 149 (beide Zitate).
395 Ebd.
396 Dieses und alle nachfolgenden Zitate finden sich ebd., S. 150.

der Dingwelt« in der Tradition der künstlerischen Plastik und diese »Energie« koppelt er mit der Begehrensstruktur des Warenfetischismus [...]«[397]. Lüthy zufolge »steckt« in allen Plastiken des *Store* »dieselbe sexuelle Energie«, wodurch »die gezielte Fetischisierung der Warenwelt, die das Marketing zwecks besserer Verkäuflichkeit errichtet [...]«, zusammenbricht.[398]

Was schon im Einleitungsteil konstatiert wurde, nämlich dass die Oldenburg-Forschung zu einer starken Betonung kritisch-normativer sowie utopischer Aspekte neigt, lässt sich hier also im Besonderen beobachten. Im Folgenden möchte ich diesen Interpretationen gegenüber aufzeigen, dass *The Store* nicht nur als Kritik oder Korrektiv gegenüber der alltäglichen Wirklichkeit zu verstehen ist, sondern dass er einer bestimmten Darstellungsabsicht dient, nämlich der Absicht, die sexuelle Bedingtheit des kulturellen Handels mit Dingen ästhetisch zu reflektieren. Ich nehme an, dass sowohl die Gestaltungsweise als auch die Darstellungsdimension der betreffenden Plastiken im Hinblick darauf noch nicht erschöpfend analysiert worden ist.

Hilfreich sind für diese Fragestellung verschiedene Bemerkungen von Joachim Hochdörfer: Wie Hochdörfer anmerkt, »fokussiert« Oldenburg »auf das Schicksal des industriell gefertigten Objekts – als Ware, die in immer neuen medialen und formalen Metamorphosen zum kulturellen Träger und Symbol von Imaginationen, Wünschen und Obsessionen wird«[399]. Hochdörfer zufolge bleibt es ungewiss, »ob in der chaotischen Bemalung ein Affront gegen die moderne Geldwirtschaft mitschwingt oder ob die Farbspritzer die irrationalen Beweggründe des Begehrens ins Recht setzen, die jeden Kaufakt – auch den der Ware Kunst – motivieren«[400]. Wie Hochdörfer weiter schreibt, »stülpt Oldenburg gewissermaßen die verinnerlichten psychologischen Konflikte nach außen und projiziert sie auf

---

[397] Den Begriff ›Warenfetischismus‹ scheint Lüthy nicht von Marx, sondern von Oldenburg selbst zu übernehmen, den er an einer Stelle zitiert: »Hier und heute, wo ich lebe, in Amerika, ist die Sexualität mehr auf Substitute gerichtet, zum Beispiel mehr auf Kleider denn auf die Person, auf fetischistisches Zeug, und das gibt dem Objekt eine Intensität, die ich zu nutzen versuche.« Ebd., S. 149. Die Übersetzung stammt von Lüthy selbst, im Original heißt es »[...] an intensity and this is what I try to project« (Oldenburg, *Store Days*, S. 62), sodass man das letzte Wort im Satz – und dies ist für meine eigene These bedeutsam – auch mit »projizieren«, »darstellen« oder »vermitteln« übersetzen könnte.

[398] Weiter oben im Text spricht Lüthy von einem »Wunschbild« (ebd., S. 149), sodass wahrscheinlich sowohl im Hinblick auf den Einsturz des Systems der kapitalistischen Arbeitsteilung als auch im Hinblick auf den Zusammenbruch der »gezielte[n] Fetischisierung der Warenwelt« von einem fiktiven Geschehen die Rede sein dürfte.

[399] Hochdörfer, »Von der Street zum Store: Claes Oldenburgs Pop Expressionismus«, S. 38.

[400] Ebd., S. 44.

die Konsumwelt [...]. Es ist, als würde er die Waren- und Medienwelt mit empfindsamen Nervenzellen ausstatten und das in ihr verborgene Konfliktpotenzial freilegen wollen [...]. Ein solcher *Ray Gun*-Expressionismus zielt darauf ab, die Emotionalität gesellschaftlicher Konflikte – das kapitalistische Unbewusste – sichtbar zu machen.«[401]

In den kommenden Ausführungen möchte ich folgendermaßen vorgehen: Zunächst werde ich Wolfgang Fritz Haugs Begriff des ›Warenscheins‹ vorstellen, der mir im Weiteren als heuristischer Begriff dienen soll, sowie einige historische Veränderungen im Hinblick auf Verkaufstechniken skizzieren.[402] Anschließend sollen solche Verkaufstechniken an einzelnen beispielhaften US-amerikanischen Werbeanzeigen aus den 1960er Jahren nachgewiesen werden, um ein Streiflicht auf die Instrumentalisierung der menschlichen Sexualität in der Konsumkultur zu werfen. Erst danach komme ich auf Arbeiten von Oldenburg zu sprechen. Ich möchte zeigen, dass seine *Notebook-Clippings* erstens die Verkaufstechniken der Werbung ins Auge fassen, dass hier Werbeanzeigen aber auch als kulturpsychologische Dokumente interpretiert werden. Sodann steht das Environment *The Store* im Fokus. In diesem Kontext werde ich die skulpturalen Gestaltungsweisen analysieren, mittels derer er – so meine These – das Phänomen des ›Warenscheins‹ veranschaulicht. Abschließend versuche ich, über die spezifische Beziehung dieses Environments zur Wirklichkeit Rechenschaft abzulegen. Ich möchte erläutern, wie realistische und utopische Dimensionen ins Verhältnis zu setzen sind, wie also das ›Wirkliche‹ und das ›Mögliche‹ hier ineinandergreifen.

ZUM BEGRIFF DES ›WARENSCHEINS‹ UND ZUR ROLLE DER SEXUALITÄT IM HANDEL MIT KONSUMGÜTERN (HAUG, PACKARD)

Nach Wolfgang Fritz Haug finden bei der Produktion von Konsumgütern unter anderem zwei Aspekte Berücksichtigung: Erstens die praktische Funktion des betreffenden Produktes und zweitens dessen sinnliche Erscheinung, die unter kapitalistischen Bedingungen besonders als Werbeinstrument eine Rolle spielt, was nicht nur auf industriell produzierte Waren, sondern auch auf vermeintlich natürlich gewachsene Lebensmittel wie Obst, Gemüse oder

---

401 Ebd., S. 50f.
402 Mir ist nicht bekannt, ob Oldenburg und Haug schon früher miteinander in Beziehung gebracht wurden.

Fleisch zutrifft.[403] Das Erscheinungsbild eines Produktes wird von einem Verbund an Medien kreiert, der sich unter anderem aus Werbung und Inszenierung der Ware im Verkaufskontext zusammensetzt, wobei die Ware nicht nur durch ihre Gestalt, sondern auch durch ihre Verpackung und dergleichen sich selbst bewirbt. Dabei können Produkte, die sich in ihrer Funktion entsprechen, völlig unterschiedliche Erscheinungsbilder aufweisen. Dies liegt daran, dass sich im Interesse der Absatzerhöhung die Gestaltung des Produktes und der Werbemittel nicht auf die Thematisierung praktischer Produktfunktionen beschränkt, sondern die strategischen Mittel erweitert werden. Hierbei können – mehr oder weniger offen – Bedürfnisse adressiert werden, die aus der psychischen Konstitution der betreffenden Zielgruppe resultieren. Nach Haug kommt es zu einem ›Gebrauchswertversprechen‹, das sich beim Erwerb und Besitz der Ware einlösen soll, wobei als Kommunikator solcher Versprechen die sinnliche Oberfläche der Ware gerade deshalb ideal ist, weil sie schon vor dem physischen Gebrauch des betreffenden Produktes wahrgenommen werden kann.[404] Dies ist besonders daher von entscheidender Bedeutung für die hochkapitalistischen Märkte, weil immer neue Produkte auf den Markt drängen und hierdurch das Erfahrungswissen über die Güter nicht mehr gegeben ist. Aus Haugs freudomarxistischer Perspektive stellt sich dieser Prozess folgendermaßen dar:

> »Vom Tauschwertstandpunkt aus kommt es bis zum Schluss, nämlich dem Abschluss des Kaufvertrags, nur aufs Gebrauchswertversprechen seiner Ware an. Hier liegt von vornherein ein starker, weil ökonomisch funktioneller Akzent auf der Erscheinung des Gebrauchswerts, der, den einzelnen Kaufakt betrachtet, tendenziell als bloßer Schein eine Rolle spielt. Das Ästhetische der Ware im weitesten Sinne: sinnliche Erscheinung und Sinn ihres Gebrauchswerts, löst sich hier von der Sache ab. Schein wird für den Vollzug des Kaufakts so wichtig – und faktisch wichtiger – als Sein. [...] Wer die Erscheinung beherrscht, beherrscht vermittels der Sinne die faszinierten Menschen.«[405]

---

403 Vgl. Haug, *Kritik der Warenästhetik*, S. 13ff.
404 Der Gebrauchswert beschreibt den Wert eines Produktes im Hinblick auf die Befriedigung *subjektiver* Bedürfnisse. Der Gebrauchswert einer bestimmten Ware ist also von individuellen Dispositionen abhängig.
405 Haug, *Kritik der Warenästhetik*, S. 16f.

Von den antiken Ursprüngen des Begriffes ›Schein‹ sind bis heute mehrere Bedeutungen erhalten geblieben: ›Schein‹ kann im wortwörtlichen Sinn von ›splendor‹ oder ›lumen‹ Leuchten und Glänzen bedeuten, zweitens kann damit im Sinn von ›phaenomenon‹ oder ›apparentia‹ das Sichtbarwerden und Sich-Zeigen von sinnlichen oder intelligiblen Gegenständen gemeint sein. Drittens kann unter ›Schein‹ im Sinne von ›pseudos‹ oder ›illusio‹ der bloße Schein, die Täuschung oder das Erwecken eines Anscheins verstanden werden.[406] Es zeigt sich also, dass Haugs Anverwandlung des Begriffes ›Schein‹ diesen auf den dritten Sinn reduziert, was durchaus in der Tradition konsumkritischer Autoren wie Georg Simmel oder Walter Benjamin steht. In der Konsequenz tritt die Dimension des ›Sichtbarwerdens‹ hinter der des ›Glänzens‹ und der ›Täuschung‹ zurück. Gegenüber dem Begriff des ›ästhetischen Scheins‹, der die sinnliche Darstellung von Wirklichem umfasst, wird der Schein hier zum wahren Sein der Ware, worin dieses auch immer bestehen mag, in einen Gegensatz gebracht. Unter diesen Voraussetzungen lässt sich der ›Warenschein‹ als eine ›Technik‹ verstehen, die auf der Ebene des Sinnlichen operiert und dazu dient, den Verkaufsprozess der beworbenen Ware zu befördern.[407]

Bekanntlich führt der Wirtschaftsboom der 1950er Jahre gerade in der westlichen Welt und insbesondere in den USA zu einem historisch beispiellosen Anstieg der Produktion von Konsumgütern wie Haushaltsgeräten, Fortbewegungsmitteln, Kommunikationsmedien oder Fertignahrung, also zur Proliferation von Waren, für die es zunächst keine Nachfrage gibt, ja die nicht selten einer rationalen Abwehr unterliegen. Wenn die Konsumenten nicht durch den praktischen Nutzen zum Kauf bestimmter Produkte überredet werden können, auf welcher Ebene hat das Produktmarketing menschliche Bedürfnisse dann zu adressieren? 1957 erscheint in den USA das bald populäre Sachbuch The *Hidden Persuaders* von Vance Packard, das sich mit Werbestrategien und besonders mit der damals innovativen Motivforschung, die sich der Ergründung von Kaufmotivationen widmet, auf polemische Weise auseinandersetzt. Reich an Fallbeispielen beschreibt der Autor, wie die Werbeindustrie Verfahrensweisen entwickelt, um durch den Appell an unbewusste Bedürfnisse die Rationalität des Konsumenten zu unterlaufen.[408] So berichtet er beispielsweise von Studien über Kauf-

---

406 Vgl. Früchtl, »Schein«, S. 367.
407 Die Bezeichnung ›Verkaufstechnik‹ geht auf Johannes Lang zurück, mit dem ich über Haugs Theorie diskutiert habe, insofern bin ich ihm zu Dank verpflichtet.
408 Eingangs schreibt Packard: »This book is an

motivationen, die zu dem Ergebnis kommen, dass das Kuchenbacken in psychologischer Hinsicht bei Frauen als Substitut für die Fortpflanzung diene, weshalb sie Werbemachern dazu raten, Anzeigen für Backprodukte so zu gestalten, dass mütterliche Triebe adressiert werden.[409] Packard berichtet auch von der phallischen Bedeutung von Kugelschreibern, die durch Produktgestaltung und Produktwerbung genutzt und gefördert werde. So neigen laut Motivforschung männliche Konsumenten dazu, einem dem eigenen Körperimago entsprechenden Objekt auch dann den Vorzug zu geben, wenn dieses teurer ist als die Produkte der Konkurrenz.[410] Packard geht auch auf die Firma Maidenform ein, die Büstenhalter produziert und mit der Werbekampagne »I dreamed I stopped traffic in my maidenform bra« berühmt geworden ist. Auf der betreffenden Werbeanzeige bewegt sich eine Frau glücklich lächelnd und oberhalb der Gürtellinie nur mit dem beworbenen Büstenhalter bekleidet durch den Straßenverkehr, so als ob sie ihren kindlichen Exhibitionismus ausleben könne, der bei vielen Menschen auch im Erwachsenenalter unbewusst weiterbesteht.[411] Sexuelle Kindheitswünsche und Traumbilder sollen also von der Anzeige aktualisiert werden, um beim Kunden den psychischen Kurzschluss zwischen sexueller Wunscherfüllung und Produkterwerb bzw. Produktgebrauch zu erwirken.[412]

Freilich handelt es sich in solchen Fällen für Packard, aber auch für freudomarxistische Autoren wie Haug um eine manipulierte und disziplinierte Sexualität, um eine Sexualität, die den kapitalistischen Machtstrukturen und Verwertungsinteressen unterworfen ist. Den langfristigen Effekt dieser »Technokratie der Sinnlichkeit« sieht Haug in der Korrumpierung der menschlichen Trieb- und Bedürfnisnatur, womit sowohl der Wechsel von Triebobjekten als auch die Veränderung von Triebzielen gemeint ist.[413] Das menschliche Begehren verschiebt sich immer mehr auf die Konsumgüter, sodass die erotische Ausstrahlung von Individuen mehr

---

attempt to explore a strange and rather exotic new area of American life. It is about the large-scale efforts being made, often with impressive success, to channel our unthinking habits, our purchasing decisions, and our thought processes by the use of insights gleaned from psychiatry and the social sciences. Typically these efforts take place beneath our level of awareness; so that the appeals which move us are often, in a sense, ›hidden‹. The result is that many of us are being influenced and manipulated, far more than we realize, in the patterns of our everyday lives.« Ders., *The Hidden Persuaders*, S. 3.

409 Vgl. ebd, S. 76ff. (Abschnitt »Selling creative outlets«).
410 Vgl. ebd., S. 86.
411 Vgl. ebd., S. 85f.
412 Auf die Traumtheorie Freuds gehe ich weiter unten genauer ein.
413 Vgl. Haug, *Kritik der Warenästhetik*, S. 55.

und mehr von deren Besitz abhängt.[414] Die »sinnliche Unmittelbarkeit« zwischen Individuen wird gebrochen, um die Waren dazwischentreten zu lassen.[415] Erst durch die Unterdrückung unmittelbarer Lustabfuhr zwischen Individuen wird Sexualität profitabel:

> »Triebunterdrückung bei gleichzeitiger Schein-Befriedigung des Triebs führt zu einer allgemeinen Sexualisierung [...]. Die Waren antworten darauf, indem sie von allen Seiten sexuelle Bilder spiegeln. Hier ist es nicht das Sexualobjekt, das Warenform annimmt, sondern tendenziell die Gesamtheit der Gebrauchsdinge mit Warenform nimmt in irgendeiner Weise Sexualform an, das sexuelle Bedürfnis und sein Befriedigungsangebot werden entspezifiziert. [...] Sie werden frei konvertibel in den Reiz aller Dinge.«[416]

Autoren wie Haug und Parckard nehmen also die Sphäre der Warenproduktion und des Warenhandelns in den Blick, was in einer triebpsychologischen Fundierung des Konzeptes des ›Warenscheins‹ resultiert. Zudem beeinflusst, wie zumindest ansatzweise skizziert wurde, das triebpsychologische Paradigma seit Mitte der 1950er Jahre nicht nur die Philosophie und die Sozialwissenschaften, sondern auch die Techniken der Gestaltung von Produkten und Werbemitteln. Man macht sich also die sexuellen Bedürfnisse der Konsumenten zunutze, die nach freudomarxistischer Anschauung in repressiven Systemen zwangsläufig unbefriedigt bleiben.

VERKAUFSTECHNIKEN US-AMERIKANISCHER WERBEANZEIGEN DER 1960ER JAHRE

Im Folgenden sollen, ohne dass Anspruch auf Systematik oder erschöpfende Darstellung erhoben wird, ein paar unterschiedliche Strategien aufgezeigt werden, durch welche die Konsumentensexualität für den Produktumsatz instrumentalisiert wird. Es soll angedeutet werden, auf welch unterschiedliche Weisen die Waren in Szene gesetzt werden können, um Bedürfnisse zu adressieren, die den Bereich des Praktischen überschreiten. Ich werde mich auf wenige einfache Beispiele für US-amerikanische Werbeanzeigen der 1960er Jahre konzentrieren, die relativ willkürlich ausgewählt wurden.

---

[414] Vgl. ebd., S. 91ff.

[415] Vgl. ebd., S. 58.
[416] Ebd., S. 68.

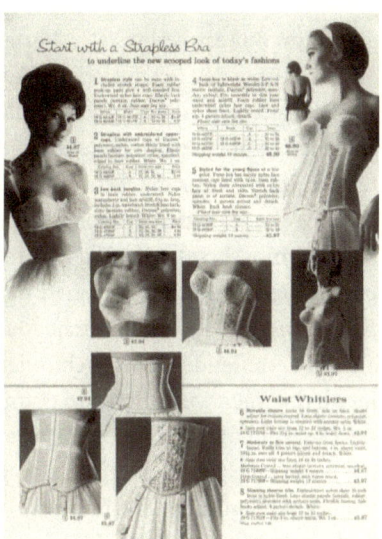

54. Seite aus dem Sommerkatalog von Sears, 1961.

Ich beginne mit einer Werbeanzeige für Unterwäsche (Abb.54). Die beworbenen Stoffe gehören zur Peripherie von Personen, liegen direkt auf den Körperoberflächen auf. Der Blick des Konsumenten springt zwischen Haut und Kleidung, lebendigem und totem Gewebe hin und her, untersucht die verschiedenen Beschaffenheiten und Zonen des Übergangs. Hierbei ist nicht ganz klar, ob der menschliche Körper oder aber die Unterwäsche für den Lustgewinn verantwortlich ist. Die erotische Ausstrahlung der Protagonistinnen und der sinnliche Reiz der Wäsche scheinen sich gegenseitig zu bestärken und unauflöslich miteinander zu verquicken. Hartmut Böhme bringt diesen Wahrnehmungsprozess folgendermaßen auf den Punkt:

> »Charakteristisch für die erotische Lektüre von Körpern und Kleidern ist die Verschiebung. [...] Das erotische Auge folgt keiner Linie (wie beim Buch), sondern tummelt sich, springt, wandert verharrt, insistiert, huscht, versenkt sich etc. [...] In der Terminologie der Rhetorik gesprochen sind die Signifikanten des erotischen Blicks Metonymien: Körperoberfläche und Kleidung bilden eine, wie Roman Jakobson sagt, syntagmatische Achse, längs derer sich das lesende Auge bewegt.«[417]

---

[417] Böhme, *Fetischismus und Kultur. Eine andere Theorie der Moderne*, S. 392.

Ein äußert verbreitetes Verfahren der Werbung besteht also in der Adressierung des Schautriebs (›Voyeurismus‹), der bei vielen Menschen stark ausgeprägt ist und sich vor allem auf sexualisierte Körperteile des begehrten Geschlechts richtet. Gleichzeitig – und das ist für die hier relevante Zielgruppe ausschlaggebender – kann sich das wahrnehmende Subjekt mit der dargestellten Persona identifizieren, wodurch der eigene Körper als libidinös besetztes Objekt fungiert. Der aus der freudschen Triebpsychologie stammende Begriff der ›libidinösen Besetzung‹ meint dabei nichts anderes als die Tatsache, dass eine bestimmte psychische Energie an das betreffende Objekt gebunden wird, wobei Freud in diesem Zusammenhang auch von ›Erregungssumme‹ oder ›Affektquantum‹ spricht.[418] Je höher die sexuelle Erregung, die mit seiner Wahrnehmung verbunden ist, desto stärker ist es Freud zufolge mit Libido besetzt. Das betreffende Objekt verfügt nicht faktisch über erotische Energien, vielmehr ist es das Subjekt, das angesichts der Wahrnehmung oder Vorstellung des betreffenden Objektes diese Energien aufgrund seiner psychischen Erregung auf dieses projiziert.

Allerdings können Werbeanzeigen durch den Blickwinkel oder Bildausschnitt die Aufmerksamkeit auch vollends und vereinseitigend auf die Ware lenken (Abb. 55). Hier wird der Körper nicht nur zerstückelt und gliederweise amputiert, sondern völlig verdrängt, wodurch Schuhe, Strumpfhosen oder Unterwäsche an die Stelle von Füßen, Pos, Beinen und Brüsten treten. Während das Triebziel, das im Schauen besteht, unverändert geblieben ist, wird das Triebobjekt klammheimlich ausgetauscht. Doch selbst dort, wo der Körper nicht nur randständig ist, sondern vollständig ersetzt wurde, scheinen seine erotischen Energien zu überdauern. Die Erotik des Körpers hat sich auf das Produkt übertragen, an dem sich nun die Lust entzündet. Und eben dieses bildliche Verfahren – das Zerstückeln von Körpern, das Substituieren des Körpers durch Gegenstände – ähnelt letztendlich der subjektiven Wahrnehmung des Fetischisten.

Wie Böhme erörtert, wird unter ›sexuellem Fetischismus‹ gemeinhin die Neigung verstanden, einen unbelebten Gegenstand, den sogenannten ›Fetisch‹, als Objekt sexueller Erregung und Befriedigung zu verwenden. Böhme stellt im Verweis auf Alfred Binet, Richard Krafft-Ebing und andere Fetischismus-Forscher dar, wie der Fetischist zum menschlichen Körper

---

[418] Vgl. Laplanche, Pontalis, *Vokabular der Psychoanalyse*, S. 92–96.

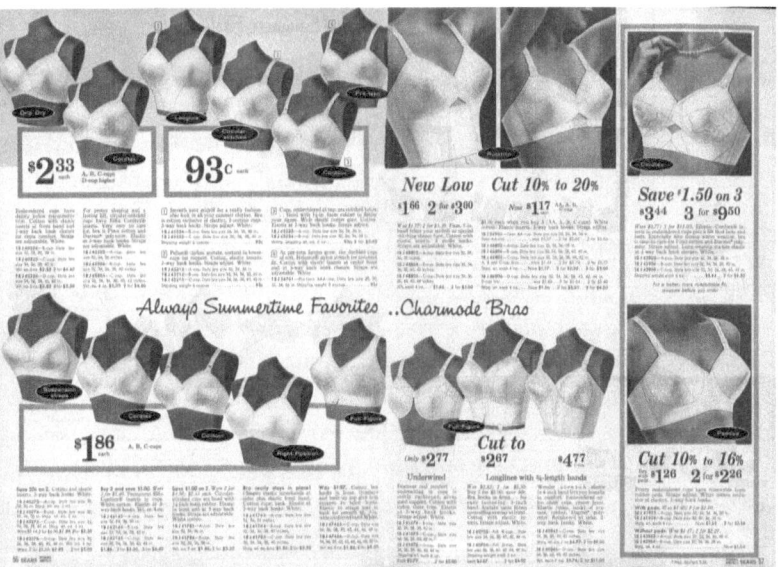

55. Seite aus dem Sommerkatalog von Sears, 1961.

den Kontakt verliert. Während in der normalen Sexualität verschiedenste Partikularobjekte – handele es sich um Kleidungsstücke oder Accessoires – das Potential haben, sexuelle Lust zu erregen und daher der sexuellen Begegnung von Menschen dienlich sind, bleibt der Fetischist im Bann eines absoluten Objektes gefangen und damit für die Reize anderer Objekte unempfänglich.[419] Wiederum in Freuds Terminologie ausgedrückt, erfolgt eine psychoenergetische ›Verschiebung‹, die für die libidinöse Besetzung des fetischisierten Dings verantwortlich ist. Wenn ein Fetischist in einer Art »Urszene«, so Böhme, aus dem Spektrum möglicher Objektklassen die eine selektiert hat, können fortan alle Vertreter dieser Klasse, die dieses Schema erfüllen, als Fetisch dienen. Auch diese serielle Reihung der Varianten des fetischistischen Objektes lässt sich an dem angeführten Bildbeispiel nachweisen.

---

419 Vgl. Böhme, *Fetischismus und Kultur. Eine andere Theorie der Moderne*, S. 373ff. Allerdings können vom Fetischisten auch einzelne Körperteile (Füße etc.) absolut gesetzt werden, sodass er in diesem Fall nicht zum Körper an sich, aber doch zum *Ganzen* des Körpers den Bezug verliert. Dinge, an denen sich Spuren des Sexualpartners erhalten haben (Gerüche, Sekrete) und die aufgrund dessen der sexuellen Stimulierung dienen, fallen durch ihren Bezug auf eine bestimmte Person nicht unter die Kategorie ›Fetisch‹.

Das Mittel der Identifikation mit der im Bild dargestellten Rolle lässt sich gerade auch in szenischen oder narrativen Anzeigen nachweisen. Betrachten wir eine Anzeige für Haushaltsgeräte (Abb.56): Hier soll der Kundin offensichtlich suggeriert werden, durch den Erwerb und den Gebrauch des Produktes – eben wie die Protagonistin – beruflich erfolgreich sein und zugleich ihre weibliche Seite ausleben zu können, modern und sexy und zugleich pflichtbewusste Gattin und Mutter sein zu können. Während die Protagonistin gelassen eine Tasse Kaffee trinkt, übernimmt ihr Backofen, mit dem sie sich in einem Zwiegespräch befindet, mit Packard gesprochen, für sie das Austragen und Gebären. Werbeanzeigen der 1960er Jahre greifen jedoch nicht immer auf das Muster der Identifikation zurück, sondern bedienen sich auch immersiver Techniken. So sind Anzeigen für Autos innovative (aber nicht unbedingt subtile) Beispiele dafür, wie dem (in diesem Fall männlichen) Kunden durch den Erwerb der beworbenen Autos sexuelle Attraktivität und Potenz versprochen werden (Abb.57). Der Betrachter wird direkt adressiert, in das Bild hineingezogen und in die Narration verwickelt. Er kann sich in seiner Vorstellung ins Fahrzeug setzen, das ihm zur Prothese wird, und eine Spritztour machen, die einem erotischen Abenteuer gleichkommt. Auch hier erfolgt also nicht nur ein Appell an voyeuristische, sondern auch an narzisstische Bedürfnisse, die aus der psychischen Konstitution der betreffenden Zielgruppe resultieren. Auch hier ist das erotische Objekt, um das es geht, das Selbst des Konsumenten.

OLDENBURGS PSYCHOANALYSE DER WERBUNG: COLLAGEN IN DEN *NOTEBOOKS*

Eigentlich handelt es sich bei Oldenburgs *Notebooks* nicht um klassische Skizzenbücher, sondern um lose Blätter, die in Klemmheftern abgelegt werden.[420] Die frühesten Collagen von Zeitungs- und Zeitschriftenausschnitten, die sich in diesen Klemmheftern finden, datieren auf 1960. Solche und spätere Blätter dokumentieren eine eingehende und andauernde Auseinandersetzung mit massenmedialen Abbildungen, wobei von Beginn an fast ausschließlich Werbeanzeigen von Interesse sind.

---

420 Eine Auswahl an Abbildungen in Miniaturform findet sich in Oldenburg, *Notes in Hand, Miniatures of my Notebook Pages*, sowie in Hochdörfer, Schröder (Hg.), *Claes Oldenburg: The Sixties*, passim.

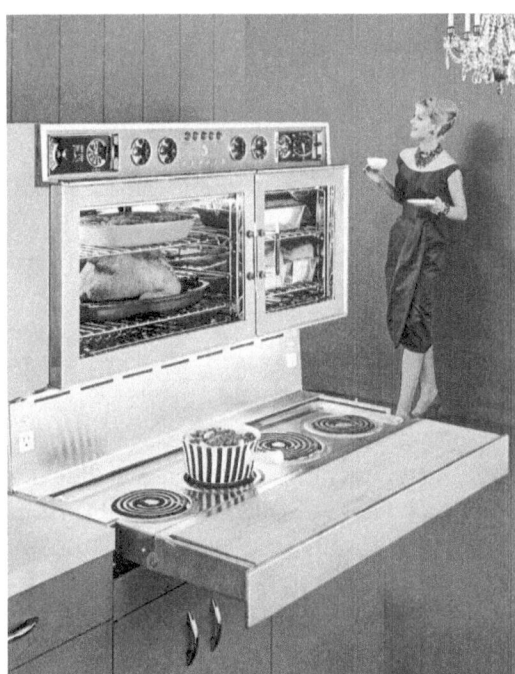

56. Werbeanzeige für Herd und Backofen (Tappan), 1961.

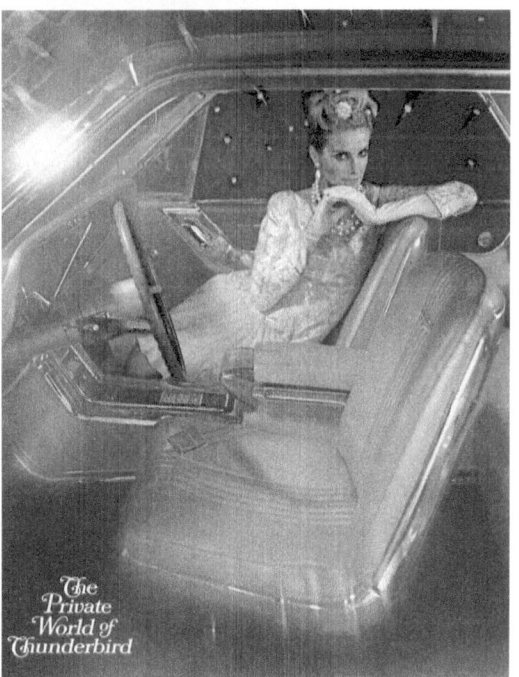

57. Werbeanzeige für Auto (Ford), 1964.

Nach dem Herausreißen, Ausschneiden oder Zuschneiden der Anzeigen klebt Oldenburg sie – entweder allein oder in Kombination mit anderem Bildmaterial – auf ein leeres Blatt Papier. Teils werden diese Collagen ohne Kommentare oder grafische Hinzufügungen belassen, teils werden sie aber auch durch Anmerkungen oder Zeichnungen ergänzt. Manche Blätter haben rein archivarische Funktion, andere lassen sich als autonome Arbeiten auf Papier verstehen, wieder andere dienen – darauf weisen beispielsweise schriftliche Vermerke mit Materialangaben hin – als Entwürfe für zukünftige Plastiken. An Oldenburgs Auswahl der Anzeigen werden die Verfahrensweisen ersichtlich, derer sich die Werbemacher bei der fotografischen Inszenierung ihrer Waren bedienen. Diese zeigen sich beispielsweise in der Monumentalisierung kleinster Oliven durch Nahaufnahmen und Untersichten, in den beinahe skulpturalen Qualitäten sorgfältig drapierter Hamburger und Sandwiches oder in den leuchtenden Farben, glänzenden Oberflächen und cremigen Viskositäten von Soßen, Sahne und Eis (Abb.58).[421]

Poached Eggs on Toast, with Notations zeigt eine Brotscheibe, auf der zwei pochierte Eier liegen (Abb.59). Ein zweites Blatt von 1964 wird expliziter: Es zeigt eine Collage zweier verschiedener Werbeanzeigen, sodass zwei Schweinekoteletts einem Büstenhalter gegenübergestellt werden (Abb.60). Oldenburg hat also eine Korrespondenz zwischen den dargestellten Objekten entdeckt, die vor allem auf der Übereinstimmung zwischen der Form der Knochen und der Form der Träger zu gründen scheint. Ein weiteres Blatt, auf das nur eine einzige Anzeige unbeschnitten aufgeklebt wurde, zeigt ein blondes Model, zwischen dessen Beinen ein monströser Lippenstift emporragt, den sie lasziv lächelnd umklammert und der sich als ein riesiger Phallus interpretieren lässt (Abb.61). Auf einer Anzeige, der Oldenburg den Titel *French Landscape* gegeben hat, werden konvexe Formen in konkaven untergebracht (Abb.62). Es handelt sich um eine Küchenlandschaft, in der Handrührgerät und Stabmixer in Messbecher, Schüssel und Schale stecken, wobei im Vordergrund ein Ei zu sehen ist, das man zur Weiterverarbeitung aufgeschlagen hat. Auf den letzten beiden *Notebook*-Seiten, die ich hier anführen möchte, werden die dargestellten Gegenstände ebenfalls als Vexierbilder menschlicher Körperteile deutbar (Abb.63–64):

---

421 Ähnliche Beobachtungen finden sich bei Temkin, »Claes Oldenburgs Clippings: Eine Einführung«.

58. *Olive Close-up* (Notizbuchseite), 1967, Zeitschriftenausschnitt, im Besitz des Künstlers.

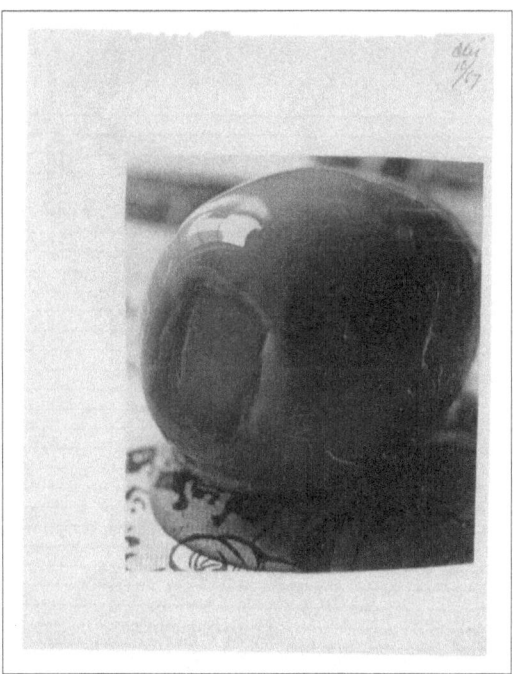

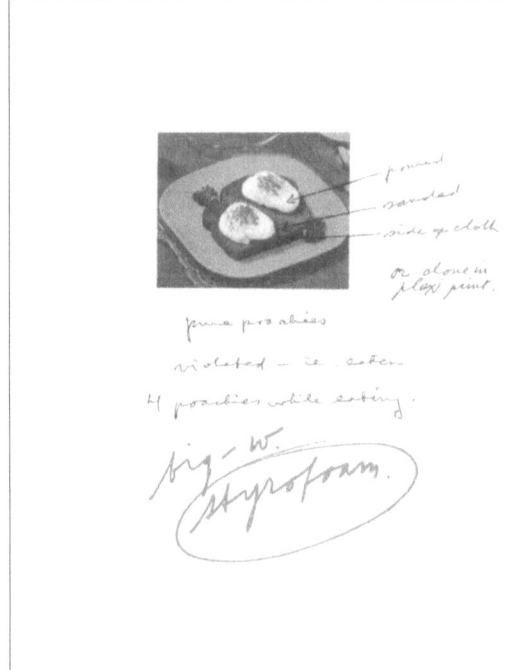

59. *Poached eggs on toast, with notations* (Notizbuchseite), 1965, Zeitschriftenausschnitt, Kugelschreiber, im Besitz des Künstlers.

The Store   217

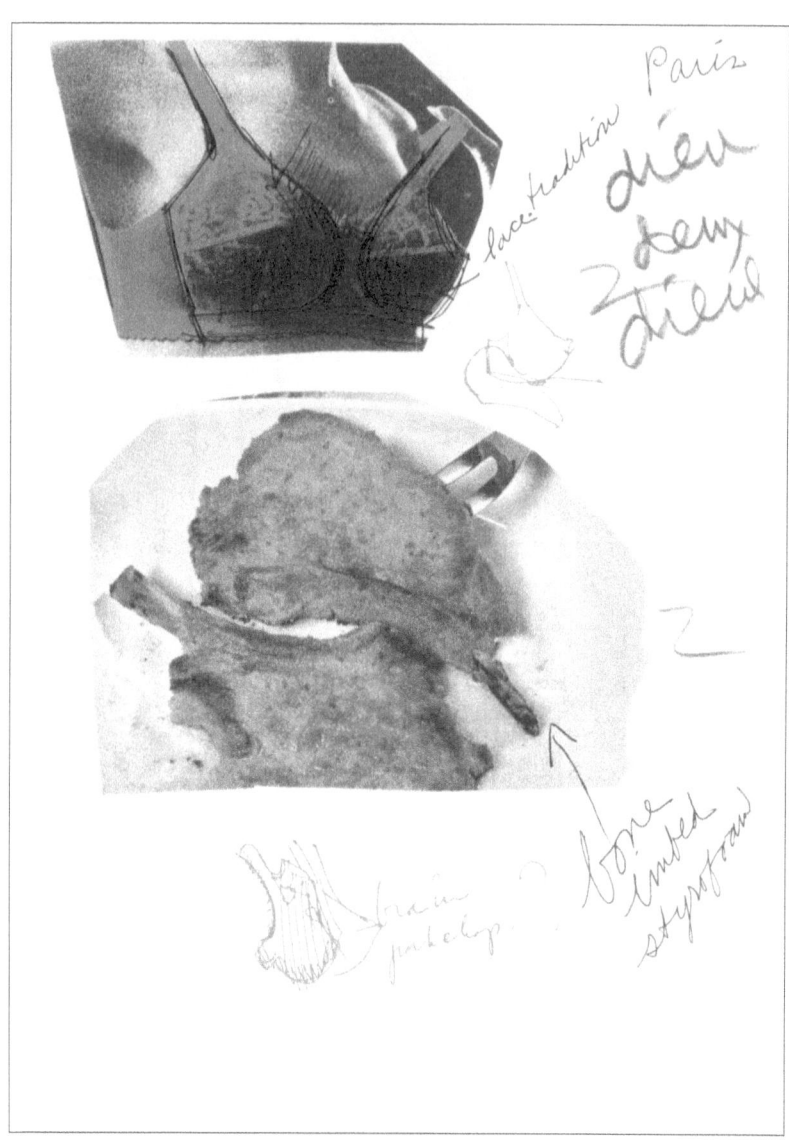

60. *Pork chops compared to breasts in brasserie*
(Notizbuchseite), 1965, Zeitschriftenausschnitte,
Kreide, Kugelschreiber, im Besitz des Künstlers.

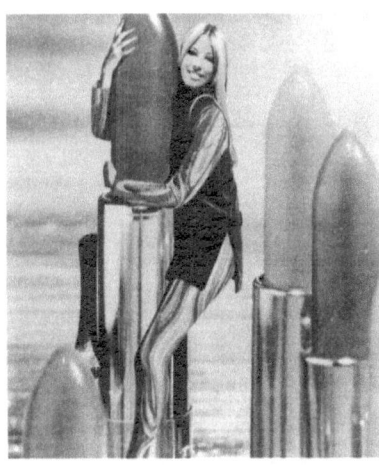

61. *Lipstick-advertisement*
(Notizbuchseite), 1965,
Zeitschriftenausschnitt,
im Besitz des Künstlers.

62. *French landscape*
(Notizbuchseite), 1964,
Zeitschriftenausschnitt,
im Besitz des Künstlers.

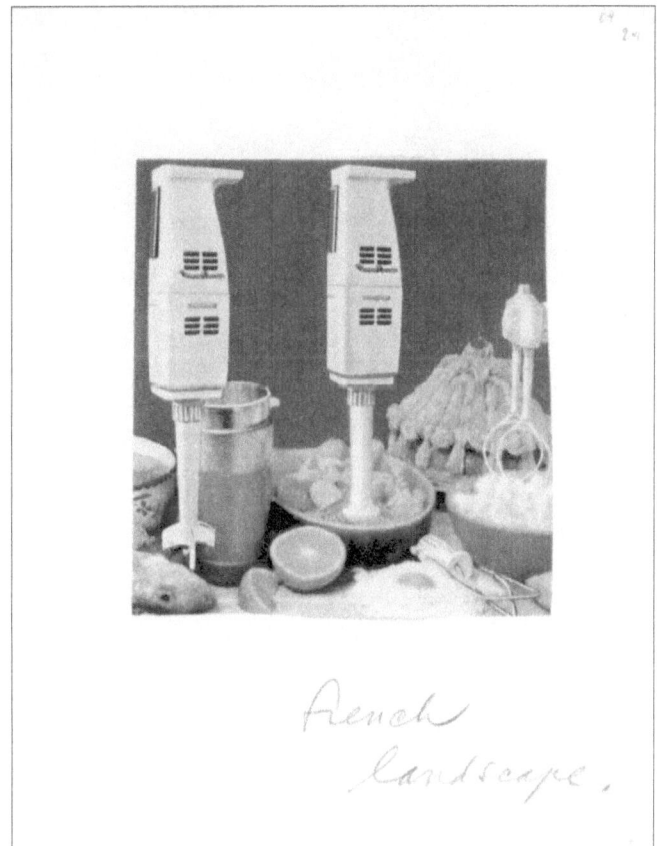

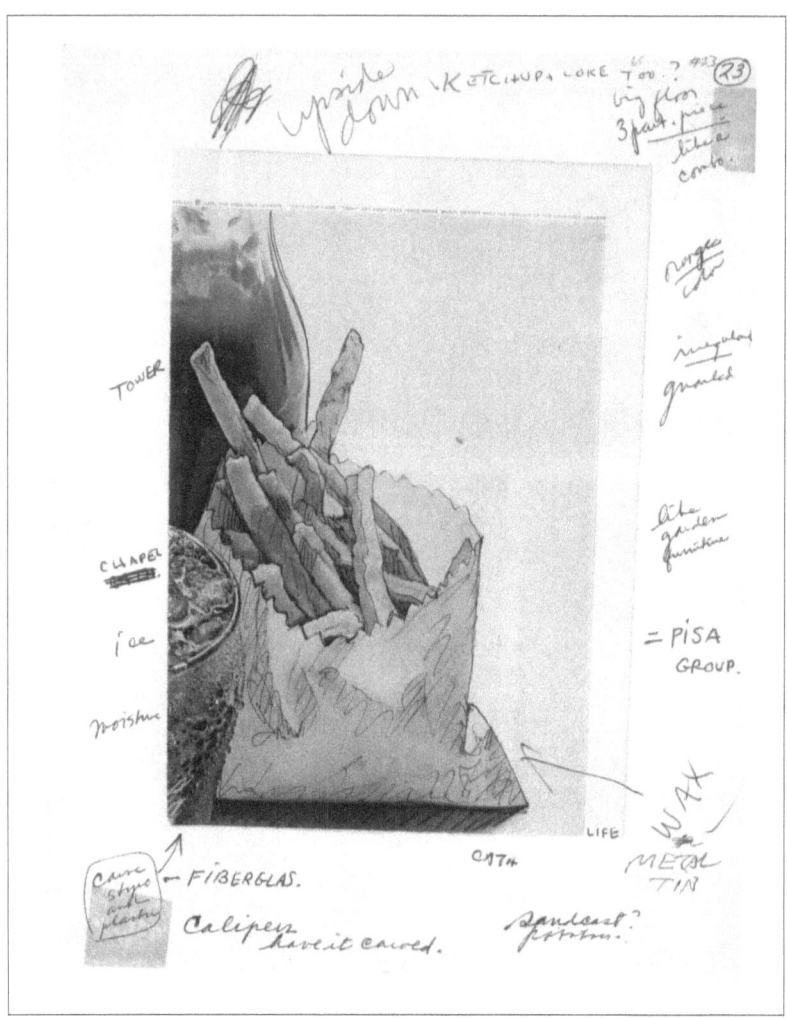

63. *Shoestring potatoes, ketchup bottle and ›Coke‹ Glass* (Notizbuchseite), 1965, Zeitschriftenausschnitt, Kugelschreiber, im Besitz des Künstlers.

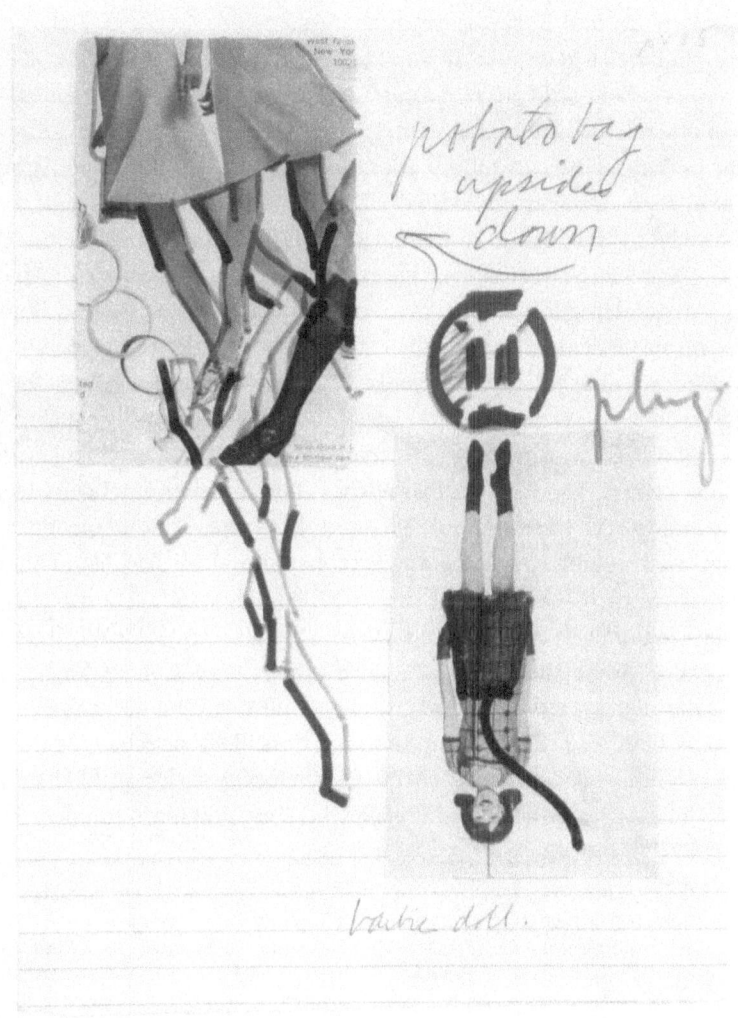

64. *Shoestring potatoes in a bag compared to legs under skirt* (Notizbuchseite), 1965, Zeitschriftenausschnitte, Kugelschreiber, Filzstift, im Besitz des Künstlers.

Die Ketchup-Flasche nebst Inhalt alludiert an den männlichen Penis nebst Sperma, die Pommes-frites-Tüte dagegen an weibliche Beine in einem Rock, die auf ihre wilde Besudelung warten.

Mit dem Collagieren von Werbeanzeigen ist bei Oldenburg also das Interesse verbunden, numerische, nominale, funktionale oder formale Übereinstimmungen der dargestellten Produkte mit sexuell besetzten Körperteilen und Körpersekreten herauszustellen. An dieser Stelle ist es aufschlussreich, dass auch die von Freud angeführten ›Sexualsymbole‹ des Traums gerade nicht auf rein arbiträren Verknüpfungen von latentem Gedankenmaterial und manifestem Trauminhalt beruhen.[422] Gerade in Fällen formaler Übereinstimmung, also anschaulicher Ähnlichkeit, spricht Freud auch von »Vexierbildern«[423]. Ein ›Vexierbild‹ (bzw. ›Kippbild‹ oder ›Rätselbild‹) lässt sich ja so beschreiben, dass in einer zunächst eindeutigen Darstellung ein zweiter dargestellter Gegenstand ›verborgen‹ ist, den es aufzufinden gilt. Bei Vexierbildern stimmen die Umrisse und Binnenzeichnungen der konkurrierenden Sujets teilweise oder völlig überein. Da also bereits eine partielle Ähnlichkeit für die Assoziation zweier Objekte ausreicht, ist diese zwar nie exklusiv, jedoch auch nicht völlig beliebig.

In *Die Traumdeutung* wird eine Vielzahl von Sexualsymbolen angeführt: Zu den Vertretern des männliches Glieds gehören längliche Objekte wie Stöcke oder Baumstämme, aber auch Krawatten – »wohl nicht nur darum, weil sie [die Krawatte] lang herabhängt und für den Mann charakteristisch ist«[424] – womit in all diesen Fällen die formale Ähnlichkeit zwischen Signifikant und Signifikat ausschlaggebend ist. Dosen, Schachteln, Kästen, Schränke und Öfen, aber auch Innenräume, Höhlen, Schiffe und Gefäße aller Art stehen dagegen für die weiblichen Geschlechtsorgane ein, sodass hier vor allem die funktionale Ähnlichkeit zwischen Signifikant und Signifikat bedeutsam erscheint. Es gibt jedoch auch Signifikanten, die sowohl formale als auch funktionale Übereinstimmungen mit dem Signi-

---

422 Wie ich eingangs bereits klar gemacht habe, wird *Die Traumdeutung* von Freud im Zusammenhang mit Oldenburg immer wieder angeführt und es werden thematische Übereinstimmungen zwischen den darin aufgezählten Traumsymbolen respektive Vexierbildern und Arbeiten Oldenburgs erkannt. Die Heranziehung der Traumtheorie als kulturpsychologisches Deutungsmittel, die im Folgenden unternommen wird, lässt sich in der Forschung, soweit mir bekannt ist, dagegen nicht nachweisen.
423 Freud, »Die Traumdeutung«, S. 205ff. Die systematische Differenzierung zwischen numerischen, nominalen, funktionalen und formalen Übereinstimmungen liegt bei Freud nicht vor, sondern geht auf mich zurück. Es handelt sich um Unterscheidungen, die sich gegenseitig nicht ausschließen.
424 Ebd., S. 350.

fizierten aufweisen: im Hinblick auf das männliche Glied beispielsweise Waffen wie Messer, Dolche, Säbel, Revolver und Nagelfeilen – »des Reibens und Schabens wegen« – sowie Regenschirme – »des der Erektion vergleichbaren Aufspannens wegen«[425].

Nach Freud sind Trauminhalte als Erfüllungen erotischer Wünsche zu verstehen.[426] Jeder Traum ist als ein Versuch des Unbewussten zu betrachten, dem Ich diese Triebwünsche präsent zu machen. Bestimmte psychische Inhalte werden jedoch aktiv daran gehindert, das Bewusstsein zu erreichen, wobei Freud den hierfür maßgeblich verantwortlichen Unterdrückungsmechanismus des Bewusstseins in Anlehnung an machtpolitische Maßnahmen verschiedentlich als »Zensur« bezeichnet.[427] Wo die Tendenz zur Abwehr eines Wunsches besteht, kann dieser sich nicht anders als entstellt, also nur in verhüllter oder symbolischer Form, zum Ausdruck bringen. Hierbei werden gerade formale Ähnlichkeiten zwischen Objekten vom Es dazu genutzt, die »Widerstandszensur« des Bewusstseins zu umgehen.[428]

Im Schlaf wird es verdrängten Inhalten also möglich, sich zu Träumen auszugestalten und in dieser neuen Form das Vorbewusste und das Bewusstsein zu erreichen als zwar *manifester*, aber eben *entstellter* Trauminhalt. Der latente Sinn eines Traumes lässt sich daher erst über den Umweg der deutenden Analyse erschließen. Für diesen Zusammenhang ist nun interessant, dass die Suche nach Vexierbildern und Sexualsymbolen und somit die Logik der Unterscheidung zwischen latentem Begehren und manifestem Inhalt nicht erst bei Freud, sondern schon bei Johannes Jaroslaw Marcinowski und Oskar Pfister auf therapeutische und künstlerische Zeichnungen und Malereien übertragen wird.[429] Bildliche Erzeugnisse werden danach befragt, was sich in ihnen von der Psyche des Produzenten mitteilt, inwiefern also dessen Unbewusstes zu einem Koproduzenten des Kunstwerkes geworden ist.

Peter Gorsen ist der künstlerischen Anverwandlung solcher Interpretationsmuster bei Salvador Dalí nachgegangen.[430] In der Annahme, dass

---

425 Ebd., S. 348.
426 Vgl. ebd., S. 141ff.
427 Vgl. ebd., S. 159.
428 Vgl. ebd., S. 318 (»Der Traum stellt regelmäßig auf der Grundlage und mit Hilfe verdrängten infantil-sexuellen Materials aktuelle, in der Regel auch erotische Wünsche in verhüllter und symbolischer Form als erfüllt dar.« Ebd., S. 175.)

429 Zu therapeutischen Darstellungen siehe ebd., S. 351. Zu künstlerischen Darstellungen siehe beispielsweise Freuds Analysen der Hl. Anna selbdritt von Leonardo da Vinci (um 1501, Louvre, Paris) in ders., »Eine Kindheitserinnerung des Leonardo da Vinci«, S. 138.
430 Gorsen, »Salvador Dalí, der ›kritische Paranoiker‹«. Zur Bedeutung Dalís für Oldenburg

die Gestaltung ästhetischer Objekte von verdrängten sexuellen Zwangsvorstellungen motiviert sei, macht Dalí sich in verschiedenen Schriften an die Analyse volkstümlicher Themen wie der Wilhelm-Tell-Sage.[431] In genauer Umkehrung des dargestellten Themas wird Tell mit Ödipus gleichgesetzt, weil er seinen Sohn verstümmelt, anstatt ihn zu retten, er seinem Sohn einzig und allein einen Apfel auf den Kopf legt (Kopfdeckungen haben bei Freud immer eine phallische Bedeutung), um ihn mit einem Pfeil zu durchbohren, ihn also zu kastrieren. Auch *Angelusläuten* von Jean-François Millet wird von Dalí als latenter Ausdruck sexueller Obsessionen gedeutet (Abb.65). Die beiden Figuren sind nur scheinbar meditativ im Gebet versunken, in Wahrheit jedoch in Koitusbereitschaft einander zugekehrt. Hierbei tritt zutage, dass der männliche Protagonist durch die schamhafte Art, wie er seinen Hut hält, eine Erektion zu verheimlichen sucht. Auch Dalí geht mithin davon aus, dass Artefakte als Produkte zu verstehen sind, die nach dem Modell ›bewusst‹/›unbewusst‹ doppeldeutig strukturiert sind und entsprechend auf zweierlei Arten gelesen werden können.[432]

Behilft man sich an diesem Punkt der Interpretation mit schriftlichen Äußerungen Oldenburgs, scheint dieser selbst die Beobachtungen, die er an den Werbeanzeigen macht, auf zwei verschiedene Arten zu deuten. Einerseits vertritt er, dass die Werbeproduzenten solche Sexualsymbole gezielt als Verkaufsinstrumente einsetzen, um den Absatz von Produkten zu erhöhen. Gemäß dieser Betrachtungsweise wird in den betreffenden Anzeigen versucht, die beworbenen Gegenstände durch latente Darstellungen sexualisierter Körperteile libidinös zu besetzen, damit der hieraus resultierende subliminale Lustgewinn den Konsumenten zum Produkterwerb veranlasst: »Advertisements are calculatedly body-referential, and I collect the most obvious or appealing examples of ›object pornography‹«, so Oldenburg.[433]

Andererseits zeigt sich in Oldenburgs Ansatz in den Worten Freuds aber auch der »Versuch zur Übertragung der Psychoanalyse auf die Kulturgemeinschaft«[434]. Aus dieser Perspektive werden die betreffenden Werbe-

---

siehe auch die Einführung zu diesem Teil, S. 191.
431 Vgl. ebd., S. 238, 272ff. Gorsen nennt den Aufsatz »Interprétation paranoïaque-critique de l'image obsédante ›L'Angélus‹ de Millet«, in: *Minotaure*, Nr. 1, 1933, S. 65–67, und das Buch *Le mythe tragique de ›L'Angélus‹ de Millet. Interprétation ›paranoïaque-critique‹*, Paris 1963.
432 Vgl. Gorsen, »Salvador Dalí, der ›kritische Paranoiker‹«, S. 273.
433 Oldenburg: *Notes in Hand, Miniatures of my Notebook Pages*, unpag.
434 Freud, »Das Unbehagen in der Kultur«, S. 266.

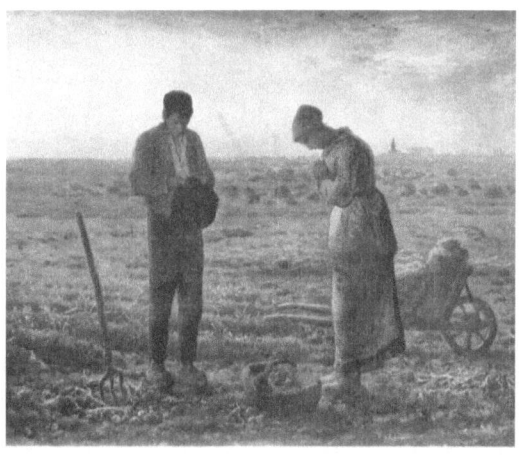

65. Jean-François Millet, *L'Angélus*, 1859, Öl auf Leinwand, 60 × 70 cm, Musée d'Orsay, Paris.

anzeigen als entstellte Erfüllungen erotischer Wünsche interpretierbar, die über die »US-amerikanische Psyche« Auskunft geben.[435] Wo eine repressive Tendenz zur Abwehr erotischer Wünsche existiert, können diese eben nur in verhüllter oder symbolischer Form zum Ausdruck kommen. »[D]ie Idee der Doppeldeutigkeit«, so Oldenburg, »der versteckten oder unterdrückten Bedeutung, wie bei Freud angelegt, finde ich bedeutend. Oft haben Objekte einen doppelten Sinn. [...] Ich gehöre einer Generation an, die an die Ambiguität von allem Möglichen glaubt.«[436] An anderen Stellen berichtet er von »psychologischen Aussagen, die konkret in Form von Schildern und Reklamen existierten«[437], oder auch von »erstickte[n] Begierden, die sich in Objekte, grelle Farben und obszön sinnliche Oberflächen verwandeln«[438].

VERANSCHAULICHUNG DES WARENSCHEINS IN *THE STORE*

An dieser Stelle angekommen, können wir uns den Plastiken, die in *The Store* ausgestellt werden, zuwenden. Hierbei können wir uns auf viele Beobachtungen der Forschung stützen, die nicht selten schon durch Oldenburgs eigene Kommentare vorweg-

---

435 Oldenburg, *Store Days*, S. 80 (»the US mind«).
436 Zit. n. Jocks, »Claes Oldenburg: Hinter meinen Bemühungen steht der Wunsch, auszutesten, wann etwas anfängt, Kunst zu sein«, S. 281.

437 Oldenburg, *Store Days*, S. 49 (die Übersetzung übernehme ich von Celant, »Claes Oldenburg und das Gefühl der Dinge«, S. 26).
438 Zit. nach Celant, »Claes Oldenburg und das Gefühl der Dinge«, S. 24.

genommen werden.⁴³⁹ Eingangs habe ich erklärt, dass Oldenburg ein breites Warensortiment imitiere – eine Behauptung, die nun in verschiedener Hinsicht zu präzisieren ist. Eine erste Präzisierung versteht sich eigentlich von selbst und geschieht daher nur der Vollständigkeit halber: Oldenburgs Nachahmungsaktivitäten erstrecken sich nicht auf die praktischen Eigenschaften der betreffenden Waren, sondern nur auf deren sinnliche Außenseite. Gebrauchsdinge und Nahrungsmittel verwandeln sich in dysfunktionale Objekte aus farblich eingefasstem Gips und werden somit auf ihre Oberfläche reduziert.⁴⁴⁰

Ein zweite Präzisierung bezieht sich auf die Natur des Dargestellten: Untersuchen wir die formalen Eigenschaften dieser Plastiken näher, bemerken wir an manchen von ihnen sofort eine Reihe von Merkmalen, die den vermeintlich dargestellten Waren nicht zukommen. So lässt etwa ein Wandobjekt wie *Red Tights with Fragment 9*, was Oberfläche, Konturen und Form angeht, eher an eine zusammengeknüllte Zeitschriftenanzeige denken (Abb.66). Daher ist in diesem Zusammenhang auch nicht von einem »Relief« zu sprechen (ein Begriff, den die Forschung in diesem Kontext gerne verwendet), sondern von der vollplastischen Darstellung eines fraglos extrem flachen Gegenstandes.⁴⁴¹

In diesem Fall ist also nicht die Ware selbst wiedergegeben, sondern ein sekundäres Werbemittel, das diese abbildet.⁴⁴² In anderen Fällen werden sogar die Merkmale *verschiedener* Medien wie Verpackungen, Werbeanzeigen, Katalogabbildungen oder dreidimensionale Werbeobjekte in einer einzigen Plastik zusammengeführt, wodurch deren Gegenstandbezüge vieldeutig und damit widersprüchlich werden. Ob die betreffende Plastik primäre Ware oder sekundäre Werbemittel nachbildet, kann dann nicht mehr eindeutig bestimmt werden⁴⁴³ – so wie schon in der Konsumkultur zwischen Ware und Werbung nicht mehr eindeutig zu unterscheiden ist. So stellen wir an den Plastiken zunächst einmal Eigenschaften fest, die zwar oft nicht auf eine einzige Vorlage (ob Werbemittel oder Ware) rückführbar sind, sondern sich auf unterschiedliche beziehen, die aber diesen

---

439 Viele dieser Beobachtungen ziehen sich, ausgehend von Barbara Rose und Ellen H. Johnson, durch die gesamte Oldenburg-Forschung.
440 Vgl. Lüthy »Das Konsumgut in der Kunstwelt – Zur Para-Ökonomie der amerikanischen Pop Art«, S. 149.
441 Beim Relief ist der dargestellte Gegenstand raumgreifend, seine Darstellung erfolgt aber perspektivisch verkürzt.
442 Oldenburg selbst beschreibt seine Herangehensweise als »realism which copies the posters and the ads instead of the thing itself.« Zit. n. Rose, *Claes Oldenburg*, S. 67.
443 Vgl. Stemmrich, »Hypertrophien, Trophäen, Tropen des Alltäglichen: Claes Oldenburgs Neudefinition der Skulptur« S. 160, 164.

unterschiedlichen Vorlagen objektiv zukommen. Anders formuliert: Es finden hier in der Gestaltung der Objekte Merkmale Berücksichtigung, die wir an verschiedenen Gegenständen der Außenwelt wiederfinden können.

Kommen wir zu unserer letzten Präzisierung: Oldenburgs Plastiken weisen auch Züge auf, die sich *nicht* mit Produkten der Warenwelt verrechnen lassen. Diesen werde ich mich im Folgenden etwas ausführlicher widmen: Auffällig ist zunächst ihre *plastische Anthropomorphisierung*: Die Plastiken weisen darauf hin, dass eine (ver-)formende Kraft von außen auf sie eingewirkt hat, wodurch ihnen biomorphe Oberflächen und organische Konturen verliehen wurden. Streckenweise ist man geradewegs versucht, Oldenburgs Handbewegungen nachzuvollziehen, die das Drahtgerüst, den Musselin und den noch feuchten Gips zu menschenähnlichen Körpern geknetet und geknautscht haben. Dieser Eindruck der Körperlichkeit und Fleischlichkeit, die Verwandlung toten Materials in

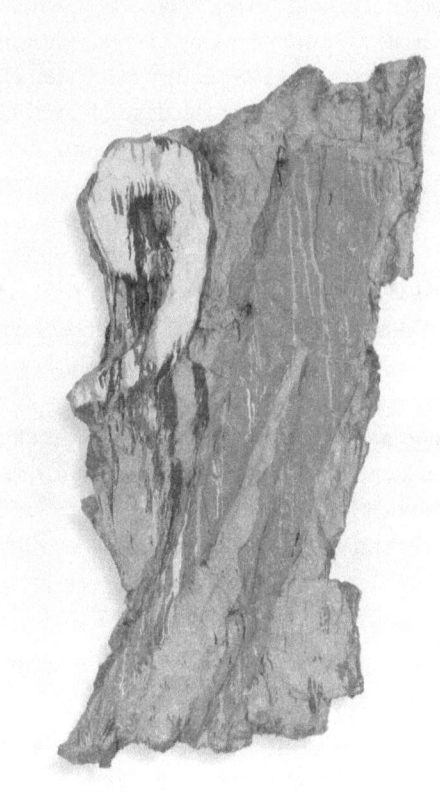

66. *Red Tights with Fragment 9*, 1961, Musselin und Gips über Maschendraht, Lackbemalung, 177 × 87 × 22 cm, The Museum of Modern Art, New York.

lebendiges, wird stellenweise durch den Einsatz von rotem Lack noch weiter gesteigert. Ein Beispiel hierfür bietet *Braselette*, wo die rote Farbgebung des Hintergrundes das Empfinden von Fleischlichkeit, Verwundung und Verbrennung, ja von Schmerz hervorruft (Abb.67). Dieser Eindruck der menschenähnlichen Verletzlichkeit des Dings kehrt bei *Jacket and Shirt Fragment* wieder, wo an der Stelle, an der die Jacke abgeschnitten wurde, eine blutrote Wunde klafft (Abb.68). Diese wird erst auf den zweiten Blick gegenständlich, nämlich als Krawatte, gewertet.[444]

Dies führt uns zu der *malerisch expressiven Gestaltungsweise* der Plastiken: Um das Ineinanderfließen von Farben, das ihnen ihre Strahlkraft nähme, zu vermeiden, lässt Oldenburg jede Farbschicht trocknen, bevor er eine neue aufträgt. Oft ist nicht zu unterscheiden, ob die vibrierende Bewegtheit der Oberfläche vom unruhigen Untergrund oder der expressiven Bemalung herrührt (Abb.69).[445] Der wild-gesprenkelte Farbauftrag kann einen von den plastischen Gegebenheiten unabhängigen malerischen Raum evozieren, der den dargestellten Gegenständen eine spukhafte Präsenz verleiht. Indem sich die Konturen der Objekte verflüchtigen und ihre Formen zerfließen, nehmen sie einen züngelnden, fast lüsternen Charakter an. Oldenburg bringt diesen Malstil verschiedentlich mit Pollocks ›drippings‹ in Zusammenhang, bezeichnet ihn aber in einer dezidierten Verkehrung als »objective expressionism«[446].

Nicht zuletzt lassen sich Objekte nachweisen, die zu *piktorialen Vexierbildern und Sexualsymbolen* menschlicher Körperteile werden: Die Burger-Brötchen auf *Two Cheeseburgers, with Everything* öffnen sich wie zwei hungrige Mäuler (Abb.70).[447] An einem Ende einer Eiswaffel zeichnet sich ein Bein, am anderen ein Phallus ab (Abb.71). *Ice Cream Sandwich* zögert, hervorgerufen durch den roten Hintergrund, zwischen der Darstellung eines Eisriegels und eines lasziv geöffneten volllippigen Mundes, wobei sich nicht endgültig klären lässt, ob das Eis verschlungen wird oder es sich in eine Mundhöhle verwandelt hat (Abb.72). Würste, Kragen und Krawatte stehen für die Geschlechtsorgane des Mannes, während zahlreiche konkave und dreieckige Formen hierzu die weiblichen Gegenstücke bilden.

---

444 Vgl. Hochdörfer, »Von der Street zum Store: Claes Oldenburgs Pop Expressionismus«, S. 44. In *Store Days* schreibt Oldenburg: »My personal struggle has been [...] to substitute flesh and blood for paint.« Ders., *Store Days*, S. 141.

445 Vgl. ebd., S. 38.
446 Zit. n. Rose, *Claes Oldenburg*, S. 193.
447 Vgl. Hochdörfer, »Von der Street zum Store: Claes Oldenburgs Pop Expressionismus«, S. 44.

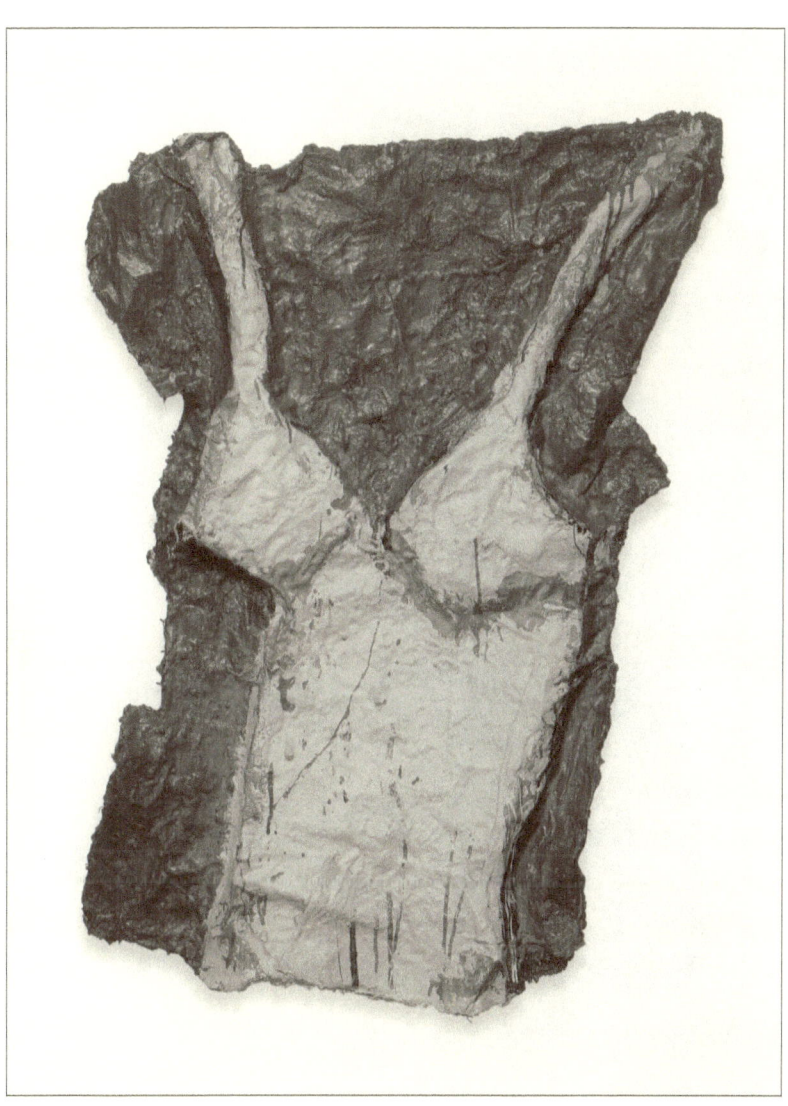

67. *Braselette*, 1961, Musselin und Gips über
Maschendraht, Lackbemalung, 104 × 77 × 10 cm,
Whitney Museum of American Art, New York.

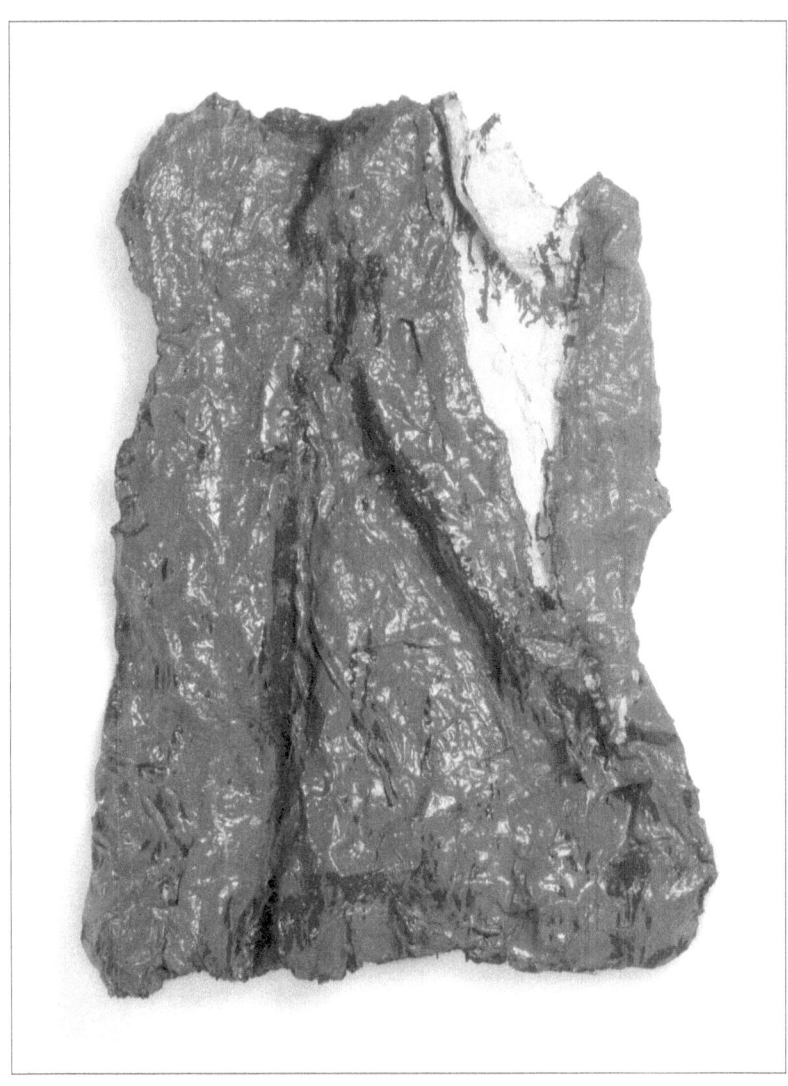

68. *Jacket and Shirt Fragment*, 1962, Musselin und Gips über Maschendraht, Lackbemalung, 107 × 76 × 16 cm, Musée national d'Art moderne, Centre Georges Pompidou, Paris.

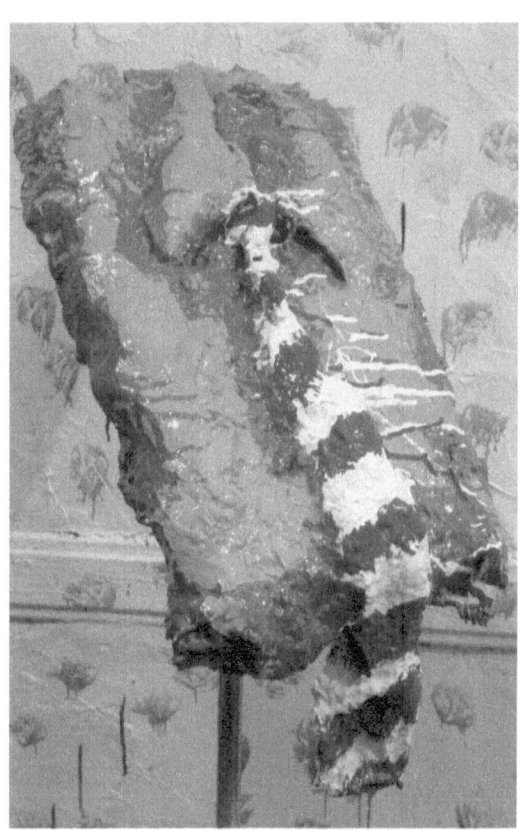

69. *Blue Shirt, Striped Tie*, 1961, Musselin und Gips über Maschendraht, Lackbemalung, 91 × 51 cm, Verbleiben unbekannt.

70. *Two Cheeseburgers, with Everything (Dual Hamburgers)*, 1962, Jute und Gips, Lackbemalung, Museum of Modern Art, New York.

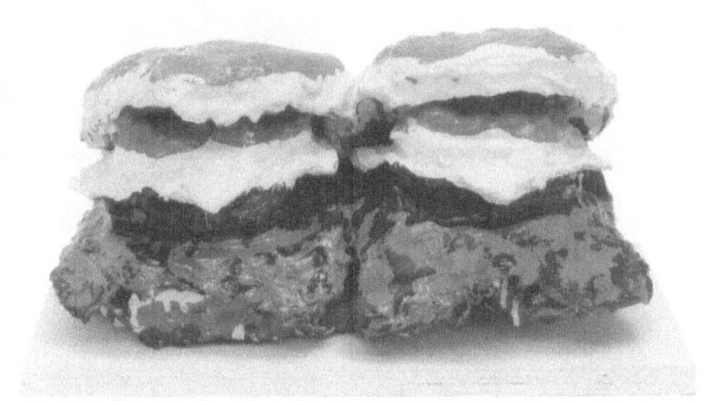

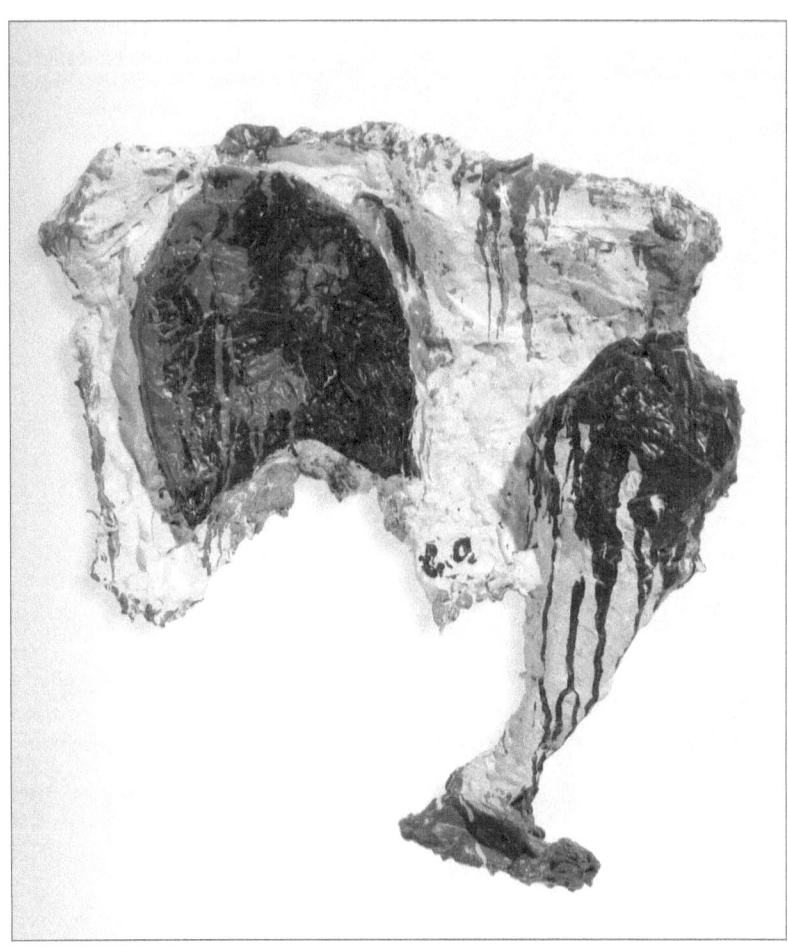

71. *Ice Cream Cone and Heel*, 1961, Musselin und
Gips über Maschendraht, Lackbemalung,
57 × 57 cm, Privatsammlung.

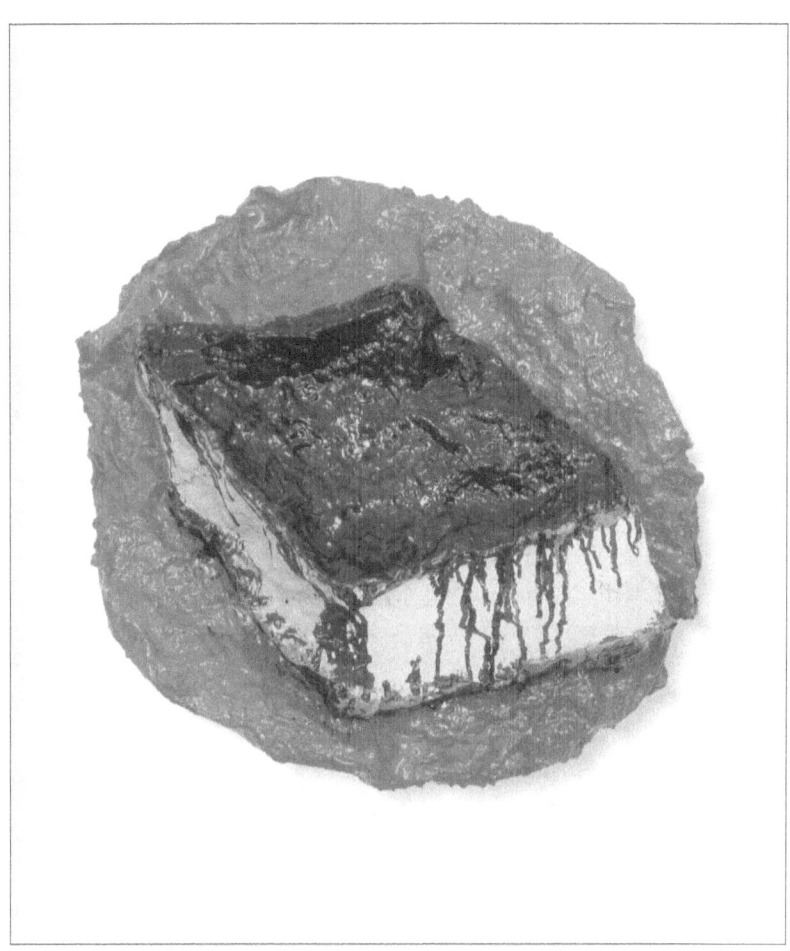

72. *Ice Cream Sandwich*, 1961, Musselin und Gips
über Maschendraht, Lackbemalung,
56 × 56 × 18 cm, BlumHelman Gallery, New York.

Es handelt sich hier also wiederum um Vexierbilder und Sexualsymbole, die größtenteils auch in *Die Traumdeutung* von Freud Erwähnung finden.[448] Dabei sind insbesondere Vexierbilder wie *Ice Cream Sandwich* mit dem Begriff der ›Metamorphose‹, der im Zusammenhang mit diesen Plastiken häufig verwendet wird, nur unzureichend erfasst.[449] Denn während Darstellungen von Metamorphosen das Dargestellte in einem Übergangsprozess zeigen, in dem sich das Alte in ein Neues verwandelt, schwankt der Rezipient hier ohne zeitliche Richtung zwischen verschiedenen Möglichkeiten der Wahrnehmung hin und her. Bei Darstellungen von Metamorphosen geht es um die *Veranschaulichung einer Verwandlung*, bei Oldenburgs Vexierbildern dagegen um das stetige *Oszillieren und Umschlagen des Dargestellten*.[450]

Nun stellt sich natürlich die Frage, wie sich die soeben beschriebenen Objekteigenschaften, die offensichtlich nicht objektive Eigenschaften von Waren oder Werbemitteln imitieren, interpretieren lassen. Wodurch sind gestalterische Mittel wie die Anthropomorphisierung von Formen, die expressionistische Farbgebung oder die piktorialen Vexierbilder veranlasst? Nach allem, was wir bisher zusammengetragen haben, dienen sie wohl der Veranschaulichung dessen, wie die Waren die Sinnlichkeit der Konsumenten in ihren Bann zu ziehen versuchen. Sie veranschaulichen ihr Locken und Werben, ihren Appell an den Eros des Konsumenten, mithin die Art und Weise, wie sie sich in dessen Wahrnehmung darstellen. Die Plastiken evozieren hier nicht das objektive Aussehen, sondern das *subjektive Erscheinen* der Waren.[451]

Da der Schein der Ware nichts ist, worauf man mit dem Finger deuten könnte – also kein Element der Sinnenwelt, sondern ein psychologisches Phänomen – und sich somit der ikonischen Darstellung entzieht,

---

448 Siehe hierzu die Ausführungen auf S. 222f. dieser Arbeit.
449 Der Begriff wird beispielsweise von Rose, *Claes Oldenburg* (S. 125ff.), und Johnson, »Oldenburg's Poetics« (S. 51), gebraucht.
450 Über die mythologischen Metamorphosen Dalís, die durch Vexierbildern dargestellt werden, bemerkt Christa Lichtenstern demgemäß: »In Formverlust und Formgewinn soll die Metamorphose im Moment des visuellen Umschlags zum ›plötzlichen‹ Ereignis werden.« Damit verzichtet Dalí darauf, »den Metamorphosevorgang als Prozess zu veranschaulichen«. Das imaginative Sehvermögen konzentriert sich »auf den einzigen Punkt des ›plötzlichen‹ Wechsels, anstatt es sich in der Teilhabe am Verwandlungsvollzug frei entfalten zu lassen. So ordnet Dalí die Metamorphose der ›Heftigkeit des paranoischen Denkens‹ unter [...]«. Dies., *Metamorphose. Vom Mythos zum Prozessdenken*, S. 67f., das Zitat im Zitat stammt von Dalí selbst.
451 In *Store Days*, S. 65, bezeichnet Oldenburg seine Plastiken als »Rekonstruktion« seiner »Halluzinationen«: »The critical moment is my act of seeing. The rest is the patient reconstruction of this hallucination and successive hallucinations which arise in the course of making.«

ist Oldenburg zu uneigentlichen Ausdrucksweisen gezwungen, ist genötigt, *visuelle Metaphern* zu finden. Durch diese Visualisierungsstrategien ist der Rezipient angestoßen, auf die psychologischen Dimensionen ökonomischer Prozesse zu reflektieren. Der Eros erscheint als die eigentliche ökonomische Triebkraft, eben als das, was Hochdörfer treffend als das »kapitalistische Unbewusste«[452] bezeichnet. Dies impliziert zunächst weder Affirmation noch Negation, weder Applaus noch Kritik. Oldenburg veranschaulicht bestimmte kulturelle Prozesse und Mechanismen, ohne diese einer eindeutigen Bewertung zu unterstellen. Er selbst äußert rückblickend: »Ich versuchte [...], eine fetischisierte, aber auch faszinierende Warenwelt kenntlich zu machen.«[453]

THE STORE ALS FIKTIONALES ENVIRONMENT

Im vorigen Teil dieser Dissertation habe ich Kaprows Environments behandelt.[454] Die dort gewonnenen Einblicke legen es nahe, *The Store* als Environment zu klassifizieren. So wie beispielsweise Kaprows Environment *Yard* nicht im White Cube, sondern in einem wirklichen Hof statthat, realisiert Oldenburg *The Store* in wirklichen Gewerberäumen. Ausgangspunkt ist in beiden Fällen ein containerhaft verstandener, jedenfalls mit Objekten zu bespielender Raum. In beiden Fällen werden Objekte in einen räumlichen Zusammenhang gebracht, wodurch sich die Anmutung des Raumes komplett verändert.

Auch wenn Kaprows und Oldenburgs Hervorbringungen somit der selben Gattung angehören, weisen sie im Hinblick auf den Erfahrungsgehalt doch signifikante Differenzen auf: Der erste Unterschied besteht darin, dass Kaprow gefundene Gegenstände anordnet, während *The Store* aus künstlerischen Nachbildungen alltäglicher Objekte besteht, die in den fiktionalen Rahmen eingebettet werden und zu ihren ›gefundenen‹ Präsentationsinstrumenten (Vitrinen, Kleiderständer und dergleichen) in Kontrast stehen. Ein weiterer Unterschied ist augenfällig: In Bezug auf Kaprows Environments wurde festgehalten, dass diese teilweise als dreidimensionale Bildträger fungieren, die für etwas anschaulich werden, das über sie

---

452 Hochdörfer, »Von der Street zum Store: Claes Oldenburgs Pop Expressionismus«, S. 52. ›Store‹ lässt sich auch mit ›Speicher‹ im Sinne von ›Gedächtnis‹ übersetzen. In *Store Days*, S. 80, schreibt Oldenburg: »The content is the US mind or the US ›Store‹.«

453 Zit. n. Schmidt, »Oldenburg in einem Werkstattgespräch mit ART-Autor Felix Schmidt«, S. 40.
454 Siehe S. 127ff. dieser Arbeit.

hinausweist. Diese Form der Wahrnehmung *von* etwas *als* etwas wird von Oldenburg insofern überboten, als *The Store* auch als *objektübergreifendes* Vexierbild fungiert: Gerade durch die groß dimensionierten Wandreliefs, die durch ihre ausgefransten Konturen und ihre gleichmäßige Oberflächenbeschaffenheit zu einer übergeordneten Textur verschmelzen, fühlt sich der Rezipient fast zwangsläufig an eine weiche und feuchte Höhle erinnert (Abb.73). Die Objekte schließen sich zu einem Träger zusammen, der schwankende Bilder eines pulsierenden Körperinneren evoziert, also Bilder fleischlichen Gewebes, in das er eingedrungen ist.[455] Oldenburg selbst vergleicht das Environment auch mit einem Magen. Überdies fasst er die Schaufenster als Augen auf.[456]

Ein letzter Unterschied betrifft die Rolle des Künstlers: Im Kapitel über Kaprows Environments habe ich ebenfalls festgestellt, dass das Environment als eine Aufforderung zur rezipientenseitigen Selbstfiktionalisierung zu verstehen ist. Der Rezipient wird dazu animiert, sein Selbstbild dem Bild des Environments anzupassen und sich in die Situation einer Figur zu versetzen, die er selbst nicht ist. Auch *The Store* drängt den Rezipienten, indem er ihn zum Kunden macht, zu einer solchen Selbstfiktionalisierung. Wer in *The Store* seinen Blick durch das Schaufenster zurück auf die Straße richtet, dem wird bewusst, dass er an einem fiktiven Geschehen teilhat, während die Alltagswelt in eine unwirkliche Ferne gerückt ist (Abb.74). Der Unterschied zu Kaprows Environments besteht nun aber darin, dass dieser Akt der Selbstfiktionalisierung hier nicht nur der Person des Rezipienten, sondern auch der des Künstlers obliegt (Abb.75). So setzt sich Oldenburg in verschiedenen Rollen in Szene und ist inmitten seiner Produkte anzutreffen – als Warenproduzent und Geschäftsmann, als Buchhalter und Verkäufer: Rezipienten *und* Produzent agieren in einem fiktionalen Schauspiel. »Oldenburg«, so erinnert sich Germano Celant,

> »präsentierte sich als Hersteller und Ladeninhaber, als Körper, der die Kontinuität zwischen Verlangen und Ware, Fleisch und Plastik unter Beweis stellt. Als Objekt, das sich zwischen anderen Objekten bewegte, reiste er durch den Hohlraum des Unpersönlichen, als ob er herausstreichen wollte, dass er seine eigene organische Natur

---

[455] Für Michael Lüthy ist das Environment ein »Kosmos ›vom selben Fleisch‹«, ein »aus- und übergreifender, pulsierender Organismus«. Ders., »Das Konsumgut in der Kunstwelt – Zur Para-Ökonomie der amerikanischen Pop Art«, S. 149.
[456] Siehe Oldenburg, *Store Days*, S. 44.

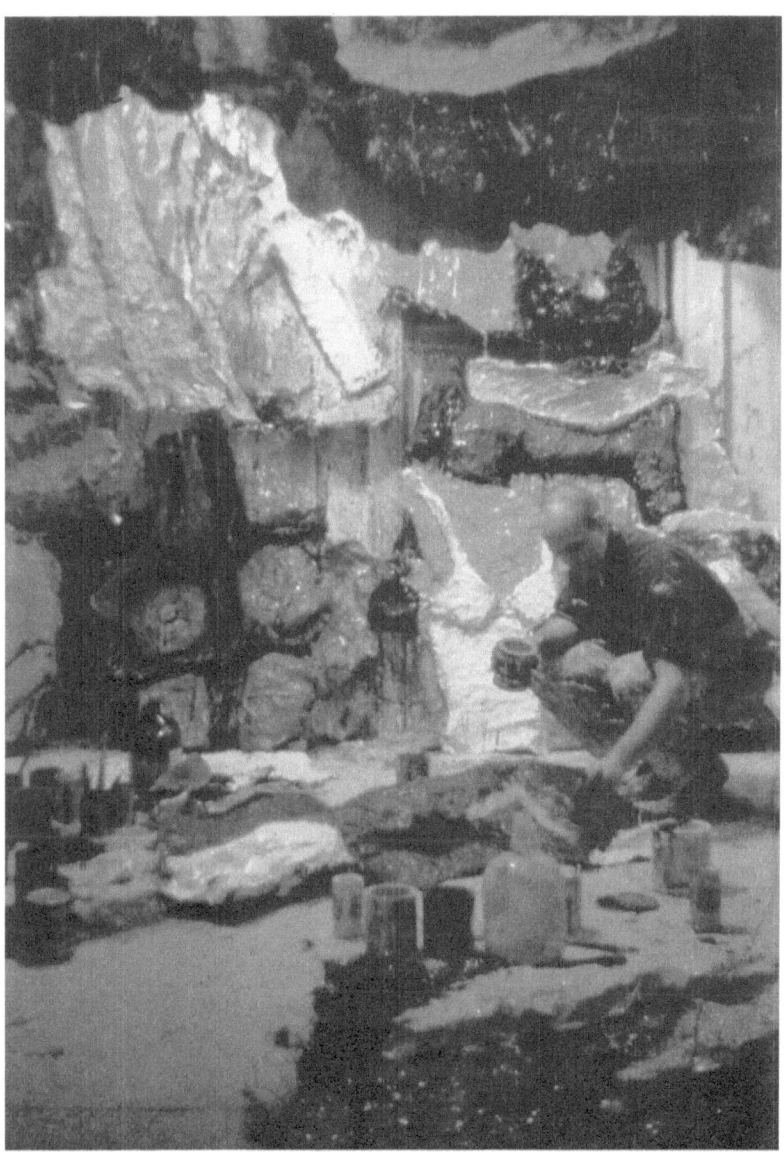

73. Atelieraufnahme der Wandplastiken von
The Store, 1961, 330 East 4th Street, New York.

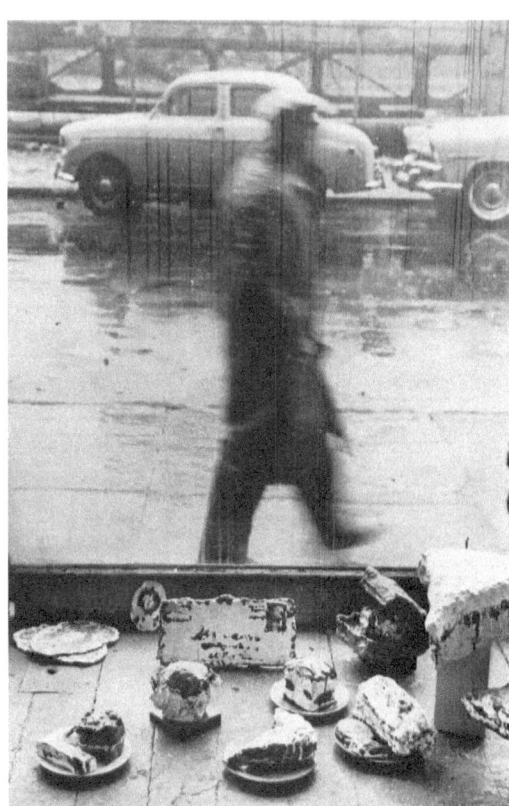

74. *The Store*, Blick durch das Schaufenster, 1961, 107 East 2nd Street, New York.

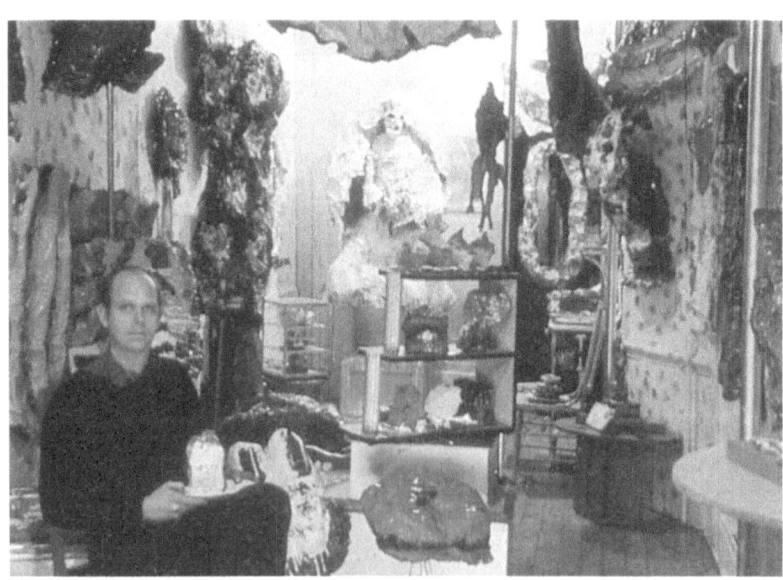

75. *The Store*, Verkaufsraum, Oldenburg mit Kuchen, 1961, 107 East 2nd Street, New York.

aufgegeben hatte. Er gehörte nicht mehr sich selbst, sondern der Welt, in der er sich bewegte. Er war mit ihr identisch. [...] Im *Store*, einem kompakten Raum aus (geschlechtsloser) Phantasie und Lust, sättigten sich die Dinge gegenseitig und drangen ineinander ein. Der Künstler ernährte sich von ihnen, und aus diesem Grund nahmen Lebensmittel seine Vorstellungskraft in Anspruch.«[457]

UTOPIE UND WIRKLICHKEIT IN *THE STORE*

Abschließend versuche ich, über die spezifische Beziehung dieses Environments zur alltäglichen Wirklichkeit Klarheit zu erlangen. Infrage steht, wie realistische und utopische Dimensionen ins Verhältnis zu setzen sind, wie also das ›Wirkliche‹ und das ›Mögliche‹ hier ineinandergreifen. Veranschaulicht *The Store* Aspekte der Wirklichkeit oder schafft er, wie die Forschung überwiegend betont, ein utopisches Gegenbild?

Die Untersuchung hat gezeigt, dass Oldenburg mittels seines Environments *The Store* auf dieselben kulturellen Phänomene rekurriert wie gesellschaftskritische Autoren aus dem freudomarxistischen Umkreis, wobei ich Fritz Walter Haug herangezogen habe, aber beispielsweise auch Adorno einschlägig gewesen wäre.[458] *The Store* verhandelt also auf einer sinnlichen Ebene, was andernorts begrifflich dargestellt wird. Hierin liegt seine *wirklichkeitserschließende Dimension*. Die pessimistische Sichtweise von Autoren wie Haug oder Adorno teilt Oldenburg allerdings nicht. Ich stimme hierin Barbara Rose zu, die in diesem Zusammenhang eher eine geistige Verwandtschaft zwischen Oldenburg und der neo-freudianischen Position eines Norman O. Brown oder Herbert Marcuse erkennt.[459]

---

457 Celant, »Claes Oldenburg und das Gefühl der Dinge«, S. 26f.

458 1963 schreibt Adorno: »Die rationale Gesellschaft, die auf Beherrschung der inneren und äußeren Natur beruht und das diffuse, der Arbeitsmoral und dem herrschaftlichen Prinzip selber abträgliche Lustprinzip bändigt, bedarf nicht länger des patriarchalischen Gebots von Enthaltsamkeit, Jungfräulichkeit, Keuschheit. Sondern der an- und abgestellte, gesteuerte und in unzähligen Formen von der materiellen Industrie ausgebeutete Sex wird, im Einklang mit seiner Manipulation, von der Gesellschaft geschluckt, institutionalisiert, verwaltet. Als gezügelter ist er geduldet. [...] Die eingefangene oder mit schmunzelnder Nachsicht zugelassene Lust ist keine mehr; Psychoanalytiker hätten es nicht schwer nachzuweisen, dass in dem gesamten monopolistisch kontrollierten und standardisierten Sexualbetrieb, mit den Schnittmustern der Filmstars, Vor- und Ersatzlust die Lust überflügelt haben.« Adorno, »Sexualtabus und Recht heute«, S. 100f.

459 Siehe hierzu S. 195 und 204 dieser Arbeit.

Ich möchte diese optimistische, ja utopische Weltsicht nochmals kurz am Beispiel von Marcuse erläutern: Schon bei Freud bedeutet das Eintreten des Realitätsprinzips kein endgültiges Ende des Lustprinzips, des triebhaften Naturzustandes, vielmehr muss dieses stets aufs Neue befestigt werden. Was die Kultur bändigt und unterdrückt, so Freud, lebt (heimlich) in ihr fort.[460] Marcuse wagt daher die These, dass das Lustprinzip vom Realitätsprinzip befreit werden könne, ohne dass die Gesellschaft in einen Zustand der Barbarei zurückfällt.[461] Er entwickelt die Utopie einer Kultur ohne Unterdrückung, »die auf einer völlig andersartigen Daseinserfahrung, auf einer völlig anderen Beziehung zwischen Mensch und Natur und auf völlig anderen existentiellen Beziehungen beruht«[462]. Ausgehend von den sexuellen Perversionen, die per se gegen die Unterwerfung der Sexualität unter das Fortpflanzungsgebot revoltieren, soll die Welt in einen »allgemeinen polymorph-perversen Zustand« übergehen.[463] Die Trieb-Theorie Freuds bietet ihm also ein wichtiges Argument. Sie dient dazu, die vorzeitige und deshalb repressive Versöhnung von Individuum und Gesellschaft auszuschließen.[464]

Auch bei Oldenburg bekundet sich das Vertrauen in die befreiende und einende Macht des Eros, die eine völlig neue Beziehung zwischen Menschen und Dingen herbeiführen wird.[465] Auch Oldenburg glaubt an eine Instanz in der menschlichen Existenz, die sich der gesellschaftlichen Kontrolle entzieht. Gerade in den Bildern der Werbung lassen sich Triebe nachweisen, die zwar von der herrschenden Kultur unterdrückt werden, aber immer wieder entstellt an die Oberfläche dringen. Mit Freud gesprochen lebt das, was die Kultur bändigt und unterdrückt, heimlich in ihr fort, widersetzt sich der Zensur, zeigt sich beispielsweise in der Produktgestaltung. *Oldenburg erkennt also im Wirklichen Anzeichen des Möglichen*: »[T]he world is seeking its way back to feel and touch things.«[466] Die Erfahrung des Möglichen oder Zukünftigen, so kann man auch sagen, stellt für Oldenburg eine *qualitative Steigerung* der Erfahrung des Wirklichen dar.

---

[460] Vgl. Freud, »Das Unbehagen in der Kultur«, S. 226.
[461] Vgl. Marcuse, *Triebstruktur und Gesellschaft*, S. 10f.
[462] Ebd., S. 11.
[463] Vgl. ebd., S. 198f.
[464] Genau diese Annahme einer nicht-korrumpierbaren menschlichen Triebnatur, die das kritische Außen der Gesellschaft bildet, wird von Haug und Adorno, aber auch von Michel Foucault bestritten. Siehe hierzu Jay, *Dialektische Phantasie. Die Geschichte der Frankfurter Schule und des Instituts für Sozialforschung 1923-1950*, S. 113ff.
[465] Siehe beispielsweise seine Notizen in *Store Days*, S. 60ff.
[466] Zit. n. Rose, *Claes Oldenburg*, S. 11.

Der Gegensatz zwischen einer ausschließlich realistischen und einer ausschließlich utopischen Interpretationsweise von *The Store* lässt sich also folgendermaßen auflösen: *The Store* veranschaulicht, wie die Waren die Sinnlichkeit der Konsumenten in ihren Bann zu ziehen versuchen, veranschaulicht ihr Locken und Werben, und zugleich bietet er die fiktive Vorwegnahme eines Zeitalters, in dem Menschen und Dinge eine erotische Verbindung eingegangen sein werden. In der Rezeption des Environments werden bestimmte Tendenzen der aktuellen Wirklichkeit erfahren und zugleich bietet es einen Vorschein auf das Zukünftige.

3. MOUSE MUSEUM/RAY GUN WING

GRUNDLEGENDES Beginnen wir mit der Entstehungsgeschichte des zweiteiligen Environments: Oldenburgs Tätigkeit als ›Archivar‹ reicht bis Ende der 1950er Jahre zurück als er beginnt, verschiedenste Objekte in Ramschläden oder auf Trödelmärkten zu erstehen, von der Straße aufzusammeln oder aus Mülltonnen zu fischen. Erste Pläne für die Gründung eines ›Museums‹ entstehen dagegen erst 1965. Zu diesem Zeitpunkt errichtet Oldenburg in seinem damaligen Atelier ein Regal, das der Aufbewahrung dieser Objekte dient und mit einem Hinweisschild versehen wird, welches die Aufschrift »Museum for Popular Art, N.Y.C.« trägt. Kurze Zeit später entstehen Entwürfe für ein Museumsgebäude, dessen Fassade die Form eines geometrisierten Mickey-Mouse-Kopfes aufweist. Oldenburg skizziert Logo und Briefkopf dieser zunächst noch rein imaginären Institution, zugleich beginnt er mit der Katalogisierung von Objekten (Abb.76).[467]

Erstmalig realisiert wird das *Mouse Museum* – allerdings noch ohne den *Ray Gun Wing* – 1972 auf der Documenta 5 in Kassel.[468] Nun weist der architektonische Grundriss im Inneren des Gebäudes die Form einer geometrischen Maus auf, während die Außenseite quaderförmig ist. Zunächst also sind die Konturen der Maus von außen nicht wahrnehmbar. Nach dem gescheiterten Versuch, das *Mouse Museum* in die Sammlung der Kunsthalle Basel zu integrieren, erlebt es 1977 seine Wiedergeburt im

---

[467] Die Chronologie der Ereignisse findet sich in van Bruggen, *Claes Oldenburg: Mouse Museum/ Ray Gun Wing*, S. 65ff.

[468] Die Exponate des *Ray Gun Wing* befinden sich zu dieser Zeit noch unter denen des *Mouse Museum*.

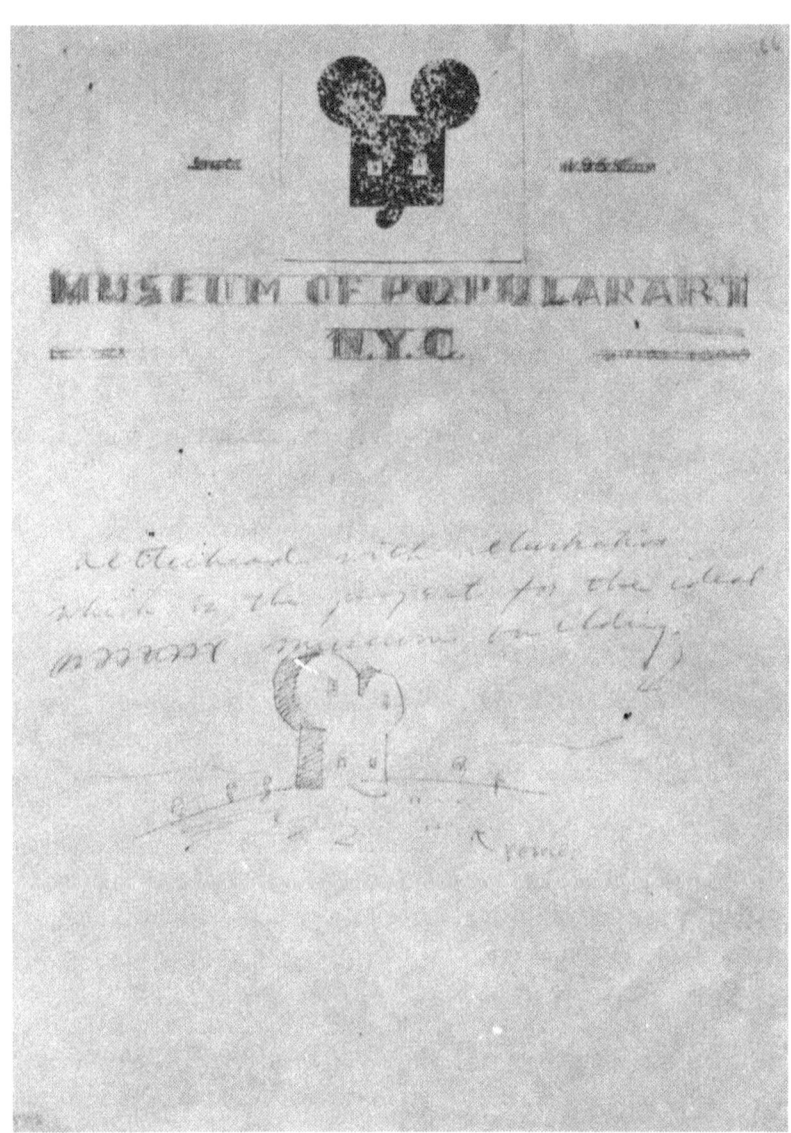

76. Briefkopf für das *Mouse Museum* (Notizbuchseite), 1966, Bleistift, Kuli, Collage, 28 × 22 cm, im Besitz des Künstlers.

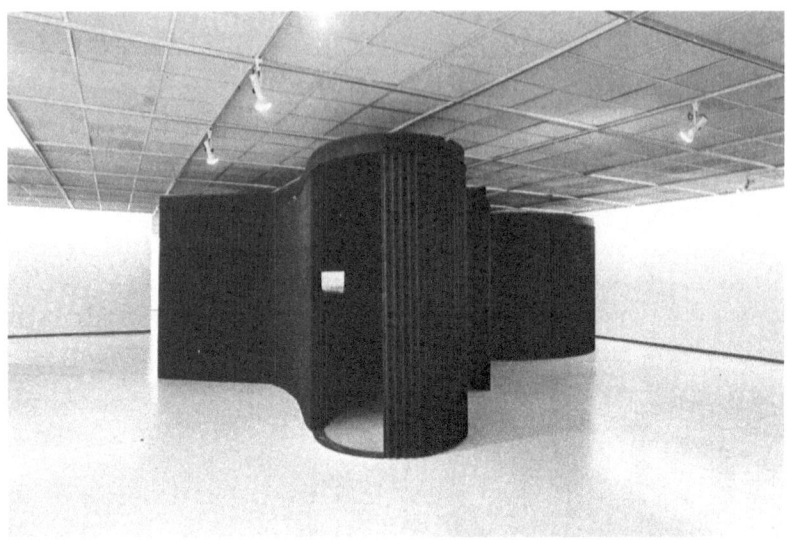

77. Gebäude des *Mouse Museum*, 1977, Museum moderner Kunst Stiftung Ludwig, Wien.

Museum of Contemporary Art in Chicago. Erst jetzt ist ein zweiter Bau für die Ray Guns entstanden und die Mäuseform des Hauptgebäudes ist nun auch von außen erkennbar (Abb.77–78). Das Museum geht auf Wanderschaft durch die USA und Europa und wird schließlich von dem Ehepaar Ludwig angekauft. Oldenburgs Sammlertätigkeiten liegen also entschieden weiter zurück als die Idee, die archivierten Objekte gemeinsam in eigens hierfür entworfenen Architekturen öffentlich zu präsentieren. Sowohl diese Architekturen als auch die Zusammensetzung und Präsentationsform der Ausstellung sind vor 1977 noch Veränderungen unterworfen, um anschließend in ein festes Kunstwerk zu gerinnen.[469]

Vergleicht man dieses Projekt mit *The Store*, werden viele konzeptuelle Übereinstimmungen sinnfällig: Wie wir gesehen haben, handelt es sich bei *The Store* um ein fiktionales Environment, das in bestehende Gewerberäume implantiert wird, womit ein ›Laden‹ im Laden vorliegt. Auch *Mouse Museum/Ray Gun Wing* lässt sich als ein fiktionales Environment betrachten, das in bestehende Institutionen integriert wird, wobei der Rezipient in diesem Fall nicht mit einem ›Laden‹ im Laden, sondern mit

---

469 *Mouse Museum/Ray Gun Wing* befindet sich heute im Museum moderner Kunst, Stiftung Ludwig, in Wien. Die Anordnung der Exponate entspricht der im ›Catalogue raisonné‹ von van Bruggen (dies., *Claes Oldenburg: Mouse Museum/Ray Gun Wing*, S. 76ff.).

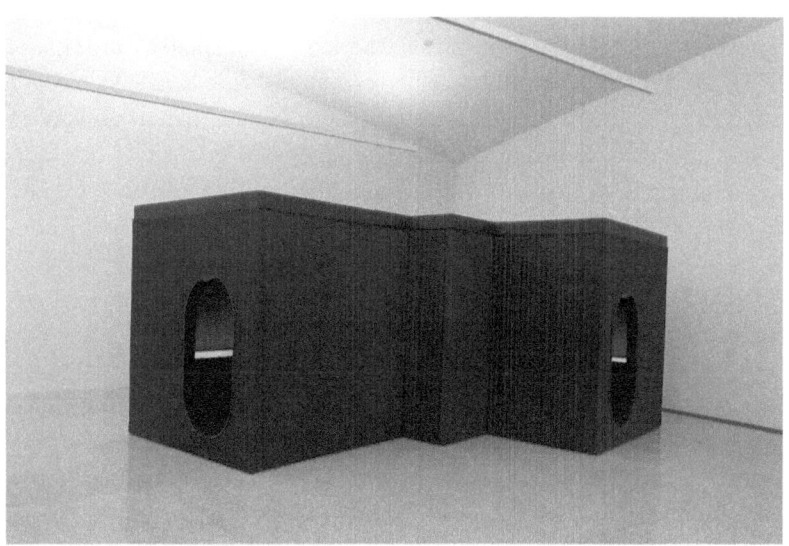

78. Gebäude des *Ray Gun Wing*, 1977, Museum moderner Kunst Stiftung Ludwig, Wien.

einem ›Museum‹ im Museum konfrontiert ist. Wie bei *The Store* imitiert Oldenburg dazugehörige rahmende Medien wie Briefpapier, Plakate oder Katalog sowie damit verbundene Rollen und Praktiken wie Direktor, Kurator und Ankaufkommission.[470] Hinzu kommt, dass auch die Gebäude von *Mouse Museum/Ray Gun Wing* zu Vexierbildern werden: Während *The Store* einen organischen oder psychischen Innenraum evoziert, soll das *Mouse Museum* durch die geometrische Grundform und die runden Teilformen einer Filmkamera ähneln.[471] Gegenüber *The Store* lassen sich jedoch auch erhebliche konzeptuelle *Differenzen* konstatieren, beispielsweise die Rückkehr in den musealen Raum sowie die Integration nichtkünstlerischer Objekte in den Werkzusammenhang. Während das Environment *The Store* aus malerisch-skulpturalen Nachbildungen von Konsumgütern besteht, werden diese hier in das Environment eingebettet.

Die Entstehung von *Mouse Museum/Ray Gun Wing* fällt in eine Phase der jüngeren Kunstgeschichte, in der sich die Machtkonflikte zwischen

---

470 Ursprünglich hat Oldenburg vor, eine Ankaufskommission, bestehend aus Al Hansen, Richard Bellamy und Alan Solomon, einzusetzen (vgl. Westwater Reaves, »Claes Oldenburg, An Interview«, S. 37).

471 Zur Pistolenform als Vexierbild wurde einerseits schon etwas in der Einführung zu diesem Teil gesagt (S. 143f.), andererseits werde ich darauf im folgenden Kapitel über den *Ray Gun Wing* noch ausführlicher eingehen.

Künstlern und Kuratoren enorm verschärfen.[472] Wohl daher wurde dieses Werk bisher überwiegend auf seine institutionskritischen Dimensionen hin befragt und als eine Art künstlerisches ›Gegenmuseum‹ verstanden, womit eine unzureichende ästhetische Analyse des Ausstellungsinventars einherging.[473] Das *Mouse Museum* wird in diesem Zusammenhang als ein Mittel des Künstlers begriffen, Objekte seiner eigenen Wahl und Anordnung präsentieren zu können. Astrid Legge betrachtet das *Mouse Museum* als eine Form der selbstinitiierten ›Retrospektive‹ – ein nicht unwichtiger Aspekt, auf den ich zurückkommen werde.[474]

Mir erscheint es signifikant, dass die Objektsammlung des *Mouse Museum* ausgerechnet im Inneren des Kopfes einer populären Comicfigur ausgestellt wird, die für die USA nahezu emblematischen Charakter hat.[475] Dieser Umstand scheint wiederum auf jenen kulturpsychologischen Paradigmenwechsel Oldenburgs hinzuweisen, auf den ich eingangs eingegangen bin und der 1972, als das Environment erstmals ausgestellt wurde, längst vollzogen war: Oldenburg thematisiert die Begierden und Obsessionen, die mit der gesellschaftlichen Gestaltung sowie mit dem gesellschaftlichen Gebrauch von Dingen verbunden sind. Er untersucht die *latente Erotik* populärkultureller Hervorbringungen.[476]

So bleibe ich meiner Perspektive treu und frage danach, was an den Exponaten durch ihre spezifische Konstellierung im Ausstellungsraum in kultureller Hinsicht zum Ausdruck kommt. Die Untersuchung ist also auf non-künstlerische Artefakte und Fundstücke auszudehnen: Welche Gegenstände wurden aufgenommen und wodurch zeichnen sie sich aus? Welche ihrer Eigenschaften werden unter den besonderen Erfahrungsbedingungen des Museums wahrgenommen und welche Rolle spielt hierbei ihre Anordnung?

---

472 Für die Documenta 5 trifft dies beispielsweise auf das Protestschreiben von Robert Smithson zu, in dem er die Vereinnahmung des künstlerischen Werkes durch das Ausstellungskonzept der Kuratoren anklagt (Wiederabdruck: Smithson, »Cultural Confinement«).
473 Siehe beispielsweise Clark, *Artist-Proposed Museums: Polemical Projects by Claes Oldenburg, Robert Smithson, and Gordon Matta-Clark*; Legge, Museen der anderen ›Art‹. *Künstlermuseen als Versuche einer alternativen Museumspraxis*, S. 111ff., S. 149ff. (sie bezieht das Environment auf die frühneuzeitlichen Kunst- und Wunderkammern), oder jüngst Buchloh, »Annihilieren/

Illuminieren: Claes Oldenburgs Ray Gun und das Mouse Museum«, S. 252ff.
474 Siehe Legge, *Museen der anderen ›Art‹. Künstlermuseen als Versuche einer alternativen Museumspraxis*, S. 150f.
475 Legge verweist in diesem Zusammenhang auf die Beziehung zwischen ›Museum‹ und ›Gedächtnis‹ (ebd., S. 167).
476 »Das Ergebnis«, so Oldenburg selbst, »ist ein Mikrokosmos meiner eigenen Kunstproduktion und eine Sicht auf die Gesellschaft, die mich umgibt.« Zit. n. Buchloh, »Annihilieren/Illuminieren: Claes Oldenburgs Ray Gun und das Mouse Museum«, S. 263.

In einer Art Voruntersuchung werde ich zunächst auf den Entdeckungszusammenhang sowie auf avantgardistische Vorläufer des *Mouse Museum* eingehen. Hierbei scheint es gerade für Oldenburg, der über ein breites literarisches Wissen verfügt und nach seinem Literaturstudium zunächst Poet werden wollte, vielversprechend zu sein, die Suche nach Antezedenten über den Bereich der bildenden Kunst hinaus auf den der Literatur auszudehnen, ein Zusammenhang, der, soweit ich weiß, bisher noch nicht hergestellt worden ist. Letztendlich geht es mir damit aber weniger darum, bestimmte historische Filiationen aufzuzeigen, vielmehr soll der Rückblick helfen, gegenüber den Exponaten des Museums die richtige Haltung einnehmen zu können. Den hohen Stellenwert, den der französische Surrealismus dem Vexierbild für die Evokation traumartiger Erfahrungen beimisst, bietet hier einen ersten Orientierungspunkt. In den sich anschließenden Untersuchungen werde ich mich dann ausgehend vom Forschungsstand intensiv mit den Ausstellungsbeständen der beiden Sammlungen auseinandersetzen, wobei die Eigenart meiner Herangehensweise wiederum darin besteht, *Die Traumdeutung* von Freud als kulturpsychologisches Deutungsmittel heranzuziehen.

MOUSE MUSEUM: GRUNDSTEINLEGUNGEN

In vielen Interviews schildert Oldenburg Erfahrungen, die sich als Schlüsselmomente für das Projekt einer Museumsgründung verstehen lassen. Beispielsweise erzählt er, wie er mit Pat Muchinski Weihnachten 1960 durch die Einkaufsstraßen von Chicago bummelt. Die Auslagen und Schaufenster der Kleinhändler erscheinen ihnen seltsam und rätselhaft und plötzlich »genießen« sie alle Objekte, die sie zu Gesicht bekommen.[477] Bei einer anderen Begebenheit wandert Oldenburg durch die Geschäfte der Orchard Street in Manhatten (Abb.79). Plötzlich ereignet sich ein Wahrnehmungswechsel, der ihn dazu veranlasst, die Objekte, die in den Schaufenstern und auf den Ladentischen ausgestellt sind, als »kostbare Kunstwerke« aufzufassen. Die Läden erscheinen nun, »als ob sie Museen seien«[478].

---

[477] Vgl. Oldenburg in einem unveröffentlichten Interview mit Paul Cummings, zit. n. Freiman, *(Mind)ing The Store: Claes Oldenburg's Psychoaesthetics*, S. 177.

[478] Oldenburg zit. n. Rublowsky, *Pop Art*, S. 65. (»I began wandering through stores — all kinds and all over — as though they were museums. I saw the objects displayed in windows and on counters as precious works of art.«)

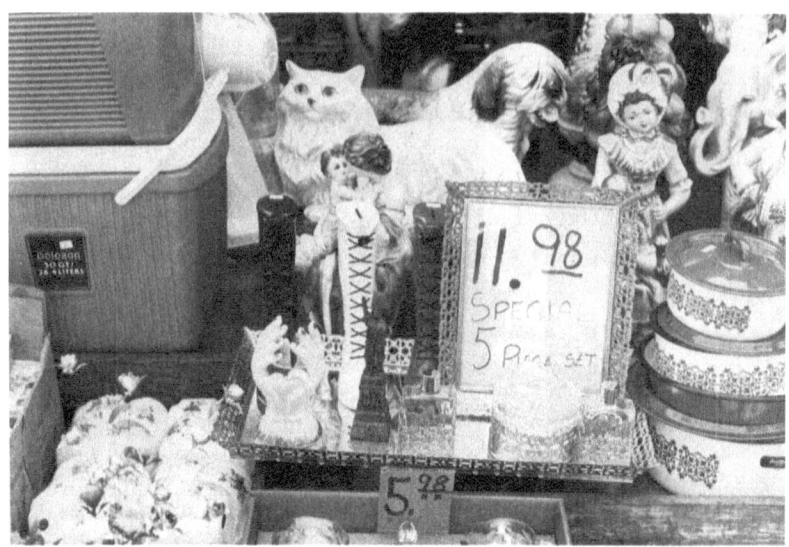

79. Schaufenster eines Geschäfts, frühe 1960er Jahre, Lower East Side, New York.

Eine weitere wichtige Erfahrung macht Oldenburg 1963 in Chicago, wo er einen Streifzug durch die Innenstadt unternimmt, um Requisiten für das Happening *Gayety* zu besorgen. Von Valmor, einem Versandhaus, das überwiegend Beauty-Produkte und Billigschmuck vertreibt, erhält er die Erlaubnis, das Lagerhaus zu durchstöbern.[479] Hierbei ist bedeutsam, dass Oldenburg besonders von den übrig gebliebenen und ausrangierten Artikeln vergangener Kampagnen, die ökonomisch nicht mehr verwertbar sind, fasziniert ist. Er steigt in das ›Lager‹ hinab (›Store‹ = ›Lager‹, ›Speicher‹, ›Gedächtnis‹), wo eine eigene Zeit (nicht die der Aktualität) und ein eigenes Tempo (nicht das des umtriebigen Geschäfts) herrschen, was offenbar eine veränderte Wahrnehmungsweise der in Vergessenheit geratenen Dinge begünstigt. Er gewinnt eine historische Distanz, durch die sich die Erfahrung dieser Objekte verändert. Hieraus entwickelt sich die Vision eines »Museums für Populäre Kunst«, der Konservierung und Zur-Schau-Stellung all dessen.

Wie im letzten Kapitel beschrieben, deckt Oldenburg mit *The Store* Ähnlichkeiten zwischen einem Laden und einer Kunstgalerie auf.

---

479 Vgl. van Bruggen, *Claes Oldenburg: Mouse Museum/Ray Gun Wing*, S. 45. Valmor ist heute vor allem dafür bekannt, als erstes US-amerikanisches Versandhaus spezielle Beautyprodukte für den afroamerikanischen Teil der Bevölkerung entwickelt und vermarktet zu haben.

Eigentlich erscheint dies naheliegend, handelt es sich doch sowohl bei einer Galerie als auch bei einem Laden um eine kommerziell orientierte Institution, die der Präsentation und dem Verkauf von Objekten dient. Dagegen wird das Museum gemeinhin und idealerweise als pädagogische Anstalt verstanden, als eine Institution, bei der sich die Präsentation und Betrachtung von Objekten weder mit händlerseitigen Tauschwertinteressen noch mit käuferseitigen Gebrauchswertinteressen verbindet, sondern auf praktischer Interesselosigkeit gründet und rein der *Bildung* und (ästhetischen) *Erfahrung* verpflichtet ist. Vor diesem Hintergrund stellt sich die Frage, welche Beobachtungen Oldenburg an den ausgewählten Objekten gemacht hat, die es erlaubten, sie als museumswürdig zu betrachten, und wie sich ihre Wahrnehmung unter den Bedingungen des Museums verändert. In diesem Zusammenhang sind Texte von Louis Aragon und Walter Benjamin aufschlussreich, in denen kindliche und onirische Erfahrungen beschworen werden.

LITERARISCHE VORLÄUFER: DIE PASSAGE BEI ARAGON UND BENJAMIN

Die im letzten Abschnitt beschriebenen Initiationsszenen – das Flanieren durch die kleinen Geschäfte sowie das plötzliche Umschlagen der Wahrnehmung – haben literarische Vorläufer. Schon Louis Aragon spricht sich im Paris der 1920er Jahre für die vulgäre großstädtische Kultur aus. Im Zentrum seiner Darstellungen steht das Alltäglich-Wunderbare in Gestalt von Trödelmärkten und Warenhäusern, schließlich von unmodern gewordenen Einkaufspassagen. Im ersten Teil seines 1926 erscheinenden Buches *Le Paysan de Paris* beschreibt der Erzähler seine Wanderung durch die vom Abriss bedrohte ›Passage de l'Opéra‹, die zu einem Katalysator für die Aktualisierung kindlicher respektive onirischer Wahrnehmungsweisen wird, wobei diese Wahrnehmungsweisen und die Wahl des Gegenstandes – eben die veraltete Passage, die ihrem Ende entgegensieht – dialektisch aufeinander bezogen werden.[480]

Bekanntlich verbinden die surrealistischen Literaten ihre literarische Produktion mit der Absicht der Verschmelzung von Imaginationen

---

[480] Der Zusammenhang zwischen Traum und Kindheit liegt nach Freud in den regressiven Tendenzen des Traumes, im Durchleben kindlicher Wahrnehmungen und Obsessionen. Siehe hierzu beispielsweise ders., »Die Traumdeutung«, S. 524.

– wie beispielsweise Traumbilder oder erinnerte Kindheitserfahrungen – und äußeren Wahrnehmungen. Hans Freier zufolge nimmt gerade Aragons Surrealismus das zentrale Motiv des deutschen Idealismus auf, das darin besteht, die Grenze zwischen Subjektivem und Objektivem zu überschreiten, »um durch die Vermittlung beider die Einheit zu konkretisieren, welche die Gegensätze übergreift«[481]. Auf der Ebene dieser ›surréalité‹, so Josef Fürnkäs, »soll das routiniert und normativ Auseinandergehaltene und Auseinanderzuhaltende – Realität und Traum, Sinn und Sinnlichkeit, Verstand und Sinne, Ernst und Spiel, Ordnung und Unordnung, Ferne und Nähe, Wahrheit und Irrtum – an mythentopografisch privilegierten Orten der Stadt Paris jederzeit punktuell füreinander durchlässig werden«[482]. Dieses Programm führt dazu, dass der Gang durch die Passage streckenweise als phantasmagorische Traumproduktion erscheint. Es bleibt unklar, ob sich Aragon in der Welt der Dinge bewegt oder sie in ihm entsteht. Dies lässt sich beispielsweise anhand eines Abschnittes verdeutlichen, in dem der Erzähler einen seiner nächtlichen Spaziergänge unternimmt:

> »Wie überrascht war ich, als ich, angezogen von irgendeinem mechanischen, monotonen Geräusch, das wohl aus dem Schaufenster des Spazierstockhändlers drang, bemerkte, dass dieses in ein blassgrünes, gewissermaßen submarines Licht eingetaucht war, dessen Quelle unsichtbar blieb. Das ähnelte der Phosphoreszenz der Fische, wie ich sie einst als Kind auf der Mole von Port-Bail im Cotentin sehen konnte; doch musste ich mir eingestehen, dass Spazierstöcke zwar die Leuchteigenschaften der Meeresbewohner durchaus besitzen mögen, dass es aber eine physikalische Erklärung für diese übernatürliche Helligkeit und vor allem für das Geräusch, das das Gewölbedumpf erfüllte, nicht zu geben schien. Das Geräusch erkannte ich wieder: Es war das Muschelrauschen, das immer wieder Dichter und Filmstars in Staunen versetzt. Das ganze Meer in der Passage de l'Opéra. Die Spazierstöcke wiegten sich sanft hin und her wie Seegras.«[483]

---

[481] Freier, »Odyssee eines Pariser Bauern: Aragons ›mythologie moderne‹ und der Deutsche Idealismus«, S. 161f. Nach Freier zielt Aragon damit auf »das Mythische schlicht als eine virtuell in jedermanns Erfahrung liegende Realität« (S. 163).

[482] Fürnkäs, *Surrealismus als Erkenntnis: Walter Benjamin – Weimarer Einbahnstraße und Pariser Passagen*, S. 57.
[483] Aragon, *Der Pariser Bauer*, S. 27.

In den Texten, in denen sich Walter Benjamin mit dem französischen Surrealismus auseinandersetzt, bekundet sich eine gehörige Portion Skepsis gegenüber solchen Beschwörungen des Traumes und der kindlichen Erfahrungswelt.[484] Wie Burkhardt Lindner genauestens nachvollzieht, widerspricht Benjamin in ernüchterndem Ton jener für ihn romantischen Vorstellung, dass der Traum in der tiefsten Innerlichkeit des Menschen angesiedelt sei und die Traumwelt gegenüber der gemeinen Wirklichkeit eine höhere Sphäre darstelle.[485] Die Tragik des Erwachsenwerdens liegt für ihn gerade darin, dass dem Erwachsenen das Träumerische und Wunderbare der kindlichen Erfahrung verwehrt bleibe, da er die Wahrnehmungsweisen des Kindes längst eingebüßt habe. Ein zweiter Aspekt, an dem nach Lindner die Distanz zwischen Benjamin und dem Surrealismus zutage tritt, ist die Verschiebung der Aufmerksamkeit von der Innerlichkeit des Subjektes auf die *Phänomenalität der Dinge*, die insbesondere in »Traumkitsch« zu beobachten ist: »Vexierbilder als Schematismen der Traumarbeit hat längst die Psychoanalyse aufgedeckt«, so Benjamin. »Die Sürrealisten sind mit solcher Gewissheit der Seele weniger als den Dingen auf der Spur.«[486]

So verwundert es nicht, dass die Dinge in Benjamins Ausführungen eine zentrale Stellung einnehmen. Von ihnen heißt es, dass sie »abgeschafft« oder »ausgestorben« seien, wobei ihr ›Sterben‹ in zweifacher Weise begründet wird: einerseits eben durch die subjektive Erfahrung des Erwachsenwerdens, andererseits aber auch durch ihre objektive, aus ihrer technischen Vervielfältigung resultierenden Ununterscheidbarkeit, also durch kulturelle Veränderungen.[487] Lindner merkt an, dass Benjamin in etlichen Wendungen auf die Wahrnehmungs- und Handlungsweisen des Kindes anspielt, die noch unsicher, ungeschickt und von Neugier begleitet sind. Für Kinder bilden die Begriffe, die Dinge und der eigene Körper, vor allem Motorik und Tastsinn, eine noch unsichere Relation. Oft in naiver Unkenntnis oder bewusster Negation praktischer Gegenstandsfunktionen entfalten die träumerischen Visionen von Kindern eine Bandbreite magisch-animistischer Erfahrungen, »die noch das ›Banale‹ zu

---

484 Benjamin hat sich in zwei Texten mit dem Surrealismus beschäftigt: »Glosse zum Sürrealismus« (ursprünglich beabsichtigter Titel: »Traumkitsch«) erscheint Anfang 1927 in der Neuen Rundschau. »Der Sürrealismus. Die letzte Momentaufnahme der europäischen Intelligenz«, Benjamins großer Aufsatz zum Surrealismus, erscheint 1928.

485 Die folgenden Ausführungen gehen auf Lindner, »Versuch über ›Traumkitsch‹. Die blaue Blume im Land der Technik«, zurück.
486 Zit. n. ebd., S. 232 (Benjamin, »Traumkitsch«, S. 621f.).
487 Vgl. ebd., S. 232ff.

verzaubern vermögen«[488]. Projektionen lassen die Dinge menschen- oder tierähnlich werden: märchenhafte Gesichter, humanoide Formen, tierische Körper. Gerade auch im Zustand starker emotionaler Erregung oder beim Einschlafen können bestimmte Dinge in einem taktilen und olfaktorischen Dauerkontakt gehalten werden, wodurch zwischen ›Mensch‹ und ›Ding‹ ein diffuser Zwischenraum entsteht: Ansteckungsprozesse und animierende Vertauschungen, die Totes zum Leben erwecken. Im kindlichen Umgang mit den Dingen können diese also eine Stellung einnehmen, die den Schnitt, der die Welt in Lebendiges und Totes scheidet, zu missachten scheint. Aber die Tragik des Erwachsenwerdens liegt für Benjamin eben darin, dass dem Erwachsenen solche Erfahrungen verschlossen sind. »So konstruiert Benjamin eine geschichtliche Konstellation, in der die verlorene Kindheit und der epochale historische ›Abschied‹ von den Dingen zusammentreten.«[489]

Allerdings versucht auch Benjamin, ungeachtet seiner Skepsis, den Zauber der kindlichen Erfahrungswelt im literarischen Medium zu vergegenwärtigen. So sieht sich der Leser seiner als »Passagen« und als »Pariser Passagen II« postum herausgegebenen Textfragmente mit einem Schlag aus der oberirdischen Sphäre des Tageslichtes und des Straßenverkehrs in die zwielichtige Welt alternder und verlassener Einkaufspassagen versetzt.[490] Indem die Blicke in die Schaufenster der Geschäfte eine Vielzahl von »Vexierbilder« eröffnen, die aus Prozessen des Erinnerns resultieren, werden die ausgestellten Waren zu Leben erweckt. Nichts passt zusammen und doch ist alles aufeinander beziehbar – eine Welt magischer Verbindungen und Ähnlichkeiten:

> Ein »ideales Panorama einer kaum verflossenen Urzeit tut mit dem Blick durch die in alle Städte verteilten Passagen sich auf. Hier haust der letzte Dinosaurus Europas, der Konsument. An diesen Höhlenwänden wuchert als unvordenkliche Flora die Ware und geht, wie die Gewebe in Geschwüren, die regellosesten Verbindungen ein. Eine Welt geheimer Affinitäten: Palme und Staubwedel, Föhnapparat und die Venus von Milo, Prothese und Briefsteller finden sich hier, wie nach langer Trennung, zusammen. [...] Froschgrün und korallenrot schwimmen Kämme wie in einem Aquarium,

---

[488] Ebd., S. 232.
[489] Ebd., S. 234.

[490] Vgl. ebd., S. 237ff.

Trompeten werden zu Muscheln, Okarinen zu Schirmkrücken, in den Schalen der photographischen Dunkelkammer liegt Vogelfutter. Drei Plüschstühle mit Häkelschonern hat der Galeriewächter in seiner Loge, aber daneben ist ein ausgeleerter Laden, von dessen Inventar nur ein Schild übrig blieb, das Gebisse in Gold, in Wachs und zerbrochen ankaufen will.«[491]

»MUSEUM OF POPULAR ART, N.Y.C.« An dieser Stelle angekommen, möchte ich mich mit dem Inneren des *Mouse Museum* auseinandersetzen. Dieses weist keine einzelnen Schaufenstersegmente auf, sondern eine durchgehende Vitrine, die in die Innenwand des Baukörpers eingelassen wurde und deren Verglasung teilweise gebogen ist, sodass die Konturen des Mickey-Mouse-Kopfes nachempfunden werden (Abb.80–81). Wände, Decke und Boden sind komplett mit schwarzem Teppich ausgekleidet, wodurch die Aufmerksamkeit des Betrachters auf die grell beleuchteten Exponate gelenkt wird und der Eindruck entsteht, als ob es sich bei der Vitrine um einen Filmstreifen handle, der sich an den Wänden des Mäusekopfes entlang schlängelt. Zwei weitere Glaskästen befinden sich dort, wo bei der Mickey Mouse die Augen sitzen (Abb.82). Über Lautsprecher werden Tonaufzeichnungen jener Exponate verbreitet, die Geräusche von sich geben können (Quieken etc.). Insgesamt werden 385 Objekte ausgestellt, die keine Beschilderung aufweisen und deren Anordnungslogik sich einem zunächst entzieht.

Wer sich an den Vitrinen entlang arbeitet und mit Oldenburgs Œuvre vertraut ist, dem kommen viele Exponate sofort bekannt vor, der nimmt zahlreiche Miniaturen und Spuren seiner Projekte wahr: Viele Modelle stehen im Zusammenhang mit ausgeführten Skulpturen oder mit unausgeführt gebliebenen, die aus Zeichnungen bekannt sind.[492] Andere Objekte stellen sogenannte ›Rückstände‹ (›residuals‹) dar, nämlich physische Überbleibsel aus Happenings, die nach dem Ereignis aufgelesen und aufbewahrt wurden.[493] Auf Happenings und Environments wird zum Teil auch ikonisch verwiesen (Abb.83–84). Das *Mouse Museum* zeigt also zunächst einmal eine Retro- und Prospektive realisierter und noch zu realisierender

---

491 Benjamin, *Das Passagen-Werk*, S. 1042, 1045.
492 Siehe etwa: Oldenburg, *Proposals for Monuments and Buildings*.

493 Zum Konzept des ›residual object‹ siehe Oldenburg, *Store Days*, S. 110.

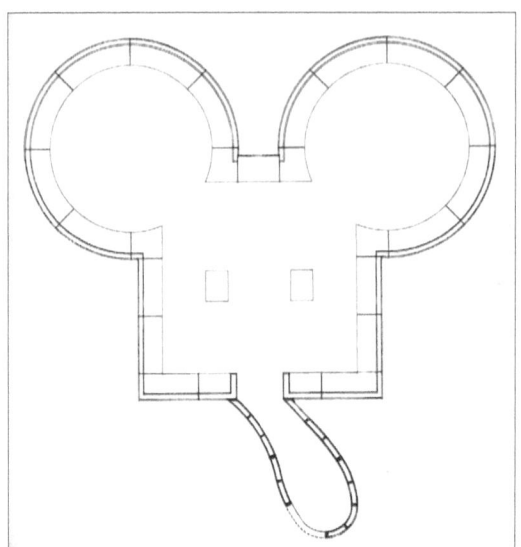

80. Grundriss des
Mouse Museum.

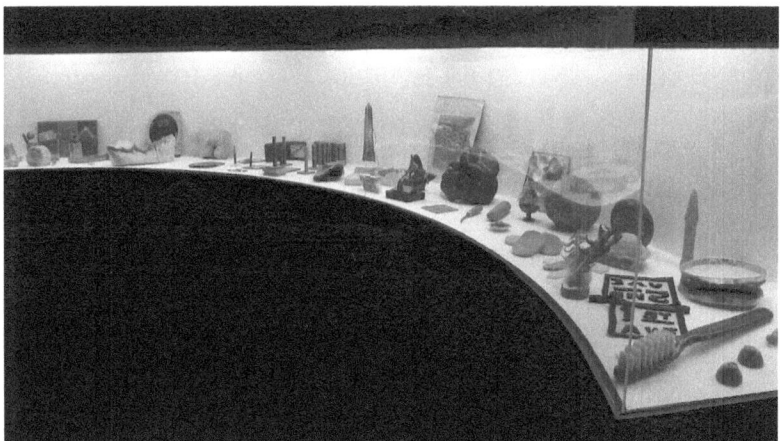

81. Innenansicht des
Mouse Museum.

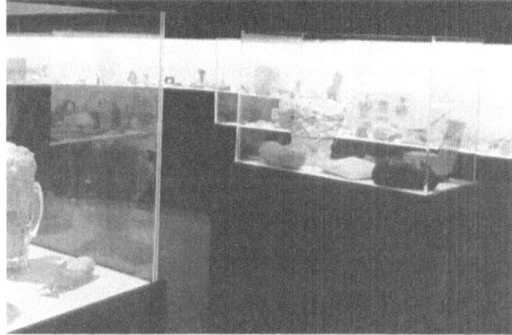

82. Innenansicht des
Mouse Museum.

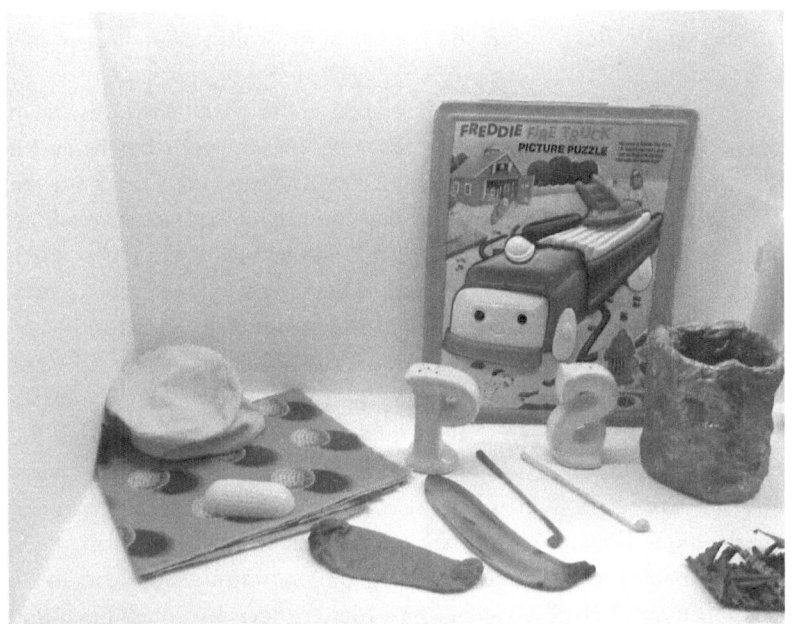

83. Exponate des *Mouse Museum*: Studie für *Soft Medicine Cabinet* (Studio Object, 1969, Leinwand), Stoff mit Golfball-Muster, länglicher Golfball (Gips), gebogene Karotte (Plastik), Salz- und Pfefferstreuer in S- und P-Form (Porzellan), Banane (Plastik), Puzzle »Freddy Fire Truck«, Spielzeug-Golfschläger (Plastik), Vase (Studio Object, 1962, Gips, Lack), Pappkarton-Laubwerk (Studio Objekt, 1969, Pappkarton, Lack).

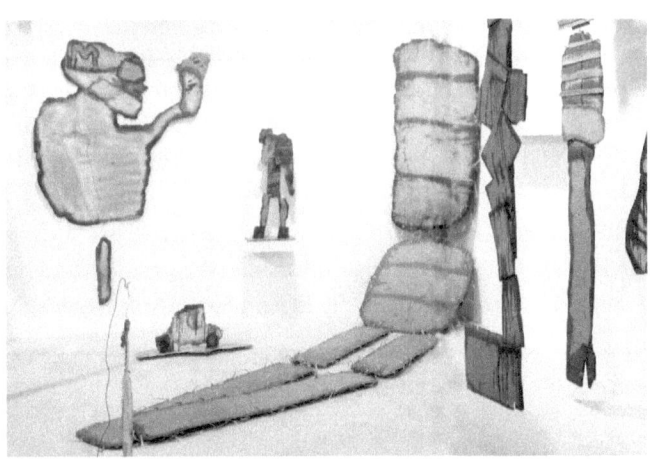

84. *The Street*, 1960, Reuben Gallery, New York.

Arbeiten sowie eine Anzahl von Modellen, die wohl unverwirklicht bleiben werden.[494]

Wie sind nun aber jene Gegenstände zu deuten, die nicht aus Oldenburgs Händen stammen? Zunächst fällt eine Vielzahl industriell hergestellter Lebensmittel-Attrappen ins Auge: Plastikobjekte, die Obst imitieren, ein knautschbares Gummistück in der Form eines Schinkens, Wachsobjekte, die Sandwiches nachahmen (Abb.85). Es handelt sich um eine durch und durch anorganische Welt.[495] Auch alle anderen Exponate beschwören unterschiedlichste Bilder herauf: Puppenspielzeuge in Miniaturform geben Alltagsgegenstände wie Möbel, Leitern oder Schlüssel wieder; Souvenirartikel imitieren touristische Monumente; kleine Porzellanobjekte bilden bekannte Skulpturen aus der abendländischen Kunstgeschichte nach. Neben solchen funktionslosen Objekten besteht die Sammlung des *Mouse Museum* aus einem bunten Sammelsurium von Gebrauchsgegenständen, die ebenfalls bildhafte Züge aufweisen: Aschenbecher in Herzform, in Gestalt einer Schildkröte oder des Washington Monument; Salzstreuer in Gestalt einer gebackenen Kartoffel, eines Toasters oder der Venus von Milot; Spardosen in Form einer Münze, eines Golfballes oder einer Damenhandtasche; Geldbörsen in Form eines Sakkos, eines Sportschuhs oder eines Damenschuhs (Abb.86). Diese Gegenstände zeichnen sich also dadurch aus, dass sie für etwas anschaulich werden, das in keiner Weise mit ihrer praktischen Funktion in Beziehung steht. Bei manchen von ihnen ist die Bildhaftigkeit so stark entwickelt, dass sie der Funktion zuwiderläuft, weswegen diese Dinge bevorzugt als Dekorationsartikel dienen.

Der Begriff ›populäre Kunst‹, so eine erste Beobachtung, scheint sich bei Oldenburg also nicht auf jeden x-beliebigen Alltagsgegenstand zu beziehen, der von Menschenhand produziert wurde, sondern nur auf solche, die andere Gegenstände evozieren, die also bildhaft anschaulich für etwas werden, das sie selbst nicht sind. In der Art und Weise, wie sie dies tun, weisen sie eine frappierende Ähnlichkeit zu den Werken des Künstlers auf: Beide Objektklassen, also sowohl künstlerische wie auch nicht-künstlerische Exponate, verfremden durch die Verzerrung von Größe, Material, Farbe oder Festigkeit sinnliche Eigenschaften von Gegenständen, die uns

---

494 Die Vorstellung eines überwiegend werkbiografisch motivierten Museums hat Oldenburg selbst in einem Interview nahegelegt. Siehe Westwater Reaves, »Claes Oldenburg, An Interview«, S. 36.

495 Legge, *Museen der anderen ›Art‹. Künstlermuseen als Versuche einer alternativen Museumspraxis*, S. 162f., spricht in diesem Zusammenhang von einem »›Spiel‹ mit der Realität«.

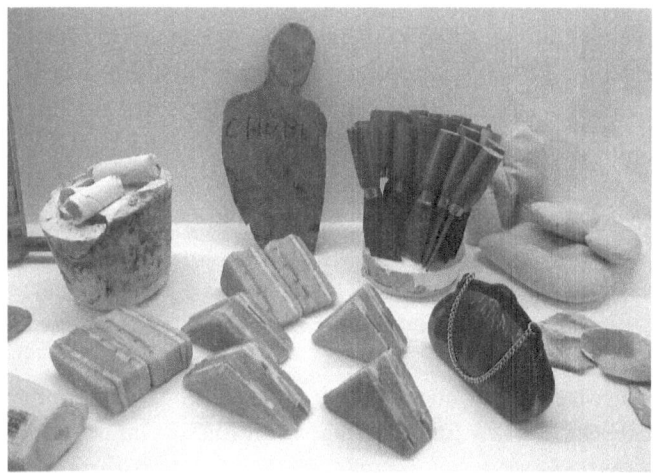

85. Exponate des *Mouse Museum*: Gefäß mit zylindrischen Fragmenten (Studio Object, 1967, Gips), Tripeldecker-Sandwichs mit weißem Brot (Wachs), Foto von Hitler mit der Beschriftung »CHUBBY« (1965, Papier, Holz), abgesägte Spachteln in Gips (Altered Object, 1966), Sparbüchse in der Form einer Handtasche (Porzellan, Metall), weiche Buchstaben ›M‹, ›U‹, ›K‹ (Studio Object, 1974, Stoff, Sand, Kapok), Studie von Kartoffelchips (Studio Object, 1963, Lack).

aufgrund ihres ubiquitären Auftretens wohlvertraut sind. Und während im Katalog künstlerische Artefakte, nicht-künstlerische Artefakte und Mischformen daraus durch Siglen auseinandergehalten werden, sind sie im Museum kategorial nicht näher spezifiziert – weder durch räumliche Trennung noch durch ein Hinweisschild, das über die jeweilige Klassenzugehörigkeit Auskunft gäbe.[496] Indem Oldenburg sich innerhalb der Kategorie der Alltagsdinge nur aus dem Segment der abbildhaften Dinge bedient und die ausgewählten Dinge ohne sie zu kennzeichnen mit seinen eigenen Entwürfen vermengt, wird die Grenze zwischen künstlerischen und nicht-künstlerischen Artefakten verunklärt. ›Populäre Kunst‹ umfasst solcherart alle möglichen Typen mimetischer Produkte unabhängig von ihrer Provenienz.

---

496 Im Katalog werden gefundene Objekte (nicht gekennzeichnet) und selbst hergestellte Objekte (mit ›SO‹ für ›Studio Objects‹ gekennzeichnet) unterschieden. Zwischen diesen beiden Klassen vermitteln die sogenannten ›veränderten Objekte‹ (›AO‹ für ›Altered Objects‹), also nicht-künstlerische Artefakte, die von Oldenburg bearbeitet wurden (vgl. van Bruggen, *Claes Oldenburg: Mouse Museum/Ray Gun Wing*, S. 42).

Indem Nippes und Kitsch hier unter dem Label ›Popular Art‹ firmieren, trifft Oldenburg die Kunst natürlich an einem empfindlichen Punkt. Denn die betreffenden Objekte stellen nach landläufiger Überzeugung ja gerade keine Unterkategorie von Kunst dar, sie lassen sich auch nicht als ›volkstümliche Kunst‹ verstehen, sondern sie bilden *das andere* avancierter Kunst respektive deren kommerzielle Aneignung. Die sozialen Voraussetzungen für die Existenz solcher Objekte sind einerseits Reproduktionsindustrien, die ihre massenhafte und kostengünstige Herstellung erlauben, und andererseits eine breite Konsumentenschicht, die sich für sie interessiert. Solche Objekte, die in Billigläden oder Souvenirgeschäften angeboten werden, unterliegen einer hochkulturellen Abwertung, weil sich mit ihnen keine intellektuelle Leistung zu verbinden scheint. Indem sie »hinter

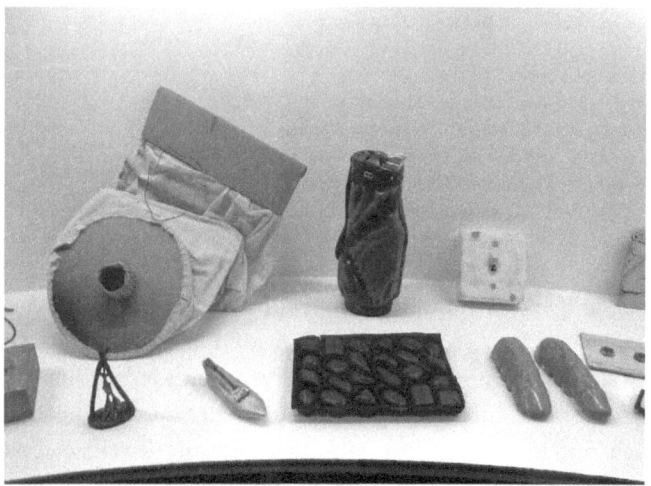

86. Exponate des *Mouse Museum*: Studie für eine Skulptur in der Form einer Zahnpasta-Tube (1969, Studio Object, Musselin, Pappkarton, Draht), Lagerfeuer mit Fisch (1976, Plastik), Geldbörse in der Form eines Damenschuhs (Plastik, Metall), »Black Magic« Süßigkeiten (1966, Plastik), Sparbüchse in der Form einer Golftasche (Plastik), U.S.-Lichtschalter (Altered Object, 1977, Metall, Plastik, Gips), Hummer-Karkassen (Metall).

dem Rücken von dem, was man große Kunst nennt, bestimmte Inhalte wie Stafetten von Hand zu Hand gehen lassen«[497], macht sich die Hochkunst in der alltäglichen Lebenswelt breit. Dabei haben, wie ein Rundgang durch das *Mouse Museum* verdeutlicht, viele der Objekte eine Nähe zum Infantilen, Schlüpfrigen und Zotigen. Mit den Worten Oldenburgs handelt es sich um eine Kunst, die »heftig und derb und stumpf und süß und blöd wie das Leben selbst ist«[498]. Die sozialpsychologische Funktion solcher Gegenstände liegt nicht zuletzt darin, dass Erwachsene im Umgang mit ihnen ihre regressiven Tendenzen ausleben. Im Gebrauch solcher Gegenstände äußert sich der unbewusste Wunsch, wieder in die Kindheit zurückzukehren.

DIE LATENTE EROTIK DER DINGE Bei der Untersuchung von *The Store* bin ich auch auf Oldenburgs Collageverfahren in den *Notebooks* eingegangen.[499] Es zeigte sich, dass Oldenburg – orientiert an *Die Traumdeutung* von Freud – Werbeanzeigen nach verborgenen Darstellungen menschlicher Körperteile durchsucht. Auch im *Mouse Museum* lassen sich viele Exponate als Körperbilder interpretieren, wobei visuelle Anschaulichkeit nicht nur durch Formen oder Farben, sondern auch durch Texturen oder (für den Betrachter nur visuell erschließbare) Konsistenzen hervorgerufen werden kann. In anderen Fällen wiederum fallen nominale, numerische oder funktionale Übereinstimmungen stärker ins Gewicht, wobei sich an einem Objekt oftmals mehr als ein Modus der Analogiebildung nachweisen lässt.[500]

Wenden wir uns zunächst solchen Exponaten zu, bei denen *formale* Ähnlichkeit im Vordergrund steht: Hummerschalen, Gummi-Hotdogs, Zahnpasta-Tuben oder Plastikbananen, aber auch Türme, Obelisken oder Lichtschalter in verschiedensten Stellungen evozieren Bilder männlicher

---

497 Benjamin, »Einiges zur Volkskunst«, S. 185.
498 Oldenburg, *Store Days*, S. 39 (»heavy and coarse and blunt and sweet and stupid as life itself«).
499 Siehe S. 214ff. dieser Arbeit.
500 Wie bereits angemerkt, weist die Forschung verschiedentlich auf die Bedeutung von *Die Traumdeutung* hin und nennt in diesem Zusammenhang thematische Übereinstimmungen zwischen den darin aufgezählten Traumsymbolen respektive Vexierbildern und Oldenburgs Skulpturen. Als kulturpsychologisches Deutungsmittel wurde Freuds Traumtheorie, soweit ich weiß, noch nicht herangezogen. Allein Benjamin Buchloh spricht vage von der »Aufzeichnung und Anerkennung unbewusster Wünsche, die sich in Objekten der Massenkultur äußern«. Ders., »Annihilieren/Illuminieren: Claes Oldenburgs Ray Gun und das Mouse Museum«, S. 263.

Genitalien. Dies leisten auch ein Baseballschläger, der sich durch einen Fanghandschuh bohrt, und ein Baseball, der an dessen schmalem Ende zu liegen kommt, womit Anschaulichkeit hier gerade auch durch die *Anordnung* von Objekten hergestellt wird (Abb.87). Ein Salzstreuer in Gestalt einer gebackenen Kartoffel evoziert die weibliche Vulva, ein Hydrant lässt das Bild weiblicher Brüste entstehen und ein Löschgummi gibt die Körperregion um den Bauchnabel nebst Schambehaarung wieder. Zu den Exponaten, die den menschlichen Körper durch Farbe, Textur oder Konsistenz darstellen, gehören beispielsweise Gummimesser, Gummiwürste und Flaschenhälse, die von fleischlicher Weichheit sind oder sogar schlaff herunterbaumeln, sowie Walnüsse, Golfbälle oder WC-Schwimmer, welche die runzlige Oberflächenbeschaffenheit von Hodensäcken aufweisen (Abb.88). Überhaupt sinken verschiedenste Objekte ermattet in sich zusammen, als wäre ihnen die Luft ausgegangen oder als würden sie schlafen. Andere Gegenstände weisen heftige Gebrauchsspuren und Abnutzungserscheinungen auf, die ihnen ein trauriges Aussehen verleihen, durch die ihnen also ›Hautfalten‹ und ›Narben‹ zuwachsen. In der Erfahrung des Rezipienten eröffnen sich also wiederum Bilder erotischer Körperteile, die Lust und Erregung nach sich ziehen, was als Wärme und Weichheit der teilweise harten und jedenfalls kalten Objekte empfunden wird.

Damit kommen wir zu den Objekten, die menschlichen Körperteilen zwar nicht unbedingt formal ähnlich sind, aber mit diesen in *nominaler, numerischer* oder *funktionaler* Hinsicht korrespondieren. Darunter fallen kugel- oder eiförmige Gebilde (Bälle, Kugeln, Eier), die – oft in zweifacher Ausführung präsent – die männlichen Hoden vertreten. ›Balls‹ und (seltener) ›eggs‹ dienen in der englischen Vulgärsprache zur Bezeichnung der männlichen Hoden.[501] Neben numerischen und nominalen Übereinstimmungen finden sich auch funktionale: Waffen repräsentieren das männliche Glied; Steckdosen, Börsen, Sparbüchsen und verschiedenste andere Gefäßformen vertreten die weibliche Vagina (Abb.85–87). Die bereits erwähnten Lichtschalter können ihre Stellung verändern und spielen somit auf die Erektion des Mannes an; Zahnpasta-Tuben und Ketchup-Flaschen dienen der Aufbewahrung und dem Ausgießen von Flüssigkeiten, womit sie ›ejakulieren‹ können. Es finden sich auch mehrere Toaster wieder, weil die Brotscheiben am Ende des Röstvorgangs aus dem Toaster

---

501 Zwar gründen auch diese Begriffe in formalen Ähnlichkeiten, doch drängen sich diese dem Betrachter des *Mouse Museum* nicht unbedingt auf.

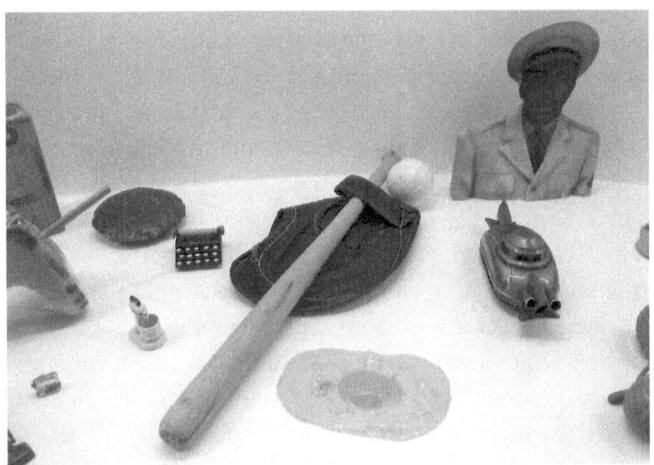

87. Exponate des *Mouse Museum*: Nähmaschine (Plastik), Hamburger-Frikadelle (Studio Object, 1964, Gips, Lack), Mixer (Metall), Schreibmaschine (1970, Holz), Baseball-Schläger, Ball, Fanghandschuh (1972, Holz, Gummi, Plastik), Spiegeleier (Plastik), photografisches Relief eines Soldaten (1972, Holz), Spielzeug-Raumschiff (Metall).

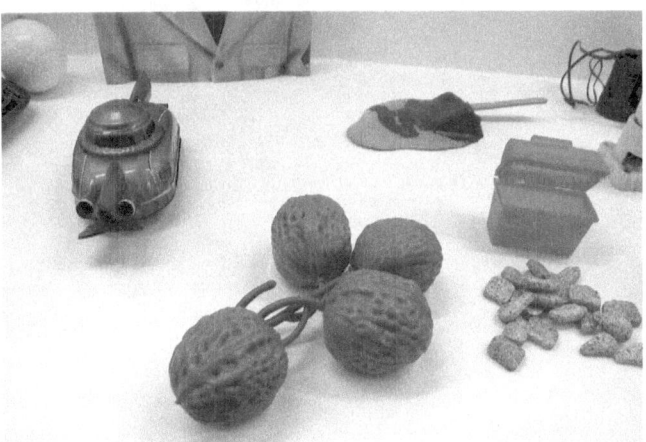

88. Exponate des *Mouse Museum*: Walnüsse (Plastik), »Gooey Humor« – hellbraun (Plastik, Holz), »Gooey Humor« – braun (Plastik, Holz), Brotzeitdose mit Pasteten, Birnen, Hot Dogs, Brot, Milchpackung (Plastik, Süßigkeiten).

herausspringen, was dem Geburtsvorgang gleichkommt, bei dem das Baby aus der Gebärmutter herausgepresst wird (Abb.89).[502] In all diesen Fällen wird also auf *funktionale* Analogien abgehoben. Es handelt sich um Dinge, die dem Eindringen oder der Aufnahme dienen, die sich heben und senken und Flüssigkeiten verspritzen können.

Eine weitere Gruppe, die noch nicht angesprochen wurde, bilden Objekte, die beim Hoch- oder Herunterklettern helfen. Diese dürften ihren Weg in das Museum gefunden haben, weil das Treppen- und Leitersteigen bei Freud in Analogie zum Geschlechtsakt gebracht wird: »Die Grundlage der Vergleichung ist nicht schwer aufzufinden; in rhythmischen Absätzen, unter zunehmender Atemnot kommt man auf eine Höhe und kann dann in ein paar raschen Sprüngen wieder unten sein. So findet sich der Rhythmus des Koitus im Stiegensteigen wieder.«[503] In solchen Fällen werden also zunächst zwischen einer sexuellen und einer non-sexuellen Handlung verschiedene Übereinstimmungen festgestellt und sodann wird ein Gebrauchsobjekt, das in die non-sexuelle Handlung eingebunden ist, zum Geheimsymbol der sexuellen Handlung erhoben.

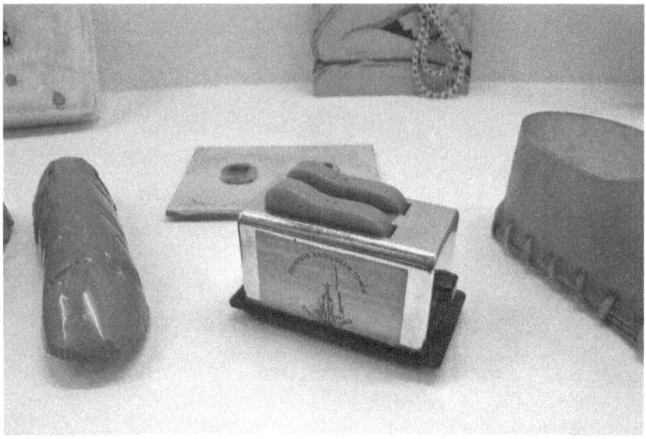

89. Exponat des *Mouse Museum*: Salz- und Pfefferstreuer in der Form eines Toasters (Metall, Plastik).

---

502 Auf dem abgebildeten Toaster ist ein Hochhaus ersichtlich, nämlich der Carew Tower am Fountain Square in Cincinnati.
503 Freud, »Die Traumdeutung«, S. 206.

Die Verbindung zwischen Signifikant und Signifikat gründet also nicht immer auf formalen Korrespondenzen, sondern sie kann auch auf numerischen, nominalen oder funktionalen Analogien beruhen. Sie ist nie rein arbiträr, sondern gehorcht der Logik des Traumes. Auf diese Weise treten an den manifesten Dingen – wie schon in den Fotografien der *Notebooks* – latente Bedeutungen zutage. Zentriert man die betreffenden Produzenten, lassen sich solche Objekte wiederum als erotische Wunscherfüllungen begreifen, in denen sich das Unbewusste gegen innere oder äußere Unterdrückungsmechanismen durchgesetzt hat: Sie sind verkleidete Erfüllungen eines verdrängten Wunsches. In einer solchen Sichtweise erscheint die ›libido sexualis‹ als Bildhauerin, die an der Entstehung und Gestaltung der Objekte beteiligt war: »Every simple thing«, so Oldenburg, »is the incarnation of human obsession.«[504]

Im *Mouse Museum* reflektiert der Rezipient jedoch nicht nur auf die erotischen Dimensionen der kulturellen Hervorbringung und Gestaltung von Dingen, sondern auch auf die ihrer kulturellen *Gebrauchsweisen*. Hierbei treten zweckrationale Motivationen von Handlungen, in welche die ausgestellten Gegenstände eingebunden sind, gegenüber triebpsychologischen zurück. Ich habe gerade auf jene Kategorie von Gegenständen hingewiesen, die ihre Zeichenhaftigkeit der Analogie von sexueller und (scheinbar) non-sexueller Handlung verdanken, worunter die Leiter als Koitussymbol fiel. Dies trifft auch auf Gegenstände wie Bügeleisen, Bügelbretter oder Staubsauger zu, die Oldenburg zufolge in Ersatzhandlungen für masturbatorische Akte eingebunden sind.[505] Dies wohl nicht nur, weil sie phallische Formen oder Teilformen aufweisen, die beim Gebrauch angefasst werden, sondern auch, weil dieser Gebrauch mit rhythmischen Hin-und-Her-Bewegungen einhergeht. Der Begriff der ›Ersatzhandlung‹ beschreibt in der Triebpsychologie eine Aktion, die der Umwandlung von Trieben und damit dem Lustgewinn dient. Hier treten bestimmte auf ›Ersatzobjekte‹ gerichtete Handlungen an die Stelle der ursprünglich angestrebten, wenn diese trotz steigender Handlungsmotivation aufgrund innerer oder äußerer Unterdrückung oder widriger Umweltbedingungen nicht ausgeführt werden können (›Ersatzbefriedigung‹).

Unter den Bedingungen des *Mouse Museum* tritt an den Exponaten also zutage, dass der Mensch die Dinge nicht nur nach seinem Ebenbild

---

504 Zit. n. Rose, *Claes Oldenburg*, S. 46.

505 Siehe Oldenburg, »Totems and Taboos«, S. 198.

schafft, sondern sie auch diesem Ebenbild gemäß gebraucht. Das *Mouse Museum* lässt eine menschliche Parallelwelt entstehen, in der sich die Menschenähnlichkeit und Lebendigkeit der Dinge partiell nicht nur auf deren Form, sondern auch auf deren ›Verhalten‹ oder Geschlecht auszuweiten scheint. Es scheint männliche und weibliche Dinge zu geben, sie scheinen zu gebären, zu schlafen, zu trauern oder zu lieben. So gesehen ist der historische Charakter des *Mouse Museum* ein zweifacher: Es handelt sich um einen Ort vergangener Objekte *und* vergangener Erfahrungen. Die *Mickey Mouse* hat ihre Augen geschlossen: Sie träumt.[506]

OBJEKTÜBERGREIFENDE BILDER   Bisher habe ich hauptsächlich beschrieben, wie im Kunstwerk *einzelne Objekte* bildhaft anschaulich für etwas werden, das über sie hinausweist: ein Salzstreuer, der die Form einer gebackenen Kartoffel annimmt, ein Stromstecker, der Röcke und Frauenbeine evoziert, ein Zigarettenstummel, der zu einer zusammengekauerten, sich vor Schmerz oder Lust krümmenden Gestalt wird. Noch kaum war dagegen die Rede davon, dass das *Mouse Museum* auch ein Ort ist, an dem *Kombinationen mehrerer Objekte* zu Trägern übergreifender Bilder werden können: Die einleitende Figur, welche sich gegen die Rückwand der Vitrine lehnt, setzt sich aus mehreren Objekten zusammen (Abb.83). Baseballschläger, Handschuh und Ball werden zu einem männlichen Geschlechtsteil, das in eine Vagina eindringt, arrangiert (Abb.87). Menschliche Kippen in Aschenbechern türmen sich verschiedentlich zu Sexorgien oder Leichenbergen auf. Eine weitere Anregung zu einer solchen objektübergreifenden Bildwahrnehmung gibt Coosje van Bruggen: In ihrem Katalog merkt sie an, dass Oldenburg das *Mouse Museum* auch als ein »Panorama« der Hochhäuser entlang des Michigansees betrachtet.[507] Wenn man sich im Inneren des *Mouse Museum* bis zu einem der Mickey-Mouse-Ohren vorgearbeitet hat, lassen die hinter Glas gereihten Objekte in der Tat an die Skyline Chicagos denken (Abb.90), denn die Vitrine erzeugt durch ihren gekrümmten Verlauf den Eindruck eines Ufergürtels und der Besucherraum den eines dunklen Gewässers (Abb.81).

---

506 Astrid Legge weist in *Museen der anderen ›Art‹. Künstlermuseen als Versuche einer alternativen Museumspraxis* auf die Spannung zwischen ›toten‹ Objekten und ästhetischer ›Lebendigkeit‹ hin (Abschnitt ›das Spiel mit der Verlebendigung‹, S. 164ff.). Zudem betrachtet sie das Museum als Verwirklichung eines Kindheitstraumes (Abschnitt ›Utopie‹, S. 169ff.).
507 Vgl. van Bruggen, *Claes Oldenburg: Mouse Museum/Ray Gun Wing*, S. 35.

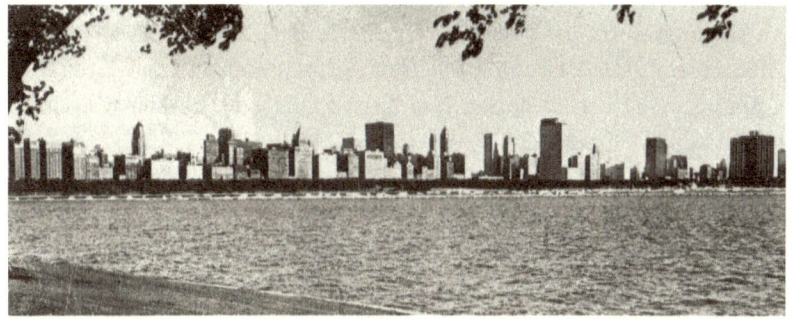

90. Skyline von Downtown-Chicago, vom Michigan See aus gesehen.

Gegenüber bildhaften Einzelobjekten beruht die Wahrnehmung objektübergreifender Bilder wesentlich auf dem künstlerseitigen Arrangement der Exponate: Sie müssen sich in der Wahrnehmung zu Konfigurationen zusammenfassen und aufeinander beziehen lassen können, womit sie vereint zur generativen Matrix des Bildes werden. In solchen Fällen bietet die Reduktion der Gegenstände auf Miniaturform erst die Voraussetzung dafür, dass sie gemeinsam als Träger eines Bildes fungieren können, wobei ihre unterschiedlichen Maßstäbe oft zu surrealen Verzerrungen der Größenverhältnisse führen (Ohren werden zu Höhlen, in die Figuren marschieren). Teilweise treten jene geheimnisvollen Ähnlichkeiten und Affinitäten, die Benjamin in den Passagen entdeckt hat, erst durch die Größenangleichung der dargestellten Gegenstände hervor. Es wird hier also zu einer Angelegenheit der Wahrnehmung, was im Surrealismus und bei Benjamin nur literarisch vorgebildet und damit rein der Imagination überlassen bleibt. Nun müsste man an dieser Stelle eigentlich über die bildtheoretischen Konsequenzen sprechen, die sich aus solchen Beobachtungen ergeben. Ich möchte diesen Aspekt aber vorerst noch zurückstellen und mich zunächst auf den *Ray Gun Wing* konzentrieren.

DER *RAY GUN WING* (FORSCHUNGSSTAND)

Am Beginn dieses Kapitels habe ich erwähnt, dass die Ray Guns anfänglich keine separate Unterbringung erhalten. Sie sind zunächst noch in das *Mouse Museum* integriert und finden sich verstreut unter dessen Objekten wieder. Erst 1977, im Museum of Contemporary Art in Chicago, wird die Dialektik von *Mouse Museum* und *Ray Gun Wing* durch die Aufstellung zweier getrennter

Ausstellungsräume umgesetzt, wobei das Äußere des *Ray Gun Wing* die Form einer Pistole erhält (Abb.78). In sein Inneres gelangt man durch zwei Öffnungen, die sich an dessen Knauf- und Laufende befinden. Im Unterschied zum *Mouse Museum* werden die Objekte hier nicht in gebogenen Wandvitrinen, sondern in sechs Tischvitrinen ausgestellt, auf die der Betrachter herabblickt (Abb.91). Darin entdeckt er Fundstücke verschiedenster Materialien: Holzfragmente, Stücke verbogenen Blechs, Plastikbänder, Glasscherben, einen verrosteten Wasserhahn, verschiedene Gipsfiguren und eine Anzahl an Kinderpistolen (Abb.92-95). Diese Ausstellungsstücke ergänzend befindet sich im Gebäude dort, wo der Abzug der Pistole zu denken ist, ein Wandregal nebst Ablagetisch, auf dem ein paar Ordner eingesehen werden können, die Fotografien unscheinbarer Figurationen auf Straßen und Bürgersteigen beinhalten (Abb.96). Diese Figurationen stehen in formaler Verwandtschaft zu den Ausstellungsobjekten, waren aber fragil oder unbeweglich, sodass nicht sie selbst, sondern nur ihre Abbilder mitgenommen werden konnten.[508]

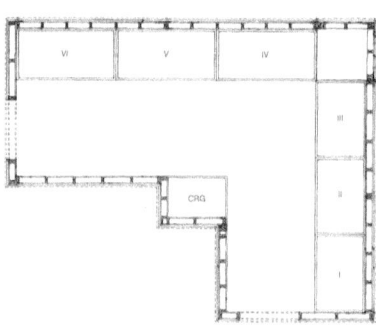

91. Grundriss des *Ray Gun Wing*.

Es wurde ebenfalls bereits erläutert, dass Oldenburg 1959 eine Skulptur aus Pappmaché herstellt, der er den Titel ›*Empire*‹ (›*Papa*‹) *Ray Gun* gibt, wobei der Begriff der ›Ray Gun‹ auf jene Strahlenpistolen rekurriert, mit denen die Protagonisten von Comics wie Flash Gordon oder von Fernsehserien wie Star Trek ausgestattet werden und die auch als Spielzeug in Umlauf sind (Abb.49-50).[509] Obwohl es sich bei Ray Guns um fiktive

---

508 Eine erste fotografische Serie von Nathan Rabin entstand 1976 in New York, eine zweite von Tom van Eynde 1977 in Chicago. Die übrigen Fotografien wurden von Oldenburg in Köln, New York, Amsterdam, Basel und Freiburg aufgenommen. Alle Fakten beziehe ich hier wie im Folgenden aus van Bruggen, *Claes Oldenburg: Mouse Museum/Ray Gun Wing*.
509 Siehe hierzu S. 193 dieser Arbeit.

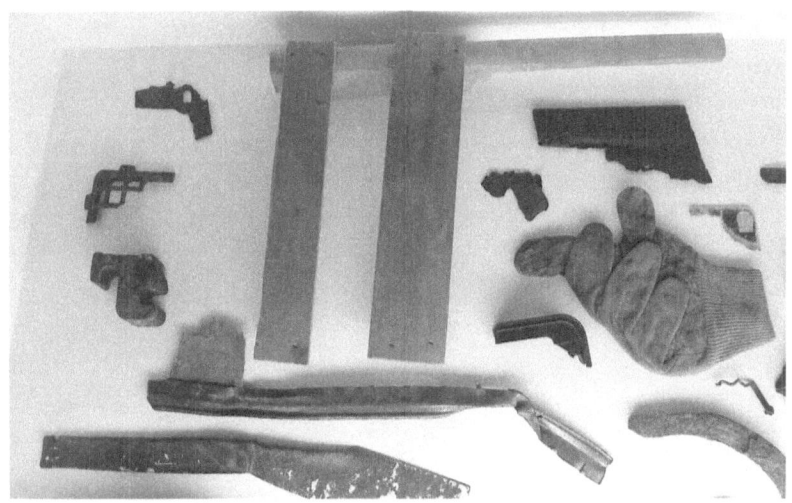

92. Ausstellung von gefundenen Objekten im *Ray Gun Wing*, 1977.

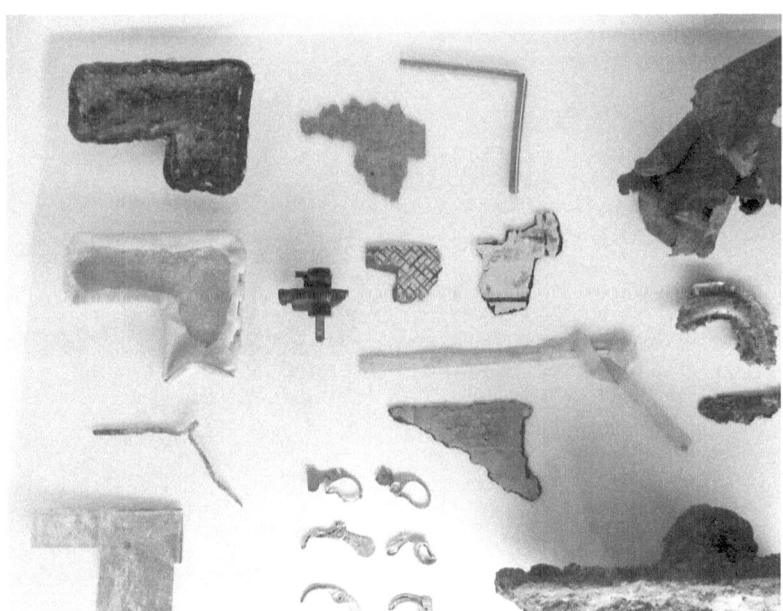

93. Ausstellung von gefundenen Objekten im *Ray Gun Wing*, 1977.

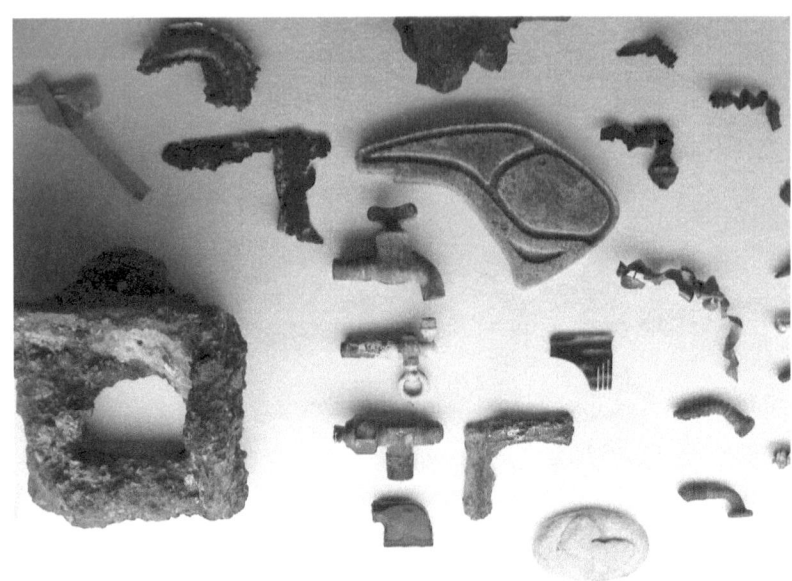

94. Ausstellung von gefundenen Objekten im *Ray Gun Wing*, 1977.

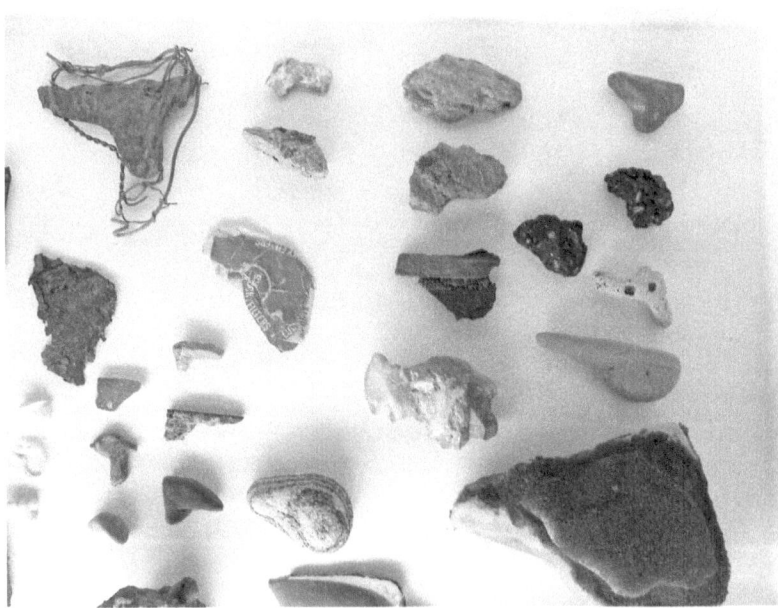

95. Ausstellung von gefundenen Objekten im *Ray Gun Wing*, 1977.

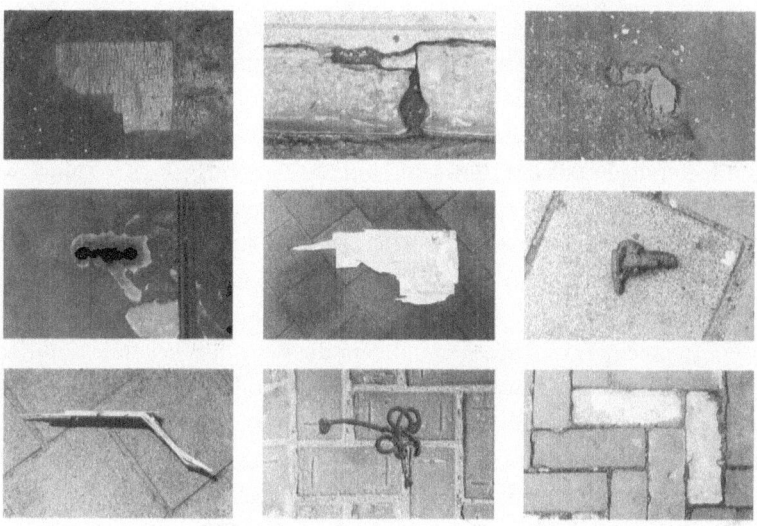

96. *Certified Ray Guns*, Fotografien ausgestellt im *Ray Gun Wing*, 1977.

Zukunftswaffen handelt, lehnen sich ihre Formen an reale Waffen der Gegenwart an. Die Bedingung für das Aufheben, Verwahren und Ausstellen eines Objektes im *Ray Gun Wing* scheint nun zu sein, dass es zumindest entfernt an eine solche Pistole erinnert, also zwei voneinander abgespreizte Schenkel aufweist, die sich als Pistolenlauf und Pistolenknauf identifizieren lassen. Hierbei verweisen gerade die fotografischen Dokumentationen, die ja immer ein Stück des Fundortes mit abbilden, auf die Praxis des Auffindens und Auflesens dieser Objekte im Umherschweifen. Man assoziiert sie sofort mit Straße und Asphalt, mit dem Niedrigen und Horizontalen.

Die Ray Guns finden in vielen Texten über Oldenburg Erwähnung. Barbara Rose interpretiert sie als Oldenburgs phallischen »Doppelgänger«, Ellen H. Johnson als »Symbol seiner Männlichkeit«[510]. Yve-Alain Bois und Rosalind Krauss behandeln sie in ihren Katalog ›informer‹ Kunst. Ihnen zufolge entstammen die Objekte allesamt dem kulturell niedrig bewerteten Bereich des ›trash‹, womit es sich bei dieser Verfahrensweise um eine »Strategie ästhetischer Sublimierung« handle.[511] Zweitens stellt

---

510 Rose, *Claes Oldenburg*, S. 45, 60; Johnson, *Claes Oldenburg*, S. 13.
511 Vgl. Bois, »Ray Guns«, S. 172ff. Mir stellt sich in diesem Zusammenhang die Frage, ob das Ästhetische kulturelle Bedeutungen und Wertungen, statt sie zu verändern, nicht eher außer Kraft setzt.

Bois fest, dass die Kategorie der ›Ray Gun‹ aufgrund der formalen Vielfalt an Dingen, die ihr untergeordnet werden, inhaltsleer sei (maximale Extension = minimale Intension). Für Bois signalisieren die Exponate im *Ray Gun Wing* daher »nothing but their proliferation«[512]. Benjamin Buchloh betrachtet die Praxis des Sammelns von Ray Guns als eine Kreuzung zwischen dadaistischen, surrealistischen und situationistischen »Strategien«, als eine Parodie auf das ›Objet trouvé‹ sowie als eine »kritische« und »subversive« Intervention im öffentlichen Raum – allerdings ohne Letzteres näher zu begründen.[513]

In einem Text, der unter anderem die Ray Guns behandelt, nimmt der Autor Michael Lüthy überwiegend eine produktionsästhetische Perspektive ein.[514] Lüthy, der dem Wandel künstlerischer Produktionsweisen in der modernen Kunst nachgeht, konstatiert, dass sich die künstlerische Tätigkeit hier auf Aktivitäten wie Sammeln, Archivieren und Anordnen verlagere, womit das Kunstwerk als ein handwerkliches Artefakt fraglich werde und der Produktionsakt als »Schwebezustand zwischen Machen und Finden«[515] zu begreifen sei. Indem die betreffenden Objekte sich im Produktions- und Rezeptionsakt in Ray Guns verwandeln, »gewinnen sie Form, und indem sie Form gewinnen, werden sie Ray Gun – ein Umschlag, der den Künstler wie auch den Betrachter einschließt, da sie es sind, die ihn vollziehen«[516]. Bei der ›Herstellung‹ einer Ray Gun handele sich um einen »paradoxen Vorgang, bei dem sich die neue und die unveränderte Wahrnehmung des Objektes überlagern«[517]. Hierbei bleibe es unentscheidbar, »[o]b die Qualität, Ray Gun zu sein, in den Dingen oder vielmehr in Oldenburgs Zuschreibung liegt«[518]. Den ereignishaften Augenblick, in dem etwas in ein anderes umschlägt, bestimme Oldenburg als einen »Augenblick ›erhöhter Sensibilität‹«[519].

Diese Beobachtungen der Forschung sind für die Frage nach der Neugestaltung der (formalen) Beziehung zwischen Kunst und alltäglicher Wirklichkeit in vielerlei Hinsicht äußerst aufschlussreich, während sie über die triebpsychologische Bedingtheit dieser Praxis so gut wie keine Rückschlüsse erlauben. Um die Leistungen des Künstlers, des Betrachters

---

512 Ebd., S. 176.
513 Ders., »Annihilieren/Illuminieren: Claes Oldenburgs Ray Gun und das Mouse Museum«, S. 246ff.
514 Lüthy, »Zwei Aspekte der Formdynamisierung in der Kunst der Moderne«.
515 Ebd., S. 185.
516 Ebd., S. 186.
517 Ebd., S. 185.
518 Ebd.
519 Ebd., S. 186. Lüthy bezieht sich hierbei auf das Zitat, das am Beginn meiner Ausführungen über Oldenburg steht (siehe S. 189 dieser Arbeit).

sowie der im *Ray Gun Wing* ausgestellten Objekte genau charakterisieren und voneinander unterscheiden zu können, werde ich im Folgenden zunächst die Praxis des Künstlers und sodann die Erfahrung der Ausstellung der Ray Guns im *Ray Gun Wing* erörtern. Hierbei werde ich mich weiterhin am Leitbegriff des ›Vexierbildes‹ orientieren und in diesem Zug die von der Forschung verwendeten Begrifflichkeiten in eine bildtheoretische Terminologie überführen. Außerdem möchte ich Oldenburgs Verfahrensweise in größere historische und kulturelle Zusammenhänge stellen. Hierbei gehe ich auch der Frage nach, wie das Konzept der Ray Gun mit dem des surrealistischen ›Objet trouvé‹ in Verbindung steht. Ich schließe mit ein paar kurzen Bemerkungen zur Semantik der Ray Guns.

DIE PRODUKTION DER RAY GUNS Was die Herstellung dieser Ray Guns anbelangt, lassen sie sich in drei verschiedene Gruppen einteilen: in Objekte, die gefunden und in diesem Zustand belassen wurden, in eigenhändig hergestellte Objekte und in Objekte, die eine Mischform daraus darstellen, die also gefunden und dann nachträglich bearbeitet worden sind.[520] Die Mehrzahl der Objekte gehört der ersten Kategorie an: Es handelt sich hier überwiegend um verbogenen, zerknautschten oder zerquetschten ›junk‹, der im Alltag keine nähere Aufmerksamkeit oder Zuwendung erfährt, sondern ausgeblendet wird oder ein Ärgernis in Form von Unrat oder Stolpersteinen darstellt. Im Gegensatz zu den Exponaten des *Mouse Museum* sind die betreffenden Objekte nicht unbedingt industriell hergestellt worden, vielmehr lassen sich an ihnen zum Teil auch Spuren natürlicher Wachstumsprozesse ablesen (Abb.95). Das Sammeln von Ray Guns ist somit als eine Praxis zu verstehen, mit der Oldenburg sich von jenen Anteilen der Welt, mit denen wir normalerweise in Sympathie verbunden sind, abwendet, um sich einem anderen, oft übersehenen oder diskreditierten Segment der Wirklichkeit zuzuwenden. Mit diesem Einstellungswechsel verflüchtigen sich die kulturellen Hierarchien und Maßstäbe, nach denen Gegenstände gewöhnlich geordnet sind. Stattdessen öffnet sich die Wahrnehmung uneingeschränkt für die Fülle des Realen.

---

520 Dies entspricht der Kategorisierung der Exponate im *Mouse Museum*. Die frühesten Objekte des *Ray Gun Wing* datieren auf 1959. Nicht alle Objekte wurden von Oldenburg selbst gesammelt bzw. hergestellt, sondern es waren hieran auch befreundete Künstler beteiligt. Insgesamt sind 253 Exponate ausgestellt.

Von einer ›Ray Gun‹, und hierin ist die Forschung teils zu korrigieren, teils zu präzisieren, ist dabei erst dann und nur dann zu sprechen, wenn ein bestimmtes Objekt sich nicht nur als geeignet erweist, das Bild einer Pistole zu evozieren, sondern es muss dazu imstande sein, das kippbildartige Oszillieren zwischen menschlichem Körperfragment und Ding zu ermöglichen, sodass es wahlweise als Geschlecht eines Mannes oder als die gespreizten Beine einer Frau wahrgenommen werden kann, wodurch Belebtes und Unbelebtes, Gewalt und Sexualität, männlich und weiblich, beständig ineinander umschlagen. Ray Guns, so ist folglich festzuhalten, sind Produkte eines performativen Vollzuges, in dem subjektive Wahrnehmungsleistungen und formale Objekteigenschaften zusammenspielen. Dabei zielt das Erkennen von Ähnlichkeiten nicht auf die Konturierung stabiler Bilder, sondern auf die erotische Verlebendigung starrer Dinge. In der Erfahrung des Subjektes eröffnen sich die Bilder erotischer Körperteile, die Lust und Erregung nach sich ziehen, was als Wärme und Weichheit der faktisch harten und kalten Objekte empfunden wird.

Gerade weil diese anthropomorphen Züge nicht offenkundig sind, lassen sich Oldenburgs Ray Guns in die Tradition moderner Skulptur stellen. Denn sie sind in dieser Hinsicht durchaus mit den zerklüfteten Körperfragmenten von Auguste Rodin, den weich fließenden *Menschlichen Konkretionen* von Hans Arp oder den technisch-geometrischen Arbeiten von Constantin Brâncusi vergleichbar, mit denen sich Oldenburg immer wieder auseinandergesetzt hat (Abb.97–99). Der erste entscheidende Unterschied zu diesen Arbeiten besteht jedoch darin, dass die erotische

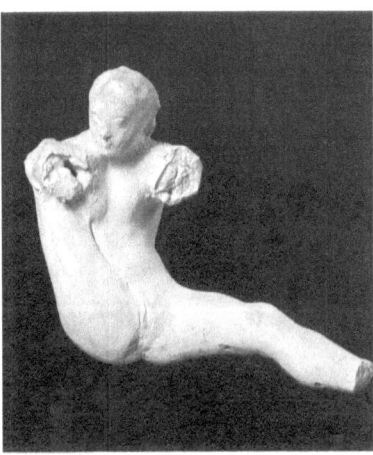

97. Auguste Rodin, ohne Titel (kleiner Torso der Iris), undatiert, Gips, 15 × 10 × 18 cm, Musée Rodin, Paris und Meudon.

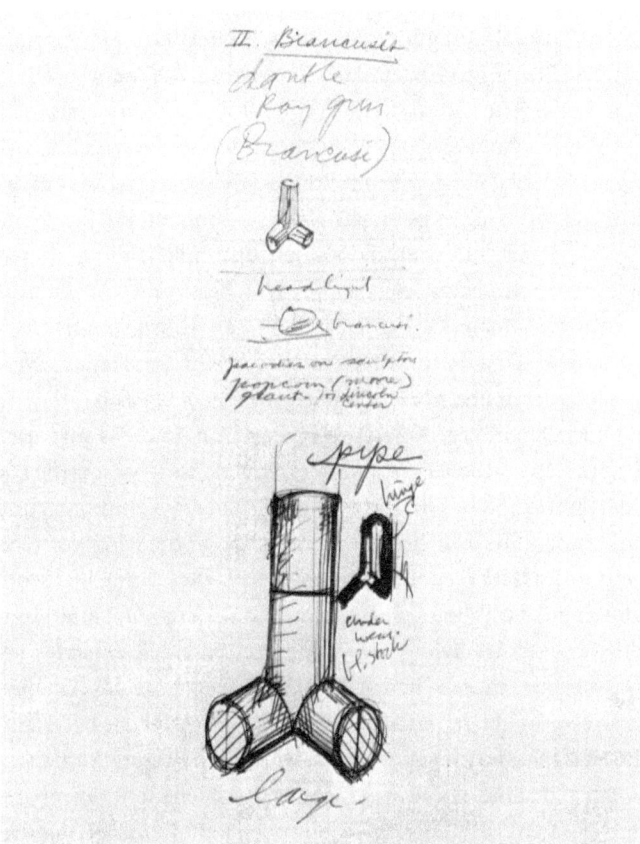

98. *Brancusi's Double Ray Gun*, etc. (Notizbuchseite), 1966, Kugelschreiber und Tinte, 28 × 22 cm, im Besitz des Künstlers.

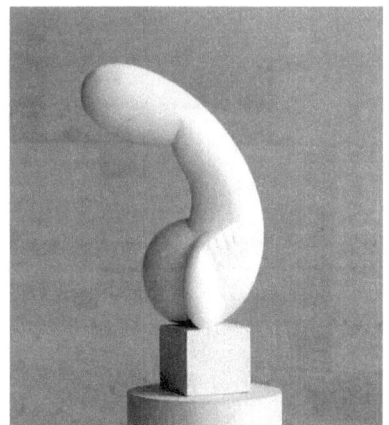

99. Constantin Brâncusi, *Princesse X*, 1915, Marmor, 556 × 28 × 23 cm, Sheldon Memorial Art Gallery, University of Nebraska, Lincoln.

Grundierung der Wahrnehmung hier den Bereich künstlerischer Artefakte überschreitet. Die Erotik moderner Skulptur wird auf die niedrige Dingwelt ausgeweitet. Der zweite Unterschied hängt mit dem ersten zusammen und betrifft das spezifische Verhältnis von Produktion und Rezeption: Bei der Entstehung einer Ray Gun sind Produktions- und Rezeptionsakt nicht zu unterscheiden, sondern fallen gewissermaßen zusammen. Ein bestimmtes Objekt wird als Vexierbild wahrgenommen und indem es als dieses wahrgenommen wird, wird es zugleich als Ray Gun bestimmt: *Der Produktionsakt erschöpft sich in einem Akt der Rezeption – der Wahrnehmung eines Objektes als Ray Gun.*[521] Und dieser Akt zieht eben bestimmte Handlungen wie Sammeln, Archivieren und Präsentieren/Anordnen nach sich.

Wie sind nun Oldenburgs Konzept der ›Ray Gun‹ und das surrealistische Konzept des ›Objet trouvé‹ zueinander ins Verhältnis zu setzen? Da die Auswahl des betreffenden Dings aus dem gegebenen Dingspektrum nicht intentional verläuft und auch nicht rational begründet wird, versteht der Surrealismus das ›Objet trouvé‹ als eine *Zufallspraxis*. Das Objet trouvé kommt dadurch zustande, dass eine psychische Reaktion auf eine sinnliche Wahrnehmung erfolgt. Die Auswahl des betreffenden Objektes ist nicht dem Bewusstsein, sondern dem unbewussten Begehren des Akteurs zu verdanken. Dieses Interesse muss rätselhaft bleiben, weil das betreffende Objekt sonst entzaubert bzw. entschlüsselt wäre.[522] In Bretons Romanen *Nadja* und *L'Amour fou* sind es »altmodische, zerbrochene, unbrauchbare, fast unverständliche« Dinge[523], die im Halbdunkel, auf Flohmärkten oder in staubigen Regalen aufgefunden werden. In *Nadja* ist es ein halbzylindrischer Gegenstand, dessen Funktion sich zunächst entzieht, sowie ein Damenhandschuh, die für Breton zu Objekten des Begehrens werden.[524] In *L'Amour fou* übernehmen eine Metallmaske unbekannter Geschichte sowie ein Holzlöffel, an dessen Griff sich ein Frauenschuh abzeichnet,

---

521 Wie bereits erwähnt, konstatiert Lüthy, dass sich hierbei ein Umschlag von »Formlosigkeit« in »Form« bzw. von »formloser Materie« in ein »Artefakt« ereigne (ders., »Zwei Aspekte der Formdynamisierung in der Kunst der Moderne«, S. 185, 187). Mag dies aus poetologischer Perspektive Sinn ergeben, ist für den Wahrnehmungsprozess daran zu erinnern, dass auch Gegenstände, die nicht künstlerisch gestaltet wurden, eine Form haben. Die bloß negative Bestimmung der Objekte als formlos ergibt sich hier allein aus der impliziten Bezugnahme auf den Künstler. Siehe hierzu die allgemeine Kritik von Johannes Lang und mir in: Dies., »Formen des ›Kontingenten‹ in Land-Art und ökologischem Design«, S. 51ff.
522 Weiterführendes findet sich beispielsweise bei Kellerer, *Der Sprung ins Leere: Objet trouvé, Surrealismus*; Finkelstein, *Surrealism and the Crisis of the Object*; Foster, *Compulsive Beauty* oder Bürger, *Der französische Surrealismus. Studien zum Problem der avantgardistischen Literatur*.
523 Breton, *Nadja*, S. 49.
524 Vgl. ebd., S. 48ff.

diese Rolle.⁵²⁵ Die zufällige (Wieder-)Begegnung mit dem Objekt verbindet sich mit einer Erinnerung, die kurz an der Oberfläche auftaucht, um sofort wieder verloren zu gehen. Auf diese Weise sollen Traumerlebnisse und wirkliche Widerfahrnisse, Innen- und Außenwelt ununterscheidbar werden.

Nun ist der Forschung natürlich darin zuzustimmen, dass es sich auch bei den Ray Guns um Fundstücke handelt, die der Außenwelt entstammen und den Herumschweifenden über sein Begehren informieren. Hier enden aber die Ähnlichkeiten. Denn wenngleich Oldenburg seine Libido für eine veränderte Gegenstandswahrnehmung aktiviert, liegt der Unterschied zum Objet trouvé doch darin, dass die betreffenden Objekte hier ›Wunschbildern‹ nachgeben, die von erotischen Momenten durchsetzt sind. Gleich einem Rorschachtest werden durch die Freisetzung von Libido in den zerklüfteten Brocken organische Formen erkennbar, unbestimmte Andeutungen von Figürlichkeit, gleichsam die Vorformen von Beinen und Geschlechtsteilen.⁵²⁶ Auf diese Weise wird die Libido zu einem Energiereservoir, zu einer Quelle der Verlebendigung und Erwärmung, aber auch von Kälte und Gewalt. Während die Exponate des Mouse Museum über das Begehren der Gesellschaft Auskunft geben, steht hier eindeutig das Begehren des Künstlers (als Produzent der Ray Guns) im Mittelpunkt: Dieser wird über seine eigenen Wünsche, Konflikte und Abgründe informiert.

DIE REZEPTION DER RAY GUNS IM RAY GUN WING

Ich möchte nun auf die Situation im *Ray Gun Wing* eingehen. Die Objekte werden in sechs Tischvitrinen ausgestellt, auf die der Betrachter herabsieht. Der Umstand, dass sie in Gruppen angeordnet werden, bewirkt, dass sie verstärkt vergleichend, mit pendelndem Blick, betrachtet werden. Hierbei tritt an ihnen zunächst jene

---

525 Vgl. Breton, *L'Amour fou*, S. 34ff.
526 Bei einem projektiven Test wie dem Rorschachtest handelt es sich um eine psychologische Untersuchungsmethode, die anhand von auslegungsfähigem bzw. mehrdeutigem Bildmaterial Projektionen des Probanden abfragt, die über seine Psyche Auskunft geben sollen. Dahinter steht der Gedanke, dass diese Projektionen von Einstellungen, Motiven und innersten

Wünschen des Probanden beeinflusst sind und daher eine diagnostische Aussage zulassen. Vom Durchschnitt abweichende Bildinterpretationen weisen dabei insgesamt auf innere Konflikte oder Störungen der Persönlichkeit hin. Die Wahrnehmung von Geschlechtsorganen spielt hierbei eine wesentliche Rolle. Schwankende Wahrnehmungen deuten auf kognitive Probleme oder sogar auf Schizophrenie.

Rechtwinkligkeit hervor, die ihre Ähnlichkeit unterstreicht und ihre Zugehörigkeit zur Klasse der Ray Guns bestätigt. Unter diesem Blickwinkel nimmt der Rezipient Pistolen wahr, die sich zwar auf je unterschiedliche Weise ausprägen, sich aber letztendlich *ähnlich* sind. Andererseits können die Exponate aber auch stärker in ihrer formalen Eigenart wahrgenommen werden, wodurch sie zueinander in Kontrast treten. Unter diesem Blickwinkel zeigt sich, dass sie – im Unterschied zur Uniformität seriell hergestellter Spielzeugpistolen – sehr stark voneinander abweichen. Die vergleichende Betrachtung führt also in diesem Fall dazu, dass die Objekte als *singuläre Formen* in Erscheinung treten. So werden im Horizont der Unterschiede Übereinstimmungen deutlich, wie im Horizont der Übereinstimmungen Unterschiede hervortreten.[527]

Diese Spannung wird durch verschiedene Maßnahmen gefördert: Manche Ray Guns blicken nach links, während andere nach rechts schauen, wodurch die Feststellung von Ähnlichkeiten erschwert und die Gruppendisziplin immer wieder durchbrochen wird. Außerdem werden Objekte, bei denen die Qualifikation als Ray Gun ein Leichtes ist, mit Objekten zusammengebracht, bei denen dies erheblich schwerer fällt. Hierbei tritt die Winkligkeit mancher Objekte erst durch die Kopräsenz anderer Objekte der Gruppe in Erscheinung.[528] Wer hier die Ähnlichkeiten stark machen möchte, muss die Differenzierungsfähigkeit seines Blickes willentlich herabsetzen und eine Art künstliche Unschärfe erzeugen, welche die Objekte konturlos werden lässt. Zwischen der Einzigartigkeit und der Ähnlichkeit der Formen kommt es so zu einem Fluktuieren der Wahrnehmung, das die Objekte aus ihrer Erstarrung und Begrenzung befreit und zu einer sinnlichen Lebendigkeit führt.

Die zweite Spannung, die im *Ray Gun Wing* wirkmächtig erfahren wird, ist nicht die zwischen der Einzigartigkeit und Ähnlichkeit der ausgewählten Formen, sondern die zwischen der Selbst- und Fremdbezüglichkeit der Objekte, also der Material- bzw. Dingwahrnehmung einerseits und der Bildwahrnehmung andererseits. Denn die Objekte transformieren sich in der Wahrnehmung des Betrachters niemals vollends in Pistolen, Hoden, Phalli oder Beine, sondern ihre Dinglichkeit und Eigenmaterialität bleibt

---

527 Auch in diesem Kontext scheint mir nicht, wie Lüthy vorschlägt, die Spannung zwischen »Formlosigkeit« und »Form« bzw. »formloser Materie« und »Artefakt«, sondern eben die zwischen der ›Singularität‹ und der ›Ähnlichkeit‹ der Formen zutreffend.

528 Vgl. van Bruggen, *Claes Oldenburg: Mouse Museum/Ray Gun Wing*, S. 10, und Lüthy »Zwei Aspekte der Formdynamisierung in der Kunst der Moderne«, S. 187.

in der Wahrnehmung präsent, egal ob es sich um einen Gesteinsbrocken, verschmorte Plastikstücke oder metallischen Schrott handelt.[529] Dabei nimmt sich auch hier das Mäandern zwischen diesen beiden Aspekten von Objekt zu Objekt höchst unterschiedlich aus: Dann, wenn sich das wahrgenommene Ding einer sofortigen Wiedererkennung widersetzt, wird seine Transformation in eine Ray Gun erleichtert. Beispiele hierfür bieten gerade abstrakte Brocken oder zerstörte Dinge, nicht-identifizierbares ›Zeug‹ in verwittertem, versengtem oder verkohltem Zustand. Besonders beschwerlich, aber auch dramatisch, erscheint das Umschlagen eines Gegenstandes in eine Ray Gun dagegen dann, wenn dieser sofort zu identifizieren ist, was im *Ray Gun Wing* beispielsweise auf einen alten Handschuh oder einen verrosteten Wasserhahn zutrifft (Abb.92, 94). Gerade bei solchen widerständigen Objekten treten manifester Gegenstand und latentes Bild in eine lebhafte Konkurrenz: *Die Rezeption einer Ray Gun erscheint an dieser Stelle als ein aufwendiger Akt der Produktion*. Da aber alle versammelten Exponate, egal ob es sich um industriell fabrizierte Ray Guns, Spielzeugcolts, Süßigkeiten oder Gadgets handelt, jene futuristische High-Tech-Waffe nur darstellen, haben auch alle das gleiche Anrecht auf ihre Präsentation im *Ray Gun Wing*. Es kann eben nicht zwischen ›echten‹ und ›falschen‹, sondern nur zwischen ›gefügigen‹ und ›widerständigen‹ Ray Guns unterschieden werden.

DIE BEDEUTUNG DER RAY GUNS In der Einführung zu diesem Teil wurde die Bedeutung von Freuds Triebtheorie für Oldenburgs Kunst und für die Epoche, in der diese entsteht, angesprochen.[530] In einer späten Phase seines Denkens geht Freud von der Opposition zwischen Lebenstrieb (Eros) und Todestrieb (Thanatos) aus, wobei sich Letzterer als Aggressionstrieb nach außen wenden kann. In dieser metapsychologischen Phase werden die Triebe nicht mehr in Ausdrücken ihres Ursprungs und ihrer psychischen Funktion definiert, sondern im Sinne determinierender Kräfte oder Prinzipien, die kulturellen Prozessen die Richtung vorgeben:

---

529 Wie bereits erwähnt, spricht Lüthy in diesem Zusammenhang von einem »paradoxen Vorgang, bei dem sich die neue und die unveränderte Wahrnehmung des Objektes überlagern«. Ebd., S. 185.

530 Siehe S. 194ff. dieser Arbeit.

»D[er] Aggressionstrieb«, so resümiert Freud in *Das Unbehagen in der Kultur*, »ist der Abkömmling und Hauptvertreter des Todestriebes, den wir neben dem Eros gefunden haben, der sich mit ihm die Weltherrschaft teilt. Und nun, meine ich, ist uns der Sinn der Kulturentwicklung nicht mehr dunkel. Sie muss uns den Kampf zwischen Eros und Tod, Lebenstrieb und Destruktionstrieb zeigen, wie er sich an der Menschenart vollzieht. Dieser Kampf ist der wesentliche Inhalt des Lebens überhaupt, und darum ist die Kulturentwicklung kurzweg zu bezeichnen als der Lebenskampf der Menschenart.«[531]

Oldenburg entwickelt die Ray Guns in einer historischen Phase, in der, aufbauend auf Freuds Trieblehre, die Auffassung populär ist, dass das Anwachsen von Sadismus und Gewalt in der Politik und im öffentlichen Leben der USA der extremen Verdrängung der Sexualität zu verdanken sei. Ein populäres Beispiel hierfür bietet die bereits 1949 erschienene Publikation *Love & Death: A Study in Censorship* von Gershon Legman. Darin wird zum einen Kritik an der strengen Zensur von Sexualität geübt, zum anderen die Freizügigkeit gewalttätiger Darstellungen in den Massenmedien (unter anderem in Comics) angemahnt.[532] Freuds Antagonismus zwischen Eros und Thanatos bildet beispielsweise auch den weltanschaulichen Hintergrund für die Parole »make Love, not War« sowie für den Versuch der Hippies, den Krieg der USA gegen Vietnam mit den Orgasmus-Problemen der Regierungsvertreter zu erklären. Wie ebenfalls bereits zu Beginn dieses Teils angemerkt wurde, äußert auch Oldenburg: »The use of the Ray Gun which appears in my work is [...] a parallel to a symptom of America being obsessed with guns as deflected objects, penises [...]. And the Ray Gun Mfg. Co., actually is America, I mean I think of it sometimes as that.«[533]

So könnte das Gegen- und Ineinander von Sexualität und Gewalt, von Wärme- und Kälteempfindungen, das die ästhetische Erfahrung

---

531 Freud, »Das Unbehagen in der Kultur«, S. 249. Freud selbst hat immer wieder auf den spekulativen Charakter der Triebtheorie hingewiesen: »Die Trieblehre ist sozusagen unsere Mythologie. Die Triebe sind mythische Wesen, großartig in ihrer Unbestimmtheit. Wir können in unserer Arbeit keinen Augenblick von ihnen absehen und sind dabei nie sicher, sie scharf zu sehen.« Ders., »Neue Folge der Vorlesungen zur Einführung in die Psychoanalyse«, S. 529.
532 Siehe Legman, *Love & Death: A Study in Censorship*.
533 Zit. n. Freiman, *(Mind)ing The Store: Claes Oldenburg's Psychoaesthetics*, S. 196 (unpubl. Interview).

der Ray Guns prägt, als Sinnbild für den Widerstreit zwischen Eros und Thanatos dienen, von dem die US-amerikanische Gesellschaft (und, wie wir gesehen haben, auch der ›Produzent‹ der Ray Guns) gezeichnet ist. Denn auch Oldenburg betrachtet Sexual- und Destruktionstrieb als wesentliche und miteinander verwobene kulturelle Triebkräfte. Wie seine Skulptur *Lipstick (Acending) on Caterpillar Tracks* beweist, die 1969 im Auftrag der studentischen Colossal Keepsake Corporation auf dem Beinecke Plaza der Yale University errichtet wurde, schaltete er sich anlässlich des Vietnamkrieges kurzzeitig unmittelbar in die Tagespolitik ein. Auch diese Skulptur weist das Ineinander von erotisch-femininen und gewaltsam-maskulinen Momenten auf, das für die Erfahrung der Ray Guns entscheidend ist.[534]

DIE ERWEITERTE PRAXIS DES BILDES Abschließend möchte ich die Ergebnisse, die ich an den Objekten des *Mouse Museum* und des *Ray Gun Wing* gewonnen habe, nochmals auf ihre bildtheoretische Relevanz überprüfen.[535] Folgende Schlüsse lassen sich ziehen: In alltäglichen Kontexten ereignet sich die Praxis bildlichen Wahrnehmens gewöhnlich an Gegenständen, die für diese Praxis eigens geschaffen und optimiert wurden. Solche Gegenstände weisen beispielsweise prägnante Figur-Grund-Kontraste oder Außenkonturen auf, sie haben die richtige Größe, um deutlich wahrgenommen werden zu können, oder sind unten abgeflacht, damit man sie auf einen Sockel stellen kann. Mithin handelt es sich um Gegenstände, die die Evokation von Bildern in besonderer Weise forcieren. Sie sind für diese Praxis eigens gemacht und

---

[534] Genaueres hierzu siehe Dickel, *Claes Oldenburgs Lipstick (Ascending) on Caterpillar Tracks. Kunst im Kontext der Studentenbewegung*, und Williams, »Lipstick Ascending: Claes Oldenburg in New Haven in 1969«. Ellen H. Johnson, »Oldenburg's Poetics«, S. 44, schreibt: »The Yale lipstick monument is bot phallic, life-engendering, and a bomb, the harbinger of death. Male in form, it is female in subject; a two-inch object carried in every-woman's purse stretches twenty-four feet into the sky. This amusing conceit cloaks a sober truth which Oldenburg dwells on, the interchangeability of life (Eros) and death.«

[535] Ich möchte an dieser Stelle Lotte Everts und Michael Lüthy danken, deren Forschungsprojekt »Das Bild nach dem ›Ausstieg aus dem Bild‹« am Sonderforschungsbereich 626 der Freien Universität Berlin für diesen und den kommenden Abschnitt in verschiedener Hinsicht sehr anregend war. Eine Kurzbeschreibung des Forschungsprojektes, das eine performative Bildtheorie verfolgt und das Bildliche als ›Praxis‹ bzw. ›Handlung‹ begreift, ist im Internet unter http://www.sfb626.de/teilprojekte/a3/index.html einsehbar (Stand 08.10.2012). Auch die Publikation *Potential Images. Ambiguity and Indeterminacy in Modern Art* von Dario Gamboni war in diesem Kontext aufschlussreich.

für sie reserviert, man wird sie nur in Ausnahmesituationen einer anderen Praxis zuführen, beispielsweise zu Gebrauchsobjekten umfunktionieren.[536] Da das Bildsehen in alltäglichen Situationen weitgehend auf solche Gegenstände beschränkt ist – also auf Gegenstände wie Gemälde, Zeichnungen, Skulpturen, Fotografien und dergleichen – mag es so erscheinen, als stellten diese hierfür eine notwendige Bedingung dar.

Im *Mouse Museum*, aber auch im *Ray Gun Wing*, sind wir einer Vielzahl von Objekten begegnet, die dieser Gruppe von Gegenständen subsumierbar sind. In diesem Zusammenhang sind beispielsweise Puppenstühle oder Spielzeugpistolen, aber auch Aschenbecher in Herzform oder Messer aus Gummi zu nennen. Darüber hinausgehend habe ich jedoch festgestellt, dass sich die Wahrnehmung von Bildern hier auch an Gegenständen ereignet, die nicht für diese Praxis konzipiert wurden. Die Rede ist hier einerseits von den gewöhnlichen Gebrauchsgegenständen, die im *Mouse Museum* ausgestellt werden (Stromstecker, Kippen, Nägel, Teebeutel oder Wäscheklammern), und andererseits von den dysfunktionalen ›junk‹-Objekten, die im *Ray Gun Wing* versammelt sind. Bildhaftes Wahrnehmen dehnt sich also über den Bereich seiner üblichen Objekte hinaus aus. Objekte, mit denen im Alltag andere Praxen als diejenige des Bildsehens verbunden sind oder mit denen sich – wie im Falle von ›junk‹ – überhaupt keine Handlungsweisen verbinden, werden der Bildwahrnehmung zugeführt.

Wer oder was hat diese Entgrenzung bildlichen Wahrnehmens zu verantworten? Erstens ist der Künstler zu nennen, der die betreffenden Objekte durch Präsentation und Anordnung einer Umnutzung unterzogen hat, wobei der Verlust praktischer mit dem Gewinn ästhetischer Objektfunktionen einhergeht. Beispielsweise gelingt es ihm, durch geschickte Objektkonstellationen Bedingungen zu schaffen, die dem Rezipienten das Bildsehen erleichtern. Zweitens ist aber auch die besondere Mitarbeit des Rezipienten erforderlich. Im Unterschied etwa zur Wahrnehmung von Bildern im Kino – auf welches das *Mouse Museum* durch seine kameraartige Architektur und die filmstreifenartigen Vitrinen dezidiert hinweist – muss deren Erscheinen und Fluktuieren in einem ungleich höheren Maße durch die perzeptiven und imaginativen Leistungen des Betrachters veranlasst werden. Die Rezeption eines Bildes wird zu einem aufwendigen Akt der Produktion, auf den der Betrachter bewusst reflektiert.

---

536 Man denke hier beispielsweise an Marcel Duchamps Vorschlag, einen Rembrandt als Bügelbrett zu verwenden.

Es ist aber nicht nur auf die Leistungen von Künstler und Rezipient, sondern auch auf die besondere Beschaffenheit der betreffenden Gegenstände als notwendige Voraussetzung bildlichen Wahrnehmens hinzuweisen. So handelt es sich zwar um Gegenstände, die sich für die Praxis des Bildlichen weniger gut eignen als hierfür optimierte Gegenstände, die also die Praxis des Bildsehens nicht in besonderer Weise forcieren, die aber die Wahrnehmung bestimmter, nämlich im weitesten Sinne anthropomorpher und erotischer Bilder zulassen, weswegen nicht jedes x-beliebige Objekt für das *Mouse Museum* oder den *Ray Gun Wing* infrage kommt. Zwar führt das Erscheinen des Bildes nicht zu einer völligen Immaterialisierung des Gegenstandes, tritt die Materialität des Dings also nicht komplett hinter die Bildwahrnehmung zurück, doch handelt es sich eben um Objekte, die grundsätzlich solches Darstellungspotential aufweisen, was bei Weitem nicht auf alle Objekte der alltäglichen Lebenswelt zutrifft. *Es handelt sich hier also um eine grundsätzlich Potenz bestimmter Objekte, die aber erst durch den Wechsel der Praxis zum Vorschein kommt.* Oldenburg geht es gerade auch darum, diese Bildhaftigkeit als eine Eigenschaft der Dinge bewusst zu machen. Wohl daher betont er deren besondere Kraft: »I want people to get accustomed to recognizing the power of objects, a didactic aim.«[537]

---

[537] Oldenburg, *Store Days*, S. 48.

4. DIE SITUATIVE ENTGRENZUNG DER ERWEITERTEN PRAXIS DES BILDES

GRUNDLEGENDES In diesem abschließenden Kapitel zu Oldenburg möchte ich darstellen, wie die Wahrnehmung des Betrachters durch Oldenburgs Arbeiten so geschult wird, dass sich die erweiterte Praxis des Bildes auch an Objekten und Objektzusammenhängen in lebensweltlichen Kontexten ereignen kann. Oldenburg, so die These, ›präpariert‹ die Wahrnehmung der Rezipienten so, dass außerhalb von Werkzusammenhängen Situationen entstehen, in denen alltägliche und kunstspezifische Wahrnehmungsweisen zu konkurrieren beginnen. Nachdem ich beschrieben habe, wodurch solche Wahrnehmungsweisen von Oldenburg gefördert werden, möchte ich versuchen, diesbezüglich zu einer historischen Einordnung zu gelangen. Abschließend stelle ich dann heraus, inwiefern sich damit das Zusammenspiel zwischen Künstler, Rezipienten und Objekten ein weiteres Mal verändert hat.

Die Beobachtung, dass Oldenburgs Kunstpraxis von analogischen Denkweisen geprägt ist und seine Plastiken formale Ähnlichkeiten zwischen unterschiedlichsten Gegenständen hervortreten lassen, zieht sich seit Ende der 1960er Jahre quer durch die Forschung. 1967 bemerkt Max Kozloff: »[E]verything in Oldenburg takes the form of maximum, monstrous equivalence.«[538] 1970 stellt Rose »metamorphische Objekte«, »Analogien der Form«, »Anthropomorphismen«, »Gleichsetzungen« und »morphologische Ähnlichkeiten« fest, die sie folgendermaßen erläutert: »The problem for an artist of Oldenburg's vast appetites was to find a means of

---

[538] Kozloff, »The Poetics of Softness«, S. 228.

absorbing the sensible world into a totality and an integrated unity. [...] In order to encompass a total world view, therefore, Oldenburg had to look outside the accepted boundaries of ›civilized‹ thought. [...] By adopting for himself an imaginary system of kinships, Oldenburg too links man and man-made objects to nature and succeeds in achieving an all-inclusive world view.«[539] Im selben Jahr verweist Johnson auf vielfältige »Interferenzen« und »formale Korrespondenzen«: »By repeating, combining, modifying and changing the position of his formal constants, and by stressing their affinity, widely divergent things are made to ›rhyme‹ with each other. [...] Oldenburg is unique in his obsessive concern with the formal correspondences which he can find or establish between otherwise totally unlike objects; and his studio notes abound in references to such equivalents [...]. Hundreds of similar analogues occur throughout Oldenburg's notebooks [...]«.[540] 2002 bemerkt Lüthy einen »›unförmigen‹ Universalismus, der alles mit allem in Beziehung setzt [...]«[541]. 2009 äußert er, dass das »Herstellen von Vergleichen« respektive »das *Ray-Gun*-Prinzip« so »zentrifugal« sei, dass es auf die gesamte Welt ausgreife: »Die Ordnung der *Ray Guns*«, so Lüthy, »schlägt in eine Anti-Ordnung um.«[542]

Offensichtlich werden also inhaltlich weitgehend übereinstimmende Beobachtungen in variierende Begriffe und Formulierungen gefasst, wobei sich viele weitere Autoren in diesem Zusammenhang anführen ließen. Die Richtung der Interpretation wird dabei schon von Oldenburg selbst vorgegeben, der sich hierzu ebenfalls in zahlreichen Schriften und Interviews äußert. In einem Gespräch mit Friedrich Teja Bach antwortet er diesem: »Ich nehme oft zwei Formen, um zu zeigen, daß sie ein und dieselbe Form, ein und dieselbe Struktur sind. Sie mögen in verschiedener Weise gebraucht werden und aus verschiedenen Zeiten stammen. Was ich zu zeigen versuche ist, daß sie ihrer Natur nach strukturell verwandt sind; das ist es was ich mit ›Natur‹ meine.«[543] Johnson wiederum gibt einen mündlichen Ausspruch Oldenburgs wieder: »I've just made a game of what every artist concerned with universal structure does.«[544] Bei Rose schließlich wird Oldenburg folgendermaßen zitiert: »The reference through

---

539 Rose, *Claes Oldenburg*, S. 154, 169, 170, 171 (alle Übersetzungen von mir) und S. 169f.
540 Johnson, »Oldenburg's Poetics«, alle Zitate auf S. 42.
541 Lüthy, »Das Konsumgut in der Kunstwelt – Zur Para-Ökonomie der amerikanischen Pop Art«, S. 149.

542 Lüthy, »Zwei Aspekte der Formdynamisierung in der Kunst der Moderne«, S. 184.
543 Bach, »Interview mit Claes Oldenburg«, S. 4.
544 Johnson, »Oldenburg's Poetics«, S. 42. (Das Zitat geht auf ein persönliches Gespräch der Autorin mit Oldenburg im September 1969 zurück.)

similarities in structure of one object to another is [...] a statement about the unity of nature.«[545]

Die Beobachtungen, die von der Oldenburg-Forschung geschildert werden, lassen sich auch an den hier behandelten Environments machen: So treten beispielsweise an den Plastiken von *The Store*, befördert durch ihre räumliche Anordnung, vielfältige Korrespondenzen zutage wie beispielsweise zwischen Armen, Ziffern und Griffen (Abb.100–102) oder zwischen Reifenfragment und Pelzjacke (Abb.103–104). Diese Korrespondenzen führen nicht nur dazu, dass die einzelnen Objekte in formaler Hinsicht verklammert werden, sondern sie erzeugen, da sie nun verschieden ausgelegt werden können, schwankende Identifizierungen: Der Arm kann nun auch als Sieben aufgefasst werden, während die Sieben nun auch als Arm wahrnehmbar ist. So beginnen instabile Verweisungen anarchisch zu wuchern und die ›Ordnung‹ der Dinge zu durchkreuzen: ›Arm up‹ statt ›7 up‹, ›Gummijacke‹ statt ›Pelzjacke‹ usw. Auch zwischen den Exponaten des *Mouse Museum* lassen sich viele solcher Verwandtschaften entdecken.

DIE KÜNSTLERSEITIGE FÖRDERUNG DES BILDSEHENS IN GEGEBENEN KONTEXTEN

Wodurch wird nun aber – wie ich behaupte – der Rezipient dazu animiert, solche Wahrnehmungsweisen auch dann an Gegenständen zu praktizieren, wenn er sich außerhalb von Werkzusammenhängen bewegt? Weswegen können sie auch in der alltäglichen Lebenswelt wirksam werden? Hierfür scheint mir erstens der Umstand verantwortlich zu sein, dass bei Oldenburg zwischen den Objekten innerhalb und außerhalb der Kunst in manchen Teilen kein formaler Unterschied mehr besteht: Der Transfer alltäglicher, das heißt, massenhaft verbreiteter Objekte in den Werkzusammenhang zieht fast zwangsläufig die Entgrenzung kunstspezifischer Wahrnehmungsweisen auf alltägliche Situationen fern des Museums nach sich. Gefördert wird dies aber zweitens auch durch zahlreiche Zeichnungen, Texte und Fotografien, die den Bereich möglicher Objekte extrem erweitern und die betreffenden Wahrnehmungsweisen gerade auch auf solche Gegenstände ausdehnen, die sich – aus verschiedenen Gründen – nicht in den Werkzusammenhang integrieren lassen.

---

545 Rose, *Claes Oldenburg*, S. 65.

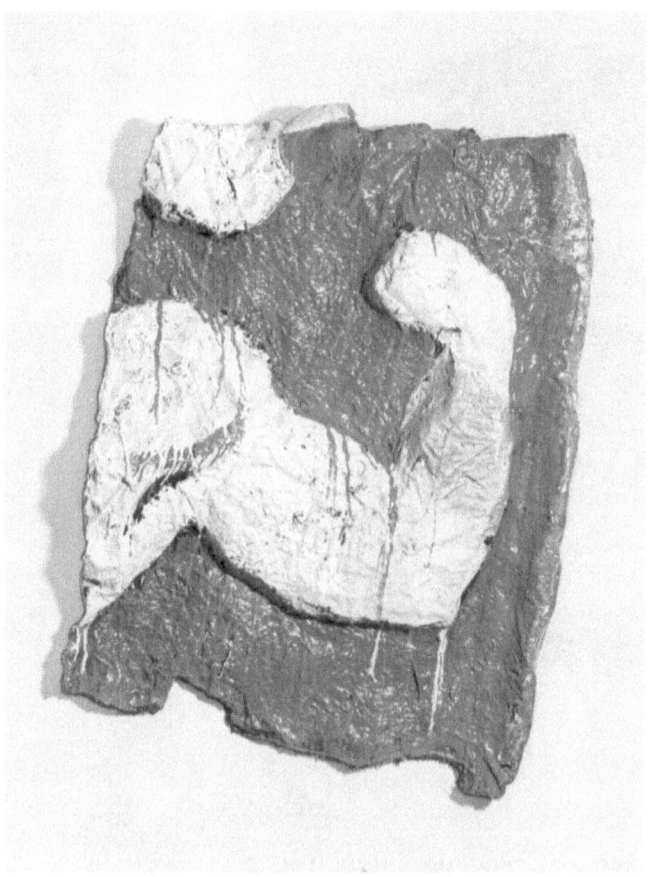

100. *Strong Arm*, 1961, Musselin und Gips über Maschendraht, Lackbemalung, 105 × 836 × 15 cm, Privatsammlung.

Beispiele für Erfahrungsweisen, die insbesondere für das *Mouse Museum* typisch sind, aber an Gegenständen exemplifiziert werden, die nicht in den Werkzusammenhang integriert werden können, bieten zahlreiche Zeichnungen und Collagen, auf denen etwa Menschen, Hochhäuser oder Wolken zu sehen sind. Daneben listet Oldenburg in vielen veröffentlichten Texten Klassen von Gegenständen, die einander ähnlich sind, auf (Abb.105). In solchen Listen werden nicht zuletzt auch bewegte, ephemere, mikrokosmische und makrokosmische Gegenstände angeführt. Nicht nur nehmen Dinge anthropomorphe Züge an, sondern – und dies erzeugt einen überraschenden Umkehreffekt – menschliche Körperteile mutieren zu dinglichen Formen. Man wird dazu aufgefordert, Münder als Hamburger

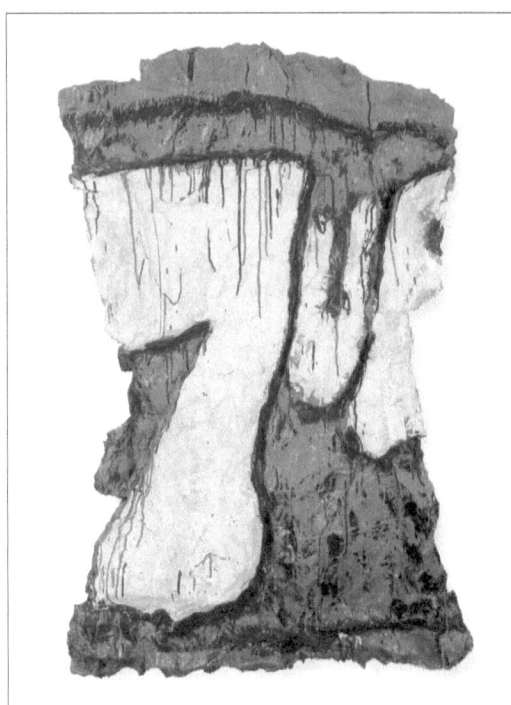

101. *7-Up*, 1961, Musselin und Gips über Maschendraht, Lack, 141 × 100 × 14 cm, Smithsonian Institution, Washington D.C.

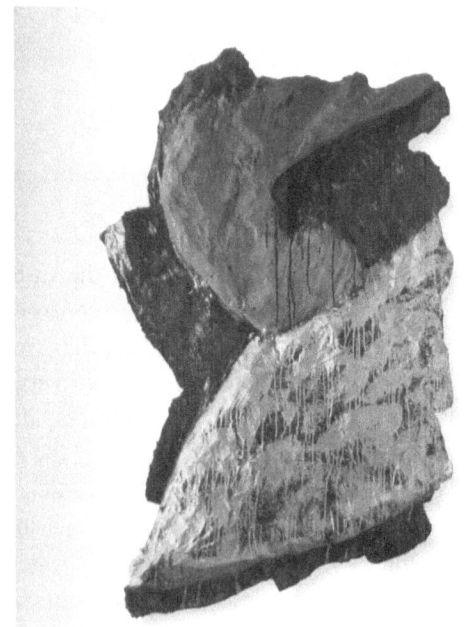

102. *Iron Fragment*, 1961, Musselin und Gips über Maschendraht, Lack, 168 × 112 × 21 cm, Chrysler Museum, Norfolk.

103. *Auto Tire with Fragment of Price*, 1961, Musselin und Gips über Maschendraht, Lack, 125 × 122 × 18 cm, Musée national d'Art moderne, Centre Georges Pompidou, Paris.

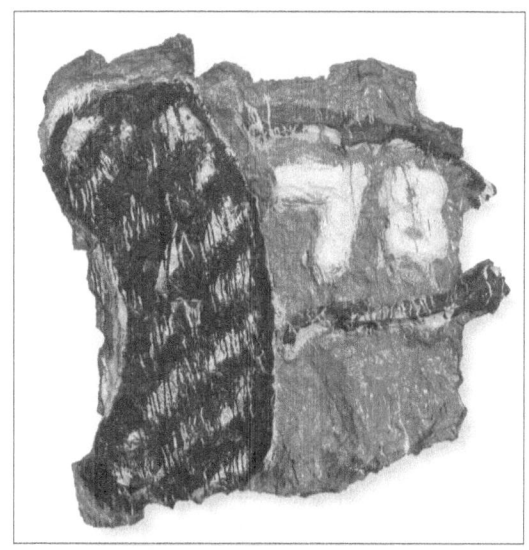

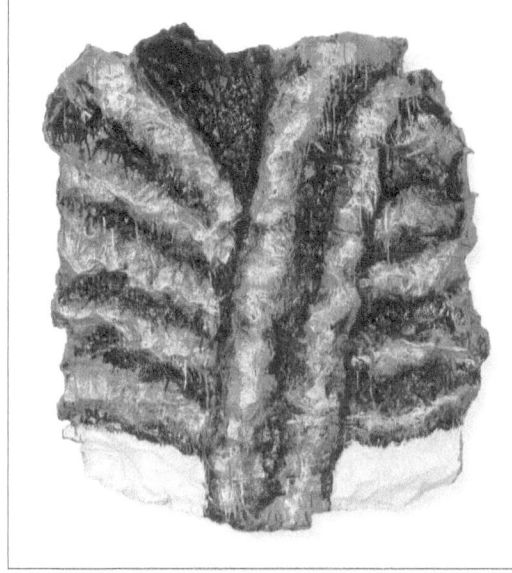

104. *Fur Jacket with White Gloves*, 1961, Musselin und Gips über Maschendraht, Lack, 101 × 98 × 15 cm, Kunstmuseum Basel.

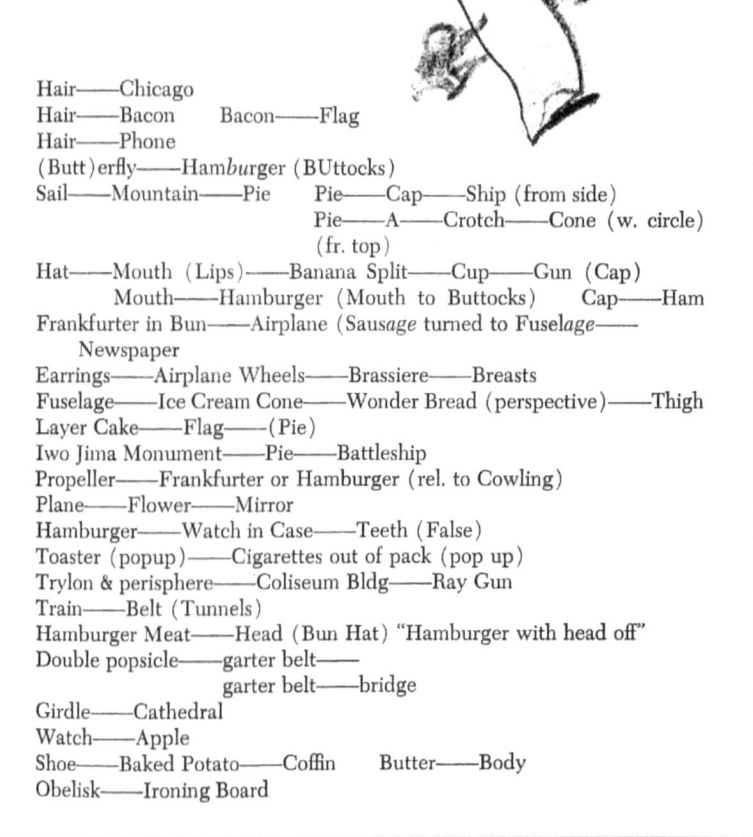

```
Hair——Chicago
Hair——Bacon      Bacon——Flag
Hair——Phone
(Butt)erfly——Hamburger (BUttocks)
Sail——Mountain——Pie      Pie——Cap——Ship (from side)
                         Pie——A——Crotch——Cone (w. circle)
                         (fr. top)
Hat——Mouth (Lips)——Banana Split——Cup——Gun (Cap)
        Mouth——Hamburger (Mouth to Buttocks)     Cap——Ham
Frankfurter in Bun——Airplane (Sausage turned to Fuselage——
   Newspaper
Earrings——Airplane Wheels——Brassiere——Breasts
Fuselage——Ice Cream Cone——Wonder Bread (perspective)——Thigh
Layer Cake——Flag——(Pie)
Iwo Jima Monument——Pie——Battleship
Propeller——Frankfurter or Hamburger (rel. to Cowling)
Plane——Flower——Mirror
Hamburger——Watch in Case——Teeth (False)
Toaster (popup)——Cigarettes out of pack (pop up)
Trylon & perisphere——Coliseum Bldg——Ray Gun
Train——Belt (Tunnels)
Hamburger Meat——Head (Bun Hat) "Hamburger with head off"
Double popsicle——garter belt
                garter belt——bridge
Girdle——Cathedral
Watch——Apple
Shoe——Baked Potato——Coffin    Butter——Body
Obelisk——Ironing Board
```

105. Seite aus Oldenburg, *Store Days*.

wahrzunehmen, Haare als (durchwachsenen) Speck, Beine als Pommes frites, küssende Paare als Wäscheklammern oder ferne Gestalten als rostige Nägel.[546]

Auch die Expansion von Wahrnehmungsweisen, die sich mit dem *Ray Gun Wing* in Verbindung bringen lassen, wird durch verschiedene Medien gefördert. Auf die Fotografien, die innerhalb der Sammlung gefundener Objekte im *Ray Gun Wing* ausgestellt werden und Ray Guns zeigen, die für den Transport zu fragil waren oder nicht bewegt werden konnten

---

[546] Hierzu schreibt Celant: »Und in diesem Verleihen, dieser Übergabe unseres Selbst an das Ding, werden wir anorganisch und das Objekt menschlich.« Ders., »Claes Oldenburg und das Gefühl der Dinge«, S. 18.

– Pfützen, Abdrücke im Asphalt und dergleichen – und die auf diese Weise dezidiert auf den urbanen Raum verweisen, habe ich bereits hingewiesen.[547] Ein weiteres Beispiel bietet eine Zeichnung von 1979, die gegenüber den zweischenkligen Objekten im *Ray Gun Wing* auch drei- und mehrschenklige Objekte berücksichtigt (Abb.106). Arme und Beine stellen ›einfache‹ Ray Guns dar, während Regenschirme, Ventilatoren oder Flugzeuge zu ›doppelten‹ Ray Guns werden, weil in deren Formen der rechte Winkel gleich zweimal auftritt. Zur Gruppe der ›komplexen‹ und ›absurden‹ Ray Guns gehören schließlich unter anderem Außenbordmotoren, Stühle und Betten, weil sich in ihnen der rechte Winkel und damit die Ray Gun sogar mehr als zweimal zu erkennen gibt.[548] Auch solche Zeichnungen dehnen

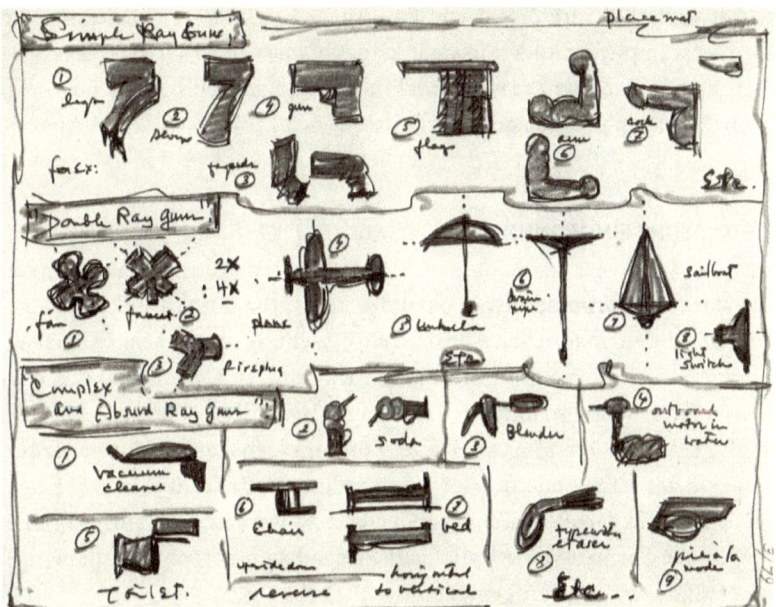

106. *Simple, Double, Complex and Absurd Ray Guns* (Notizbuchseite), Filzschreiber auf Papier, 28 × 22 cm, im Besitz des Künstlers.

---

547 Siehe S. 269 dieser Arbeit.
548 Die Zeichnung geht auf eine Aufzählung zurück, die in *Store Days* abgedruckt wurde (Oldenburg, *Store Days*, S. 44). Siehe hierzu auch van Bruggen, *Claes Oldenburg: Mouse Museum/Ray Gun Wing*, S. 24; Legge, *Museen der anderen ›Art‹. Künstlermuseen als Versuche einer alternativen Museumspraxis*, S. 142f. und Lüthy, »Zwei Aspekte der Formdynamisierung in der Kunst der Moderne«, S. 184, wo sich eine eingehendere Analyse der Zeichnung findet. Lüthy konstatiert in diesem Zusammenhang eine »massive Erweiterung des Objektbereichs« (ebd.).

nicht nur den Objektbereich massiv aus, sondern sie dehnen den Objektbereich massiv gerade auch auf solche Gegenstände aus, die nicht innerhalb des Werkzusammenhangs gezeigt werden können. Lassen wir uns in alltäglichen Situationen auf das Spiel des Ray Gun-Sehens ein, fangen sie sofort in erschreckendem Ausmaß zu wuchern an.

Dies bedeutet, dass wir dieselben Objekte ästhetisch erfahren, mit denen wir in anderen Situationen praktisch umgehen. Die Praxis der bildhaften Wahrnehmung von Gegenständen ereignet sich in solchen Situationen an denselben Gegenständen, die wir auch in alltäglichen Situationen vorfinden, was beispielsweise über Marcel Duchamps Konzept des Readymade hinausgeht. Eine Dachrinne etwa, der man auf dem täglichen Weg zur Arbeit begegnet und die dann als hängendes Glied erscheinen kann, erfüllt weiterhin ihre praktische Funktion, Regenwasser abzuleiten. Für die Kunst impliziert dies: Sie stellt keinen *Objekt- oder Orts*wechsel, sondern nur noch einen *Praxis*wechsel dar. Im Folgenden möchte ich diese Beobachtungen in einen größeren historischen Zusammenhang stellen.[549]

HISTORISCHE EINORDNUNG   In *Die Ordnung der Dinge* hat Michael Foucault nachgezeichnet, wie stark die vormoderne abendländische Kultur durch Denkweisen geprägt ist, die auf magischen Ähnlichkeitsbeziehungen beruhen.[550] Foucault zufolge ist ›Ähnlichkeit‹ (›similitude‹) nicht einfach Gegenstand der Wissenschaft, sondern strukturiert und organisiert deren Formen, Ansätze, Methoden und Operationen. Diese ›Episteme der Ähnlichkeit‹ hatte für Foucault bis zum Ende des 16. Jahrhunderts Bestand, um in der Folgezeit durch die der ›Repräsentation‹ ersetzt zu werden. Foucault hebt vier universelle Formen von Ähnlichkeitsbeziehungen hervor, die alle Dinge miteinander in Beziehung setzen:

Erstens die Ähnlichkeit durch Berührung und Ineinander-Übergehen der Formen (›convenientia‹). Hier handelt es sich um einen Begriff, durch den die Ähnlichkeit räumlich, nämlich durch unmittelbare Nachbarschaft, begründet wird und den man auch mit ›Ununterscheidbarkeit‹

---

[549] Dies ist bisher meines Achtens noch nicht unternommen worden. Lediglich Legge, *Museen der anderen ›Art‹. Künstlermuseen als Versuche einer alternativen Museumspraxis*, S. 139, weist in diesem Zusammenhang auf das »Analogiedenken in der Renaissance« hin.

[550] Foucault, *Die Ordnung der Dinge. Eine Archäologie der Humanwissenschaften*, S. 46ff.

übersetzen könnte. Sie liegt vor, wenn Formen nicht mehr klar voneinander abgrenzbar sind, wenn sie einen organischen Zusammenhang bilden, wenn sie sich vermischen und die Konturen einer Form zugleich die einer anderen bezeichnen. In diesem Fall fügen sich die betreffenden Formen für Foucault zu einer Art Kette zusammen: »In jedem Berührungspunkt beginnt und endet ein Ring, der dem vorangehenden und dem folgenden ähnelt.«[551] Die zweite Form der Ähnlichkeit ist die ›aemulatio‹, die nicht auf direkter Nachbarschaft gründet, sondern auf Verdopplung oder Widerschein der Formen aus der Ferne. Die Formen korrespondieren, *ohne* miteinander verkettet zu sein.[552] Die dritte und letzte hier relevante Form der Ähnlichkeit zwischen Objekten ist die der ›analogia‹, also Ähnlichkeit durch gleiche Maßverhältnisse und Proportionen.[553] Die ›analogia‹ ist eine Weise des Erkennens des Ähnlichen im Verschiedenen, in dem sich für Foucault ›convenientia‹ und ›aemulatio‹ überlagern. Wie die ›aemulatio‹ stellt die ›analogia‹ das Aufscheinen von Ähnlichkeiten über weite Entfernungen sicher, doch wie die ›convenientia‹ spricht sie auch von »Anpassungen, Verbindungen und von einem Gelenk«[554]. Ihre »Kraft« sei immens, denn die diese Form der Ähnlichkeit gehe nicht auf die Dinge selbst, sondern auf mathematische Verhältnisse zurück. Dadurch könne sie eine unbeschränkte Zahl von Verwandtschaften herstellen. Nach Foucault gibt es in diesem Kosmos einen privilegierten Punkt, den der Mensch einnimmt:

> »Er steht in einer Proportion zum Himmel wie zu den Tieren und den Pflanzen, zur Erde, den Metallen, den Stalaktiten oder den Gewittern. [...] Sein Fleisch ist eine Scholle, seine Knochen sind Felsen, seine Adern große Flüsse. Seine Harnblase ist das Meer, und seine sieben wichtigsten Glieder sind die sieben in der Tiefe der Minen verborgenen Metalle. [...] Der Raum der Analogien ist im Grunde genommen ein Raum der Strahlungen. Von allen Seiten wird der Mensch davon betroffen, aber dieser gleiche Mensch vermittelt umgekehrt die Ähnlichkeiten, die er von der Welt erhält. Er ist der große Herd der Proportionen, das Zentrum, auf das die Beziehungen sich stützen und von dem sie erneut reflektiert werden.«[555]

---

551 Ebd., S. 48.
552 Vgl. ebd., 48ff.
553 Vgl. ebd., S. 50ff.
554 Ebd., S. 51.

555 Ebd., S. 51ff.

Im Prinzip lassen sich bei den Arbeiten Oldenburgs, die wir untersucht haben, alle drei beschriebenen Ähnlichkeitsformen nachweisen: So zeigt sich Ähnlichkeit als ›convenientia‹ beispielsweise an den Wandreliefs von *The Store*, die sich, wie wir gesehen haben, zu einer riesigen übergeordneten Textur zusammenschließen, was insbesondere durch ihre einheitliche Oberflächenbeschaffenheit und ihre überlappenden und verfransenden Konturen gefördert wird.[556] Jedoch spielt dieses Prinzip bei Oldenburg in der Folgezeit keine Rolle mehr und kam daher im weiteren Verlauf der Argumentation nicht mehr zur Sprache. Entscheidender schienen mir dagegen die beiden letzten Paradigmen zu sein: ›aemulatio‹ – die Herstellung formaler Beleihungen zwischen Mensch und Ding – sowie ›analogia‹ – das geometrische Maßverhältnis des rechten Winkels. Somit lassen sich die zwei von Oldenburg entwickelten Form- bzw. Wahrnehmungsmuster mit Foucaults Taxonomie der Ähnlichkeit in Zusammenhang bringen.

Wenn wir Foucault folgen, wird die Organisation der Wahrnehmung und des Denkens durch Ähnlichkeitsrelationen in der Moderne als irrational betrachtet und daher verabschiedet. Allerdings klammert Foucault aus, dass die betreffenden Denk- und Wahrnehmungsweisen in der Psychologie der Moderne insgeheim durchaus fortleben: So können sie schon im 19. Jahrhundert zu einem Gegenstand der Traumforschung werden, etwa wenn Léon d'Hervey de Saint-Denys 1867 die formale Ähnlichkeit von Gegenständen als einen Modus der Assoziation von Gedanken in Träumen beschreibt.[557] Wenig später erkennt Bernard Perez die Eigenart und Leistung kindlicher Wahrnehmung darin, dass diese Analogien und Vergleiche zwischen den Dingen der Gegenstandswelt herstellt.[558]

Auch Walter Benjamin konzipiert eine weit zurückreichende onto- und phylogenetische Spur des analogischen Sehens. Die natürlichen Korrespondenzen fungieren als »Stimulantien und Erwecker jenes mimetischen Vermögens [...], welches im Menschen ihnen Antwort gibt«[559]. Er nimmt einen längst vergangenen Zustand an, in dem magische Korrespondenz-Erfahrungen einen anderen Stellenwert hatten als in der Moderne. Während Kinder nach wie vor solchen Erfahrens fähig sind, enthält die Welt des erwachsenen Menschen »von jenen magischen Korrespondenzen

---

556 Siehe S. 236 dieser Arbeit.
557 Vgl. Gamboni, *Potential Images. Ambiguity and Indeterminacy in Modern Art*, S. 187 (Gamboni bezieht sich hier auf Léon d'Hervey de Saint-Denys, *Les rêves et les moyens de les diriger: Observations pratiques*, Paris 1867).
558 Vgl. ebd., S. 195 (Gamboni bezieht sich hier auf Bernard Perez, *Le psychologie de l'enfant, l'art et la poésie chez l'enfant*, Paris 1988).
559 Benjamin, »Lehre vom Ähnlichen«, S. 205.

und Analogien, welche den alten Völkern geläufig waren, nur noch geringe Rückstände«[560]. Analogisches Sehen wird also von verschiedensten Autoren als ein angeborenes Vermögen verstanden, das sich sowohl in phylo- als auch in ontogenetischer Hinsicht einst frei entfalten konnte, bevor es an die Zügel genommen wurde und durch die Entwicklung des sezierenden und trennenden Verstandes verkümmerte. Es ist aber nach wie vor im Bereich des individuellen Unbewussten verankert.

Ein Überleben magischer Korrespondenz-Erfahrungen gewährt in der Moderne allerdings nicht nur der Träumende oder das Kind, sondern auch die Kunst. Im 20. Jahrhundert beschwören beispielsweise symbolistische und surrealistische Maler, die sich an kindlichen und onirischen Wahrnehmungsweisen orientieren, Welten herauf, die von magischen Ähnlichkeitsbeziehungen durchsetzt sind. Ein Beispiel hierfür bietet das Gemälde *Bannmeile der paranoia-kritischen Stadt* von Dalí (Abb.107). Auf diesem entspricht ein Mauerausschnitt der Form des Glockenturmes, zugleich finden sich die Konturen eines seilhüpfenden Mädchens in der Form der Glocke sowie eines Schlüsselloches wieder. Es deuten sich geheime Zusammenhänge an, die dem Ort etwas Traumhaftes verleihen. Auch hier gründet Ähnlichkeit nicht auf direkten Übergängen, sondern auf Verdopplung, Reflex oder Widerschein aus der Ferne.[561]

Im Gegensatz zu der von Oldenburg initiierten Entgrenzung solcher Wahrnehmungsweisen ist die Eigenart von Dalís Gemälden aber eben darin zu sehen, dass sie die Emphase von Ähnlichkeitsbeziehungen auf den in sich geschlossenen Bildzusammenhang beschränken. Bildrealität und Alltagsrealität werden nicht verschliffen, sondern bewusst in einen Gegensatz gebracht. Vor diesem Hintergrund lässt sich resümieren, dass erst die von Oldenburg initiierte Entgrenzung solcher Wahrnehmungsweisen darauf abzielt, »die Magie, die dem Universum innewohnt«[562], wiederherzustellen.

---

[560] Benjamin, »Über das mimetische Vermögen«, S. 211.
[561] In *Der Surrealismus und die Malerei*, S. 206, schreibt Breton: »Das Auge kann doch letztlich nicht dazu geschaffen sein, eine Bestandsaufnahme zu machen wie das der Gerichtsvollzieher [...]. Es ist vielmehr dazu geschaffen, Grundmuster zu entwerfen, die dem Ansehen nach verschiedenartigsten Dinge mit einem Leitfaden zu verbinden. [...] Diese Beziehungen werden ständig durch die falschen Gesetze des konventionellen Nebeneinanders verdeckt – zu der Birne gesellt sich in der Obstschale gewöhnlich ein Apfel – wie auch durch die wissenschaftliche Einordnung, die rücksichtslos den Hummer und die Spinne in denselben Topf steckt. Der Schlüssel zum Gefängnis des Geistes kann nur gefunden werden, wenn man mit allen diesen lächerlichen Arten der Erkenntnis bricht: er findet sich im freien und unbegrenzten Spiel der Analogien.«
[562] Oldenburg, *Store Days*, S. 60 (»the magic inherent in the universe«).

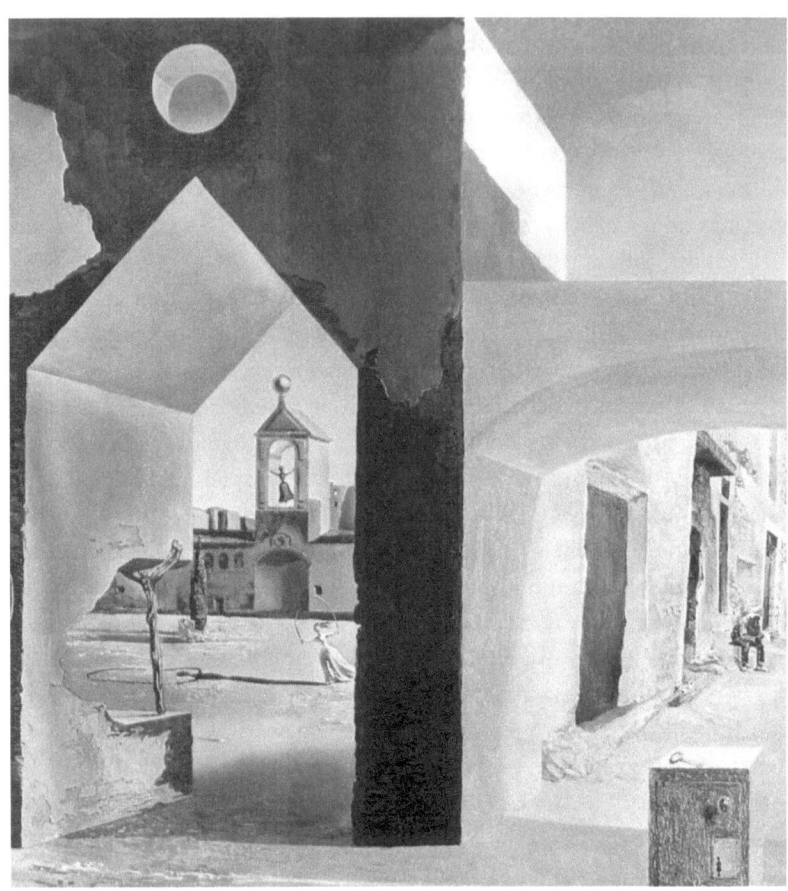

107. Salvador Dalí, *Bannmeile der paranoia-kritischen Stadt, Nachmittag am Saum der europäischen Geschichte*, 1936, Öl auf Holz, 46 × 66 cm, Privatsammlung.

KONSEQUENZEN FÜR DAS ZUSAMMENSPIEL VON KÜNSTLER, REZIPIENTEN UND OBJEKTEN

Wie ist nun das Zusammenspiel zwischen dem Künstler, den Rezipienten und den Objekten in Situationen zu fassen, in denen sich die erweiterte Praxis des Bildes auf alltägliche Kontexte erstreckt? Was hat sich gegenüber der erweiterten Praxis des Bildes im *Mouse Museum* oder im *Ray Gun Wing* verändert?

Ich habe geäußert, dass in *Mouse Museum/Ray Gun Wing* die Bedingungen der Wahrnehmung von Bildern durch künstlerische Vorkehrungen wie Objektauswahl und Objektanordnung begünstigt werden. Dagegen ist in alltäglichen Kontexten festzustellen, dass die Umnutzung bzw. Umfunktionalisierung des betreffenden Objektes seitens des Künstlers nicht mehr gegeben ist. Hieraus könnte man nun voreilig den Schluss ziehen, dass der Künstler obsolet geworden sei. Büßt er also in solchen Situationen sämtliche Funktionen ein? Beileibe nicht. In zweierlei Hinsicht ist der Einfluss des Künstlers weiterhin entscheidend: erstens im Hinblick auf die Auswahl von Wahrnehmungsobjekten, die er durch die Festlegung bestimmter *Objektklassen* eingrenzt. So bestimmt er zwar nicht mehr einzelne Objekte, aber eben doch die Klassen, die geeignet sind, erotische Bilder heraufzubeschwören: Hydranten, Regenrinnen, Küchenrührgeräte usw. Zweitens ist das, was an diesen Objekten in Erscheinung tritt, nicht beliebig, sondern vom Künstler vorbestimmt: Brüste, Schwänze, Hoden usw. Die Objekte sollen nicht unter einem beliebigen Aspekt, sondern auf ganz bestimmte Arten wahrgenommen werden. Oder anders formuliert: Der Künstler kontrolliert zwar nicht die Objekte selbst, aber doch die Weise, auf die sie erfahren werden. Was in Erscheinung tritt, bewahrt so unverkennbar die Signatur Oldenburgs.

Wie ist nun aber in diesem Zusammenhang die Leistung des Betrachters zu beschreiben? Sie liegt in solchen Situationen nicht nur in der Wahrnehmung von Bildern, sondern der Betrachter hat – eben weil die betreffenden Objekte nicht mehr künstlerseitig vorselektiert, umgenutzt und angeordnet werden – für diesen Akt der Wahrnehmung überhaupt erst geeignete Objekte zu finden. Der Rezipient erfährt sich als einer, der für die Auswahl der Träger *und* die Hervorbringung von Ähnlichkeiten verantwortlich ist. Hierbei wechseln sich Auswählen und Hervorbringen nicht ab, sondern fallen gewissermaßen zusammen.

Nicht zuletzt ist wiederum auf das Objekt zu verweisen, das dafür geeignet sein muss, das betreffende Bild zu evozieren. Das in Erscheinung tretende Bild ist eben das Produkt eines performativen Vollzuges, in dem subjektive Wahrnehmungsleistungen und formale Objekteigenschaften zusammenspielen. Daher sind solche Ereignisse nicht immer dem aktiven und bewussten Wollen des Rezipienten zu verdanken, sondern sie haben, mit Sybille Krämer gesprochen, auch *Widerfahrnischarakter*.[563] Die Bilder aktualisieren sich im Zusammenpassen subjektiver und objektiver Impulse, sie sind zufällig und flüchtig und lassen sich nicht auf bestimmte Orte, Zeiten oder Gegenstände beschränken, sondern können sich unerwartet ereignen: Kurz aufblitzende Verwandtschaften, instabile Zusammenhänge, vage Ähnlichkeiten. So sind für solche Ereignisse zugleich der Künstler, der jeweilige Rezipient und das jeweilige Objekt verantwortlich zu machen.

---

563 Krämer, »Gibt es eine Performanz des Bildlichen? Reflexionen über ›Blickakte‹«, S. 76. Für den Hinweis auf diesen Text danke ich Lotte Everts.

5. RESÜMEE ZU OLDENBURG

In diesem Teil habe ich verfolgt, wie sich Oldenburg zeitweilig von den institutionalisierten Räumen der Kunst distanziert, um an hiervon abgelegenen Orten zu produzieren und auszustellen (*The Store*). In einem zweiten Schritt habe ich beobachtet, dass er nicht nur Gegenstände der Alltagskultur nachempfindet, sondern diese selbst in Werkzusammenhänge integriert (*Mouse Museum/Ray Gun Wing*). Drittens werden kunstspezifische Wahrnehmungsweisen auch an Gegenständen praktiziert, die nicht Elemente solcher Werkzusammenhänge sind. Wie habe ich die hierdurch provozierten Erfahrungen inhaltlich gefasst?

Verschiedene Bereiche der alltäglichen Wirklichkeit werden unter ähnlichen, nämlich erotischen Gesichtspunkten betrachtet. In Oldenburgs *Notebooks* geht es um die Gestaltung von Waren und deren Inszenierung in Werbeanzeigen. Es wird aufgedeckt, wie sich in bestimmten Werbeanzeigen die darin beworbenen Gegenstände durch latente Darstellungen sexualisierter Körperteile erotisch aufladen, wodurch die Rezipienten zum Produkterwerb animiert werden sollen. Oldenburgs Vorgehensweise kann jedoch auch als ein Versuch beschrieben werden, die Psychoanalyse – mit den Worten Freuds – auf die »Kulturgemeinschaft« zu übertragen. Aus dieser Perspektive werden die betreffenden Werbeanzeigen als entstellte Erfüllungen erotischer Wünsche interpretierbar, die über die »US-amerikanische Psyche« Auskunft geben.

Diesem Ansatz entsprechend stellt auch die Gestaltung der Plastiken, die in *The Store* ausgestellt sind, eine Reaktion darauf dar, dass den nicht-praktischen Bedürfnissen im Warenhandel ein hohes Gewicht zukommt. Sie folgt der Absicht, den *Schein der Waren*, ja die erotischen

Mechanismen der Konsumkultur als solche, sinnlich zu vergegenwärtigen. Sie dient der Veranschaulichung dessen, wie die Waren die Konsumenten in ihren Bann zu ziehen versuchen, wie sie sich also in deren Wahrnehmung darstellen. Hierdurch wird der Rezipient dazu animiert, auf die psychologischen Dimensionen ökonomischer Prozesse zu reflektieren.

Auch die von Oldenburg gesammelten und im *Mouse Museum* ausgestellten Gegenstände lassen sich als erotische Wunscherfüllungen begreifen – als Gegenstände, bei deren Gestaltung das Unbewusste zu einem Koproduzenten geworden ist: Sie sind verkleidete Erfüllungen eines verdrängten Wunsches. Doch reflektiert der Rezipient nicht nur auf die erotischen Dimensionen der kulturellen *Hervorbringung* und *Gestaltung* von Dingen, sondern auch auf die ihrer kulturellen *Gebrauchsweisen*, wobei auch hier zweckrationale Motivationen von Handlungen, in welche die ausgestellten Gegenstände eingebunden sind, gegenüber triebpsychologischen Motivationen zurücktreten. Im Gegensatz hierzu scheinen die Ray Guns im *Ray Gun Wing* den Künstler und später die Rezipienten vor allem über ihr eigenes Begehren zu informieren. Die Libido wird für eine veränderte Gegenstandswahrnehmung aktiviert, indem die betreffenden Objekte ›Wunschbildern‹ nachgeben, die von erotischen Momenten durchsetzt sind.

Oldenburgs Environments weisen also nicht nur – wie von der Forschung vielfach dargestellt – utopische bzw. normative, sondern auch realistische Dimensionen auf. Wie Rauschenberg und Kaprow erhebt Oldenburg den Anspruch, bestimmte Aspekte der alltäglichen Wirklichkeit der sinnlichen Erfahrung des Rezipienten zugänglich zu machen, zugleich bietet er die fiktionale Vorwegnahme eines Zeitalters, in dem Menschen und Dinge eine erotische Verbindung eingegangen sein werden. In der Erfahrung seiner Environments werden bestimmte Aspekte und Tendenzen der aktuellen Wirklichkeit anschaulich und zugleich bieten sie einen Vorschein auf das Zukünftige.

Ich möchte abschließend nochmals auf Oldenburgs eingangs erläuterte programmatische Aussage zurückkommen, dass seine Kunst der »Erhöhung der Sensibilität« diene, durch welche die »Magie« des Universums wiederhergestellt werde und Menschen und Dinge ausgesöhnt seien.[564] Ich habe dargestellt, worin die rezipientenseitige Erfahrung einer erhöhten

---

564 Siehe S. 189f. dieser Arbeit. Das Zitat findet sich in Oldenburg, *Store Days*, S. 60.

Sensibilität bei Oldenburg besteht. Des Weiteren wurde nachgewiesen, dass diese Erfahrung in der Tat den Bereich künstlerischer Artefakte und Werkzusammenhänge überschreitet und sich ausdehnt auf jenen Bereich von Objekten, die uns alltäglich umgeben. Diese Ergebnisse relativierend muss jedoch auch hinzugefügt werden, dass diese neue Sensibilität zeitlichen Beschränkungen unterliegt. Die in Erscheinung tretenden Bilder sind Produkte eines performativen Vollzuges, der als solcher nur zeitweise unsere alltägliche Praxis unterbricht. Die Versöhnung zwischen Mensch und Ding ist eben nur eine temporäre – sie hat nur im Akt der ästhetischen Erfahrung Bestand – und sie ist auch nur eine Versöhnung ihrer Formen.

SCHLUSSFOLGERUNGEN

1. GEMEINSAMKEITEN DER UNTERSUCHTEN POSITIONEN

REKAPITULATION DER FRAGESTELLUNG

Die vorangegangenen Ausführungen galten der Beantwortung der Frage, welche Konsequenzen das programmatische Vorhaben der untersuchten Künstler, die Beziehung zwischen Kunst und alltäglicher Wirklichkeit neu zu gestalten, sowohl für die Produktion als auch für die Rezeption ihrer Kunstwerke und Kunstaktionen zeitigt. Es wurde untersucht, wie Künstler im Zeichen des avantgardistischen Topos der Versöhnung von Kunst und Leben über das Paradigma ikonischer ›Darstellung‹ hinausgehen, um Kunst und Alltägliches in eine neue Beziehung zu setzen und somit das durch die Kunst Erfahrene und gleichzeitig das an den alltäglichen Phänomenen Erfahrene zu erneuern. Um grundsätzliche Tendenzen herauszustellen, sollen nun die wichtigsten Ergebnisse zusammengefasst werden. Diese werden anschließend mit dem im Einleitungsteil dieser Arbeit vorgestellten Forschungsstand abgeglichen.[565]

DIE NEUGESTALTUNG DER BEZIEHUNG ZWISCHEN KUNST UND LEBEN IN INHALTLICHER HINSICHT

In inhaltlicher Hinsicht besteht die Eigenart von Rauschenbergs *Silkscreen Paintings* darin, Wahrnehmungsweisen hervorzurufen, welche aus urbanen und medialen Kontexten, die sich durch hohe simultane und konsekutive Reizmengen auszeichnen, vertraut erscheinen. Zweitens

---

[565] Siehe S. 17ff. dieser Arbeit.

thematisieren sie Wirklichkeitswahrnehmung unter den Bedingungen massenmedialer Wirklichkeitsvermittlung. Somit lassen sie sich als sinnliche Reflexionen auf die Veränderungen verstehen, die der Anbruch des Informationszeitalters für die menschliche Sinnlichkeit mit sich brachte.

Die Untersuchung von Kaprows *18 Happenings in 6 Parts* zeigte, dass alltägliche Handlungsweisen im performativen Kontext nicht nur in der Wahrnehmung des Rezipienten, sondern faktisch sowohl von ihrer Ausdrucksfunktion als auch von ihrer Zweckhaftigkeit befreit und die Bewegungen der Performer so in ihrer konkreten Körperlichkeit erfahren werden. Während die Körperlichkeit einer Handlung weder vom Interesse am Handelnden noch vom Interesse am Handlungsziel erfasst wird, treten hier die Bewegungen der Performer als ›tänzerische‹ Choreografien ›entblößt‹ hervor. Auch in den Environments und Activities ist ›Handeln‹ ganz wesentlich als *Instrument körperlicher Erfahrung* zu verstehen. In ihnen werden die Rezipienten selbst zu Akteuren, woraus neue Erfahrungsinhalte resultieren. Durch Anweisungen ›dirigiert‹ Kaprow die Handlungen der Teilnehmer, wodurch sich die Erfahrung des betreffenden ›environment‹ oder ›found environment‹ gegenüber alltäglichen Handlungskontexten verändert. Die Wahrnehmung der Teilnehmer ist dazu gezwungen, sich in einer bestimmten Weise auszurichten und zu organisieren, weswegen das Environment verstärkt unter Aspekten wahrgenommen wird, die in anderen Situationen unbewusst oder unregistriert bleiben.

Oldenburgs Environments reflektieren die sexuellen Implikationen der gesellschaftlichen Dingpraxis. So folgt die Formgebung der Plastiken, die in *The Store* ausgestellt werden, der Absicht, den Schein der Waren, ja die erotischen Mechanismen der Konsumkultur als solche, sinnlich zu vergegenwärtigen. Die von Oldenburg gesammelten und im *Mouse Museum* ausgestellten Gegenstände lassen sich als psychologische Dokumente betrachten, als Gegenstände, bei deren Gestaltung das Unbewusste zu einem Koproduzenten des betreffenden Objektes geworden ist. Im Gegensatz hierzu scheinen die Ray Guns im *Ray Gun Wing* den Künstler und später die Rezipienten vor allem über ihr eigenes Begehren zu informieren. Die Libido wird für eine veränderte Gegenstandswahrnehmung aktiviert, wodurch die betreffenden Objekte ›Wunschbilder‹ evozieren, die von erotischen Momenten durchsetzt sind.

Der Sinn der Thematisierung alltäglicher Phänomene oder ihrer Integration in das Kunstwerk liegt für die betreffenden Künstler also nicht darin, sie den willkürlichen Projektionen und Konstruktionen der Rezipienten zu unterstellen, sondern Aspekte dieser Phänomene selbst sowie des weiteren gesellschaftlichen Zusammenhangs, in den sie eingebettet sind, erfahrbar zu machen. Dies stellt die wesentliche Neuerung gegenüber dem Abstrakten Expressionismus dar, der mit der Wirklichkeit des künstlerischen Mediums und der künstlerischen Psyche befasst ist, aber die Wirklichkeit der alltäglichen Lebenswelt ausblendet.

DIE NEUGESTALTUNG DER BEZIEHUNG ZWISCHEN KUNST UND LEBEN IN FORMALER HINSICHT ODER: ALLTÄGLICHE WIRKLICHKEIT ALS (TEMPORÄRE) KUNST

Worin besteht nun aber in formaler Hinsicht das Spezifisch-Neue dieser Kunst gegenüber älteren ›Realismen‹? Oder anders gefragt: Auf welche Weise stellen die untersuchten Werke und Aktionen die Grenze zwischen Kunst und alltäglicher Wirklichkeit jeweils auf die Probe?
Bei allen drei Künstlern zeigt sich ein Interesse daran, den Betrachter mit alltäglichen Phänomenen in unmittelbaren Kontakt zu bringen, egal ob diese in Werkkontexte, in fingierte räumliche Kontexte oder in gegebene Kontexte eingebettet sind. Es zeigt sich ein Interesse an der materiellen Wirklichkeit der alltäglichen Lebenswelt, die aktualiter erfahren werden soll. Sie wird nicht durch bildliche Darstellung repräsentiert (also nicht nur visuell rekonstruiert), sondern ist dem Rezipienten in der Kunsterfahrung gegenwärtig. Diese Konfrontation des Betrachters mit der Präsenz der Dinge lässt sich gegenüber früheren realistischen Strömungen als eine Veränderung der künstlerischen Verfahrensweise beschreiben. Gegenüber der abstrakten modernistischen Malerei stellt sie dagegen eine Erweiterung des unmittelbar Erfahrenen dar.

In Bezug auf Rauschenbergs *Silkscreen Paintings* ist in diesem Zusammenhang sowohl die Produktions- als auch die Rezeptionsseite zu berücksichtigen. Produktionsseitig macht sich bemerkbar, dass innerhalb des Ateliers ähnliche Wahrnehmungsbedingungen herbeigeführt werden, wie sie außerhalb vorherrschend sind, dass die Situation der Erfahrung und die Situation der Produktion zusammengeführt werden und dass der Künstler beständig zwischen alltäglichen Tätigkeiten und Produktionsakten hin und her pendelt. Eben darauf spielt er an, wenn er äußert, dass er in der ›Lücke‹ zwischen Kunst und Leben arbeite. Rezeptionsseitig äußern sich Momente der Entgrenzung zwischen Kunst- und Alltagspraxis bei Rauschenberg darin, dass nicht nur Bilder oder Materialien, die der alltäglichen Wirklichkeit entstammen, sondern auch Wahrnehmungsweisen, die in der alltäglichen Lebenswelt praktiziert werden, in den Kunstraum ›migrieren‹. Die Galerie wird zu einem Ort der Zerstreuung.

In Bezug auf Kaprows Environments wurde herausgearbeitet, dass das »Verschwimmen der Grenzen zwischen Kunst und alltäglicher Wirklichkeit« – »the blurring of art and life« – zunächst dadurch wirksam wird, dass der virtuelle Raum des Bildes zugunsten des physikalischen Raumes des Rezipienten beseitigt wird. Letzterer wird mit der Physis der Dinge konfrontiert und als ein körperlich Handelnder mit allen Sinnen in das Kunstwerk involviert. In seinen seit Mitte der 1960er Jahre außerhalb der Galerien durchgeführten Happenings und Activities sind Kunst- und Alltagssituation weder durch besondere Objekte noch durch besondere Räume zu unterscheiden, sondern allein durch unterschiedliche *Praktiken*. Dabei kann es, wie wir ebenfalls gesehen haben, in einer Art unwillkürlichem Überspringen dazu kommen, dass Wahrnehmungsweisen, die für Activities typisch sind, auch in solchen Situationen auftreten, die sich im zeitlichen Umfeld einer Activity ereignen, was durch die zeiträumliche Verzahnung dieser mit der Alltagspraxis der Teilnehmer provoziert wird. In diesen ›liminalen Situationen‹ greift die Kunstpraxis kurzzeitig auf die Alltagspraxis über.

Formuliert man an dieser Stelle eine Stufenfolge von Rauschenbergs *Silkscreens* über Kaprows Environments zu dessen Happenings in alltäglichen Kontexten, lautet diese zusammengefasst: Alle drei Kunstformen gehen mit Alltagsgegenständen um. Bei Rauschenberg werden diese dekontextualisiert und in einen vom Künstler gestalteten *Werk*zusammenhang überführt. Bei Kaprows Environments werden sie dekontextualisiert und in einen vom Künstler gestalteten (temporären) *räumlichen* Zusammenhang überführt. Bei seinen Happenings schließlich werden *gegebene* Zusammenhänge und Situationen aufgesucht, die als solche nicht in den Kunstraum transferierbar sind. Es erfolgt in diesem Fall also weder die Herauslösung von Objekten aus bestehenden Zusammenhängen noch deren Transfer in das Museum, weswegen Kaprow eben in Abgrenzung zum ›found object‹ vom ›found environment‹ spricht. Durch diese räumliche Verschiebung der Kunstpraxis wird die Wahrnehmung alltäglicher Wirklichkeit unmittelbar verändert. Die produktive Praxis wechselt hier gewissermaßen ihr Objekt: Sie besteht nicht mehr in der Gestaltung räumlicher Zusammenhänge, sondern macht sich in der Formulierung von Handlungsanweisungen für die Teilnehmer geltend.

Auch Oldenburg distanziert sich von den üblichen Räumen der Kunst, um an hiervon abgelegenen Orten zu operieren. Er beschränkt sich nicht darauf, Gegenstände der Alltagskultur nachzuempfinden, sondern integriert diese in Werkzusammenhänge, sodass die handwerkliche Produktion von künstlerischen Artefakten um den Transfer dieser Gegenstände ergänzt wird. Während bildliches Wahrnehmen normalerweise an Gegenständen virulent wird, die für diese Praxis eigens geschaffen und optimiert wurden, ereignet es sich hier auch an solchen, die normalerweise anderen Verwendungsweisen unterliegen. Nicht zuletzt wird die Wahrnehmung des Rezipienten so geschult, dass er bildliches Wahrnehmen auch an Gegenständen praktiziert, die nicht Elemente der von Oldenburg geschaffenen Objektzusammenhänge sind. Doch sollen die Objekte weiterhin nicht unter einem beliebigen Aspekt, sondern auf eine ganz bestimmte Weise – eben als Vexierbilder sexuell besetzter Körperteile – rezipiert werden. Das erscheinende Bild ist Produkt eines performativen Vollzuges, in dem subjektive Wahrnehmungsleistungen und formale Objekteigenschaften zusammenspielen müssen.

Gerade bei Kaprow und Oldenburg verbindet sich Kunsterfahrung also nicht mehr unbedingt mit einem Objekt-, Kontext- oder Ortswechsel, sondern nur noch mit dem Wechsel der rezipientenseitigen *Praxis*. Somit werden Dimensionen offenbar, die wir normalerweise eher künstlerischen Artefakten zurechnen, die aber nicht unbedingt an diese gebunden sind, sondern durch diese Praxis nun auch an den Objekten der Alltagswelt aufgedeckt werden. Der Rezipient erfährt dieselben Objekte ästhetisch, mit denen er in anderen Situationen praktisch umgeht, was beispielsweise über Marcel Duchamps Konzept des Readymade hinausgeht, wo die ausgestellten Objekte nicht mehr alltäglichen Gebrauchsweisen unterliegen. Die Grenze zwischen Kunst und alltäglicher Wirklichkeit wird solcherart gewissermaßen in den Rezipienten hineinverlegt. Sie wird destabilisiert, indem kunstspezifische Wahrnehmungsweisen auch an nicht-künstlerischen Gegenständen außerhalb von Werkzusammenhängen praktiziert werden. In dieser Hinsicht stellen sowohl Kaprows Activities und die durch sie provozierten liminalen Situationen als auch die durch Oldenburgs Werke und Texte herbeigeführten situativen Entgrenzungen des Bildlichen *ereignishafte Unterbrechungen alltäglichen Erfahrens* dar, die als solche nur in actu Bestand haben.

2. ABSCHLIESSENDE STELLUNGNAHME ZUM FORSCHUNGSSTAND (HISTORISCHE EINORDNUNG)

REKAPITULATION DES FORSCHUNGSSTANDES

An dieser Stelle soll, aufbauend auf den hier gewonnenen Ergebnissen, zum Forschungsstand Stellung genommen werden, der in der Einleitung dieser Arbeit skizziert wurde. Drei für diese Fragestellung relevante Auffassungen wurden dort vorgestellt: Die erste identifiziert die Verfahrensweisen und programmatischen Ziele der Generation an Künstlern, zu der die drei hier behandelten gezählt werden, mit denen der *Avantgarden*, was am Beispiel der *Theorie der Avantgarde* von Peter Bürger vorgestellt wurde. Nach Bürgers Auffassung handelt es sich bei den ›Neo-Avantgarden‹ um eine Wiederkehr der historischen Avantgarden in institutionalisierter Form. Eine zweite Gruppe von Autoren betrachtet die Arbeiten der Künstler als *symptomatisch für das Anbrechen der Postmoderne*, was durch Zitate aus verschiedenen Texten belegt wurde. Andere Autoren betonen eher die *historische Eigenständigkeit* dieser Schar an US-amerikanischen Künstlern und legen hierbei einen starken Akzent auf John Cage als Führungsfigur, wofür Barbara Rose stellvertretend herangezogen wurde.[566]

---

566 Siehe S. 25ff. dieser Arbeit.

PROBLEME BEI DER DEKLARATION DER UNTERSUCHTEN POSITIONEN ALS ›NEO-AVANTGARDE‹ (BÜRGER)

Ich beginne mit der ersten Position: Ist es legitim, die hier behandelten Künstler als ›Neo-Avantgardisten‹ zu bezeichnen und sie als institutionalisierte Wiedergänger der historischen Avantgarden zu betrachten? Es wurde dargelegt, dass Bürger, um dies zu begründen, ein transformatives Wirklichkeitsverhältnis in den Vordergrund rückt. Avantgarden wie ›Neo-Avantgarden‹ haben in seinen Worten vorrangig und gleichermaßen das Ziel, die Kunst »ins Praktische zu wenden«, sie »in Lebenspraxis zurückzuführen«, ja sie zum »Organisationsprinzip des Daseins«[567] zu machen.

Was Bürger mit einer selbstbestimmten Neuorganisation alltäglichen Daseins durch die Kunst der Avantgarden meinen könnte, lässt sich an mehreren Beispielen verdeutlichen.[568] Man denke in diesem Zusammenhang etwa an die russischen Avantgardisten, die, wie beispielsweise Boris Arvatov, dafür plädieren, die Umwelt durch »ingenieursmäßige Umorientierung der Künstler« neu zu »organisieren« respektive die Kunst zu einem »Werkzeug der unmittelbaren Gestaltung der materiellen Wirklichkeit«[569] zu machen. Zu erwähnen ist auch ein Manifest der holländischen Künstlergruppe *De Stijl*, in dem ähnliche Ideen zum Ausdruck kommen: »Wir müssen begreifen, dass Kunst und Leben keine voneinander getrennten Gebiete sind. [...] Wir fordern [...], dass unsere Umwelt nach schöpferischen Gesetzen aufgebaut werde, die sich von einem feststehenden Prinzip ableiten [...]. Diese Gesetze [...] führen zu einer neuen plastischen Einheit.«[570]

Wenngleich in solchen Formulierungen noch keine strategischen Konzepte enthalten sind, so kommt in ihnen doch ein bestimmter Anspruch zum Ausdruck, der darin besteht, der alltäglichen Wirklichkeit *durch die Totalisierung künstlerischer Gestaltung* eine neue ›Form‹ zu geben. Die künstlerische Praxis und die Kategorie des Kunstwerkes werden auf sämtliche Bereiche der alltäglichen Wirklichkeit ausgedehnt. Um die Lücke zwischen Kunst und Nicht-Kunst zu beseitigen, also eine »neue plastische Einheit« zu erwirken, wird alles Gestaltbare zum Material des Künstlers erklärt, weswegen die »materielle Wirklichkeit« und die

---

[567] Bürger, *Theorie der Avantgarde*, S. 44, 29.
[568] Die Beispiele, die Bürger selbst anführt, nämlich vorrangig den Dadaismus und Marcel Duchamp, sind meiner Ansicht nach nicht besonders geeignet, seine Thesen zu stützen.

[569] Boris Arvatov, »Kunst und Organisation der Umwelt«, S. 64.
[570] van Doesburg, van Eesteren, »Auf dem Weg zum kollektiven Bauen (Kommentar zu Manifest V)«. Ich halte mich hier an Beispiele, die von Karlheinz Barck in »Avantgarde« angeführt werden.

»Umwelt« die wesentlichen Referenzpunkte bilden – also Seinsbereiche, die vom Rezipienten zunächst einmal unabhängig sind. Dieser Ansatz ist insofern ›politisch‹, als er den Künstler als einen Handelnden begreift und Wirklichkeitsbereiche, die traditionell außerhalb der Kunstsphäre liegen, unmittelbar verändert werden sollen.

Infrage steht nun, ob sich solche Ansprüche und Ansätze auch in Bezug auf die hier untersuchten ›neo-avantgardistischen‹ Positionen nachweisen lassen. Wie ich festgestellt habe, ist jeder der drei Künstler darum bemüht, sich der bestehenden Wirklichkeit zuzuwenden, die Bedingungen ihrer Erfahrung zu verbessern und bestimmte Segmente und Aspekte ihrer erfahrbar zu machen. Eben dies ist gemeint, wenn Kaprow von gesteigerter »Aufmerksamkeit« spricht oder Oldenburg eine neue »Sensibilität« einfordert, welche »die Kraft der Dinge« zu erkennen vermag. Die »materielle Wirklichkeit« respektive »Umwelt« soll nicht verändert, sondern der Wahrnehmung des Rezipienten zugänglich gemacht werden. Diesen Künstlern geht es nicht darum, künstlerische Gestaltung zu totalisieren und die Kategorie des Kunstwerkes auf sämtliche Bereiche der alltäglichen Wirklichkeit auszudehnen, sondern kunstspezifische Wahrnehmungsweisen sollen gerade an solchen Gegenständen und Gegenstandszusammenhängen praktiziert werden, die nicht vom Künstler geschaffen oder konstelliert, also in einen neuen Zusammenhang gebracht wurden. Nicht ein vom Rezipienten *unabhängiger* Seinsbereich, sondern der *Seinsbereich des Rezipienten* wird transformiert, wobei man hier natürlich nicht in der gleichen Weise von ›Gestaltungsakten‹ sprechen kann, sondern treffender von der ›Evokation‹ oder ›Provokation‹ neuer Erfahrungen zu reden ist. Die Wirklichkeit verändert sich unmittelbar nur insofern als temporär neue Wahrnehmungen heraufbeschworen werden. Dieser schwache Werkbegriff ist mit dem starken Werkbegriff der historischen Avantgarden, wie er in den gerade wiedergegebenen Zitaten zum Ausdruck kommt, letztendlich unvereinbar. Selbst Kaprows Happenings und Activities, in denen der körperlichen Aktion der Teilnehmer ein hoher Stellenwert zukommt, sind nicht als nachhaltige Intervention in die alltägliche Wirklichkeit zu verstehen. Wie wir gesehen haben, geht es Kaprow weder um die Frage nach den normativen Dimensionen des Handelns noch um die Initiierung politischer Aktionen, sondern allem voran um *körperliches Erfahren*.[571]

---

571 Seine Aktionen sind hierin beispielsweise von den tagespolitischen Interventionen der sich Ende der 1960er herausbildenden ›Guerrilla Art Action Group‹ oder der ›Art Workers' Coalition‹

Politisch ist der Ansatz dieser Künstler insofern als eine *Transformation der Wahrnehmung* herbeigeführt wird. Neue Bereiche der Wirklichkeit gelten als betrachtungswürdig, bestimmte Aspekte dieser Wirklichkeitsbereiche werden reflektiert und damit der Kritik und Veränderung zugänglich. Das künstlerische Handeln richtet sich auf die Aufwertung und Anerkennung von Wirklichkeitsbereichen und Wirklichkeitsaspekten, die vormals unbeachtet geblieben waren oder niedrigen Bewertungsmaßstäben unterlagen. In Anlehnung an Jacques Rancière könnte man hier von einer ›Neuaufteilung‹ des Sinnlichen sprechen.[572] Politisch ist dieser Ansatz auch deshalb, weil die Rezipienten der dargestellten und erfahrenen Wirklichkeit gegenüber eine kritisch urteilende Haltung einnehmen *können*. Denn das Erfahren der vorgefundenen Wirklichkeit bildet ja nicht den Gegensatz zu ihrer kritischen Erkenntnis sowie zu ihrer Transformation, sondern deren notwendige Voraussetzung. Wie Johannes Lang feststellt, sind Erfahrung, Kritik und Transformation als drei konstitutive Momente des Wirklichkeitsbezuges künstlerischer Praxis anzuerkennen.[573] Doch auch Lang geht davon aus, dass in künstlerischen und kunsttheoretischen Positionen zumeist ein Wirklichkeitsbezug in den Vordergrund des Interesses rückt. Der Fokus kann auf einer Veränderung der Erfahrung liegen, er kann auf der kritischen Erkenntnis des Möglichen liegen, jedoch auch auf der Transformation des Gegebenen. Welcher Wirklichkeitsbezug in den Mittelpunkt des Interesses rückt, gibt Lang zufolge den einzelnen Positionen ihre charakteristische Stoßrichtung.

Ein Beispiel für die enge Verbindung zwischen Erfahrung, Erkenntnis und politischer Aktion stellt, wie erwähnt, Oldenburgs Monument, *Lipstick (Acending) on Caterpillar Tracks* dar, das 1969 anlässlich des Vietnamkrieges im Auftrag der studentischen Colossal Keepsake Corporation auf dem Beinecke Plaza der Yale University errichtet wurde und den Studenten fortan als Podium für politische Kundgebungen diente.[574] Auch in diesem Fall sollte die Veränderung der Wirklichkeit mittelbar durch

---

zu unterscheiden. Siehe hierzu auch Kelley, *Childsplay. The Art of Allan Kaprow*, S. 154.
572 Siehe Rancière, *Die Aufteilung des Sinnlichen. Die Politik der Kunst und ihre Paradoxien*, S. 21ff.
573 Vgl. Lang, »Drei Wirklichkeitsbezüge künstlerischer Praxis. Eine Einleitung«, S.13ff. Lang folgt hier implizit der Hegelschen Dialektik von

Affirmation (Wahrnehmen), Kritik (Denken) und Transformation (Handeln).
574 Siehe S. 277ff. dieser Arbeit. Näheres hierzu siehe Dickel, *Claes Oldenburgs Lipstick (Ascending) on Caterpillar Tracks. Kunst im Kontext der Studentenbewegung* und Williams, »Lipstick Ascending: Claes Oldenburg in New Haven in 1969«.

den politischen Widerstand der Rezipienten herbeigeführt werden. Wie ebenfalls angesprochen wurde, birgt auch die Produktion und Rezeption der *Silkscreen Paintings* eine widerständige Dimension: Vor dem Hintergrund des sozioökonomischen Wandels von der ›Disziplinar-‹ zur ›Kontrollgesellschaft‹ führt die desemantisierende Wahrnehmungsweise der massenmedialen Bildvorlagen zur Unterbrechung fester Perzeptionsmuster, wodurch sich Künstler und Rezipienten der von den Medien ausgeübten Aufmerksamkeits- und Handlungskontrolle entziehen.

Die Problematik, dass die ›Neo-Avantgarde‹ die Re-Institutionalisierung der historischen Avantgarden betreibe,[575] scheint sich vor dieser Folie aufzulösen. Denn es ist deutlich geworden, dass institutionalisierte Kunst mit dieser zunächst und unmittelbar rein auf der Wahrnehmungsebene verlaufenden Form der Transformation alltäglicher Wirklichkeit nicht in Konflikt steht. Der Antagonismus zwischen institutionalisierter Kunst und in Lebenspraxis überführte Kunst entfällt. Vielmehr wird der Rezipient im Kontext institutionalisierter Kunstwerke geschult, um die Erfahrungen und Handlungen außerhalb des Museums vorzubereiten und zu prägen. In diesem Sinne stellt institutionalisierte Kunst eine Vermittlerrolle dar. Die Praxen innerhalb und außerhalb des Museums ergänzen einander.

Bürgers Ansichten erscheinen also erstens deshalb fehlgeleitet, weil sie den ›Neo-Avantgarden‹ ein ›Scheitern‹ attestieren, ohne je nach ihren ureigenen Zielen, Inhalten und Verfahrensweisen gefragt zu haben. Dagegen indiziert schon der Begriff der ›Neugestaltung‹, den diese Arbeit im Titel führt, dass die untersuchten Künstler die Verfahrensweisen, Inhalte und programmatischen Ziele der historischen Avantgarden nicht blind oder willkürlich kopierten, wie sollten sie dies unter den veränderten kulturellen Bedingungen auch, sondern sich mit ihnen kritisch auseinandersetzten. Sie hatten eine eigene Perspektive auf die Geschichte und standen der Praxis der historischen Avantgarden in vielen Punkten kritisch gegenüber.[576] Mehrere Punkte sind in diesem Zusammenhang hervorzuheben:

---

575 Vgl. Bürger, *Theorie der Avantgarde*, S. 80.
576 Ich folge hierin Hal Foster, der in »Who's Afraid of the Neo-Avant-Garde?« das Modell eines historischen Prozesses entwirft, in dem die Nachfolger aus den Fehlern der Vorgänger lernen. Allerdings unterscheidet Foster zwischen der Kunst der 1950er Jahre, »[that] mostly recycled avant-garde devices«, und der Kunst der 1960er Jahre, »[that] had to elaborate them critically« (S. 5). Branden W. Joseph hat zu Recht darauf hingewiesen, dass hier das abwertende Urteil Bürgers wieder auflebt (siehe ders., *Random Order: Robert Rauschenberg and the Neo-Avant-Garde*, S. 292, Fn. 36).

Während die Werke der Avantgarden im Hinblick auf die Veränderung der alltäglichen Wirklichkeit weitgehend wirkungslos geblieben waren, hatten sie sich ihrer Musealisierung nicht erwehren können. Die mit ihnen verbundenen politischen Ansprüche hatten sich nicht erfüllt, und sie waren ganz in Bürgers Sinne ›institutionalisiert‹ worden. Des Weiteren waren nicht nur die Ziele, sondern auch die Verfahrensweisen der Avantgarden, denen ein starker Werkbegriff zugrunde lag, fragwürdig geworden. Denn sie schienen zu dokumentieren, dass die Avantgarden selbst an den totalitären Modellen der Moderne partizipiert hatten. Man interpretierte ihre Ansätze nun als Versuch, alles und jeden dem eigenen Gestaltungswillen zu unterstellen. Die Avantgarden schienen weder an die freiheitliche Selbstbestimmung noch an die eigenverantwortliche Mitgestaltung der Rezipienten geglaubt zu haben. Sowohl Kritikfähigkeit als auch Handlungsmacht schienen einzig und allein den Künstlern zugeschrieben worden zu sein.

Der zweite und wohl ebenso problematische Punkt in Bürgers Ausführungen besteht darin, schon die Avantgarden selbst in der Vielfalt an Motivationen und Verfahrensweisen zu verkennen und daher zu einer völlig einseitigen Charakterisierung zu gelangen.[577] Müsste man nicht stärker zwischen den einzelnen Bewegungen differenzieren? Ist im Hinblick auf deren Wirklichkeitsverhältnis überhaupt auf einen generellen Grundzug zu verweisen? Wie ich im Hauptteil dieser Arbeit verschiedentlich gezeigt habe, lässt sich im Kontext der historischen Avantgarden eine Anzahl konkreter Verfahrensweisen beobachten, durch welche die alltägliche Wirklichkeit unmittelbar in den Fokus der Wahrnehmung gerät. Sie lassen sich in formaler Hinsicht bereits als Strategien betrachten, welche die Destabilisierung der Grenze zwischen Kunst und alltäglicher Wirklichkeit bezwecken. Und wie ebenfalls deutlich wurde, sind es vor allem solche Ansätze, an denen sich Künstler wie Claes Oldenburg abgearbeitet haben: am surrealistischen Umherschweifen in den Passagen, an der Praxis des Objet trouvé und an vielem mehr. Solche Filiationen lassen sich auch für einen weiteren Kreis an Künstlern dieser Generation über die Grenzen der Vereinigten Staaten hinaus konstatieren: Man denke beispielsweise an die europäische Strömung des Situationismus oder an die transnationale Fluxus-Bewegung, wo sich vergleichbare Praktiken erkennen lassen. Die

---

577 Diese Kritik äußert ansatzweise auch Foster in »Who's Afraid of the Neo-Avant-Garde?«, S. 8.

Avantgarden haben also gerade auch in anderen Hinsichten als den von Bürger vorgeschlagenen ihre Wirkung nicht verfehlt.

PROBLEME BEI DER DEKLARATION DER UNTERSUCHTEN POSITIONEN ALS ›POSTMODERN‹

Kommen wir zur zweiten Argumentationsweise, in der Rauschenberg, Oldenburg und Kaprow als postmoderne Künstler gelten. Zunächst fallen an jeder dieser drei Positionen einige Merkmale auf, die dies vertretbar erscheinen lassen: Rauschenbergs *Silkscreen Paintings* scheinen symptomatisch für die Postmoderne zu sein, weil sie perzeptive Veränderungen veranschaulichen, die durch das Einsetzen des Informationszeitalters bewirkt wurden. Sie thematisieren Wirklichkeitswahrnehmung unter den Bedingungen massenmedialer Wirklichkeitsvermittlung, womit massenmediale Abbildungen nicht nur das *Material*, sondern auch den *Gegenstand* dieser Werke bilden. Oldenburg ist in diesem Kontext insofern signifikant, als er die Erscheinungsweise respektive Verkaufstechniken von Werbeanzeigen untersucht und diese einer kulturpsychologischen Deutung unterzieht. Seine *Store*-Plastiken geben größtenteils nicht Waren wieder, sondern deren massenmediale Repräsentationen. Im *Mouse Museum* werden keine Nahrungsmittel oder Gebrauchsdinge präsentiert, sondern deren massenindustrielle Nachbildungen. Der *Ray Gun Wing* dient dazu, Objekte auszustellen, die eine fiktive, von Comicautoren und der Spielzeugindustrie erfundene Zukunftswaffe repräsentieren. Kaprows Unternehmen wiederum lässt sich mit der Postmoderne vor allem deshalb in Zusammenhang bringen, weil sich das Kunstwerk unter seinen Händen vollends in ein ephemeres Ereignis verwandelt. Für eine Zuordnung zur Postmoderne spricht außerdem, dass zumindest bei Rauschenberg und Kaprow der Verlust umfassender Utopien und revolutionärer Denkweisen zu verzeichnen ist. Einzig bei Oldenburg lassen sich Reste solcher Überzeugungen ausmachen. Wie herausgearbeitet wurde, weisen seine Environments nicht nur realistische, sondern auch utopische Dimensionen auf. Sie bieten die fiktionale Vorwegnahme eines Zeitalters, in dem Menschen und Dinge eine erotische Verbindung eingegangen sein werden.

In einem entscheidenden Punkt erscheint die Zuordnung der untersuchten Positionen zur Postmoderne jedoch als ungerechtfertigt. Alle drei Künstler lassen – und dies widerspricht völlig ihrer Deklaration als ›postmodern‹ – den für die Postmoderne typischen Erfahrungs- und

Erkenntnisskeptizismus vermissen. Weder werden alltägliche Phänomene auf einen bloßen Anlass für projektives Wahrnehmen und willkürliches Interpretieren reduziert noch dienen sie bloß der Selbsterfahrung des Rezipienten. Mensch und Wirklichkeit fallen nicht auseinander, die Beziehung zwischen Kunst und Wirklichkeit wird nicht abgebrochen, sondern bestimmte Aspekte der Wirklichkeit werden der sinnlichen Erfahrung der Rezipienten mittelbar oder unmittelbar zugänglich gemacht. Die untersuchten Positionen sind also nicht als postmodern einzustufen, zumindest dann nicht, wenn man diese als wesentlich erfahrungs- und erkenntnisskeptizistisch versteht.

In Bezug auf Rauschenberg und Oldenburg dürfte dies unmittelbar einleuchten. Aber selbst Kaprows Projekt ist in Großteilen als ein wirklichkeitserschließendes Unternehmen zu betrachten – mit der Besonderheit, dass sich die Beziehung des Betrachters zur Wirklichkeit des betreffenden Gegenstandes bei ihm auch durch physische Interaktionen aufbaut. Die sinnlichen und expressiven Dimensionen, die in seinen Happenings und Activities erfahren werden, begreift Kaprow als Eigenschaften der betreffenden Phänomene und Interaktionen. Sinnesqualitäten sind keinesfalls von den materiellen Substanzen zu lösen oder in das subjektive Bewusstsein zu verbannen, sondern bei ihnen handelt es sich um eine unabhängig von unserer Wahrnehmung bestehenden Verfassung von Gegenständen. Dewey, sein ›spirituelle Leader‹, bezeichnet die Erfahrung qualitativer Unmittelbarkeit stellenweise auch als »language of nature«[578]. Führt man sich die Situation der amerikanischen Kunst an der Wende zur Post-Abstraktion vor Augen und vergegenwärtigt man sich die Werke und Aussagen von Rauschenberg, Oldenburg und Kaprow, dürfte diese Emphase auf die Erfahrung alltäglicher Wirklichkeit intuitiv plausibel sein. Diese Emphase ist es, welche die Deklaration der drei genannten Künstler als ›postmodern‹ letztendlich unplausibel erscheinen lässt.

PROBLEME BEI DER DEKLARATION DER UNTERSUCHTEN POSITIONEN ALS ›GENERATION CAGE‹ (ROSE)

So ist, um abschließend auf die dritte Forschungsposition einzugehen, Barbara Rose durchaus zuzustimmen, wenn sie auf Eigenständigkeit der hier behandelten Künstlergeneration hinweist. Und es

---

[578] Ders, »Meaning and Existence«, S. 84f.

ist richtig, dass Cage in diesem Zusammenhang als Orientierungs- und Führungsfigur eine hohe Bedeutung zukommt, wobei insbesondere seine Lehrtätigkeiten am Black Mountain College und an der New School for Social Research als Multiplikatoren zu nennen sind. Unter dem Eindruck fernöstlicher Philosophien entwickelt Cage im Laufe der 1940er Jahre eine Ästhetik der Intentionslosigkeit und der reinen Aufmerksamkeit auf das Hier und Jetzt, womit insbesondere auch Phänomene der alltäglichen Lebenswelt in den Fokus rücken. Nach Cage muss die Kunst die Wirklichkeit nicht verbessern, sondern wir müssen lernen, sie neu wahrzunehmen: »Our intention is to affirm this life, not to bring order out of chaos, nor to suggest improvements in creation, but simply to wake up to the very life we're living, which is so excellent once one gets one's mind and desires out of its way and lets it act of its own accord.«[579]

Dennoch sind auch die Ausführungen von Barbara Rose letztendlich verkürzend, da sie die behandelten Künstler dem Verdacht eines rein affirmativen Ästhetizismus aussetzen, also dem Verdacht, dass die alltägliche Wirklichkeit erstens so, wie sie ist, zu akzeptieren sei, und zweitens sowieso nur im Hinblick auf ihre Schönheit oder sinnliche Wirkung interessiere. Rose verabsäumt es, nach dem Wirklichkeitsgehalt ›neo-dadaistischer‹ Arbeiten zu fragen und unterstellt den betreffenden Künstlern letztendlich eine gänzlich unpolitische Haltung.

---

[579] Cage, »Four Statements on the Dance«, S. 95.

3. KUNST ALS ZUSAMMENSPIEL ZWISCHEN KÜNSTLERN, REZIPIENTEN UND ALLTÄGLICHEN PHÄNOMENEN (POSITIVE BESTIMMUNG)

Meine Untersuchung zeigt somit, dass weder Bürger, der die Nachkriegskunst in einem abwertenden Sinn als ›Neo-Avantgarde‹ begreift, noch die Theoretiker der Postmoderne den untersuchten Werken in inhaltlicher, formaler oder programmatischer Hinsicht gerecht zu werden vermögen. Durch einen phänomenanalytischen Ansatz konnten sowohl einfache Gegenüberstellungen als auch einfache Identifizierungen mit den Avantgarden respektive mit postmoderner Kunst widerlegt und die betreffenden Positionen genauer charakterisiert werden. Im Hinblick auf die betreffende Künstlergeneration bedeutet dies, dass die Ergebnisse der Forschung in ihrer Allgemeingültigkeit in Frage zu stellen sind, ohne dass die an Rauschenberg, Kaprow und Oldenburg entwickelten Thesen selbst schon Allgemeingültigkeit beanspruchen können. Denn hierzu müssten sie erst noch an weiteren Künstlern überprüft werden.

Positiv gewendet drückt sich die Eigenart der untersuchten Werke und Aktionen dadurch aus, dass Künstler, Rezipienten und alltägliche Phänomene auf eine bestimmte Weise interagieren, die dazu dient, dass sich die ästhetischen Potentiale dieser Phänomene bestmöglich entfalten können. Dabei verändern sich die Regeln dieser Interaktionen von Arbeit zu Arbeit und von Künstler zu Künstler. Die Künstler versuchen, für die aktuelle Entfaltung dieser Potentiale günstige Bedingungen zu schaffen. Es handelt sich um Potentiale, die den betreffenden Phänomenen zwar zukommen, aber unter anderen Bedingungen bzw. im Kontext anderer Praktiken verborgen bleiben oder sich zumindest nur schwer entfalten können. Hierbei geht es nicht zuletzt auch darum, die ästhetischen Fähigkeiten des Rezipienten zu schulen. Seine Wahrnehmung wird solcherart angeleitet, dass bestimmte Wahrnehmungsweisen an bestimmten Gegenständen praktiziert werden können, wobei sich die in die Anschauung rückenden Ausschnitte und Aspekte der Wirklichkeit von Fall zu Fall unterscheiden.

Dies steht einerseits zu jenen Stimmen im Widerspruch, die angesichts der Krise der Werkästhetik, für die zumeist Duchamps Readymades exemplarisch herangezogen werden, vertreten, dass jeder beliebige Gegenstand unabhängig von seiner Beschaffenheit als Kunstwerk gelten könne, da dieser Status allein von seiner institutionellen Einbettung abhänge. Besonders in der westdeutschen Kunstgeschichte der 1970er Jahre ist diese Auffassung weit verbreitet. Ich zitiere stellvertretend Jürgen Schilling: »Duchamp bereitete den Aktionismus auf vielfältige Weise vor. Er verkörperte des Prinzip Leben = Kunst. [...] Im Augenblick des Herausreißens eines beliebigen Objekts aus seinem angestammten Milieu und seiner Verpflanzung in eine andere Umgebung bewirkt die Milieuänderung die Verwandlung eines banalen Gegenstandes in einen ästhetischen. Wenn ein beliebiges Objekt aber zum Kunstwerk erklärt wird, hört das Kunstwerk auf, ein Gegenstand von herausragender Bedeutung zu sein.«[580] Dies widerspricht jedoch auch jenen Vertretern der philosophischen Ästhetik, die den Kunststatus zwar von einer bestimmten Erfahrung abhängig machen, nämlich einer ›ästhetischen‹, diese aber allein im Subjekt gegründet sehen. So schreibt beispielsweise Christoph Menke: »Die Verallgemeinerung des ästhetischen Einstellungswechsels, die die ihre Autonomie nicht verletzende ästhetische Haltung vornimmt, beruht auf nichts anderem als der beständigen und durch nichts begrenzbaren Möglichkeit, einen ästhetischen Einstellungswechsel vorzunehmen.«[581]

Demgegenüber vertrete ich unter Rekurs auf die hier behandelten Kunstwerke die Meinung, dass für das Zustandekommen einer ästhetischen Erfahrung weder allein der Künstler noch allein der Betrachter, sondern auch die Beschaffenheit der betreffenden Objekte verantwortlich ist. Kunst ist als eine Praxis zu bestimmen, die gleichermaßen bestimmte Leistungen der betreffenden Subjekte wie bestimmte Beschaffenheiten der betreffenden Gegenstände voraussetzt und einfordert. Der Rezipient wird

---

580 Ders., *Aktionskunst: Identität von Kunst und Leben? Eine Dokumentation*, S. 24.
581 Menke, *Die Souveränität der Kunst: Ästhetische Erfahrung nach Adorno und Derrida*, S. 268f. In *Kraft. Ein Grundbegriff ästhetischer Anthropologie*, S. 85, schreibt er dementsprechend: »Das Objekt in seiner wiedererkennbaren Bestimmung kann nichts an sich haben, das den Prozess der Ästhetisierung bewirkt.« Auch Martin Seel vertritt solche Anschauungen. Siehe beispielsweise seine Ausführungen in ders., *Ästhetik des Erscheinens*, passim.

sich seiner Fähigkeiten bewusst, diese werden auch gefordert und gefördert, zugleich wird er aber auch der Leistungen der Gegenstände gewahr. Die betreffenden Objekte können die ästhetische Erfahrung zwar nicht erzwingen, aber sie müssen sich für diese als geeignet erweisen, was Künstler wie Rezipienten auszutesten haben. Auf diese Weise werden gleichermaßen die Potentiale der Wahrnehmung und der Dinge ausgeschöpft.

LITERATUR

ADORNO, Theodor W.: »Sexualtabus und Recht heute«, in: Ders.: *Eingriffe – Neun kritische Modelle*, Frankfurt am Main 1963, S. 99–124.
* *Ästhetische Theorie*, Frankfurt am Main 2003.

ALLOWAY, Lawrence: »Junk Culture«, in: *Architectural Design*, Nr. 31, März 1961, S. 122–123.

ARAGON, Louis: *Der Pariser Bauer*, Frankfurt am Main 1996.

ASHTON, Dore: »›The Store‹, New York 1961«, in: Bernd Klüser, Katharina Hegewisch (Hg.), *Die Kunst der Ausstellung. Eine Dokumentation dreißig exemplarischer Kunstausstellungen dieses Jahrhunderts*, Frankfurt am Main, Leipzig 1991, S. 148–155.

AUERBACH, Erich: *Mimesis. Dargestellte Wirklichkeit in der abendländischen Literatur*, Bern 1959.

ARVATOV, Boris: »Kunst und Organisation der Umwelt«, in: *Boris Arvatov. Kunst und Produktion*, hg. von Hans Günther, Karla Hielscher, München 1972, S. 52–72.

BACH, Friedrich Teja: »Interview mit Claes Oldenburg«, in: *Das Kunstwerk*, Nr. 3, Mai 1975, S. 3–13.

BAIL, Henry (Hg.), *The Performance Studies Reader*, London 2003.

BAND, Henri: *Mittelschichten und Massenkultur. Siegfried Kracauers publizistische Auseinandersetzung mit der populären Kultur und der Kultur der Mittelschichten in der Weimarer Republik*, Berlin 1999.

BARCK, Karlheinz: »Avantgarde«, in: *Ästhetische Grundbegriffe. Historisches Wörterbuch in sieben Bänden*, hg. von Karlheinz Barck, Martin Fontius u. a., Stuttgart 2001, Bd. 1, S. 544–577.

BAUDELAIRE, Charles: »Der Maler des modernen Lebens«, in: *Charles Baudelaire: Sämtliche Werke/Briefe in acht Bänden*, hg. von Friedhelm Kemp und Claude Pichois, München 1977ff., Bd. 5, S. 213–258.
* »Le peintre de la vie moderne«, in: *Charles Baudelaire: Œuvres complètes*, hg. von Claude Pichois, Paris 1961, S. 1152–1192.
* »Les fleurs du mal«, in: *Charles Baudelaire: Œuvres complètes*, hg. von Claude Pichois, Paris 1961, S. 5–127.
* »Le Spleen de Paris«, in: *Charles Baudelaire: Œuvres complètes*, hg. von Claude Pichois, Paris 1961, S. 229–310.

BAUDRILLARD, Jean: »Die Präzession der Simulakra«, in: Ders., *Agonie des Realen*, Berlin 1978, S. 7–69.

BAUER, Ingeborg: *Das Atelierbild in der französischen Malerei 1855-1900*, Köln 1999.

BENJAMIN, Walter: »Bekränzter Eingang. Zur Ausstellung ›Gesunde Nerven‹ im Gesundheitshaus Kreuzberg«, in: *Walter Benjamin: Gesammelte Schriften in sieben Bänden*, hg. von Rolf Tiedemann, Hermann Schweppenhäuser, Frankfurt am Main 1974ff., Bd. IV.1, S. 557–561.
* »Das Kunstwerk im Zeitalter seiner technischen Reproduzierbarkeit« (Dritte Fassung), in: *Walter Benjamin: Gesammelte Schriften in sieben Bänden*, hg. von Rolf Tiedemann, Hermann Schweppenhäuser, Frankfurt am Main 1974ff., Bd. 1.2, S. 471–508.
* »Das Passagen-Werk«, in: *Walter Benjamin: Gesammelte Schriften in sieben Bänden*, hg. von Rolf Tiedemann, Hermann Schweppenhäuser, Frankfurt am Main 1974ff., Bd. V.2.
* »Einiges zur Volkskunst«, in: *Walter Benjamin: Gesammelte Schriften in sieben Bänden*, hg. von Rolf Tiedemann, Hermann Schweppenhäuser, Frankfurt am Main 1974ff., Bd. VI, S. 185–187.
* »Kleine Geschichte der Fotografie«, in: *Walter Benjamin: Gesammelte Schriften in sieben Bänden*, hg. von Rolf Tiedemann, Hermann

Schweppenhäuser, Frankfurt am Main 1974ff., Bd. I.2, S. 368-385.
* »Lehre vom Ähnlichen«, in: *Walter Benjamin: Gesammelte Schriften in sieben Bänden*, hg. von Rolf Tiedemann, Hermann Schweppenhäuser, Frankfurt am Main 1974ff., Bd. II.1, S. 204-210.
* »Traumkitsch«, in: *Walter Benjamin: Gesammelte Schriften in sieben Bänden*, hg. von Rolf Tiedemann, Hermann Schweppenhäuser, Frankfurt am Main 1974ff., Bd. II.2, S. 620-622.
* »Über das mimetische Vermögen«, in: *Walter Benjamin: Gesammelte Schriften in sieben Bänden*, hg. von Rolf Tiedemann, Hermann Schweppenhäuser, Frankfurt am Main 1974ff., Bd. II.1, S. 210-213.
* »Über einige Motive bei Baudelaire«, in: *Walter Benjamin: Gesammelte Schriften in sieben Bänden*, hg. von Rolf Tiedemann, Hermann Schweppenhäuser, Frankfurt am Main 1974ff., Bd. I.2, S. 605-654.
* »Ursprung des deutschen Trauerspiels«, in: *Walter Benjamin: Gesammelte Schriften in sieben Bänden*, hg. von Rolf Tiedemann, Hermann Schweppenhäuser, Frankfurt am Main 1974ff., Bd. I.1, S. 203-430.

BENTLEY, Eric: *The Life of the Drama*, New York 1964.

BISHOP, Claire: *Installation Art: A Critical History*, London 2005.

BLUNCK, Lars: *Between Object and Event. Partizipationskunst zwischen Mythos und Teilhabe*, Weimar 2003.

BOEHM, Gottfried: »Die Dialektik der ästhetischen Grenze. Überlegungen zur gegenwärtigen Ästhetik im Anschluss an Josef Albers«, in: *Neue Hefte für Philosophie*, Nr. 5, 1973, S. 118-138.

BÖHME, Hartmut: *Fetischismus und Kultur. Eine andere Theorie der Moderne*, Reinbek bei Hamburg 2006.

BOIS, Yve-Alain: »Ray Guns«, in: Ders., Rosalind Krauss: *Formless: A User's Guide*, New York 1999 (Ausstkat.), S. 172-179.

BRETON, André: *Der Surrealismus und die Malerei*, Berlin 1967.
* *L'Amour fou*, Frankfurt am Main 1997.
* *Nadja*, Frankfurt am Main 2002.

BRINKMANN, Margit: *Minimal Art – Etablierung und Vermittlung moderner Kunst in den 1960er Jahren*, Bonn 2006.

BROWN, Norman Oliver: *Life Against Death: The Psychoanalytical Meaning of History*, Middletown 1959.
* *Love's Body*, New York 1966.

van BRUGGEN, Coosje: *Claes Oldenburg: Mouse Museum/Ray Gun Wing*, Köln 1979 (Ausstkat.).

BRYSON, Norman: *Das Sehen und die Malerei: Die Logik des Blicks*, München 2001.

BUBNER, Rüdiger: »Über einige Bedingungen gegenwärtiger Ästhetik«, in: *Neue Hefte für Philosophie*, Nr. 5, 1973, S. 38-73.

BUCHLOH, Benjamin: »Annihilieren/Illuminieren: Claes Oldenburgs Ray Gun und das Mouse Museum«, in: *Claes Oldenburg: The Sixties*, hg. von Achim Hochdörfer, Barbara Schröder, München 2012 (Ausstkat.), S. 214-277.
* »Three Conversations in 1985: Claes Oldenburg, Andy Warhol, Robert Morris«, in: *October*, Nr. 70, Herbst 1994, S. 33-54.

BÜRGER, Peter: *Der französische Surrealismus. Studien zum Problem der avantgardistischen Literatur*, Frankfurt am Main 1971.
* *Theorie der Avantgarde*, Frankfurt am Main 1974.

BUNIA, Remigius: *Faltungen: Fiktion, Erzählen, Medien*, Berlin 2007.

CAGE, John: »Four Statements on the Dance«, in: Ders., *Silence*, Middletown 1961, S. 86–98.
* »Letter to Paul Henry Lang«, in: *John Cage: An Anthology*, hg. von Richard Kostelanetz, New York 1970, S. 116–118.
* »On Robert Rauschenberg, Artist, and his Work«, in: Ders., *Silence*, Middletown 1961, S. 98–108.

CELANT, Germano; Dieter Koepplin u.a. (Hg.): *Claes Oldenburg: An Anthology*, Stuttgart 1995 (Ausstkat.).
* »Claes Oldenburg und das Gefühl der Dinge«, in: Ders., Dieter Koepplin u.a. (Hg.), *Claes Oldenburg: Eine Anthologie*, Stuttgart 2000 (Ausstkat.), S. 15–31.

CLARK, Robin Lee: *Artist-Proposed Museums: Polemical Projects by Claes Oldenburg, Robert Smithson, and Gordon Matta-Clark*, 1965–1978, 2004 (unverl. Diss.).

COUNSELL, Colin, Laurie Wolf (Hg.): *Performance Analysis: An Introductory Coursebook*, London 2003.

CRAFT, Catherine Anne: *Constellations of Past and Present: (Neo-)Dada, The Avant-Garde, and the New York Art World*, 1951–1965, 1996 (unverl. Diss.).

CRARY, Jonathan: »Spectacle, Attention, Counter-Memory«, in: *October*, Nr. 50, 1989, S. 97–107.
* *Suspensions of Perception. Attention, Spectacle and Modern Culture*, Cambridge, Mass. 1999.

CRIMP, Douglas: »On the Museum's Ruins«, in: Branden W. Joseph (Hg.), *Robert Rauschenberg*, Cambridge, Mass. 2002, S. 57–74.
* »Pictures«, in: *October*, Nr. 8, 1979, S. 75–88.

DAVIDSON, Susan; Walter Hopps (Hg.): *Robert Rauschenberg: Retrospektive*, Ostfildern-Ruit 1998 (Ausstkat.).

DELEUZE, Gilles: »Postskriptum über die Kontrollgesellschaft«, in: Ders., *Unterhandlungen 1972-1990*, Frankfurt am Main 1994, S. 243–262.

DEWEY, John: *Art as Experience*, New York 2005.
* *Erfahrung und Natur*, Frankfurt am Main 1995.
* »Meaning and Existence«, in: *John Dewey: The Later Works, 1925–1953*, hg. von Jo Ann Boydston, Cabondale, Edwardsville 1981ff., Bd. 3, S. 82–91.
* »Logic: The Theory of Inquiry«, in: *John Dewey: The Later Works, 1925–1953*, hg. von Jo Ann Boydston, Cabondale, Edwardsville 1981ff., Bd. 12.

DICKEL, Hans: *Claes Oldenburgs Lipstick (Ascending) on Caterpillar Tracks. Kunst im Kontext der Studentenbewegung*, Freiburg im Breisgau 1999.

DIJKSTERHUIS, Eduard J.: *Die Mechanisierung des Weltbildes*, Berlin 1956.

van DOESBURG, Theo; Cornelius van Eesteren: »Auf dem Weg zum kollektiven Bauen (Kommentar zu Manifest V)«, in: *Programme und Manifeste zur Architektur des 20. Jahrhunderts*, hg. von Ulrich Conrads, Braunschweig, Wiesbaden 1981, S. 63.

DREHER, Thomas: *Performance Art nach 1945: Aktionstheater und Intermedia*, München 2000.

FEINSTEIN, Roni: *Random Order: The First Fifteen Years of Robert Rauschenberg's Art, 1949-1964*, New York 1990.
* (Hg.): *Robert Rauschenberg: The Silkscreen Paintings 1962–1964*, New York, Boston 1990 (Ausstkat.).
* »The Silkscreen Paintings«, in: Dies. (Hg.), *Robert Rauschenberg: The Silkscreen Paintings 1962–1964*, Boston 1990, S. 19–99.

FINKELSTEIN, Haim N.: *Surrealism and the Crisis of the Object*, Ann Arbor 1979.

FISCHER-LICHTE, Erika: *Ästhetik des Performativen*, Frankfurt am Main 2004.

FOSTER, Hal: »Against Pluralism«, in: Ders., *Recodings: Art, Spectacle, Cultural Politics*, Seattle 1996, S. 13–32.
* *Compulsive Beauty*, Cambridge, Mass. 2000.
* »Who's Afraid of the Neo-Avant-Garde?«, in: Ders., *The Return of the Real: The Avant-Garde at the End of the Century*, Cambridge, Mass. 1996.

FOUCAULT, Michel: *Die Ordnung der Dinge. Eine Archäologie der Humanwissenschaften*, Frankfurt am Main 1995.

FREIER, Hans: »Odyssee eines Pariser Bauern: Aragons ›mythologie moderne‹ und der Deutsche Idealismus«, in: *Mythos und Moderne. Begriff und Bild einer Rekonstruktion*, hg. von Karl Heinz Bohrer, Frankfurt am Main 1983, S. 157–193.

FREIMAN, Lisa: *(Mind)ing The Store: Claes Oldenburg's Psychoaesthetics*, 2001 (unverl. Diss.).

FREUD, Sigmund: »Das Unbehagen in der Kultur«, in: *S. F. Studienausgabe*, Frankfurt am Main 1969ff., Bd. 9, S. 193–270.
* »Die Traumdeutung«, in: *S. F. Studienausgabe*, Frankfurt am Main 1969ff., Bd. 2.
* »Eine Kindheitserinnerung des Leonardo da Vinci«, in: *S. F. Studienausgabe*, Frankfurt am Main 1969ff., Bd. 10, S. 87–160.
* »Formulierungen über die zwei Prinzipien des psychischen Geschehens«, in: *S. F. Studienausgabe*, Frankfurt am Main 1969ff., Bd. 3, S. 13–24.
* »Jenseits des Lustprinzips«, in: *S. F. Studienausgabe*, Frankfurt am Main 1969ff., Bd. 3, S. 213–272.
* »Neue Folge der Vorlesungen zur Einführung in die Psychoanalyse«, in: *S. F. Studienausgabe*, Frankfurt am Main 1969ff., Bd. 1, S. 447–608.

FRÜCHTL, Josef: »Schein«, in: *Ästhetische Grundbegriffe. Historisches Wörterbuch in sieben Bänden*, hg. von Karlheinz Barck, Martin Fontius u. a., Stuttgart 2001, Bd. 5, S. 365–389.

FÜRNKÄS, Josef: *Surrealismus als Erkenntnis: Walter Benjamin – Weimarer Einbahnstraße und Pariser Passagen*, Stuttgart 1988.

GAMBONI, Dario: *Potential Images. Ambiguity and Indeterminacy in Modern Art*, London 2002.

GOFFMAN, Erving: *Rahmen-Analyse. Ein Versuch über die Organisation von Alltagserfahrungen*, Frankfurt am Main 2004.
* *The Presentation of Self in Everyday Life*, Edinburgh 1956.
* *Wir alle spielen Theater: Die Selbstdarstellung im Alltag*, München 1959.

GOPNIK, Adam, Kirk Vanedoe: *High and Low: Modern Art and Popular Culture*, New York 1990 (Ausstkat.).

GORSEN, Peter: »Salvador Dalí, der ›kritische Paranoiker‹«, in: Ders.: *Kunst und Krankheit. Metamorphosen der ästhetischen Einbildungskraft*, Frankfurt am Main 1980 (Ausgewählte Schriften I), S. 213–316.

GREENBERG, Clement: »Avantgarde und Kitsch«, in: *Clement Greenberg: Die Essenz der Moderne: Ausgewählte Essays und Kritiken*, hg. von Karlheinz Lüdeking, Amsterdam, Dresden 1997, S. 29–55.
* »Zu einem neueren Laokoon«, in: *Clement Greenberg: Die Essenz der Moderne: Ausgewählte Essays und Kritiken*, hg. von Karlheinz Lüdeking, Amsterdam, Dresden 1997, S. 56–81.

HAMMES, Christian: »Allegorie«, in: *Kunst ↔ Begriffe der Gegenwart. Von Allegorie bis Zip*, hg. von Jörn Schafaff, Nina Schallenberg u.a., Köln 2013, S. 11–17.

HANSEN, Miriam: »Benjamin, Cinema and Experience«, in: *New German Critique*, Winter 1987, S. 179–224.

HAPGOOD, Susan: *Neo-Dada: Redefining Art, 1958–62*, New York 1994 (Ausstkat.).

HAUG, Wolfgang Fritz: *Kritik der Warenästhetik*, Frankfurt am Main 1972.

HEIDEGGER, Martin: *Sein und Zeit*, Tübingen 1986.

HOCHDÖRFER, Achim; Barbara Schröder (Hg.): *Claes Oldenburg: The Sixties*, München 2012 (Ausstkat.).
* »Von der Street zum Store: Claes Oldenburgs Pop Expressionismus«, in: *Claes Oldenburg: The Sixties*, hg. von dems. und Barbara Schröder, München 2012 (Ausstkat.), S. 12–63.

van HODDIS, Jakob: »Weltende«, in: *Jakob van Hoddis, Weltende. Gesammelte Dichtungen*, hg. von Paul Pörtner, Zürich 1958, S. 18.

HOFMANN, Werner: *Das Atelier. Courbets Jahrhundertbild*, München 2010.

JÄGER, Joachim: *Das zivilisierte Bild. Robert Rauschenberg und seine Combine-Paintings der Jahre 1960 bis 1962*, Klagenfurt, Wien 1999.

JAUSS, Hans Robert: »Literarische Tradition und gegenwärtiges Bewusstsein der Modernität«, in: Ders., *Literaturgeschichte als Provokation*, Frankfurt am Main 1970, S. 11–66.
* »Soziologischer und ästhetischer Rollenbegriff«, in: *Identität*, hg. von Odo Marquard, Karlheinz Stierle, München 1996, S. 599–607.

JAY, Martin: *Dialektische Phantasie. Die Geschichte der Frankfurter Schule und des Instituts für Sozialforschung 1923-1950*, Frankfurt am Main 1976.

JEHLE, Peter: »Alltäglich/Alltag«, in: *Ästhetische Grundbegriffe. Historisches Wörterbuch in sieben Bänden*, hg. von Karlheinz Barck, Martin Fontius u. a., Stuttgart 2001, Bd. 1, S. 104–133.

JOCKS, Heinz-Norbert: »Claes Oldenburg: Hinter meinen Bemühungen steht der Wunsch, auszutesten, wann etwas anfängt, Kunst zu sein. Ein Gespräch von Heinz-Norbert Jocks anlässlich der Ausstellung in der Bonner Bundeskunsthalle, 25.2.–12.5.1996«, in: *Kunstforum*, Nr. 134, 1996, S. 268–291.

JOHNSON, Ellen H.: *Claes Oldenburg*, Harmondsworth, Baltimore, 1971.
* »Oldenburg's Poetics«, in: *Art International 14*, Nr. 4, April 1979, S. 42–45.

JONES, Caroline A.: »Finishing School. John Cage and the Abstract Expressionist Ego«, in: *Critical Inquiry 19*, Nr. 4, 1993, S. 628–665.

JOSEPH, Branden W.: »A Therapeutic Value for City Dwellers(: The Development of John Cage's Early Avant-Garde Aesthetic Position«, in: *John Cage: Music, Philosophy and Intention, 1933-1950*, hg. von David W. Patterson, New York 2002, S. 135–175.
* *Random Order: Robert Rauschenberg and the Neo-Avant-Garde*, Cambridge, Mass. 2003.
* (Hg.): *Robert Rauschenberg*, Cambridge, Mass. 2002.

JÜRGENS-KIRCHHOFF, Annegret: »Dada«, in: *Kunsthistorische Arbeitsblätter*, Nr. 6, 2005, S. 1–12.

KANT, Immanuel: *Kritik der reinen Vernunft*, Hamburg 1993.

KAPROW, Allan: »A Service for the Dead«, in: *Art International 7*, Nr. 1, January 1963, S. 46f.
* *Assemblage, Environments & Happenings*, New York 1966.
* »A Statement«, in: *Michael Kirby: Happenings. An Illustrated Anthology*, New York 1965, S. 44–52.
* »Calling«, in: *The Tulane Drama Review 10*, Nr. 2, Winter 1965, S. 203–211.
* »Happenings in the New York Scene«, in: *Allan Kaprow: Essays on the Blurring of Art and Life*, hg. von Jeff Kelley, Berkeley 2003, S. 15–26.
* »Manifesto«, in: *Allan Kaprow: Essays on the Blurring of Art and Life*, hg. von Jeff Kelley, Berkeley 2003, S. 81–83.

* »Mushroom«, in: Ders., *Untitled Essay and other Works*, New York 1967, S. 6-10.
* »Notes on the Creation of a Total Art«, in: *Allan Kaprow: Essays on the Blurring of Art and Life*, hg. von Jeff Kelley, Berkeley 2003, S. 10-12.
* »Participation Performance«, in: *Allan Kaprow: Essays on the Blurring of Art and Life*, hg. von Jeff Kelley, Berkeley 2003, S. 181-194.
* »Right Living«, in: *Allan Kaprow: Essays on the Blurring of Art and Life*, hg. von Jeff Kelley, Berkeley 2003, S. 223-225.
* »Self-Service: A Happening«, in: *The Drama Review 12*, Nr. 3, Frühling 1968, S. 160-164.
* »The Happenings Are Dead: Long Live the Happenings!«, in: *Allan Kaprow: Essays on the Blurring of Art and Life*, hg. von Jeff Kelley, Berkeley 2003, S. 59-65.
* »The Legacy of Jackson Pollock«, in: *Allan Kaprow: Essays on the Blurring of Art and Life*, hg. von Jeff Kelley, Berkeley 2003, S. 1-9.
* »The Night«, in: *New Writers 4*, 1967, S. 83-85.

KAYE, Nick: *Site-Specific Art. Performance, Place and Documentation*, London 2000.

KEEL, Daniel: (Hg.): *Denken mit Picasso – Gedanken über Kunst, Künstler und Kenner*, Berlin 1985.

KEIDEL, Matthias: *Die Wiederkehr der Flaneure: literarische Flanerie und flanierendes Denken zwischen Wahrnehmung und Reflexion*, Würzburg 2006.

KELLERER, Christian: *Der Sprung ins Leere: Objet trouvé, Surrealismus, Zen*, Köln 1982.

KELLEY, Jeff (Hg.): *Allan Kaprow: Essays on the Blurring of Art and Life*, Berkeley 2003.
* *Childsplay. The Art of Allan Kaprow*, Berkeley 2004.
* »Introduction«, in: Ders. (Hg.), *Allan Kaprow: Essays on the Blurring of Art and Life*, Berkeley 2003, S. xi-xxvi.

KEMPER, Hans-Georg; Silvio Vietta: *Expressionismus*, München 1994.

KIRBY, Michael: »Allan Kaprow's Eat«, in: *Happenings and Other Acts*, hg. von Mariellen R. Sandford, London 1995, S. 48-50.
* *Art of Time: Essays on the Avant-Garde*, New York 1969.
* *Happenings. An Illustrated Anthology*, New York 1965.
* »The New Theatre«, in: *Happenings and Other Acts*, hg. von Mariellen R. Sandford, London 1995, S. 25-39.

KÖHN, Eckhardt: *Straßenrausch: Flanerie und kleine Form, Versuch zur Literaturgeschichte des Flaneurs bis 1933*, Berlin 1989.

KOSTELANETZ, Richard: »A Conversation with Robert Rauschenberg«, in: *Partisan Review 35*, Nr. 1, Winter 1968, S. 92-106.
* »Conversation with Allan Kaprow«, in: Ders., *The Theatre of Mixed Means. An Introduction to Happenings, Kinetic Environments, and other Mixed-Means Performances*, New York 1968, S. 100-132.
* »Conversation with Claes Oldenburg«, in: Ders., *The Theatre of Mixed-Means. An Introduction to Happenings, Kinetic Environments, and other Mixed-Means Performances*, New York 1968, S. 133-162.
* *The Theatre of Mixed-Means. An Introduction to Happenings, Kinetic Environments, and other Mixed-Means Performances*, New York 1968.

KOTZ, Mary Lynn: *Robert Rauschenberg: Art and Life*, New York 1990.

KOZLOFF, Max: »The Poetics of Softness«, in: Ders., *Renderings*, London 1970, S. 223-235.

KRÄMER, Sybille: »Gibt es eine Performanz des Bildlichen? Reflexionen über ›Blickakte‹«, in: Ludger Schwarte (Hg.), *Bild-Performanz*, München 2011, S. 62-88.

KRACAUER, Siegfried: »Kult der Zerstreuung«, in: Ders., *Das Ornament der Masse*, Frankfurt am Main 1977, S. 311–317.

KRAUSS, Rosalind: »Permanente Bestandsaufnahme«, in: *Robert Rauschenberg: Retrospektive*, hg. von Walter Hopps, Susan Davidson, Ostfildern-Ruit 1998 (Ausstkat.), S. 206–223.
* »Rauschenberg and the Materialized Image«, in: *Robert Rauschenberg*, hg. von Branden W. Joseph, Cambridge, Mass. 2002, S. 39–55.

KWON, Miwon: *One Place After Another: Site-Specific Art and Locational Identity*, Cambridge, Mass. 2004.

LANG, Johannes: »Drei Wirklichkeitsbezüge künstlerischer Praxis. Eine Einleitung«, in: Ders., Lotte Everts u.a. (Hg.), *Kunst und Wirklichkeit heute: Affirmation – Kritik – Transformation*, Bielefeld 2014, S. 7–15.

LANG, Johannes; Bernhard Schieder: »Formen des ›Kontingenten‹ in Land-Art und ökologischem Design«, in: *Konturen des Kunstwerks. Zur Frage von Relevanz und Kontingenz*, hg. von Frédéric Döhl, Daniel Martin Feige u. a., München 2013, S. 51–74.

LAPLANCHE, Jean; Jean-Bertrand Pontalis: *Das Vokabular der Psychoanalyse*, Frankfurt am Main 1999.

LEGGE, Astrid: *Museen der anderen ›Art‹. Künstlermuseen als Versuche einer alternativen Museumspraxis*, 2001 (http://www.meta-museum.org/Texte/962701548.pdf).

LEGMAN, Gershon: *Love & Death: A Study in Censorship*, New York 1949.

LEHMANN, Hans-Thies: *Postdramatisches Theater*, Frankfurt am Main 2001.

LICHTENSTEIN, Alfred: »Die Nacht«, in: *Alfred Lichtenstein: Dichtungen*, hg. von Klaus Kanzog und Hartmut Vollmer, Zürich 1989, S. 44.

LICHTENSTERN, Christa: *Metamorphose. Vom Mythos zum Prozessdenken*, Weinheim 1992 (Metamorphose in der Kunst des 19. und 20. Jahrhunderts II).

LINDNER, Burkhardt: »Versuch über ›Traumkitsch‹. Die blaue Blume im Land der Technik«, in: *Walter Benjamin und die romantische Moderne*, hg. von Heinz Brüggemann, Würzburg 2009, S. 229–246.

LÜTHY, Michael: *Andy Warhol. Thirty Are Better Than One*, Frankfurt am Main 1995.
* *Bild und Blick in Manets Malerei*, Berlin 2003.
* »Das Konsumgut in der Kunstwelt – Zur Para-Ökonomie der amerikanischen Pop Art«, in: *Shopping. 100 Jahre Kunst und Konsum*, hg. von Max Hollein und Christoph Grunenberg, Ostfildern-Ruit 2002 (Ausstkat.), S. 148–153.
* »Zwei Aspekte der Formdynamisierung in der Kunst der Moderne«, in: *Form. Zwischen Ästhetik und künstlerischer Praxis*, hg. von Armen Avanessian, Frank Hofmann u. a., Zürich, Berlin 2009, S. 167–188.

LÜTHY, Michael; Bernhard Schieder: »Die Kunst und ihr Außen – Am Beispiel von Claes Oldenburgs The Store«, in: *Zwischen ›U‹ und ›E‹: Grenzüberschreitungen in der Musik seit 1950*, hg. von Friedrich Geiger, Frank Hentschel, Bielefeld 2010, S. 173–194.

LUHMANN, Niklas: *Die Realität der Massenmedien*, Wiesbaden 2004.

MARCUSE, Herbert: *Eros and Civilization: A Philosophical Inquiry into Freud*, Boston 1955.
* *Triebstruktur und Gesellschaft. Ein philosophischer Beitrag zu Sigmund Freud*, Frankfurt am Main 1968.

McDONOUGH, Tom: »The Crimes of the Flaneur«, in: *October*, Nr. 102, Herbst 2002, S. 101–122.

MENKE, Christoph: *Die Souveränität der Kunst: Ästhetische Erfahrung nach Adorno und Derrida*, Frankfurt am Main 2000.
* *Kraft. Ein Grundbegriff ästhetischer Anthropologie*, Frankfurt am Main 2008.

MERLEAU-PONTY, Maurice: *Das Sichtbare und das Unsichtbare gefolgt von Arbeitsnotizen*, hg. von Claude Lefort, München 1994.

MEYER-HERMANN, Eva; Andrew Perchuk u.a. (Hg.): *Allan Kaprow: Art as Life*, Los Angeles 2008 (Ausstkat.).

MICHALSKI, Ernst: *Die Bedeutung der ästhetischen Grenze für die Methode der Kunstgeschichte*, Berlin 1932.

MILLER, Dorothy C. (Hg.): *Sixteen Americans*, New York 1959 (Ausstkat.).

MONAHAN, Laurie J.: »Cultural Cartography: American Designs at the 1964 Venice Biennale«, in: Serge Guilbaut (Hg.), *Reconstructing Modernism: Art in New York, Paris, and Montreal, 1945-64*, Cambridge, Mass. 1990, S. 369–416.

MONGI-VOLLMER, Eva: *Das Atelier des Malers. Die Diskurse eines Raums in der zweiten Hälfte des 19. Jahrhunderts*, Berlin 2004.

MORRIS, Robert: »Anmerkungen über Skulptur«, in: *Minimal Art. Eine kritische Retrospektive*, hg. von Gregor Stemmrich, Dresden, Basel 1995, S. 92–120.

MOTHERWELL, Robert: *The Dada Painters and Poets: An Anthology*, New York 1951.

NEUMEYER, Harald: *Der Flaneur: Konzeptionen der Moderne*, Würzburg 1999.

NEWMAN, Barnett: »The Sublime Is Now«, in: Ders., *Selected Writings and Interviews*, New York 1990, S. 170–173.

NÖTH, Winfried: *Strukturen des Happenings*, Olms 1972.

O'DOHERTY, Brian: *American Masters: The Voice and the Myth*, New York 1974.

OLDENBURG, Claes: »America: War & Sex, Etc.«, in: *Arts Magazine 41*, Nr. 8, 1967, S. 32–38.
* »Extracts from Studio Notes (1962–64)«, in: *Artforum*, Nr. 51, Januar 1966, S. 32–33.
* *Notes in Hand, Miniatures of my Notebook Pages*, New York 1971.
* *Proposals for Monuments and Buildings*, Chicago 1969.
* *Store Days. Documents from The Store (1961) and Ray Gun Theater (1962)*, New York 1967.
* »Totems and Taboos«, in: Barbara Rose, *Claes Oldenburg*, New York 1970, S. 195–198.

OLIVEIRA, Nicolas de; Nicola Oxley u.a.: *Installation Art*, London 1994.

OWENS, Craig: »The Allegorical Impulse: Toward a Theory of Postmodernism, Part 2«, in: *October*, Nr. 13, 1980, S. 58–80.

PACKARD, Vance: *The Hidden Persuaders*, New York 1957.

PARINAUD, André: »Un ›Misfit‹ de la Peinture New Yorkaise se confesse«, in: *Arts*, Nr. 821, 1961, S. 18.

PETHES, Nicolas; Jens Ruchatz (Hg.): *Gedächtnis und Erinnerung. Ein interdisziplinäres Lexikon*, Reinbek bei Hamburg 2001.

POTTS, Alex: »Writing the Happening: The Aesthetics of Nonart«, in: *Allan Kaprow—Art as Life*, hg. von Eva Meyer-Hermann u.a., Los Angeles 2008 (Ausstkat.), S. 21–31.

PROBST, Peter: »Alltäglichkeit«, in: *Historisches Wörterbuch der Philosophie*, hg. von Joachim Ritter, Karlfried Gründer u.a., Basel 1971ff., Bd. 1, S. 194f.

PUDELEK, Jan-Peter: »Werk«, in: *Ästhetische Grundbegriffe. Historisches Wörterbuch in sieben Bänden*, hg. von Karlheinz Barck, Martin Fontius u. a., Stuttgart 2001, Bd. 6, S. 520–588.

RANCIÈRE, Jacques: *Die Aufteilung des Sinnlichen. Die Politik der Kunst und ihre Paradoxien*, Berlin 2006.

RATH, Norbert: »Natur, zweite«, in: *Historisches Wörterbuch der Philosophie*, hg. von Joachim Ritter, Karlfried Gründer u.a., Basel 1971ff., Bd. 6, S. 484–494.

RAUSSERT, Wilfried: *Avantgarden in den USA. Zwischen Mainstream und kritischer Erneuerung 1940-1970*, Frankfurt am Main 2003.

REBENTISCH, Juliane: *Ästhetik der Installation*, Frankfurt am Main 2003.

REISS, Julie H.: *From Margin to Center. The Spaces of Installation Art*, Cambridge, Mass., London 1999.

RHODE, Werner: »Environment«, in: *Kunstübermittlungsformen: Vom Tafelbild bis zum Happening: Die Medien in der Bildenden Kunst*, hg. vom Neuen Berliner Kunstverein, Berlin 1977 (Ausstkat.), S. 117–126.

ROSE, Barbara: *An Interview with Robert Rauschenberg*, New York 1987.
* *Claes Oldenburg*, New York 1970.
* »Dada Then and Now«, in: *Art International*, Nr. 1, 1963, S. 23–28.

ROSENBERG, Harold: »The American Action Painters«, in: Ders., *The Tradition of the New*, New York 1959, S. 23–39.
* *The De-Definition of Art*, New York 1972.

ROSENTHAL, Mark: *Understanding Installation Art. From Duchamp to Holzer*, München, Berlin u.a. 2003.

RUBIN, William S. (Hg.): *Dada, Surrealism, and Their Heritage*, New York 1968.

RUBLOWSKY, John: *Pop Art*, New York 1965.

RYAN, Marie Laure: *Narrative as Virtual Reality. Immersion and Interactivity in Literature and Electronic Media*, London 2001.

SCHECHNER, Richard: »Extensions in Time and Space, an Interview with Allan Kaprow«, in: *The Drama Review Architecture/Environments*, Frühjahr 1968, S. 153–159.

SCHIEMANN, Gregor: »Zerstreuung«, in: *Historisches Wörterbuch der Philosophie*, hg. von Joachim Ritter, Karlfried Gründer u.a., Basel 1971ff., Bd. 12, S. 1310–1316.

SCHILLING, Jürgen: *Aktionskunst: Identität von Kunst und Leben? Eine Dokumentation*, Luzern 1978.

SCHMIDT, Felix: »Oldenburg in einem Werkstattgespräch mit ART-Autor Felix Schmidt«, in: *ART – Das Kunstmagazin*, Dezember 1991, S. 28–45.

SCHUBERT, Thomas: »Postmoderne/Postmodern«, in: Achim Trebeß (Hg.), *Metzler Lexikon Ästhetik*, Stuttgart 2006, S. 303–305.

SCHÜTZ, Alfred: *Strukturen der Lebenswelt*, hg. von Thomas Luckmann, Konstanz 2003.

SECKLER, Dorothy Gees: »The Artist Speaks: Robert Rauschenberg«, in: *Art in America*, Nr. 3, 1966, S. 72–84.

SEEL, Martin: *Ästhetik des Erscheinens*, Frankfurt am Main 2003.

SEITZ, William C.: *The Art of Assemblage*, New York 1961 (Ausstkat.).

SIMMEL, Georg: »Der Bildrahmen: Ein ästhetischer Versuch«, in: *G. S. Gesamtausgabe*, Frankfurt am Main 1989ff., Bd. 7.1, S. 101–108.
* »Die Großstädte und das Geistesleben«, in: *G. S. Gesamtausgabe*, Frankfurt am Main 1989ff., Bd. 7.1, S. 116–131.

ŠKLOVSKIJ, Viktor: »Die Kunst als Verfahren«, in: *Texte der russischen Formalisten*, hg. von Jurij Striedter, München 1969ff., Bd. 1, S. 2–35.

SMITHSON, Robert: »Cultural Confinement«, in: *Robert Smithson: The Collected Writings*, hg. von Jack D. Flam, Berkeley 1996, S. 154–156.

SOENTGEN, Jens: *Das Unscheinbare. Phänomenologische Beschreibungen von Stoffen, Dingen und fraktalen Gebilden*, Berlin 1997.

SOLOMON, Alan: »Introduction«, in: Ders. (Hg.), *Robert Rauschenberg*, New York 1963, unpag. (Ausstkat.).

STEINBERG, Leo: »Reflections on the State of Criticism«, in: *Robert Rauschenberg*, hg. von Branden W. Joseph, Cambridge 2002, S. 37–49.

STEMMRICH, Gregor: »Hypertrophien, Trophäen, Tropen des Alltäglichen: Claes Oldenburgs Neudefinition der Skulptur«, in: *Claes Oldenburg: The Sixties*, hg. von Achim Hochdörfer, Barbara Schröder, München 2012 (Ausstkat.), S. 156–213.

SWENSON, Gene (Hg.): *The Other Tradition*, Philadelphia 1966 (Ausstkat.).

TAYLOR, Paul: »Robert Rauschenberg«, in: *Interview 20*, Nr. 12, Dezember 1990, S. 142–147.

TEMKIN, Ann: »Claes Oldenburgs Clippings: Eine Einführung«, in: *Claes Oldenburg: The Sixties*, hg. von Achim Hochdörfer, Barbara Schröder, München 2012 (Ausstkat.), S. 130–149.

TOMKINS, Calvin: *Off the Wall: Robert Rauschenberg and the Art World of Our Time*, New York 1980.
* *The Bride and the Bachelors*, New York 1968.
* »The Sistine on Broadway«, in: *Robert Rauschenberg: The Silkscreen Paintings 1962–1964*, hg. von Roni Feinstein, Boston 1990 (Ausstkat.), S. 13–16.

TURNER, Victor: *The Ritual Process. Structure and Anti-Structure*, London 1969.

URSPRUNG, Philip: *Grenzen der Kunst. Allan Kaprow und das Happening, Robert Smithson und die Land Art*, München 2003.

VOSS, Christiane: »Fiktionale Immersion«, in: *Montage AV. Zeitschrift für Theorie und Geschichte audiovisueller Kommunikation*, Februar 2008, S. 69–86.

WALTON, Kendall: *Mimesis as Make-Believe: On the Foundations of the Representational Arts*, Cambridge, Mass. 1993.

WESTWATER Reaves, Angela: »Claes Oldenburg, An Interview«, in: *Artforum*, Vol. 11, Nr. 2, Oktober 1972, S. 36–39.

WILLIAMS, Tom: »Lipstick Ascending: Claes Oldenburg in New Haven in 1969«, in: *Grey Room 31*, Frühjahr 2008, S. 116–144.

WINNER, Mathias: »Gemalte Kunsttheorie. Zu Gustave Courbets ›Allgeorie réelle‹ und der Tradition«, in: *Jahrbuch der Berliner Museen*, Nr. 4, 1962, S. 150–185.

ZALMAN, Sandra R: *A Vernacular Vanguard: Surrealism and the Making of American Art History*, 2008 (unverl. Diss.).

ZIPFEL, Frank: *Fiktion, Fiktivität, Fiktionalität. Analysen zur Fiktion in der Literatur und zum Fiktionsbegriff in der Literaturwissenschaft*, Berlin 2001.

www.ingramcontent.com/pod-product-compliance
Lightning Source LLC
Chambersburg PA
CBHW031608210526
45464CB00004B/1480